Martin Leinweber
Jörg Willig

Asset-Allokation mit Kryptoassets

Martin Leinweber
Jörg Willig

Asset-Allokation mit Kryptoassets

Das Handbuch

WILEY

WILEY-VCH GmbH

Bibliografische Information der Deutschen Nationalbibliothek

Die Deutsche Nationalbibliothek verzeichnet diese Publikation in der Deutschen Nationalbibliografie; detaillierte bibliografische Daten sind im Internet über <http://dnb.d-nb.de> abrufbar.

Print ISBN: 978-3-527-51071-9
ePub ISBN: 978-3-527-83815-8
Umschlaggestaltung: Christian Kalkert, Birken-Honigsessen
Coverbild: elenabsl - stock.adobe.com
Satz: Straive, Chennai, India
Druck und Bindung: CPI Group (UK) Ltd, Croydon, CR0 4YY

C115765_290921

Inhalt

Geleitwort

Egal ob Hedge Funds, Großbanken oder Millennials, viele Anleger diskutieren heute darüber, ob sie Kryptoassets in ihre Portfolios aufnehmen sollen, und wenn ja: Wie, zu welchem Zeitpunkt und wie viele?

Seit Jahresbeginn ist bei den Transaktionsvolumina der Kryptoassets ein sehr starker Aufwärtstrend zu beobachten; allein in den zwölf Monaten von Juni 2020 bis Juni 2021 stieg die Gesamtmarktkapitalisierung der Kryptowährungen von knapp unter 260 Milliarden US-Dollar auf über 1,5 Billionen US-Dollar[1].

Aufgrund dieses Wachstums und des dadurch geweckten Interesses von privaten und institutionellen Anlegern weltweit, befassen sich auch die Aufsichtsbehörden wesentlich stärker mit dieser Anlageklasse. Meines Erwartens wird dies wiederum dazu beitragen, eine bessere Marktinfrastruktur zu schaffen, und den Weg ebnen für eine breitere Akzeptanz von Kryptoassets.

Auch aus der Sicht traditioneller Finanzdienstleistungsunternehmen sieht man erste Zeichen des Wohlwollens gegenüber Kryptoassets. Oft werden insbesondere die Vorteile der Kryptoassets hervorgehoben, wie der globale real-time Zahlungsverkehr, die Programmierbarkeit von Token sowie die rund um die Uhr aktive Marktinfrastruktur und die damit verbundene Liquidität der Assets. Ich bin überzeugt davon, dass dieser technologische Wandel die Finanzmärkte ins 21. Jahrhundert katapultieren wird und selbst traditionell eher risikoaverse Unternehmen sich alsbald der Anlageklasse »Krypto« annähern werden.

Das Buch von Martin Leinweber und Jörg Willig erscheint zu einem wichtigen Zeitpunkt und es besteht größere Notwendigkeit denn je, die Bedeutung und Opportunitäten von Kryptoassets besser zu verstehen. *Asset-Allokation mit Kryptoassets* kann hier maßgeblich zu einem besseren Verständnis beitragen, unabhängig davon, ob Sie ein High-Frequency Trader sind, der eine algorithmische Strategie verfolgt, oder ein institutioneller Portfolio-Manager, der einen diversifizierten Ansatz in verschiedenen Anlageklassen anstrebt.

Martins und Jörgs Bemühungen haben sich gelohnt, wenn die bereitgestellten Informationen über Kryptoassets auch nur geringfügig dazu beitragen, dass Anlageverwalter ihre eigenen Schlüsse daraus ziehen.

Ich persönlich sehe klare Vorteile im Handel von Kryptoassets und freue mich auf die digitale Zukunft der Kapitalmärkte.

August 2021

Alexander Höptner, Chief Executive Officer, BitMEX

1 https://coinmarketcap.com/charts/.

Vorwort

Die Themen Kryptoassets und Asset-Allokation könnten jedes für sich mehrere Regalreihen füllen. Es ist daher keine leichte Aufgabe, beide in einem Buch zu behandeln. Dennoch ist es wichtig, diesen Schritt zu gehen, denn in der Schnittmenge von klassischen Kapitalanlagen und den neuen digitalen Assets entsteht gerade die Zukunft der Asset-Allokation. Uns geht es weder um Krypto-Maximalismus noch um den Erhalt des Status quo, sondern um die Integration von alter und neuer Welt. In Zeiten, in denen Staatsanleihen mit einem Gesamtwert von mehr als 40 Billionen US-Dollar eine negative Realrendite aufweisen, müssen Investoren über neue Instrumente nachdenken. Zu den möglichen Alternativen in der Asset-Allokation zählen auch die digitalen Assets.

In diesem Buch gehen wir nicht der Frage nach, welche Kryptowährung es in fünf Jahren noch gibt, oder wie hoch oder tief deren Kurs dann sein mag. Auch die Frage, welches digitale Token aktuell in einer bestimmten Marktnische aus technischer Sicht herausragt, ist für strategisch orientierte Kapitalanleger nicht relevant. Schon auf Grund der frühen Entwicklungsphase vieler Projekte sowie der offenen regulatorischen Aufgaben sind derartige Fragen kaum seriös zu beantworten. Wir stellen Möglichkeiten der Integration dieser neue Assetklasse in den Anlageprozess professioneller Investoren vor und zeigen, mit welchen Auswirkungen gerechnet werden sollte. Dazu gehören ausführliche Darstellungen möglicher Anlagequoten und der damit verbundenen Chancen, aber auch offene Worte zu den Risiken von Kryptoassets.

Als wir dieses Buchprojekt starteten, notierte Bitcoin bei 7000 US-Dollar, die gesamte Marktkapitalisierung aller Kryptoassets betrug 180 Milliarden US-Dollar und das Thema Decentralized Finance spielte kaum eine Rolle. Auf Grund der enormen Veränderungen mussten wir einige Kapitel mehrmals überarbeiten und aktuelle Entwicklungen aufnehmen. Unternehmen wie MicroStrategy und Tesla investierten in Bitcoin, PayPal integrierte das Kryptoasset in seine Prozesse und El Salvador erklärte Bitcoin sogar zum öffentlichen Zahlungsmittel. Autoren, die ein Buch von bleibendem Wert über einen so dynamischen Sektor schreiben, wandeln auf einem schmalen Grat zwischen größtmöglicher Aktualität und der Einhaltung des Abgabetermins. Schlussendlich geht es uns aber mit diesem Buch nicht um die täglichen Veränderungen von Kursdaten und Handelsvolumina, sondern um langfristig erkennbare Tendenzen und die Bereitstellung von Informationen, die für unsere Leser auch zukünftig informativ und nützlich sind.

Professionelle Anleger haben weder Zeit noch Lust, sich auf Kanälen wie Twitter, Telegram, Reddit, Slack, Medium oder in verschiedenen Blogs über einzelne Aspekte der digitalen Assets zu informieren. Daher halten wir ein Buch für eine wichtige Ergänzung zu diesen fragmentierten Informationskanälen. Es ist das richtige Medium, wenn es eine disziplinierte Selektion der verfügbaren Daten, Informationen und Zusammenhänge mit dauerhaftem Informationsgehalt beinhaltet.

Wenn wir es schaffen, zu einer größeren Aufgeschlossenheit gegenüber dieser neuen Assetklasse beizutragen, dann haben wir unser Ziel erreicht.

August 2021
Martin Leinweber und Jörg Willig

Danksagung

Wir bedanken uns beim Wiley-Verlag, der unser Projekt von Anfang an unterstützt hatte. Insbesondere gilt unser Dank unserem Lektor Markus Wester, der für Fragen und Feedback immer zur Verfügung stand.

Erich Kästner sagte schon »Kein Buch ohne Vorwort!«, daher vielen Dank an Alexander Höptner für das Erstellen eines Geleitworts.

Einen besonderen Dank widmen wir unseren Interviewpartnern Patrick Karb, Thomas Kettner, Max Lautenschläger, Bernadette Leuzinger, Prof. Dr. Philipp Sandner, Reto Stiffler und Désirée Velleuer.

Wir danken auch all jenen aus der Kryptoasset- und Finanz-Community, die Ideen, Ratschläge und Kommentare beigesteuert haben, insbesondere Matthias Albrecht, Mauro Casellini, Lucas Ereth, Susanne Fromm, Jens Geider, Marius Grieseler, Milko Hensel, Dr. Sven Hildebrandt, Dr. Gerhard Hinterhäuser, Marco Infuso, Itzik Joshua, Thomas Kramer, Julian Liniger, Dominik Poiger, Julian Richter, Felix Saible, Martin Schmidt, Paul Sengebusch, Dr. Daniel Alexander van Skye, Sigvard Wohlwend und Roger Wurzel. Wir bitten um Verzeihung, wenn wir jemanden vergessen haben, der uns auf dieser Reise begleitet hat.

Das gesamte Manuskript wurde mit der Software R in RStudio verfasst. Wir möchten an dieser Stelle allen Entwicklern und Unterstützern dieses Projekts danken, insbesondere Hadley Wickham, Yihui Xie, Matt Dancho und Richard Iannone, sowie der gesamten Community von stackoverflow.

Für die Inspiration und die daraus resultierende Motivation, dieses Buch zu schreiben, möchten wir uns bei Meb Faber, dem Mitgründer und CEO von Cambria Investment Management, und Raoul Pal, Gründer und CEO von Real Vision Group, herzlich bedanken.

Zu guter Letzt wollen wir uns für die Unterstützung unserer Familien bedanken, die uns in dieser Zeit ertragen mussten. Nebenberuflich ein Buch zu schreiben, bedeutet, jede freie Minute zu nutzen, frühmorgens, spätabends und an den Wochenenden. Ohne euch hätten wir das nie geschafft.

1 Einführung

Yes, risk-taking is inherently failure-prone. Otherwise, it would be called sure-thing-taking.
Jim McMahon

Aus der Vision in den Alltag

Erfolgreiche Ideen brauchen Zeit. Viele Menschen halten an bekannten Dingen fest und begegnen möglichen Veränderungen zunächst mit Skepsis. Das war bei der Erfindung der Eisenbahn und des Automobils nicht anders als beim World Wide Web oder dem Mobiltelefon. Ein möglicher Grund dieser Zurückhaltung liegt in der unterschiedlichen Gewichtung der Chancen und Risiken einer neuen Entwicklung. So sorgten sich einige Bürger angesichts der ersten Eisenbahn über die möglichen Auswirkungen der hohen Reisegeschwindigkeit auf den menschlichen Körper. Die Vorteile eines sich rasch entwickelten Transportnetzes mit all seinen Möglichkeiten rückten erst später ins Blickfeld. Wie schnell sich Wahrnehmungen verändern können, zeigt das erst 1989 vom britischen Physiker Timothy Berners-Lee entwickelte und zunächst belächelte World Wide Web, einem Informationsdienst auf dem Internet. Heute ist für viele eine Welt ohne das Web kaum mehr vorstellbar, und die Vernetzung im Privatleben und in der Wirtschaft ist nahezu allumfassend.

Der Kapitalmarkt ist nur einer von zahlreichen Bereichen, in denen Kryptoassets zu grundlegenden Veränderungen führen werden. Eine kritische Haltung gegenüber dieser neuen Technologie ist daher nicht nur nachvollziehbar, sondern wünschenswert. Notwendig ist jetzt eine offene Diskussion, die nicht nur alle Aspekte der neu entstehenden Strukturen, sondern auch die guten und schlechten Seiten der derzeitigen Systeme umfasst. Auch Stillstand darf kein Selbstzweck sein.

Die Entwicklung des Computers ist ein bemerkenswertes Beispiel für den langfristigen Weg einer technischen Neuerung von den Tischen der Entwickler bis in das Wohnzimmer und die Hosentaschen der Anwender. Die heutzutage beiläufig stattfindende Nutzung von Höchstleistungselektronik lässt viele vergessen, wie lang der Weg bis hierher war.

Im Jahr 1949 beschrieb Edmund Berkeley in seinem Buch »Giant Brains, or Machines That Think« den ersten echten Personal Computer. Immerhin 400 dieser Maschinen mit dem Namen »Simon« wurden in den folgenden zehn Jahren verkauft. Ebenfalls von Berkeley stammt der GENIAC aus dem Jahr 1955. Das Akronym steht für den wundervollen Namen »Genius Almost-Automatic Computer«.

Von der Leistungsfähigkeit heutiger Hard- und Software wagten damals nur wenige zu träumen. Dennoch sahen Optimisten schon frühzeitig viele der kommenden Möglichkeiten der Computertechnologie voraus. Zwar wurde manche Entwicklung langsamer als erwartet realisiert, denn jeder Fortschritt brachte neue Schwierigkeiten mit sich, die schließlich aber von den Forschern und Ingenieuren überwunden wurden.

Die stetigen Verbesserungen führten zu einem über Jahrzehnte anhaltenden exponentiellen Anstieg der Rechenleistung.[1] Simultan wuchs das theoretische Fundament und die Entwicklung von Software entwickelte sich zu einem neuen Industriezweig, der immer leistungsfähigere und bedienbare Applikationen schuf. Der Fortschritt mündete letztendlich in der vollständigen Entkoppelung der Endanwender von den hinter einer Anwendung stehenden Prozessen. Jeder, der will, kann die Apps auf einem Smartphone benutzen. Hochkomplexe Technologien, von Visionären erdacht und von großartigen Entwicklern über Jahrzehnte entwickelt, evolutionär verbessert und immer wieder revolutioniert, sind im Alltag angekommen.

Auch im Finanzsektor führten die beschriebenen technischen Veränderungen zu einer Revolution. Das bargeldlose Bezahlen wurde zu einem alltäglichen Vorgang, was in den meisten Fällen auch für das Online-Banking gilt. Von diesem Punkt aus ist die Integration von Kryptoassets in den Alltag der Menschen technologisch betrachtet nur ein kleiner Schritt. Auch die regulatorischen Vorbereitungen laufen bereits. Die Möglichkeiten, die diese digitalen Assets für Investoren mit sich bringen, sind weitreichend. Im Vordergrund stehen Kosteneinsparungen, sofortiges Settlement und die vollständige Transparenz aller Transaktionen. Die technologische Evolution wird sich jedoch nicht mit diesen Punkten zufriedengeben, sondern ambitionierte Ziele ins Visier nehmen. Ein naheliegendes Beispiel ist die Generierung sicherer digitaler Token, die einen anteiligen Besitz an beliebigen physischen Assets wie Immobilien oder Kunstwerken repräsentieren. Eine derartige Entwicklung brächte völlig neuen Möglichkeiten für die Asset-Allokation mit sich.

Anmerkungen zu Darstellungen und Schreibweisen

Eine besondere Herausforderung bei der Betrachtung einer so jungen Assetklasse wie Kryptos sind die Vielzahl ständig neu entstehender Projekte. Ähnlich wie bei der Entstehung des Web ist nicht seriös zu prognostizieren, welches Projekt sich durchsetzen und welches scheitern wird. Eine solche Fragestellung würde der Vielfalt möglicher Anwendungsfälle auch nicht gerecht. Viele Projekte, die in zehn Jahren im Mittelpunkt stehen werden, existieren möglicherweise noch gar nicht. Ähnlich gelagert ist der Fall bei der Abbildung von Kursverläufen und Marktwerten dieses oder jenes Kryptoassets. Wir haben die Abbildungen so aktuell wie möglich gehalten, doch mit dem

1 Moore's Law: Eine Faustregel des Intel-Mitgründers Gordon Earle Moore, nach der sich die Komplexität integrierter Schaltkreise in regelmäßigen Zeitabständen verdoppelt. Es gibt verschiedene kursierende Varianten mit unterschiedlichen Zeitspannen. Generell erwies sich die Kernaussage eines dauerhaften exponentiellen Anstiegs aus dem Jahr 1965 als bemerkenswert korrekt.

Abgabetermin des Manuskripts wird aus jeder dynamischen Entwicklung ein statischer Chart. Allein im Zeitraum zwischen dem Beginn der Arbeit am Manuskript und dem Abgabetermin bewegte sich der Kurs des Bitcoin in einer Spanne zwischen 5277 und 60 984 US-Dollar. Wenn Sie dieses Buch in die Hand nehmen, werden sich viele Preise deutlich verändert haben. Alle Abbildungen dienen daher ausdrücklich keiner Kursprognose oder der Annahme, ein bestimmter Trend würde sich fortsetzen oder auch nicht. Vielmehr dienen sie ausschließlich der Illustration bestimmter Entwicklungen, die auf dem Weg zu einem umfassenden Verständnis der neuen Assetklasse unterstützen sollen.

Skalierung in Charts

Bei der Abbildung sehr langfristiger Entwicklungen oder sehr starker Wachstumsverläufe an den Kapitalmärkten werden in der Regel Charts mit logarithmischen Preisskalen genutzt (log charts). Bei diesen Skalen sind nicht die absoluten, sondern die prozentualen Abstände zwischen zwei Punkten auf der Preisachse gleich groß. Somit werden prozentual gleich große Preisveränderungen immer auch gleich dargestellt (vgl. Abbildung 1.1).

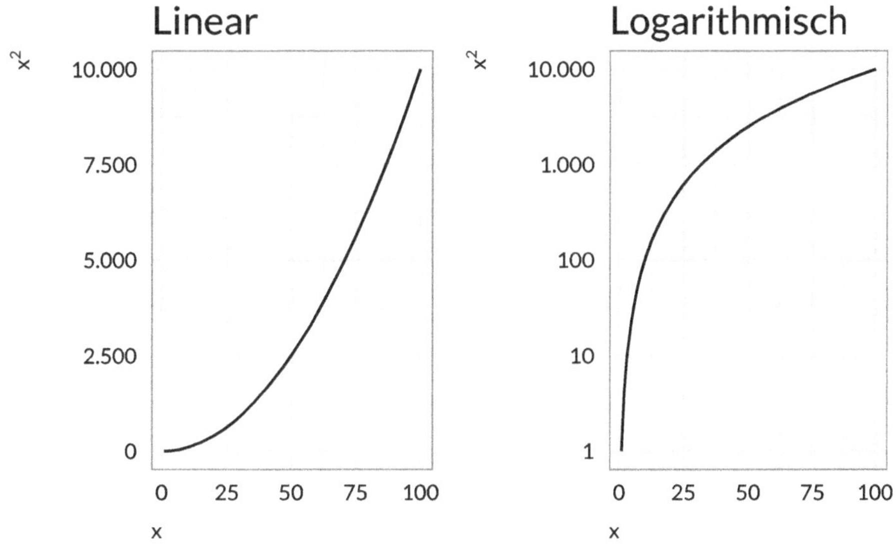

Abb. 1.1: Darstellung linearer und semi-logarithmischer Skalierung

Der Informationsgehalt der Darstellung des Bitcoin-Preises mit linearer Preisskala ist gering, denn nahezu die gesamte Entwicklung bis 2016 wird zu einer Linie komprimiert. Ein solches Bild ist irreführend, denn es erweckt den falschen Eindruck, der Großteil der gesamten Preissteigerung habe erst in jüngster Zeit stattgefunden. Wir werden daher, dort wo es angeraten ist, auf die logarithmische Skalierung der Preisachse zurückgreifen.

Die Schreibweise von Bitcoin

Das Wort *Bitcoin* mit großem *B* bezieht sich auf das Protokoll und das Peer-to-Peer Netzwerk. Klein geschrieben steht das Wort *bitcoin* für den nativen Token[2] dieses Netzwerks (vgl. Abbildung 1.2).

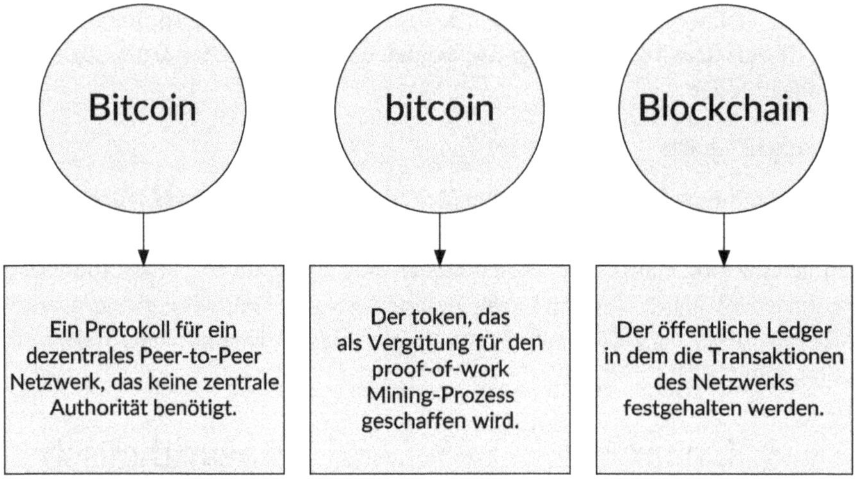

Abb. 1.2: Bitcoin: Protokoll, Netzwerk, Coin

Der Einfachheit halber werden wir das Wort Bitcoin stets großschreiben, da sich aus dem jeweiligen Kontext eindeutig ergibt, ob das Token oder das Protokoll gemeint ist. Die Bezeichnung Bitcoin wird in diesem Buch ausschließlich im Singular eingesetzt. In dieser Hinsicht folgen wir der üblichen Schreibweise.[3]

2 Nativer Token: Die direkt von einem Blockchain Protokoll wie Bitcoin geschaffene Kryptowährung, in der Transaktionskosten abgerechnet werden, und die zur Anreizsetzung bei der Netzwerksicherung dient.

3 Vgl. Antonopoulos (2017).

2 Der Bitcoin – eine kurze Historie

»Breeding homing pigeons that could cover a given space with ever increasing rapidity did not give us the laws of telegraphy, nor did breeding faster horses bring us the steam locomotive.«
Edward J. v. K. Menge, 1930

Das Jahr 2009 hielt einen reichen Fundus an guten und weniger guten Nachrichten für die Menschheit bereit. In Sri Lanka endete der 25 Jahre lang andauernde Bürgerkrieg, die Schweinegrippe wurde von der WHO zu einer globalen Pandemie erklärt und Politiker in Zimbabwe nahmen mit dem mittlerweile dritten Zimbabwe-Dollar einen erneuten Anlauf zur Eindämmung der Hyperinflation. Außerdem beendete Tiger Woods seine Karriere als Profigolfer, der Autor Terry Pratchett wurde von der Queen geadelt und Uri Geller erwarb eine unbewohnte Insel, weil er Gerüchten zufolge dort einen ägyptischen Schatz vermutete. Auf globaler Ebene wurde Christiano Ronaldo für seine Leistungen im Vorjahr zum Weltfußballer gekürt, die Slowakei führte den Euro ein und die Volksrepublik China machte das Hanyu Pinyin zur offiziellen latinisierten Umschrift der chinesischen Sprache.

Die meisten dieser Geschehnisse sind nach einem kurzen Aufflackern im obligatorischen Jahresrückblick rasch in Vergessenheit geraten. Ein Ereignis, das bis heute nachwirkt, hat es seinerzeit gar nicht erst in eine Rückblende geschafft. Am 3. Januar 2009 startete ein unbekannter Entwickler das Bitcoin-Netzwerk.

Das Jahr 2009 war das zweite Jahr der größten Finanzmarktkrise der vergangenen 100 Jahre. Während auch tiefgreifende Krisen an den Börsen und Kreditmärkten nichts Ungewöhnliches sind, stellt das Ausmaß der im Zuge der Entwicklungen der Jahre 2008 und 2009 durchgesetzten Eingriffe in den Kapitalmarkt eine Zäsur dar.[1] Seither stehen die Finanzmärkte unter dem Einfluss immer umfangreicherer Aktionen von Notenbanken, die an vielen Stellen die Mechanismen der freien Preisfindung ausgehebelt haben. Die einsetzende Gewöhnung der Marktteilnehmer an Zinssenkungen und regelmäßig aufgestockte Ankaufprogramme für Anleihen und Kreditverbriefungen, sobald das ökonomische Fahrwasser unruhiger wird, führte zu einem völlig verschobenen Anreizsystem. Ergänzend führen die niedrigen und teils negativen Zinssätze die klassischen Bewertungsansätze des Kapitalmarktes an ihre Grenzen. Die Resultate von Methoden, die seit Dekaden selbstverständlich genutzt wurden, sind nun oft kaum mehr anwendbar oder sogar irreführend und damit nicht nur nutzlos, sondern gefährlich.

Nahezu sämtliche Ventile, durch die sich der von Zeit zu Zeit entstehende Druck an den Finanzmärkten entladen konnte, wurden sukzessive geschlossen. Als finaler Druckbegrenzer verbleibt der größte aller Märkte, der globale Währungsmarkt mit

1 Siehe McDonald/Robinson (2009).

einem täglichen Handelsvolumen von mehr als 6,5 Billionen US-Dollar.[2] Auch in diesem Segment nutzen Zentralbanken seit jeher ihren Spielraum, Kursbewegungen zu beeinflussen, mal mit mehr und mal mit weniger Erfolg. Zwar erscheint der Einfluss der Zentralbanken kurzfristig oft übermächtig, doch den wichtigsten Faktor können auch diese Institutionen nur bis zu einem gewissen Grad beeinflussen: das Vertrauen der Menschen in eine Währung. Schwindet dieses Vertrauen, dann beginnen die Menschen, sich nach möglichen Alternativen umzuschauen.

Seit dem Beginn der Finanzkrise hat das Vertrauen in die globalen Finanzinstitutionen großen Schaden genommen. Die anhaltenden Markteingriffe der Zentralbanken und die ins Surreale abdriftenden eingesetzten Geldbeträge untergraben langsam aber stetig den Glauben der Menschen an die langfristige Stabilität vieler Währungen und greifen so das Fundament des globalen Finanzsystems an.[3] So wurde in den vergangenen Jahren der Boden für die Akzeptanz möglicher Alternativen bereitet. Was fehlte, war die Ausweichmöglichkeit. Mit dem Start des Bitcoin-Netzwerkes und der Entstehung einer neuen Assetklasse begann die Entwicklung einer möglichen Alternative. Bevor das erste Kryptoasset das Licht der Welt erblicken konnte, mussten jedoch einige Giganten ihre Arbeit erledigen, auf deren Schultern der Entwickler des Bitcoin später steigen sollte.

Von der Tankkarte zum Trustless Payment System

Neben allen technischen Problemen, die es auf dem langen Weg hin zur Einführung eines funktionierenden, dezentralen Zahlungssystems zu überwinden galt, mussten auch die Menschen vom Nutzen digitaler Zahlungsmittel in der Praxis überzeugt werden. Auch der bargeldlose Zahlungsverkehr hatte zu Beginn mit viel Skepsis zu kämpfen.

Ein frühes Beispiel für den sinnvollen Einsatz bargeldlosen Zahlungsverkehrs lieferten in den 1980er-Jahren einige Tankstellenbesitzer in den Niederlanden. Zahlreiche Überfälle, bei denen das Bargeld geraubt wurde, führten zur Schaffung eines bargeldlosen Zahlungssystems. Die Eigner der Tankstellen wollten zum einen das finanzielle Risiko, aber auch die persönlichen Gefahren reduzieren und führten die Kartenzahlung ein. Die Kunden nahmen das System an und konnten an den teilnehmenden Tankstellen fortan per Karte bargeldlos bezahlen. Was heute selbstverständlich klingt, war seinerzeit ein bemerkenswerter Schritt.

Während die Kartenzahlung noch greifbar ist, existieren virtuelle Währungen nur noch innerhalb von Rechnern. Als solche startete im Jahr 1998 die Internet-Währung »Flooz«, deren Funktionsweise bekannten Bonuspunkt-Systemen ähnelt. Anwender konnten durch webbasierte Einkäufe Flooz verdienen, die sie dann bei Einkäufen über

2 Siehe Mallo (2019); Schrimpf/Sushko (2019).
3 Siehe Booth (2020).

teilnehmende Webseiten wieder gegen Waren tauschen konnten. Ein Flooz entsprach dem Gegenwert von einem US-Dollar. Wie vergleichbare Projekte erreichte auch der Flooz nie die für einen Erfolg notwendige kritische Masse. Das Ende des ersten Internet Hypes zur Jahrtausendwende überlebte das System nicht.

Sowohl das Modell der Kartenzahlung in den Niederlanden als auch das Konzept des Flooz waren Unternehmungen, die sich an der Lösung spezifischer Probleme versuchten. Es gab jedoch schon zu Beginn der 1980er-Jahre Projekte, die einen wirklich großen Wurf wagten. Eines davon konzipierte David Chaum, ein bekannter Informatiker, der mehr als dreißig einschlägige Patente hält. Eines davon trägt den Titel »Blind Signature Systems«[4] und stammt aus dem Jahr 1988. Schon Jahre zuvor hatte der damals bei der University of California, Berkeley, tätige Forscher und Entwickler mit der Veröffentlichung seines Papers »Untraceable Electronic Mail, Return Addresses, and Digital Pseudonyms« einen Meilenstein in der Geschichte der verschlüsselten digitalen Kommunikation gesetzt. Auch wenn die Titel der beiden Patente nicht auf digitale Währungen hinweisen, sind die von Chaum entwickelten Methoden elementare Bausteine von Kryptoassets.

Im Jahr 1989 finalisierte Chaum die Arbeit an einem Protokoll für eine digitale Währung, deren Namen eCash er für sein Unternehmen DigiCash schützen ließ. Das Konzept nutzte zahlreiche seiner Erkenntnisse, darunter die der »blind signature«[5]. Dieses Verfahren ermöglicht die Verifikation des Absenders einer Nachricht ohne die Offenlegung des enthaltenen Inhaltes und ist ein wichtiges Element bekannter Kryptoassets. Dem Unternehmen DigiCash und dessen digitaler Währung war dennoch kein langfristiger Erfolg beschieden. Der Aufstieg des E-Commerce hatte gerade erst begonnen, und die Anzahl der Nutzer konnte trotz der ausgezeichneten technischen Umsetzung nicht in ausreichendem Maße gesteigert werden. Technisch ähnelte eCash dem Aufbau von PayPal. Als problematisch stellte sich vor allem die Abhängigkeit von den für die Nutzung von eCash lizensierten Banken heraus. Zwar konnten durch die feste Anbindung an das bestehende Finanzsystem Schwierigkeiten bei rechtlichen Themen wie der Verhinderung von Geldwäsche vermieden werden. Andererseits wurde eCash dadurch für die Nutzer nicht attraktiver, denn es stellte durch die starre Anbindung an die existierenden Systeme kein unabhängiges Geldsystem dar.

Im Jahr 1998 meldete DigiCash Insolvenz an. Die Arbeit von David Chaum war jedoch nicht umsonst. Die von ihm entwickelten und in der Praxis erprobten Konzepte bereiteten den Boden für die nachfolgenden Entwicklungen. Vor allem die Notwendigkeit einer zentralen Autorität und die Abhängigkeit vom existierenden Banksystem stellten Hürden dar, die es zukünftig zu überwinden galt. Eines wurde allen Befürwortern einer digitalen Währung durch die zentrale Natur des eCash-Systems und die anhaltenden Probleme mit den Regulierungsbehörden spätestens zu dieser Zeit klar. Ein robustes und unabhängiges Geldsystem muss dezentral konzipiert sein.

4 Das Patent ist unter https://www.chaum.com/patents/US4759063.pdf abrufbar.
5 Siehe Chaum (1983).

Rund zehn Jahre nach dem Start von DigiCash konzipierte Wei Dai, ein chinesischer Hardware Entwickler, das digitale Geld b-Money[6]. In seinem Paper beschrieb Dai ein Protokoll, das schon viele Punkte des Bitcoin vorwegnahm. Beschrieben wurden beispielsweise die Möglichkeiten, den Rechenaufwand zur Lösung eines mathematischen Problems als proof-of-work zu nutzen und den beteiligten Rechner für seine geleistete Arbeit zu vergüten. Auch die Nutzung eines gemeinsamen Buchhaltungssystems (distributed legder), dessen Einträge kollektiv verifiziert und akzeptiert werden, wurde von Dai erwähnt. Über die Konzeptionsphase kam sein Protokoll zwar nie hinaus, es beeinflusste jedoch spürbar die nachfolgenden Entwicklungen. Zu Ehren von Wei Dai wurde die kleinste Einheit des Ether[7], der wei, nach ihm benannt.

Ein weiterer bedeutender Pionier der digitalen Währungen ist der aus Ungarn stammende Nicholas Szabo. Im Jahr 1998 entwickelte der Informatiker mit dem bit gold-Protokoll einen direkten Vorläufer des Bitcoin, der essenzielle Bausteine seines Nachfolgers bereits erkennen ließ.[8] Der Kern des bit gold-Protokolls ist das proof-of-work-Konzept, bei dem Szabo sich an der Arbeit von Adam Back orientierte. Dieser hatte ein Jahr zuvor einen entsprechenden Algorithmus geschaffen, der zur Vermeidung von Spam-Nachrichten und zur Vorbeugung gegen Distributed-Denial-of-Service Attacken[9] in Netzwerken eingesetzt werden konnte. Das Konzept verhindert die unlimitierte Kommunikation von Netzwerkteilnehmern, indem es als Voraussetzung für die Akzeptanz einer übermittelten Nachricht eine vorher verrichtete Arbeit voraussetzt. Für DDoS-Angreifer oder Absender von Spam-Nachrichten entstünden somit bei jeder Anfrage oder versandten Nachricht ein Rechenaufwand. Die damit einhergehenden Kosten würden solche Angriffe teuer und damit unattraktiv machen.

Das Konzept des Nachweises geleisteter Rechenarbeit, das proof-of-work, ist ebenso einfach wie genial. Die Teilnehmer eines Netzwerks stellen Rechenleistung für die Lösung mathematischer Probleme zur Verfügung. Hat ein Rechner die Lösung einer Aufgabe gefunden, kann er diese in das Netzwerk kommunizieren. Da der Rechner seinen Arbeitseinsatz durch die Lösung der Aufgabe unter Beweis gestellt hat, kann nun ein Eintrag in das öffentliche Verzeichnis des Netzwerks erfolgen. Jeder Eintrag wird dann ein Teil der nächsten zu lösenden Aufgabe. So entsteht eine stetig länger werdende Kette an Einträgen, die durch den enormen investierten Rechenaufwand de facto unveränderlich ist. Diese Kette, mit allen jemals auf dem Netzwerk erfolgten Transaktionen, ist der Kern der global verteilten dezentralen Buchhaltung des Netzwerks, der distributed ledger.

Der Beitrag von Szabo zur Schaffung eines dezentralen Geldsystems ist außerordentlich. Lediglich das double-spend-Problem konnte Szabo mit seinem bit gold-Protokoll nicht zufriedenstellend lösen. Dabei handelt es sich um die Frage, wie sich in einem

6 Den Text von Wei Dai zu b-money finden Sie unter http://www.weidai.com/bmoney.txt.
7 Der Ether ist der native Token des Ethereum Netzwerks.
8 Siehe Szabo (2021).
9 Distributed Denial of Service-Attacke: Bei einem DDoS-Angriff führen Angreifer die Nichtverfügbarkeit eines Dienstes oder Servers durch eine enorme Anzahl von Anfragen gezielt herbei.

Zahlungssystem die mehrfache Ausgabe derselben Geldeinheit verhindern lässt. Bezahlt beispielsweise ein Käufer einen Musikdownload und kann die Dienstleistung nutzen, bevor die Transaktion final abgerechnet wurde, kann die selbe Geldeinheit für die Zahlung einer weiteren Dienstleistung genutzt werden oder einfach an eine andere Adresse gesendet werden. Die Lösung dieser schwierigen Aufgabe blieb vorerst offen. Wenn aber Nakamato sagen würde, er habe wie Newton auf den Schultern von Riesen gestanden, dann ist Szabo einer dieser Riesen.

Enter Satoshi Nakamoto

»If I have seen further it is by standing on the shoulders of Giants.«

Isaac Newton

Der nächste große Schritt war Satoshi Nakamotos Bitcoin-Protokoll, das der Entwickler in einem Whitepaper als Peer-to-Peer Bezahlsystem beschrieb. Das Protokoll kombiniert verschiedene Bausteine seiner Vorgänger und löst als Blockchain Anwendung auch das Problem des double spend. Alle Transaktionen finden direkt Peer-to-Peer zwischen den Teilnehmern in einem Netzwerk ohne zentrale Autorität und ohne zentrale Buchhaltung statt. Alle notwendigen Informationen sämtlicher Transaktionen werden in Daten-Blöcken gespeichert, die sequenziell zu einer Kette von Blöcken verknüpft werden, einer *Blockchain*. Die einzelnen Blöcke sind dabei über eine kryptografische Hashfunktion miteinander verkettet. Jeder Block beinhaltet so transformierte Informationen des vorangegangenen Blocks. Da sich dies durch die gesamte Kette hindurchzieht, kann kein einzelner Block verändert oder aus dieser Kette herausgelöst werden.

Die Mehrheit der Rechenleistung des Netzwerks einigt sich auf eine einzige valide Kette aus Blöcken. So entsteht eine stetig wachsende Reihe an Transaktionen, die mehrheitlich akzeptiert der korrekten Historie aller Transaktionen entspricht. Das Netzwerk übernimmt somit eigenständig die Schaffung neuer Einträge, die Überprüfung von Transaktionen auf Konsistenz mit der Transaktionshistorie und deren Fortschreibung. Eine zentrale Instanz ist ebenso überflüssig wie eine dritte, prüfende Partei. Auch die Datenhaltung ist ungewöhnlich. Die gesamte Blockchain ist auf jedem Knoten (full node) des Netzwerks vorhanden. Anstelle einer zentralen Datenhaltung werden die Daten im Netzwerk redundant vorgehalten. Die Datenmenge ist daher größer als bei einer zentralen Speicherung. Die Redundanz führt aber zu einer robusten Datenhaltung, denn der Ausfall einzelner Netzwerkknoten spielt für die Datensicherheit keine Rolle.

Enter Bitcoin

Der 31. Oktober 2008 markiert das Datum der Veröffentlichung des Bitcoin Whitepapers mit dem Titel »Bitcoin: A Peer-to-Peer Electronic Cash System«.[10] Es ist bis

10 Das Paper ist unter https://bitcoin.org/bitcoin.pdf abrufbar.

heute nicht bekannt, ob sich hinter dem Decknamen Satoshi Nakamoto eine einzelne Person oder eine Gruppe von Entwicklern verbirgt.[11]

Während der Arbeit am Paper und bereits zwei Monate vor der Veröffentlichung registrierte Nakamoto die Domain »bitcoin.org« (siehe Abbildung 2.1). Das Eigentum an dieser Domain gab Nakamoto umgehend an mehrere Personen weiter, die nicht zum Kern der Bitcoin-Entwickler zählten. Nicht nur auf Ebene der Programmierung wurde die Gefahr einer Zentralisierung des dezentralen Projektes so von Beginn an minimiert.[12]

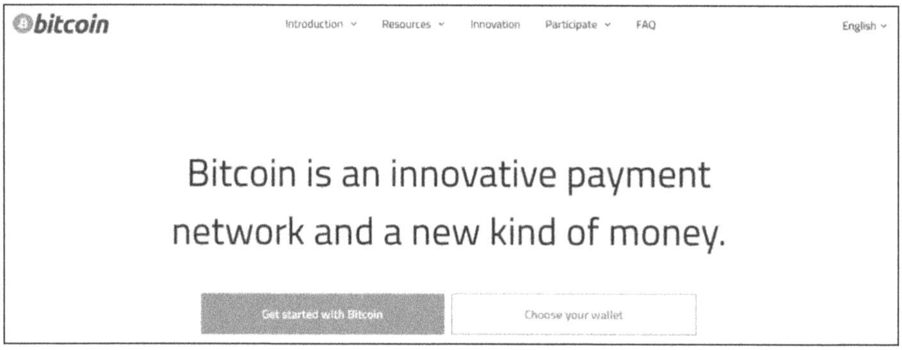

Abb. 2.1: Webseite Bitcoin.org

Am 3. Januar des Jahres 2009 war es soweit. Mitten in der größten Finanzkrise seit den 1930er-Jahren[13] wurde mit dem Genesis Block der Ursprung der Bitcoin Blockchain gelegt. Dieser Block ist der erste Block, der jemals auf dem Bitcoin-Netzwerk erzeugt wurde. Da die Belohnung für Erstellung des Blocks im Rahmen des Mining seinerzeit bei 50 Bitcoin lag, entstanden zeitgleich mit diesem ersten Block auch die ersten 50 Bitcoin.

Der Zeitpunkt für den Start des Netzwerkes wurde nicht zufällig gewählt. Das globale Finanzsystem stand seinerzeit vor einem Komplettversagen. Ein Detail lässt einen Blick auf die Beweggründe Nakamotos zu, der mit der Erzeugung des ersten Blocks der Bitcoin Blockchain eine kurze Textnachricht übermittelte. Bei dieser Botschaft handelt es sich um das Zitat der Überschrift eines Artikels aus der englischen Tageszeitung *The Times* vom 3. Januar 2009, in dem über die Pläne des damaligen Finanzministers Alistair Darling berichtet wird, die britischen Banken im Rahmen einer erneuten Rettungsaktion mit hunderten Milliarden britischen Pfund zu stützen. Der kurze Text lautete »The Times 03/Jan/2009 Chancellor on brink of second bailout for banks«. Für Nakamoto stellte das Bitcoin-Netzwerk als bankenunabhängiges Peer-to-Peer-System für den globalen Zahlungsverkehr eine Alternative zum bestehenden, zentralisierten System dar.

11 Siehe Frisby (2014).
12 Siehe Champagne (2014).
13 Zahlen zur Finanzkrise erhältlich bei bpb (2017).

Bitcoin versus Blockchain

Der Bitcoin ist als nativer Token des Bitcoin-Netzwerks nur eine Ausprägung einer Kryptowährung. Daher ist die bekannteste Kryptowährung kein Synonym für die Blockchain, sondern lediglich ihre bislang bekannteste Anwendung. Obwohl die folgenden Ausführungen sich spezifisch auf Nakamotos Entwicklung beziehen, gelten nachfolgend dargestellte Prinzipien auch für andere Kryptoassets.

Das System Bitcoin besteht aus mehreren Komponenten. Zum einen ist es die Client-Software, die jeder auf einem Computer installieren kann. Rechner, die diese Software nutzen, bilden die Knoten eines verteilten Netzwerks, über das die Kommunikation der Computer untereinander erfolgt. Neben der installierten Client-Software hält jeder Netzwerkknoten eine vollständige Version der aktuellen Blockchain mit allen jemals erfolgten Bitcoin Transaktionen in seinem Speicher.

Die Regeln des Netzwerks sind im Bitcoin-Protokoll definiert. Die Client-Software implementiert diese codierten Regeln, die unter anderem festlegen, wie neue Bitcoin entstehen, wer diese erhält und wie Transaktionen im Netzwerk verifiziert werden können. Die Mining-Rechner sind die Buchhalter des verteilten Netzwerks, die gemeinsam in einem dezentralen, redundant abgelegten Hauptbuch arbeiten. Für ihren Beitrag zur Aufrechterhaltung einer fehlerfreien und unabänderlichen Buchhaltung werden die Miner mit neu geschaffenen Bitcoin belohnt. Zusätzlich können sie Transaktionsgebühren vereinnahmen.

Die Nutzung einer Blockchain und das ökonomische Anreizsystem für die Miner ermöglichen eine dezentrale und unabhängige Überprüfung sämtlicher Eigentumsverhältnisse und Transfers im Netzwerk. Die Übertragung von Bitcoin zwischen zwei Teilnehmern erfolgt direkt bilateral. Eine Rückabwicklung von Transaktionen im Falle von Fehleingaben oder Streitigkeiten ist nicht möglich. Bitcoin Transaktionen sind endgültig. Die Unabhängigkeit von jeglicher Drittpartei und die Finalität einmal ausgeführter Transaktionen sind die grundlegenden Unterschiede zwischen Blockchain-basierten und konventionellen Transaktionssystemen.

Im Gegensatz zu typischen Finanztransaktionen, bei denen sich die beteiligten Personen oder Organisationen durch einen Ausweis oder eine eindeutige ID identifizieren müssen, gibt es für die Nutzung des Bitcoin-Netzwerks keine derartige Anforderung. Um eine Transaktion ausführen zu können, muss eine Person oder Organisation nur einen privaten Schlüssel[14] und eine Bitcoin-Adresse[15] besitzen.

14 Ein privater Schlüssel ist eine 256-Bit-Zeichenfolge. Im Hexadezimalsystem hat sie entsprechend 64 Zeichen. Ein Beispiel für einen solchen Schlüssel ist: 1b9cdf53588f99cea61c6482c4549b0316bafde19f768 51940d71babaec5e569.

15 Eine Bitcoin-Adresse besteht je nach Format aus einer 34- bzw. 42-stelligen Zeichenfolge im Hexadezimalsystem. Ein Beispiel für eine Adresse im alten Format P2PKH ist: 1MbeQFmHo9b69kCfFa6yBr7BQX4NzJFQq9; ein Beispiel für eine Adresse im modernsten Format Bech32 ist bc1qc7slrfxkknqcq2jevvvkdgvrt 8080852dfjewde450xdlk4ugp7szw5tk9.

Anonymität jedoch, wie vielfach hervorgehoben, bietet der Bitcoin nicht. Vorsichtige Nutzer können zwar versuchen, die Transparenz der eigenen Transaktionen zu verschleiern. Der erreichbare Grad an Anonymität im Netzwerk wird jedoch überschätzt. Nach Aussagen von Forschern der Cornell Universität können bereits simple Webtracker und Cookies, die in viele Websites eingebettet sind, die Zuordnung von Bitcoin Transaktionen zu einer Person ermöglichen. In mehr als 60 % der untersuchten Fälle sei eine eindeutige Verknüpfung möglich.[16] Es erfordert nur wenig Fantasie, sich vorzustellen, wie einfach die Zuordnung der meisten Transaktionen zu den ausführenden Personen ist, wenn nur genügend Daten systematisch zusammengefasst werden können. Schon jetzt gibt es Beispiele von Strafverfolgungsbehörden, die Straftäter auf Grund der von diesen im Zusammenhang mit den ausgeübten Vergehen durchgeführten Bitcoin-Transaktionen überführen konnten.[17]

Einsatzfelder

Ironischerweise ist Bitcoin auf Grund technischer Restriktionen und der unvermeidlichen Transaktionskosten kaum als Zahlungsmittel für eine Vielzahl kleiner Transaktionen geeignet. Nakamotos ursprüngliche Vision eines »Peer-to-Peer Electronic Cash System« erfüllt die von ihm geschaffene Kryptowährung in der aktuellen Form nicht. Inspiriert vom Bitcoin entwickelten sich jedoch andere Projekte, die für diesen Einsatzzweck besser geeignet sind. Trotz der Möglichkeiten, auch unter Nutzung des Bitcoin-Netzwerks eine Lösung für den alltäglichen Zahlungsverkehr zu schaffen, liegen dessen Stärken anderswo.

In den letzten Jahren kristallisierte sich die Vorteilhaftigkeit des Bitcoin-Netzwerks vor allem für zwei Anwendungen heraus. Zum einen sind dies grenzüberschreitende Großtransaktionen, die sich mit Kryptowährungen schnell und unbürokratisch, sehr günstig und ohne Settlement-Risiken[18] durchführen lassen. Es spielt weder für die Kosten noch für die Dauer eines Transfers eine Rolle, ob sie einen einzigen oder 10 000 Bitcoin transferieren. Es spielt auch keine Rolle, ob sich diese Transaktion zwischen Ihnen und Ihrem Nachbarn oder einer Person auf der anderen Erdhalbkugel abspielt. Das Internet hat keine Grenzen und das Auslösen einer beliebig großen Transaktion ist nicht schwieriger als eine E-Mail zu versenden. Abwicklungssysteme werden ebenso wenig benötigt wie zwischengeschaltete Organisationen und das Settlement der Transaktion erfolgt umgehend. Die Bitcoin befinden sich entweder noch beim Sender oder bereits beim Empfänger. Zwischen diesen beiden Zuständen gibt es nichts, keinen Intermediär und damit auch kein entsprechendes Risiko.

16 Siehe Goldfeder et al. (2017).
17 Siehe Manager Magazin (2021).
18 Als Settlement-Risiko bezeichnet man das Risiko, dass eine getätigte Transaktion gar nicht oder nicht rechtzeitig abgewickelt wird, da der Vertragspartner bis zum beiderseitigen Erfüllungstag seinen Verpflichtungen nicht nachkommt, während die eigene Verpflichtung bereits erfüllt wurde.

Zudem entwickelt sich Bitcoin auf Grund des tendenziell abnehmend inflationären bis leicht deflationären Charakters zunehmend als zentralbankunabhängige Anlage ohne Zinsänderungs- oder Adressausfallrisiko. In Zeiten, in denen Zentralbanken nicht mehr die Geldwertstabilität, sondern mit der Steigerung der Inflationsrate den Kaufkraftverlust als primäres Ziel verfolgen, gewinnt dieser Punkt an Bedeutung.

Die Bausteine des Bitcoin

Während Blockchains und Bitcoin bereits seit einem Jahrzehnt existieren, nimmt die Aufmerksamkeit institutioneller Investoren erst seit einigen Jahren zu. Der starke Anstieg des Bitcoin-Kurses und die damit verbundenen Schlagzeilen im Jahr 2017 führten erstmals zu einer Wahrnehmung von Kryptoassets durch breitere Bevölkerungsschichten. Während private Anleger vor allem von hohen Kursgewinnen angezogen wurden, galt das Interesse professioneller Anleger zunächst eher den Einsatzmöglichkeiten von Blockchain-Anwendungen in der Finanzbranche. Die neue Technologie hat offensichtliche disruptive Elemente, die einerseits enorme Prozessverbesserungen für Finanzunternehmen, vor allem für Asset-Manager, mit sich bringen. Andererseits stellt ein ausgereiftes und skalierbares Blockchain-basiertes System die Notwendigkeit klassischer Intermediäre und die mit diesen zwangsläufig verbundenen Kosten in Frage. Um sich den relevanten Fragen widmen zu können, ist ein grundlegendes Verständnis der Bitcoin-Terminologie notwendig.

Der Bitcoin ist der derzeit bekannteste Anwendungsfall einer Blockchain. Die Blockchain ist die zentrale Komponente des Bitcoin-Netzwerks, sie ist jedoch nicht gleichbedeutend mit dem Bitcoin. Blockchain-Anwendungen lassen sich für viele Zwecke nutzen, und das gesamte Bitcoin-System besteht nicht allein aus der Blockchain, sondern aus mehreren Komponenten. Das von Nakamoto ins Leben gerufene Zahlungssystem ist ein eher simpler Spezialfall der Nutzung einer Blockchain. Die Genialität des Bitcoin-Systems liegt nicht in der Blockchain allein, sondern in der sinnvollen Kombination verschiedener existierender Technologien zu einem effizienten Ganzen. Gerade in der Simplizität und der Beschränkung auf das Wesentliche liegen die Stärken des Protokolls. Je einfacher ein System ist, desto weniger Angriffspunkte bietet es.

Im folgenden Abschnitt werden wir auf die Grundlagen der Blockchain und des Bitcoin-Netzwerks eingehen. Für technisch Interessierte gibt es zahlreiche Bücher, die auch die Konstruktionsmerkmale von Bitcoin und Kryptowährungen detailliert beschreiben.[19] Leser mit Vorkenntnissen können diesen Abschnitt überspringen.

Die Blockchain

Im Kern handelt es sich bei einer Blockchain um eine verteilte Datenbank, die von mehreren Benutzern in einem Netzwerk gemeinsam genutzt werden kann. Die

19 Siehe Bashir (2020); Schär/Berentsen (2017); Voshmgir (2019).

Datenhaltung erfolgt nicht in einer zentralen Instanz, sondern redundant auf jedem einzelnen Rechner, der Teil des Netzwerks ist. Einzelne Daten, beim Bitcoin-Netzwerk sind es Transaktionsdaten, werden in Blöcken (block) zusammengefasst, die dann unverrückbar und eindeutig zu einer wachsenden Historie verkettet (chain) werden. Um dies zu ermöglichen, werden verschiedene Technologien wie das Internet, kryptografische Methoden und Hashfunktionen eingesetzt.

Eine Blockchain kann in verschiedenen Ausprägungen gestaltet werden. Eine öffentliche Blockchain (public blockchain), wie die des Bitcoin-Netzwerks, hat keine Hürden hinsichtlich der Nutzung. Jeder kann dem Netzwerk beitreten und es vollumfänglich nutzen. Eine private Blockchain (private blockchain) ist vergleichbar mit einem Intranet, erfordert eine Nutzerverifikation und kann je nach Konstruktion sämtliche Mechanismen vom Mining bis hin zu Manipulationen einzelner Einträge auf der Blockchain über eine zentrale Instanz beeinflussen. Private Blockchains repräsentieren daher eine dezentral konstruierte, aber zentral koordinierte Anwendung. Die dritte Kategorie sind die permissioned blockchains, die Elemente aus den privaten und öffentlichen Blockchains kombinieren. Ein Beispiel für eine solche Blockchain ist Ripple (XRP). Es gibt keine guten oder schlechten Blockchains. Die jeweilige Konstruktion hängt vom Einsatzzweck und von anderen Parametern, etwa dem Datenschutz, ab.

Kryptografie

Die Kryptografie beschäftigt sich als Teilgebiet der Kryptologie mit Verfahren zur Verschlüsselung von Daten. Obwohl alle historischen Bitcoin-Transaktionen unverschlüsselt und damit für jedermann einsehbar sind, spielen Verschlüsselungsalgorithmen eine unverzichtbare Rolle. Im Bitcoin-Netzwerk kommt ein klassisches asymmetrisches Verschlüsselungsverfahren mit privaten und öffentlichen Schlüsseln zum Einsatz. Wie diese Schlüssel generiert werden, hängt vom kryptografischen Algorithmus ab. Beispiele für asymmetrische Systeme sind der RSA (Rivest-Shamir-Adleman) und der ECC (Elliptic-Curve Cryptography) Algorithmus, der beim Bitcoin eingesetzt wird. Die asymmetrische Kryptografie erhöht auf skalierbare Weise die Sicherheit der Kommunikation in nicht vertrauenswürdigen Netzwerken.

Einen ausreichend langen *privaten Schlüssel* zu knacken, ist praktisch nicht möglich. Nur derjenige, der im Besitz dieses Schlüssels ist, kann Transaktionen im Netzwerk anstoßen und Bitcoin von einer Adresse an eine andere senden. Durch die Freigabe einer Transaktion mit dem privaten Schlüssel wird gleichzeitig die Authentizität des Absenders sichergestellt. Die Bedeutung des privaten Schlüssels im Netzwerk kann man daher nicht überbewerten. Wer den privaten Schlüssel zu einer bestimmten Adresse im Netzwerk besitzt, kann frei über die mit dieser Adresse assoziierten Bitcoin verfügen. Es ist kein weiterer Nachweis der Identität oder des Besitzrechtes notwendig. Ohne diesen Schlüssel hingegen geht nichts mehr. Dieses Vorgehen mag kompliziert klingen, wird jedoch vollständig von der Wallet-Software des Anwenders übernommen. Die Aufgabe des Nutzers besteht lediglich darin, seinen privaten Schlüssel nicht zu verlieren.

Hashfunktionen

Die meisten Menschen haben bereits von verschiedenen Verschlüsselungsverfahren gehört. Schon Kinder machen spielerische Experimente mit Geheimtinten oder stecken sich Zettel mit einfach verschlüsselten Botschaften zu. Mit Hashfunktionen aber haben wohl nur die wenigsten Menschen bereits zu tun gehabt. Daher kann sich kaum jemand vorstellen, was sich hinter diesem essenziellen Baustein des Bitcoin-Netzwerks verbirgt.

Eine Hashfunktion ist eine mathematische Funktion. Sie ordnet jedem gegebenen Eingangswert eine Ausgabe, den Hashwert oder kurz »Hash« der Eingabe, zu. Dabei erfüllt sie mehrere Kriterien.

- Eine Hashfunktion ist unumkehrbar. Aus einem Eingangswert kann leicht eine Ausgabe berechnet werden. Aus dieser Ausgabe sind jedoch keinerlei Rückschlüsse auf die Eingabe möglich. Wie bei einer Zigarette ist es ein Leichtes, diese zu einem Häufchen Asche umzuwandeln. Der Rückweg ist, zum Leidwesen aller Raucher, ausgeschlossen.
- Auch bei zwei Eingangswerten, die sich nur marginal unterscheiden, sind keinerlei Ähnlichkeiten beim Ergebnis sichtbar.
- Die Zuordnung muss eindeutig sein. Jede Eingabe resultiert exakt in einem Hashwert und zwei unterschiedliche Eingaben führen immer zu unterschiedlichen Hashwerten.
- Das Ergebnis einer Hashfunktion hat unabhängig von der Länge des Inputs immer die gleiche Länge.
- Eine Hashfunktion muss schnell berechenbar sein, damit sie in der Praxis eingesetzt werden kann.

Es gibt verschiedene Hashfunktionen. Ein bekannter Vertreter dieser Gattung hört auf den schönen Namen *SHA-512*. Wir wollen uns diese Funktion einmal bei der Arbeit anschauen, übergeben ihr daher einen einfachen Satz und werfen einen Blick auf das Ergebnis. Das erste der beiden folgenden Beispiele zeigt den Hashwert eines Zitats des Physikers Richard P. Feynman, der sagte: »I would rather have questions that can't be answered than answers that can't be questioned.«

Die Funktion liefert als Hashwert dieses Satzes die folgende Zeichenkette:

```
adbdc0b3741d344597b7049bff22f72e0ba629e5a68be081b210f74bbd9f429046c7c845f9a
956859b08b7802e68f80d0ac4c4c3d9637df92aa87f5bf3dbdedd
```

Nun ändern wir die Eingabe, indem wir den abschließenden Punkt des Zitats streichen. Wir übergeben nun den Satz »I would rather have questions that can't be answered than answers that can't be questioned« an die Funktion. Diese minimale Änderung der Eingabe resultiert in folgendem, stark vom ersten Ergebnis abweichenden Hashwert:

f1fa8a235ff0947058678928e6cc614b3803b5db30e0f813de6d738779fdb2b8e98150d2540
62b84f525f80f9118ea14bd1d8ff1405e534ad102d2d7d7bc2c49.

Niemand kann aus den Ausgabewerten Rückschlüsse auf die Eingaben ziehen. Eine minimale Änderung der Eingabe, hier der Punkt am Satzende, führt zu nicht kalkulierbaren Veränderungen der Ausgabe. Die Funktion SHA-512 hat Ihre Aufgabe erfüllt.

Die treibenden Kräfte hinter Bitcoin

> *»It might make sense just to get some in case it catches on. If enough people think the same way, that becomes a self fulfilling prophecy.«*
>
> *Satoshi Nakamoto im Jahr 2009*

Viele, die sich eine Weile mit Kryptowährungen im Allgemeinen und dem Bitcoin im Besonderen beschäftigt haben, können die sich bietenden Möglichkeiten nur erahnen, sind aber fasziniert von der Idee eines dezentralen Geldsystems. Wie revolutionär diese Idee ist, dürfte vor allem Fachleuten bewusst sein, die täglich mit den technischen und juristischen Wirren des Finanzalltags zu tun haben. Ein System, in dem Transaktionen ohne Gegenparteirisiko und Zeitverzug abgewickelt werden können, das unabhängig von politischen Einflüssen und einer zentralen Autorität ist und alle historischen Transaktionen mit exaktem Zeitstempel öffentlich und kostenlos verfügbar macht, ist ein großer Wurf.

Die Konzeption eines digitalen Assets klingt abstrakt und wirkt technisch komplex. Für Menschen ohne nennenswerte Technikaffinität und mit nur geringem Interesse an der Funktionsweise der Finanzmärkte ist so eine Entwicklung schwer zu greifen. Die mangelnde Regulatorik und der in den Anfangsjahren sprichwörtliche Wilde Westen mit seinen extremen Preisschwankungen schreckten viele Menschen ab. Medienberichte, die vor diesem »gefährlichen Zeug« warnten, erhöhten die Attraktivität ebenso wenig wie die Kursrückgänge nach dem Preisanstieg im Jahr 2017. Auch die oft an Desinteresse grenzenden Wissenslücken manchen Verfassers solcher Artikel halfen nicht weiter, die Angst der Anleger blieb. Gerade in Deutschland kam mit den Erinnerungen an das Aktiendebakel des »Neuen Marktes« ein Trauma wieder zum Vorschein.

Auch in der Finanzbranche arbeitete man zunächst nicht auf eine Adoption hin, sondern operierte vielerorts nach dem alten Prinzip, erst einmal abzuwarten, was die anderen wohl tun mögen. An einer Stelle also, die zum logischen Berührungspunkt interessierter Kunden und der neuen Kryptowelt hätte werden können, herrschte weitgehend Stille.

Auch in den Jahren 2020 und 2021 herrschte kein Mangel an kritischen Stimmen. Fundierte Argumentationen waren selten zu finden und oft gefielen sich die Opponenten in einer aggressiven Generalkritik.[20]

20 Thomas Straubhaar auf welt.de: »Der Bitcoin ist ein Spielzeug für Zocker.« (Straubhaar, 2021) oder Mark Schieritz auf Zeit.de mit dem Artikel »Bitcoin? Kann weg. Die Digitalwährung ist weder krisensicher noch nachhaltig. Auch wenn sie gerade boomt: Ihre Tage sind gezählt.« (Schieritz, 2021).

Auch die Bundesanstalt für Finanzaufsicht (BaFin) teilte potenziellen Anlegern ihre Sicht der Dinge unter anderen im BaFin Journal 09/2020 mit.[21] Dort heißt es »Belastbare Prognosen über die Wertentwicklung von Payment-Token können Anleger kaum treffen – dafür sind virtuelle Währungen zu komplex. Dies ist insbesondere darauf zurückzuführen, dass Payment-Token kein realwirtschaftlicher Wert zugrunde liegt. Sie haben keinen intrinsischen Wert und sind dadurch Spekulationen ausgesetzt. Für die Stabilität eines Payment-Tokens ist ihre Reputation und Akzeptanz enorm wichtig – insbesondere vor dem Hintergrund, dass Payment-Token nicht von Zentralbanken ausgegeben werden und kein gesetzliches Zahlungsmittel darstellen.«

Diese Stellungnahme ist in zweierlei Hinsicht bemerkenswert. Zum einen ist es eine Eigenschaft von Fiat-Währungen, keinerlei intrinsischen Wert aufzuweisen und nur auf Vertrauen zu basieren. Zum anderen ist es gerade der Vorteil eines dezentralen Systems, nicht von einer zentralen Instanz wie einer Notenbank abhängig zu sein. Man kann die Sichtweise der BaFin teilen oder nicht. Es ist jedoch unstrittig eine Sichtweise, die den Status quo zum Maß aller Dinge macht. Eine solche Haltung kollidiert früher oder später mit der fortschreitenden Realität.

Über den Nutzen und die möglichen Risiken wird diskutiert und wie bei anderen Themen sollte es niemanden überraschen, wenn die Interessen von Unternehmen, Regierungen und Privatpersonen nicht immer deckungsgleich sind. Daher ist es wichtig, bei der Einordnung jeglicher Kritik die Ziele des Kritikers zu beachten. Wer sich eine möglichst umfassende staatliche Kontrolle über persönliche Daten und Finanzmarkttransaktionen wünscht, der favorisiert eine zentrale Behörde. Aus Sicht einer Privatperson hingegen bringt ein dezentral organisiertes Finanzsystem ohne Intermediäre und ohne zentrale Kontrollstelle mehr Selbstbestimmung über die persönlichen Finanzen und auch über die persönlichen Daten. Zudem können Werte außerhalb der komplexen Strukturen des Finanzsystems gehalten werden und so die Sicherheit des Vermögens vor systemimmanenten Risiken erhöht werden. Andreas Antonopoulos, Informatiker und ein früher Fürsprecher einer zunehmenden Bitcoin-Adoption, spricht daher nicht nur vom Schweizer Bankkonto, sondern von einer Schweizer Bank in der Hosentasche.[22] Das mag für manchen arg ambitioniert klingen, ist jedoch angesichts der technischen Möglichkeiten dezentraler Finanzapplikationen ein treffender Vergleich.

Es gilt wie so oft, die Wahrheit in der Mitte zwischen quasireligiösen Fans auf der einen und den Vertretern einer fundamentalen Opposition auf der anderen Seite zu suchen. Dabei hilft es nicht, so zu tun, als gäbe es so etwas wie eine alleinstehende Attraktivität oder ein alleinstehendes Risiko einer Anlageklasse. Sowohl die Beurteilung der Attraktivität als auch die Einstufung der Risiken eines Assets sind nur innerhalb eines Bezugssystems möglich. Wenn jemand den Bitcoin als nutzlos bezeichnet, dann sollte er den Token auf einer Skala der Nutzlosigkeit einordnen und eine Aussage darüber

21 BaFin (2020).
22 Siehe Antonopoulos (2019).

treffen, ob negativ rentierliche Staatsanleihen auf dieser Skala höher oder niedriger angesiedelt sind. Wenn jemand sagt, der Bitcoin sei auf ewig die beste aller Assetklassen und er würde niemals auch nur einen Teil seiner Bitcoin verkaufen, dann stellt sich die Frage, wie sinnvoll eine Aussage über die zukünftige Attraktivität eines Assets sein kann, wenn das Verhältnis zu anderen Anlagen ignoriert wird.

Professionelle Marktteilnehmer erkennt man an fundierten Aussagen und der Fähigkeit, in Anbetracht sich verändernder Rahmenbedingungen geistig handlungsfähig zu bleiben und, falls es angeraten ist, die Richtung zu ändern.

Bitcoin-Mythen

> *»Cryptocurrencies basically have no value and they don't produce anything. I don't have any cryptocurrency and I never will.«*
>
> *Warren Buffett*

Technologische Entwicklungen wirken ebenso wie gesellschaftliche Veränderungen oft erst im Rückblick folgerichtig. Heutzutage findet sich kaum jemand, der nicht den Aufstieg des Onlinehandels oder die vollständige Digitalisierung der Musik- und Videobranche für einen logisch zwingenden Weg hält. Zu Beginn eines Wandels benötigt es Visionäre, die die Attraktivität sowie das Potenzial einer neuen Technologie erkennen. Neue Entwicklungen haben nicht nur Befürworter und auch der Bitcoin, oder genereller gesagt die Kryptoassets, stehen noch immer von vielen Seiten unter Beschuss. So gab es neben erfolglosen Versuchen, das Netzwerk selbst zu attackieren, auch Gegenwind von Regulierungsbehörden und Vertretern des klassischen Finanzwesens. Dabei sind oft die gleichen Argumente zu hören, warum der Bitcoin nicht funktionieren könne oder sich aus sonstigen Gründen nicht durchsetzen werde.

Wir gehen im Folgenden auf die gängigsten Argumente gegen den Bitcoin ein.

Bitcoin wird verboten

Schon häufig riefen die Auguren der Finanzbranche nach einem Verbot des Bitcoin. So auch Jamie Dimon, CEO von J.P. Morgan. Noch im Jahr 2017 warnte er in einem Interview Anleger und Interessierte vor möglichen staatlichen Sanktionen.[23]

Im Februar 2019 sah die Welt bereits anders aus. Die von Dimon geführte Bank legte mit dem JPM Coin selbst eine digitale Währung auf, die den US-Dollar abbilden sollte. Geplant war der Einsatz im Zahlungsverkehr. Nur ein Jahr später erweiterte J.P. Morgan sein Kundenspektrum und bot Bankdienstleistungen für die amerikanischen Krypto-Börsen Coinbase und Gemini an. Diese Wendung der Dinge sollte man nicht belächeln, sondern als Ausdruck der professionellen Fähigkeit zum Umdenken werten.

23 Siehe Buck (2017).

Ein Verbot des Bitcoin ist nicht mal eben so und schon gar nicht ohne Nebenwirkungen zu realisieren. Dies ist nicht die Hoffnung einzelner Krypto-Enthusiasten, sondern entspricht der Einsicht des US-Gesetzgebers. Der Vorsitzende des Bankenausschusses des Senats, Mike Crapo, teilte in einer Anhörung zur Regulierung von Kryptowährungen und Blockchain-Technologie mit, dass die Vereinigten Staaten nicht in der Lage sein würden, ein Verbot von Bitcoin durchzusetzen.[24] Das Bitcoin-Protokoll ist Open Source. Jeder kann es implementieren und betreiben. Ein technisch umsetzbares Verbot ist nahezu unmöglich. Auch die Verbreitung der notwendigen Client Software lässt sich zumindest in einem Rechtsstaat nicht einfach unterbinden, denn offen verfügbarer Programmcode wird wie ein Prosatext behandelt. Schon in den 1990er-Jahren hat der oberste US-Gerichtshof dazu ein Urteil gesprochen.[25] Damals ging es um eine kryptografische Verschlüsselungssoftware. Demnach ist Open-Source-Software nichts anderes als ein normaler Text. Damit fällt auch der Code des Bitcoin-Clients unter die Redefreiheit und hat damit den gleichen verfassungsrechtlichen Schutz wie ein Gedicht oder ein Zeitungsartikel. Der Regulierer kann lediglich auf Drittanbieter Einfluss nehmen. Diese erleichtern Interessenten den Zugang zu Bitcoin und sind somit die Schnittstelle zwischen der Welt der Fiat-Währungen und den digitalen Assets. Eine Regulierung dieser Marktteilnehmer ist jedoch nicht zwingend ein Malus. Intelligent reguliert, können alle Beteiligten davon profitieren, die Unternehmen und deren Kunden von gestiegener Rechtssicherheit, der Staat von einer mit vergleichsweise wenig Aufwand zu erreichenden Kontrolle.

Der Umgang der US-Regulierer mit Bitcoin beeinflusst die Behörden in vielen anderen Regionen der Welt. Dennoch gibt es auch Staaten, die versuchen, die Nutzung des Bitcoin einzuschränken oder sogar ganz zu verbieten. Dazu gehören afrikanische Länder wie Algerien, Ägypten und Marokko. Auch in Südamerika gibt es mit Bolivien und Ecuador Vertreter der kompromisslosen Gangart.

In vielen Schwellenländern betreffen die Verbote Banken, denen Geschäfte mit Kryptowährungen untersagt sind. Werden diese Länder Erfolg haben oder sind derartige Eingriffe lediglich das Zeichen ökonomischer Schwäche und werden von Außenstehenden auch als solche wahrgenommen? Wenn es um die Gefahren einer raschen Geldentwertung geht, die in der Regel durch Korruption oder politische Unfähigkeit zumindest begünstigt wird, dürften ab einer gewissen wirtschaftlichen Schmerzgrenze auch Verbote wenig bewirken. Viele Menschen in allen Regionen der Erde wollen zumindest einen Teil ihres Ersparten in Assets anlegen, die von der Geldpolitik entkoppelt sind. Verzweifelte und schlussendlich wohl auch erfolglose Versuche, die Bürger vom Markt für Kryptoassets abzuschneiden, fügen der Außenwirkung einer ohnehin angeschlagenen Fiat-Währung weiteren Schaden zu und erhöhen so die Attraktivität jeglicher Alternative, ob es nun Gold oder auch ein digitales Asset ist.

Eine weitere Möglichkeit staatlicher Eingriffe besteht in der Kontrolle und Regulierung von Börsen und bilateralen Handelsplätzen. Diese ist bei zentralen Organisationen

24 Siehe Brown (2019).
25 Siehe Taaki (2018).

leicht zu implementieren und durch bekannte Ziele wie der Verhinderung von Geldwäsche nachvollziehbar zu argumentieren. Ein generelles Verbot solcher Plattformen wäre hingegen kontraproduktiv, denn wie beim netzbasierten Tausch von Videos und Musikdateien haben sich auch im Segment der Kryptoassets schon jetzt eine Vielzahl von Peer-to-Peer Netzwerken etabliert, die sich auf Grund der dezentralen Organisation nicht zerstören lassen.[26]

Dennoch würde ein solcher Eingriff den Eintritt neuer Anleger und den Kapitalzufluss von außen deutlich behindern. Dies würde in den betroffenen Regionen zu einer Verlagerung des Erwerbs von Kryptoassets auf intransparentere Kanäle führen. Die Folgen wären Preisaufschläge, die die Anleger in bestimmten Ländern aufzubringen hätten. In Argentinien, Indien oder Venezuela ist dadurch bereits die Prämie für Bitcoin gestiegen. Das von einer solchen Vorgehensweise ausgehende Signal der ökonomischen Schwäche dürfte spürbare Schäden an der Reputation des betreffenden Landes verursachen. Die erwähnten Auswirkungen sind nicht theoretischer Natur. Sie lassen sich auch auf dem Goldmarkt beobachten.

Was aber ist der beste Weg für Staaten mit einem funktionierenden Rechtssystem? Schon um die Kontrolle nicht vollends aus der Hand zu geben, ist eine Regulierung sinnvoll. Dabei sollte das Ziel nicht die Verhinderung neuer Möglichkeiten sein, sondern die Schaffung eines verlässlichen, konsistenten und dauerhaften Rechtsrahmens, innerhalb dessen die Investoren eigenverantwortlich agieren können.

In Deutschland hat die Bundesregierung eine den Handel mit Kryptoassets betreffende Gesetzesnovelle beschlossen. Banken und Start-ups erhalten fortan mehr Rechtssicherheit, wenn sie den Handel mit Kryptowährungen anbieten. In den Vereinigten Staaten wurde Banken zugestanden, Kryptowährungen zu verwahren. Auch die EU stellte einen Vorschlag zur Regulierung von Kryptowährungen vor. Diese Beispiele weisen den Weg und der führt nicht in Richtung eines Verbots.

Das wahrscheinlichste Szenario ist eine fortschreitende Integration digitaler Assets in das bestehende System mit dem Ziel der Schaffung rechtlicher Klarheit für alle Beteiligten. Emittenten, Dienstleister und Handelsplätze müssen ihrer Informationspflicht nachkommen. Anleger müssen sich darauf verlassen können. Die neu entstehende Regulierung digitaler Assets wird sich am bereits bestehenden Rechtsrahmen der klassischen Kapitalmärkte orientieren. Puristen mögen den Verlust an Freiheit beklagen, jedoch bringt nur die Rechtssicherheit auch die Möglichkeit mit sich, Marktmanipulationen oder Insiderhandel zukünftig rechtlich zu ahnden.

Die Voraussetzung für eine steigende Adoption von Bitcoin & Co. ist mehr Kapital. In nennenswertem Umfang kann dies nur von institutionellen Anlegern stammen. Damit diese sich überhaupt für das Thema erwärmen können, ist die Schaffung regulatorischer Sicherheit die notwendige Voraussetzung. Eine konstruktive Regulierung ist

26 Ein gutes Beispiel sind die Filesharing-Plattformen wie BitTorrent (Alderman, 2001).

eher das Ende des »Wilden Westens« als das Ende der Welt. Für den Handel mit Kryptowährungen sollte die wachsende Rechtssicherheit einen deutlichen Vertrauensschub auslösen und neue Anlegerklassen erschließen.

Von einem Verbot der Kryptoassets sind wir weit entfernt. Die größte Gefahr für die zunehmende Akzeptanz ist eine langfristig ausgerichtete, politisch unabhängige und auf Geldwertstabilität ausgerichtete Geldpolitik. Danach sieht es momentan nicht aus.

Bitcoin kann abgeschaltet werden

Die Betriebszeit von Bitcoin seit seiner Entstehung am 3. Januar 2009 beträgt 99,985 %.[27] Damit ist das dezentrale System mit seinen mehr als 10 000 full nodes in mehr als 96 Ländern eines der stabilsten Netzwerke überhaupt. Auf Grund der dezentralen Konstruktion lässt sich das Netz nicht einfach abschalten. Es gibt genau zwei Wege, das Netzwerk zu stoppen. Der eine Weg ist die Zerstörung des Internets. Angesichts der ebenfalls dezentralen Natur dieses Netzes ein hoffnungsloses Unterfangen. Da Bitcoin kaum Bandbreite benötigt, ist die Kommunikation auch über Radiowellen oder das Telefonnetz problemlos möglich. Auch wurden schon erste Satelliten ins All geschossen, um das Netzwerk noch robuster zu machen. Das Start-up Blockstream hat bereits sechs Satelliten angemietet, die die ganze Welt abdecken. So sind auch Nodes in ländlichen Gegenden denkbar, die bislang keinen Netzwerkzugang hatten.[28]

Die zweite Möglichkeit, das Netzwerk zu zerstören, liegt in der Löschung sämtlicher full nodes und aller gespeicherten Transaktionshistorien. Auch dieser Weg ist nicht erfolgversprechend.

Bitcoin wird kopiert

Bitcoin ist Open-Source-Software. Jeder kann den Code einsehen, nutzen und verändern. Warum nicht einfach Bitcoin kopieren und die eigene Bitcoin-Blockchain gründen? Diese Frage hat sich schon mancher gestellt und das Vorhaben in die Tat umgesetzt. So einfach die technische Umsetzung ist, so schwierig gestaltet sich das Vorhaben, Nutzer für die neue Plattform zu gewinnen. Warum sollte jemand das kopierte Asset nutzen, und warum sollte jemand Rechenkapazitäten für das Mining bereitstellen, wenn die Belohnung in Coins ausgezahlt wird, die weder von vielen akzeptiert werden noch besondere Merkmale aufweisen, die diesen Zustand ändern könnten?

Dennoch gab es schon zahlreiche Abspaltungen von der Bitcoin-Blockchain, die als *Forks* bezeichnet werden. Der Begriff Fork kommt aus dem Englischen und bedeutet Gabel oder Gabelung. In der Softwareentwicklung ist ein Fork eine Aufspaltung des

27 Es gab lediglich zwei Unterbrechungen von wenigen Stunden, die auf einen Softwarefehler zurückzuführen waren. Beide Unterbrechungen wurden in der Community über Konsensus gelöst, ohne dass ein Schaden für die Teilnehmer entstanden ist. Mehr Details unter Bitcoin Uptime Tracker (2021).

28 Eine Übersicht finden Sie unter »Blockstream Satellite« (2020).

Pfads eines Projekts. Eine Version wird in Richtung A weiterentwickelt, die andere in Richtung B. Wenn Richtung A das ursprüngliche Projekt bzw. die ursprüngliche Blockchain repräsentiert, wird der Abzweig in Richtung B als *Fork von A* bezeichnet. Dieses neue Projekt baut auf einer exakten Kopie des ursprünglichen Quellcodes auf, der dann modifiziert wird.[29]

Ist die Abwärtskompatibilität einer ursprünglichen Blockchain mit einem Fork gegeben, spricht man von einem soft fork, andernfalls von einem hard fork. Ein Beispiel für einen soft fork ist die Protokollerweiterung Segregated Witness (SegWit) zur Verbesserung der Skalierbarkeit des Netzwerks. Einer der nach wie vor bekanntesten Bitcon hard forks war die Abspaltung von Bitcoin Cash (BCH) im Jahr 2017, die aus einer Veränderung der Blockgröße resultierte. Die Original-Bitcoin-Blockchain blieb erhalten und das Netzwerk lief wie gewohnt weiter. Bitcoin Cash fing als neue Kryptowährung an. Im Zuge des hard fork erhielt jeder Bitcoin Besitzer zusätzlich einen Bitcoin Cash.

Es folgten weitere hard forks und auch Bitcoin Cash war betroffen. Bereits kurz nach seiner Entstehung entstand Bitcoin Satoshi Vision (BSV). Im Oktober 2017 folgte Bitcoin Gold (BTG). Geschadet haben diese Forks dem Bitcoin nicht, denn abgesehen vom klaren Use Case und der sehr hohen Sicherheit des Bitcoin wirkt sich auch der Netzwerkeffekt aus. Dinge, die von vielen Menschen genutzt werden, haben stets einen Vorteil gegenüber Neuankömmlingen. Das ganze Bitcoin-Ökosystem muss sich bei einem Fork für eine Richtung entscheiden und in der Regel fällt diese Wahl auf die längste Blockchain. Wenn ein Miner auf die neue Chain wechselt, muss er sich sicher sein, die neuen Coins zu einem ausreichend hohen Preis verkaufen zu können. Dazu benötigt er eine Börse und diese wird den Handel mit dem neuen Coin nur dann anbieten, wenn es ausreichend Marktteilnehmer gibt. Die gleichen Überlegungen stellen auch Händler und die Anbieter von Wallet Software an. Es ist daher nicht leicht, ein funktionierendes Ökosystem von einem Fork zu überzeugen. Der neue Coin muss maßgebliche Vorteile bieten und die ökonomischen Interessen der Teilnehmer müssen gewahrt sein. Wenn sich jedoch alle über die Vorteilhaftigkeit eines Entwicklungsschritt einig sind, dann gibt es keinen Anlass für die Abspaltung einer neuen Blockchain. In diesem Fall kann die entsprechende Protokollanpassung im Rahmen des normalen evolutionären Verbesserungsprozess der Software durchgeführt werden.

Fazit: Die Geschichte schreitet voran

Für den einen ist der Bitcoin digitales Gold. Für den nächsten ist es eine Möglichkeit, sein Geld vor zunehmenden übergriffigen Regierungen zu schützen. Es ist ein Zahlungssystem und ein Spekulationsobjekt. Es ist ein Finanzinstrument, eine Währung, ein Vermögenswert, ein Tauschmittel, eine Rechnungseinheit, ein Wertaufbewahrungsmittel, ein Netzwerk und ein Abrechnungssystem.

29 Siehe Schär/Berentsen (2017).

Vor allem die rasante Weiterentwicklung des Systems ist beeindruckend. Allein wegen der dynamischen Entwicklungen im Bereich der Dezentralisierung von Finanzdienstleistungen wächst die Zahl der Regierungen und Unternehmen, die sich ernsthaft mit Kryptoassets auseinandersetzen. Die über Jahre herrschende Skepsis und das weit verbreitete Unverständnis weichen einer zunehmenden Aufgeschlossenheit. Das hat wichtige Konsequenzen für Investoren, auf die wir im Verlauf dieses Buches eingehen werden.

Viele Gegenargumente bewegen sich auf dem Niveau von Aussagen wie »Gold zahlt keine Zinsen«, einer Aussage, die in einem Umfeld negativ rentierlicher Zinspapiere etwas aus der Zeit gefallen wirkt. Investoren, die sich Gedanken um ihre Asset-Allokation machen, sollten derartige Plattitüden beiseiteschieben, die Chancen und Risiken der neuen Assetklasse im Vergleich zu anderen Anlagen bewerten und dann in Ruhe ihre eigenen Schlüsse ziehen.

Experteninterview mit Prof. Dr. Philipp Sandner

Zur Person: Prof. Dr. Philipp Sandner hat das Frankfurt School Blockchain Center (FSBC)[30] gegründet. Von 2018 bis 2020 wurde er von der Frankfurter Allgemeinen Zeitung (FAZ) als einer der »Top 30«-Ökonomen ausgezeichnet. Darüber hinaus gehörte er zu den »Top 40 unter 40«, einem Ranking des Wirtschaftsmagazins Capital. Seit 2017 ist er Mitglied des FinTechRats des Bundesministeriums der Finanzen. Er ist zudem im Verwaltungsrat von Avaloq Ventures und der Blockchain Founders Group, einem Venture-Capital-Investor für Blockchain-Startups.

Die Expertise von Prof. Sandner umfasst die Blockchain-Technologie, Kryptowerte wie Bitcoin und Ethereum, den digitalen programmierbaren Euro, die Tokenisierung von Assets und Rechten sowie die Entwicklungen auf dem Gebiet der digitalen Identität.

Wir haben heute den Experten für Blockchain-Technologie und Kryptowerte zu Gast. Herzlich Willkommen Philipp.

Vielen Dank, dass ich dabei sein kann. Freut mich wirklich sehr.

Satoshi Nakamoto spricht in seinem Whitepaper von einem Peer-to-Peer Electronic Cash System. In letzter Zeit hört man häufiger, dass es sich bei Bitcoin eher um digitales Gold handelt. Was ist Bitcoin für dich, eher eine Währung oder ein Rohstoff?

Also das ist eine Frage, über die man eine ganze Stunde diskutieren könnte. Es gibt ein, zwei wirklich tolle Artikel von einem Autor im Internet, der Plan B heißt. Der hatte die Narrative von Bitcoin analysiert und sagt: Narrative folgen verschiedenen Wellen. Das momentan bekannteste Narrativ ist das vom digitalen Gold. Auch Firmen wie Fidelity sagen beispielsweise, Bitcoin hat die Veranlagung, so zu sein wie Gold.

30 Zur Webseite Frankfurt School of Finance (2021).

Der Bitcoin ist jedoch Stand heute kein digitales Gold, hat aber von der Architektur und Funktionsweise her die Möglichkeit, so zu sein wie Gold. Dementsprechend ist es sinnvoll, Bitcoin mit Gold zu vergleichen. Derzeit entspricht die Marktkapitalisierung des Bitcoin etwa zehn bis elf Prozent des Marktwertes von Gold.

Es gab aber auch schon andere Narrative. Am Anfang stand das Peer-to-Peer Electronic Cash System als Narrativ. Der Begriff »Cash System« suggeriert die Nutzung als Zahlungssystem und ich glaube, dass daraus auch das Wort Cryptocurrency, also Kryptowährung entstanden ist, auch wenn das Wort im inhaltlichen Sinne falsch ist. Man müsste eher Cryptocommodity sagen, also eine Art Rohstoff, oder aber Kryptoasset. Ich glaube, dass damals das Wort Cryptocurrency entstanden ist, war in gewisser Weise ein Missverständnis, weil seitdem alle Leute Kryptowährung sagen. Man denkt direkt an Payment, kann den Bitcoin aber fast nirgendwo zum Bezahlen einsetzen, und deswegen denken viele Leute, dass der Bitcoin fehlgeschlagen ist. Dabei wollte er eigentlich nie unbedingt so sein wie eine Währung, aber das Wort hat sich am Anfang festgesetzt aus dem ersten Narrativ, als es darum ging, einen Prototyp für ein elektronisches Zahlungssystem aufzubauen.

Zwischendurch gab es noch andere Narrative. Zum Beispiel ist Bitcoin vor einigen Jahren die Reservewährung für das Krypto-Ökosystem geworden. Das heißt, mehr als 200 Kryptobörsen verwenden den Bitcoin als Hauptwährung zum Betrieb ihrer Systeme, und rechnen alles gegen den Bitcoin ab. Und es ist natürlich klar, dass ich im laufenden Betrieb bei mehr als 200 Kryptobörsen die Basiswährung nicht einfach mal so auswechseln kann. Das heißt, der Bitcoin ist da drin und der bleibt da drin. Das sorgt für einen Momentum-Effekt und soll das Narrativ der Reservewährung veranschaulichen.

Und dann gibt es natürlich auch noch das Narrativ einer anonymen Darknet-Währung, also einer anonymen bzw. pseudo-anonymen Währung zur Abwicklung von Kriminalitätsfinanzierung. Viele Leute hängen diesem Narrativ noch nach, wobei es weniger werden. Das heißt, vor einem Jahr war dieses Narrativ noch sehr dominant, inzwischen aber fangen die Leute an, sich eher mit dem Narrativ des digitalen Goldes zu beschäftigen.

Nicht nur institutionelle Anleger, sondern auch viele private Anleger sehen die wachsende Bedeutung des Themas ESG. So rückt beim Bitcoin der hohe Energieverbrauch der Mining-Rechner in den Fokus, der oft plakativ mit dem Stromverbrauch kleinerer Länder verglichen wird. Wie ist dieser Energieverbrauch zu rechtfertigen, der ja vor allem durch den Proof of Work-Algorithmus verursacht wird?

Es macht aus meiner Sicht wenig Sinn, die Stromkosten pro Transaktion zu berechnen, denn das ist eine unfaire Metrik. Man muss das Thema Stromverbrauch eigentlich aus dem Blickwinkel sehen, dass es erforderlich ist zur Sicherung des Netzwerks. Und dann muss man betrachten, wie viel Geld in diesem Netzwerk bewegt wird. Das sind teilweise hunderte Milliarden Euro pro Woche. Und dann muss ich mir den Stromverbrauch pro bewegtem Euro anschauen und von der Anzahl der Transaktionen abstrahieren. Das wäre die erste Maßnahme, die Berechnung anzupassen.

Wichtiger aber als die Frage, wie viel Strom wird verbraucht, ist aus meiner Sicht die Frage, woher denn der Strom kommt, der hier verbraucht wird. Ist es Atomenergie, ist es das Verbrennen von Öl und Gas, Kohle, oder sind es erneuerbare Energien, die hier Einsatz finden? Und wenn man hier ein bisschen tiefer gräbt, und das machen die meisten Leute eben leider nicht, gelangt man zum Ergebnis, dass der Bitcoin eigentlich immer dann profitabel erzeugt und geschürft werden kann, wenn der eingesetzte Strom sehr günstig ist. Und welcher Strom ist vom Profil her sehr günstig? Ganz einfach: Der Strom, der aus Wasserkraft und Solarkraft kommt, teilweise auch Nuklearstrom. Das ist vom Profil her der günstigste Strom und je tiefer der Preis geht, desto profitabler ist das Mining. Und das erklärt auch, dass das Bitcoin-Netzwerk eigentlich von der Tendenz her einen Hang haben sollte, zunehmend mehr erneuerbare Energien zu unterstützen und zu konsumieren, weil in diesem Segment das günstige Strompreisprofil entsteht. Das erklärt, dass es wegen des Themas Solarstrom viel Mining in Texas gibt und warum es viel Mining in Nordeuropa gibt. Dort geht es um Strom aus Wasserkraft und teilweise aus erneuerbaren Energien.

Auch bei konventionellen Energieträgern spielen die Kosten eine wichtige Rolle. Bei der Stromerzeugung in China etwa sind vielfach konventionelle Kraftwerke im Einsatz, die mit Öl, Gas und Kohle betrieben werden. Diese Kraftwerke sind bereits abgeschrieben und so wird der Strompreis nicht durch Abschreibungskosten verteuert. Man muss überlegen, welcher Strom wird eigentlich genutzt? Ist es erneuerbarer Strom oder ist es Strom aus fossilen Energien? Und dann muss man die Sache nochmal neu bewerten. Ich sage nicht, dass es dadurch gut wird, denn der Stromverbrauch ist sehr unschön und bleibt auch sehr unschön. Aber die Frage kann nur dann sinnvoll beantwortet werden, wenn man beachtet, dass die benötigte Energie nicht nur aus der Verbrennung von Öl und Kohle stammt.

Die meisten Beobachter setzen Bitcoin Mining automatisch mit China und der Energieerzeugung aus Kohle gleich. Kann man ungefähr beziffern, wie hoch der Anteil an regenerativen Energiequellen ist bei Bitcoin?

Dies ist sehr schwierig zu schätzen, weil die Mining-Anlagen nicht systematisch auf der Landkarte festgehalten werden. Aber die Schätzungen Stand heute sehen den Anteil erneuerbarer Energien am Bitcoin Mining in der Spanne zwischen 60 und 75 Prozent.

Das ist ein spannendes Thema vor allem aufgrund der Mobilität der Mining-Kapazitäten. Im Vergleich zum Unternehmen Google, das seine Rechenzentren gerne auch in der Nähe von Wasserkraftwerken platziert, ist die Mobilität des Minings enorm. Im Grunde kann das Mining den sauberen Energiequellen hinterher wandern, wenn man sie im eigenen Land nicht hat, und ich glaube, das ist auf globaler Ebene bereits sichtbar. Das heißt, diese Technologie hat in der Tat einen Hang zur Nutzung des günstigsten Stroms, weil der Energieverbrauch der größte Kostentreiber für die Miner ist.

Ganz genau, richtig. Das Bitcoin Mining tendiert definitiv zum niedrigsten Strompreis, wo auch immer der herkommt. In Zukunft wird sich zeigen, ob tatsächlich die erneuerbaren Energien den günstigsten Strom liefern. Wenn dem so sein sollte, müsste der

Bitcoin in einigen Jahren noch etwas grüner geworden sein und der Anteil des konventionell erzeugten Stroms sollte zurückgegangen sein. Man kann dies heute nur hoffen und selbst dann bleibt fairerweise die Frage offen, ob der Strom, der hier konsumiert wird, nicht anderswo besser eingesetzt werden könnte. Auch das muss man beurteilen und man sieht schnell, da wird es komplex.

Es wird erst recht komplex, wenn man überlegt, dass auch Goldminen als Förderer von Gold, Silber und Platin Ressourcen aufwenden und zwar ein Vielfaches mehr als die Bitcoin Miner. Allerdings ist es nicht so wunderschön darstellbar. So kommen bei der Goldförderung Chemikalien zum Einsatz, es werden Dieselgeneratoren, Bagger und schweres Gerät eingesetzt und natürlich wird auch Strom verbraucht. Auch das muss man berücksichtigen, wenn man den Stromkonsum von Bitcoin so plakativ verurteilt.

Kommen wir zurück zum Thema ESG. Derzeit wird über die mögliche Auflage eines ESG-orientierten Gold-ETF berichtet. Die Kryptoanleger warten ja zunächst noch auf die ersten Bitcoin-ETFs, aber kannst du dir perspektivisch auch ein ESG-Produkt für den Bitcoin vorstellen?

Das ist ein spannendes Feld, und zwar deswegen, weil das Thema Goldschürfen natürlich auch mit Umweltverschmutzung einhergeht. Die Frage ist, ob bei der Stromerzeugung für die Mine Diesel oder die Solarzelle zum Einsatz kommt. Jetzt gibt es erste Fonds, die nur dann in Goldminen investieren, wenn diese Unternehmen dort, wo es möglich ist, nachweisbar nachhaltig wirtschaften. Plastisch gesprochen geht es um die Frage, ob die Solarzelle und nicht der Dieselmotor irgendwo in irgendwelchen abgelegenen Gebieten in den Anden zum Einsatz kommt. Die Investoren zahlen eine Preisprämie dafür, dass sie sichergehen können, dass hier zwar Gold geschürft wird, aber so nachhaltig, wie es eben noch geht.

Und die Übertragung auf den Bitcoin ist sicherlich nicht schlecht. Ich bin gespannt, ob es so etwas in ein, zwei Jahren geben wird, und ich würde behaupten: ja. Die Analogie wäre, dass es Bitcoin-Mininganlagen gibt, die nachweisen können, dass der von ihnen konsumierte Strom wirklich zu 100 Prozent aus Wasserkraft oder Solaranlagen stammt und möglichst nichts verschwendet wird. Es wäre eigentlich logisch, so einen Green Bitcoin-ETF oder ein Anlageprodukt dieser Art aufzulegen. Aber vielleicht ist die Zeit noch nicht reif. Vielleicht braucht es einfach noch Zeit, weil der gesamte Bitcoin-Markt sich erst noch weiter professionalisieren muss.

Es gibt Alternativen zum reinen Proof-of-Work-Ansatz, den wir vom Bitcoin kennen. Ein Beispiel ist eine hybride Variante, wie etwa beim Decred, sprich eine Kombination aus Proof-of-Work und Proof-of-Stake. Erhöht die Diskussion um den Energieverbrauch die Chancen derartiger Ansätze oder denkst du, dass der Bitcoin auch in Zukunft das Asset der Wahl bleibt?

Meine persönliche Meinung, aber die kann natürlich falsch sein, ist folgende: Der Bitcoin ist seit Anbeginn der Kryptowährungen immer auf Position eins und ich kann beim besten Willen nicht erkennen, warum er nicht auf Position eins sein sollte.

Und zwar deswegen, weil er aus vielerlei Gründen das Schlachtross des Krypto-Ökosystems ist. Und Ethereum ist die Kryptowährung Nummer zwei, war sehr lange die Nummer zwei, und ich glaube, dass es weiterhin die Nummer zwei sein kann. Ethereum ist dabei, den Sprung von Proof-of-Work zu Proof-of-Stake zu schaffen. Warum? Weil Ethereum auf Grund der gesamten Governance eher updatefähig ist. Bei Bitcoin ist die Governance anders, sehr viel behäbiger und deswegen ist es bei Bitcoin nahezu unmöglich, signifikante Updates einzuspielen. Es gab einige, aber dass Updates eingespielt werden, die die Netzwerksicherheit gefährden, wie es bei einem Update hin zu Proof-of-Stake der Fall wäre, kann ich mir momentan nicht vorstellen. Und deswegen glaube ich, dass der Proof-of-Work-Konsensmechanismus beim Bitcoin erhalten bleiben wird und damit auch das Problem des Stromverbrauchs. Bei anderen Kryptowährungen allerdings wird es anders sein, siehe Ethereum. Da ist eine gewisse Updatefähigkeit gegeben und daher ist ein solches Netzwerk dazu in der Lage, sich quasi selbst zu überholen. Ethereum 2.0 wäre die neue Version von Ethereum, die dann auf einem anderen Konsensmechanismus basiert.

Eine Frage noch zum Schluss: Wenn unsere Leser deine Arbeit verfolgen wollen, wie können sie das am besten tun?

Ach, ich glaube, ganz gut funktioniert eigentlich LinkedIn, Twitter oder die gute, alte E-Mail. Alles, was elektronisch ist eigentlich.

LinkedIn: https://www.linkedin.com/in/philippsandner/

Twitter: https://twitter.com/philippsandner

Philipp, herzlichen Dank für deine Zeit und danke für das Interview.

Super gerne. Freut mich sehr und danke, dass ihr das Thema so tiefgründig unter die Lupe nehmt.

3 Das Kryptobiotop

Die Taxonomie der Kryptowährungen

»The best profit-maximizing strategy is to own the fastest horse. If I am forced to forecast, my bet is it will be Bitcoin.«
Paul Tudor Jones

Mit seinen tausenden unterschiedlichen Token ist das Angebot an Kryptoassets unüberschaubar. Angesichts der Vielzahl der Projekte und Abspaltungen ist es wichtig, eine sinnvolle Gruppierung vorzunehmen. Eines wird auch dem Neueinsteiger auf den ersten Blick klar: Die eine Kryptowährung gibt es nicht, und auch der oft gehörte Satz, man solle einfach »die größten drei« kaufen, ist nicht sonderlich fundiert. Bei näherem Hinsehen finden sich jedoch schnell Eigenschaften, die eine Einordnung ermöglichen.

Auch am Anleihemarkt gibt es eine Vielzahl verschieden strukturierter Wertpapiere. Eine Aufteilung lässt sich nach Art des Emittenten, nach dem Rating, der Laufzeit oder danach vornehmen, ob es sich um eine nachrangige Schuldverschreibung handelt oder nicht. Da sich auch Kryptoassets hinsichtlich ihrer Strukturen sowie der Chancen und Risiken deutlich voneinander unterscheiden, führt an einer systematischen Betrachtungsweise kein Weg vorbei. Beginnend mit den Unterschieden zwischen einem Coin und einem Token werden wir in diesem Kapitel einen Überblick über die Taxonomie des Kryptobiotops geben und einen genaueren Blick auf die relevanten übergeordneten Kategorien werfen.

Token versus Coin

Die Begriffe Token und Coin werden oft synonym verwendet. Eine offizielle Taxonomie gibt es bisher nicht, aber die technische Sicht ermöglicht eine einfache Differenzierung. Generell existieren in der Kryptowelt nur Token, die man jedoch weiter in Protokoll-Token und Second-Layer-Token unterscheiden kann.[1]

Ein Protokoll-Token ist der native Token einer Blockchain, der das Netzwerk sichert und mit dem die Gebühren für Transaktionen bezahlt werden. So ist Ether das native Token der Ethereum Blockchain und NEO das native Token der NEO Blockchain. Diese nativen Token werden auch als Coin bezeichnet. Sie sind in erster Linie Zahlungs- und Wertaufbewahrungsmittel. Second-Layer-Token werden auf einer bereits existierenden Blockchain geschaffen. Dazu zählen die ERC20-Token und NEP5-Token auf den Blockchains von Ethereum und NEO. Sie dienen in der Regel dazu, die Nutzung bestimmter Funktionalitäten einer dezentralen Anwendung (DApp) zu ermöglichen. Diese DApps umfassen eine Vielzahl verschiedener Anwendungsfelder, darunter die Segmente Unterhaltung, Kommunikation, Finanzen und Energie.

1 Siehe Voshmgir (2019).

Ein Coin ist also stets ein natives Protokoll-Token. In der Praxis wird jedoch nicht besonders auf diese Feinheiten geachtet. Bedeutsamer als die Verwendung dieses oder jenes Begriffes sind die technischen Details. Token von Anwendungen, die auf einer primären Blockchain aufsetzen, weisen auf Grund der Abhängigkeit von dieser Blockchain zusätzliche Risiken auf. Investoren sollten daher immer darauf achten, mit welcher Art Token sie sich auseinandersetzen und ob es nur auf einer einzigen primären Blockchain aufsetzt oder auf mehreren. Es ist technisch aufwändiger, aber mittlerweile durchaus üblich, nicht nur auf einer einzelnen Plattform wie Ethereum, sondern auch auf Konkurrenznetzwerken wie TRON oder der Binance Smart Chain (BSC) aufzusetzen. Wie in der Asset Allokation werden auch bei der Entwicklung dezentraler Anwendungen nicht alle Eier in einen Korb gelegt.

Auch in regulatorischer Hinsicht macht es einen Unterschied, ob wir von einem Protokoll- oder Second-Layer-Token sprechen. Ein Protokoll-Token wie der Bitcoin wird in der Regel wie eine Währung oder ein Rohstoff behandelt. Second-Layer-Token hingegen können unter Umständen als Wertpapier eingestuft werden. Wenig überraschend ist die von den Regulierungsbehörden erdachte Taxonomie allerdings weder konsistent noch trennscharf. So wurde beispielsweise der Protokoll-Token von Ripple (XRP) durch die SEC als Wertpapier eingestuft.[2] In jedem Fall sollten sich Investoren vor dem Erwerb einzelner digitaler Assets über die Rechtslage informieren. Einen guten Überblick gibt die Organisation Crypto Rating Council, deren Gründungsmitglieder Coinbase und Kraken als bedeutende Betreiber von Handelsplätzen ein Interesse an einer klaren Regulierung haben. Gerade für Börsen ist es wichtig, ob die von ihnen gelisteten Token als Wertpapiere klassifiziert sind oder nicht.

Aktuell orientiert sich die Klassifizierung vor allem an dem von der SEC vorgegebenen Howey-Test[3]. Ein Token wird demnach als Wertpapier eingestuft, wenn folgende Punkte erfüllt sind:

- Es wird ein finanzielles Investment in der Erwartung von Profiten getätigt.
- Die Anlage erfolgt in einem wirtschaftlich tätigen Unternehmen.
- Etwaige Gewinne resultieren aus den Bemühungen anderer.

Da zahlreiche Kryptoprojekte sich strukturell deutlich von klassischen Unternehmen unterscheiden, und auch die einzelnen Token oftmals wenig Gemeinsamkeiten mit konventionellen Wertpapieren wie Aktien oder Anleihen aufweisen, ist trotz der simplen Regeln eine Zuordnung nicht immer so einfach wie es scheint.

In Deutschland gibt es die International Token Standardization Association (ITSA), die das Ziel verfolgt, Marktstandards für kryptografische Token zu entwickeln. Neben der International Token Classification (ITC) als generellem Klassifizierungsansatz schuf diese Organisation auch die International Token Identification Number ITIN,

2 Siehe SEC.gov (2020).
3 Siehe SEC.gov (2019)-

einen eindeutigeren Identifizierungscode analog zur ISIN im klassischen Wertpapiergeschäft. Zudem betreibt die ITSA eine Datenbank, die Klassifikationsdaten mit Markt- und onchain-Daten kombiniert. Unter den Mitgliedern der ITSA finden sich Banken, Börsen, Branchenverbände ebenso wie Start-ups und Blockchain-Projekte. Investoren können sich auf den Webseiten der ITSA[4] darüber informieren.

Auch zahlreiche Datenanbieter unterstützen Investoren mit proprietären Sektorzuordnungen analog zur Systematik an den Aktien- und Anleihemärkten. Und nicht zuletzt beschäftigen sich die Regulierungsbehörden[5] und private Institutionen wie das Blockchain Research Institute (BRI) mit einer Kategorisierung. Hinter dem BRI stehen die Autoren Don und Alex Tapscott, die Verfasser des Bestsellers »Blockchain Revolution«[6]. Eine weitere Perspektive auf Klassifizierungsmöglichkeiten liefert Chris Burniske in seinem Buch »Cryptoassets«.[7]

Wir orientieren uns in diesem Buch an der Klassifizierung des Researchanbieters Messari[8], der Token im Wesentlichen nach deren Funktion eingruppiert. Über die Trennschärfe dieser Einteilung lässt sich streiten, denn nicht immer ist es einfach, die korrekte Trennlinie zu ziehen. Es gibt durchaus verschiedene Ansichten darüber, ob es sinnvoll ist, Privacy Coins von den Kryptowährungen zu unterscheiden, denn im Grunde genommen sind Privacy Coins wie Monero und ZCash digitale Währungen mit besonderen Merkmalen. Dennoch ist eine klare Zuordnung wichtig, denn sie sorgt für Transparenz. Und wenn es wie bei Messari um die Funktion geht, dann ist in dieser Betrachtungsweise eine Trennung zwischen Bitcoin und Monero nachvollziehbar und systematisch konsistent. Auch in der Praxis ist es hilfreich, wenn die Kategorien eher zu klein ausfallen als zu groß. Bei Bedarf können Segmente mit ähnlichen Eigenschaften einfach zusammengefasst werden. Dieses Vorgehen ist deutlich einfacher als die Arbeit mit sehr umfassenden Kategorien, die dann in der Analyse erst erneut zerlegt werden müssen.

Gängig ist die Einteilung der Token in die folgenden acht Kategorien:

- Currencies,
- Smart Contract Platforms,
- Stablecoins,
- Web3-Token,
- Centralized Exchanges (CEX),
- Decentralized Finance (DeFi),
- Decentralized Exchanges (DEX),
- Privacy Token.

Wir werden uns im folgenden Abschnitt diesen Kategorien widmen und jeweils auf einige Konstituenten näher eingehen.

4 Siehe International Token Standardization Association (2021).
5 Siehe Houben/Snyers (2018).
6 Siehe Tapscott and Tapscott (2018).
7 Siehe Burniske and Tatar (2017).
8 Siehe Messari (2021).

Kryptowährungen

Kryptowährungen sind in der Regel native Token eines Blockchain-Protokolls. Sie sollen als Wertaufbewahrungs- oder Tauschmittel dienen und somit zwei der drei Funktionen von Geld abbilden. In dieser Kategorie ist der Bitcoin die unangefochtene Nummer eins.

Eine oft zu sehende Darstellung zeigt die Dominanz des Bitcoin gegenüber dem gesamten Kryptomarkt. Dieser Datenpunkt ist interessant, in gewisser Weise aber ein Vergleich von Äpfeln mit Birnen. Sinnvoller ist es, die Dominanz eines Coins innerhalb seines Sektors zu untersuchen (vgl. Abbildung 3.1), denn der Bitcoin konkurriert nicht mit Ethereum, sondern mit anderen Kryptowährungen.

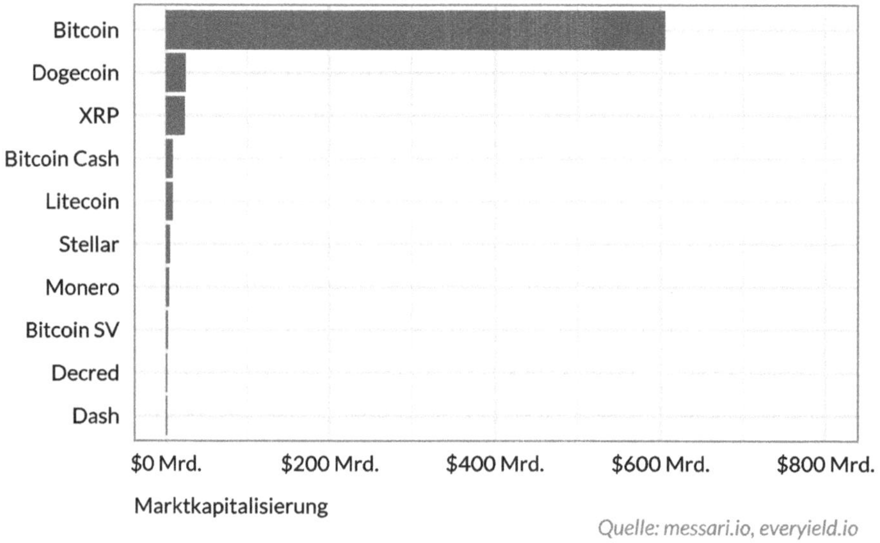

Abb. 3.1: Marktkapitalisierung der Top-10-Währungen

Bitcoin ist mit rund 90 % die dominante Kryptowährung. Weitere Konstituenten dieses Sektors sind Ripple (XRP), Dogecoin (DOGE), Litecoin (LTC) sowie die Bitcoin Forks Bitcoin Cash (BCH) und Bitcoin Satoshi Vision (BSV) sowie der Privacy Coin Monero (XMR). Die Konkurrenten setzen meistens an den größten Schwachpunkten des Bitcoin an, der begrenzten Skalierbarkeit und den damit verbundenen höheren Transaktionskosten. Während die Konkurrenten das Skalierbarkeitsproblem innerhalb des Protokolls lösen wollen, beispielsweise durch höhere Blockkapazitäten, setzen Fürsprecher des Bitcoin auf ergänzende Lösungen wie das Lightning Network. Dabei handelt es sich um ein zusätzliches Netzwerk, das über das Bitcoin-Netzwerk gelegt wird und einen schnellen Zahlungsverkehr abseits der Bitcoin Blockchain ermöglicht. Die erfolgreiche Einbindung einer solchen Schicht wäre ein großer Schritt in Richtung eines alltagstauglichen, kryptobasierten Zahlungssystems.

Smart-Contract-Plattformen

Diese Kategorie beinhaltet Coins, die oft als »Coins der zweiten Generation« bezeichnet werden. Dies ist nicht im Sinne von generell besseren, sondern im Sinne von flexibleren Anwendungen zu verstehen. Plattform-Token sind weniger eine sichere Lösung für eine Kryptowährung im engeren Sinne, sondern dienen als Basis dezentraler Anwendungen, die auf einem verteilten Netzwerk und nicht auf einem zentralen Server laufen. Diese dezentralisierten Anwendungen oder DApps können wiederum über eigene Token verfügen, die in der Anwendung genutzt werden können. Kennzeichnend für diese Plattformen ist der Einsatz von Smart Contracts, mehr oder weniger umfangreichen Code-Bausteinen, die von außen angesteuert werden oder auch autonom ablaufen können. Der Begriff Smart Contract wurde von dem bekannten Kryptografen Nick Szabo in den frühen 1990er-Jahren geprägt.[9]

Smart Contracts sind Programme, die auf einem Netzwerk wie Ethereum oder EOS ablaufen. Innerhalb eines Smart Contracts können bei Verwendung einer entsprechenden Programmiersprache[10] beliebig komplexe Programme geschrieben werden. Diese Programme können Ausgaben erzeugen, Eingaben verarbeiten oder autonom einen festen Zeitplan abarbeiten, ohne nach dem einmaligen Programmstart auf weitere Interaktionen angewiesen zu sein. Durch die Möglichkeit, eine Beeinflussung durch externe Einflüsse technisch auszuschließen, können nicht zu stoppende Programme implementiert werden, die sich strikt an ein vorgegebenes Regelset halten. Als weitere Besonderheit können Smart Contracts über digitale Assets verfügen und diese senden oder empfangen.

Es gibt verschiedene Sprachen zur Programmierung von Smart Contracts. Die bekanntesten Sprachen für die Ethereum Blockchain sind Solidity[11] und Vyper[12]. Das folgende Beispiel zeigt ein in Solidity geschriebenes Programm zur Speicherung einer ganzen Zahl, die über Methoden verändert und abgerufen werden kann.

```
contract SimpleStorage {
    uint storedData;

    function set(uint x) public {
        storedData = x;
    }

    function get() public view returns (uint) {
        return storedData;
    }
}
```

9 Siehe Szabo (2018, 1994).
10 Erforderlich ist die so genannte Turing-Vollständigkeit der Programmiersprache. Ist diese gegeben, so lassen sich in dieser Sprache (vereinfacht gesagt) alle theoretisch möglichen Programmieraufgaben lösen.
11 Dokumentation: Ethereum (2021a).
12 Dokumentation: Vyper Team (2021).

Dieses Beispiel erscheint sehr trivial, aber der Code für die Schaffung einer simplen Kryptowährung ist nicht wesentlich komplexer.

Bei der Entwicklung umfangreicherer Applikationen werden kleine funktionale Einheiten zu einem großen Ganzen zusammengefasst. So lassen sich nahezu beliebig komplexe Anwendungen schaffen. Das folgende Beispiel zeigt den minimalen Code zur Erzeugung einer Kryptowährung.

```
contract Coin {
    address public minter;
    mapping (address => uint) public balances;

    event Sent(address from, address to, uint amount);

    constructor() {
        minter = msg.sender;
    }

    function mint(address receiver, uint amount) public {
        require(msg.sender == minter);
        require(amount < 1e60);
        balances[receiver] += amount;
    }

    function send(address receiver, uint amount) public {
        require(amount <= balances[msg.sender], "Insufficient balance.");
        balances[msg.sender] -= amount;
        balances[receiver] += amount;
        emit Sent(msg.sender, receiver, amount);
    }
}
```

Über diesen Code kann ein Smart Contract erzeugt werden, der Funktionen für das Senden und Empfangen von Token beinhaltet. Eine zentrale Kontrollinstanz ist obsolet. Auch die Abbildung einer digitalen Version eines garantierten Zahlungsstromes ist einfach durch einen Smart Contract zu implementieren. Dieser Contract müsste lediglich die benötigte Menge digitaler Assets halten und diese programmatisch vor einem externen Zugriff schützen. Nach dem Starten des Programms sendet dieser entsprechend dem Programmcode zu festgelegten Zeitpunkten bestimmte Beträge an eine externe Adresse. Da das Programm auf dem Netzwerk läuft, müsste das gesamte Netzwerk zerstört werden, um den Ablauf zu stoppen.

Die Vorteile solcher Programme liegen auf der Hand. Zahlungen können vom Schuldner nicht zurückgehalten werden und das Risiko eines Kreditausfalls gibt es nicht, da die benötigte Menge an Assets beim Programmstart vorhanden sein muss und nachträglich nicht verändert werden kann. Ein solches Produkt ist sehr schlicht, ließe sich aber bereits als sichere Version eines Auszahlungsplans, beispielsweise für staatliche Leistungen nutzen. Das Kapital wird einmal eingezahlt und fortan erhält der Nutzer regelmäßige Auszahlungen. Negativzinsen muss der Nutzer ebenso wenig fürchten wie die Insolvenz einer Bank. Durch eine entsprechende Parametrisierung, die Nutzung externer Daten sowie die Implementierung von Ein- und Auszahlungsmöglichkeiten wird aus einem solchen Smart Contract schnell ein *Smart Konto.*

Finanzprodukte sind oft die zuerst genannte Lösung, wenn es um dezentrale Anwendungen geht. Rein technisch betrachtet können jedoch alle Anwendungen aus zentralisierten Strukturen herausgelöst werden. So gibt es schon heute dezentrale Video-, Gaming- und Chat-Programme sowie viele andere Anwendungen, die alle über eine Smart-Contract-Plattform ins Leben gerufen wurden.

Ethereum

> *»Ethereum competes against Bitcoin in the same way that Microsoft competes against Gold.«*
>
> *Timothy F. Peterson, Cane Island Research*

Ethereum ist die derzeit größte dezentrale Smart Contract Plattform.[13] Smart Contracts auf dem Ethereum-Netzwerk laufen dezentral auf dem Netzwerk. Das bedeutet, alle Knoten des Netzwerks kennen den aktuellen Zustand eines jeden Contracts. Für die Bezahlung von Transaktionen auf dem Netzwerk wird das native Token der Ethereum Blockchain, der Ether, eingesetzt. Auch für die Ausführung des Programmcodes von Smart Contracts fallen Kosten an.

Während für reine Kryptowährungen wie Bitcoin die Sicherheit des Netzwerks an oberster Stelle steht, haben bei Ethereum die Flexibilität und Funktionalität einen ebenso großen Stellenwert.[14] Auf Grund der höheren Komplexität von Etherum gegenüber dem einfacheren Bitcoin-Protokoll ist die Gefahr von Softwarefehlern deutlich größer. Wie Bitcoin setzt auch Ethereum derzeit auf einen Proof-of-Work-Konsensmechanismus. Mit Ethereum 2.0 gibt es aber ein Projekt zur Verbesserung der Skalierbarkeit[15] und Senkung der Energiekosten. Dies geschieht durch die Einführung des energieeffizienteren Proof-of-Stake-Algorithmus[16]. Durch diese und weitere Ergänzungen wie das »Sharding« und die damit verbundene parallele Verarbeitung von Transaktionen soll Ethereum 2.0 nach Abschluss des Projektes statt wie bisher zwischen zehn und fünfzehn Transaktionen pro Sekunde bis zu 100 000 Transaktionen pro Sekunde verarbeiten können.

13 Siehe Ethereum (2021a).
14 Siehe Russo (2020).
15 Siehe Ethereum (2021b), p. 2.
16 Siehe Rosic (2018).

Sicherheitsaspekte bei Smart Contracts

Bugs: Wie bei jeder anderen Software sind Softwarefehler (»Bugs«) die Hauptrisiken von Smart Contracts. Das Ethereum-Netzwerk machte bereits die Erfahrung, wie teuer so etwas werden kann. Beim so genannten »DAO-Hack« schaffte es ein Angreifer, Ether im Gegenwert von 50 Millionen US-Dollar aus einem Smart Contract abzuziehen.[17] Dieses Ereignis sorgte für große Diskussionen in der Ethereum-Community und führte schließlich zu einer Aufspaltung der Ethereum Blockchain, einem Hard Fork. Seither existiert neben der Ethereum Blockchain auch die ursprüngliche Blockchain unter dem Namen *Ethereum Classic.*

Angesichts der enormen Summen, die mittlerweile über die verschiedenen Netzwerke bewegt werden, haben sich Sicherheitsaudits und andere formale Verifikationsmethoden für Smart Contracts etabliert. Aber die Korrektheit eines über das Banale hinausgehenden Computerprogrammes lässt sich nicht endgültig beweisen. Daher bleiben Restrisiken, und die beste Versicherung gegen Fehler ist die Vermeidung unnötiger Komplexität. Aus diesem Grund ist die Verwendung einer reduzierten Programmiersprache sowie einfacher Konstrukte bei reinen Kryptowährungen nach wie vor der Standard. Für Smart-Contract-Plattformen mit ihren hohen funktionalen Anforderungen ist diese Beschränkung aber keine Option.

Protokolländerungen: Eine Änderung auf der Plattformebene kann Probleme verursachen. Beispielsweise könnte ein Upgrade des Ethereum-Protokolls dazu führen, dass bestimmte Smart Contracts sich anders verhalten, als es vorher erwartet wurde, weil die Abwärtskompatibilität nicht gewährleistet ist. Diese Risiken sind vorab schwer zu bewerten und können die betreffenden Anwendungen schnell und unvorbereitet treffen. Eine Protokolländerung, die eine große Anzahl DApps auf dem Netzwerk außer Gefecht setzt, würde Entwickler abschrecken und dazu motivieren, lieber auf anderen Plattformen zu arbeiten. Der Wert des Netzwerkes und damit auch der Wert des nativen Tokens des Netzwerkes würden darunter leiden.

Zentrale Instanzen für Datenlieferung: Daten aus der realen Welt außerhalb des Netzwerkes werden durch spezialisierte Dienstleister, die Oracles, an das Netzwerk geliefert. Beispiele hierfür sind Aktienkurse für eine Finanzanwendung oder Wetterdaten für eine Versicherung. Fehler, die von diesen Oracles verursacht werden, wirken sich auf die Anwendungen auf dem Netzwerk aus. Das Management der Abhängigkeiten von Oracles und die Prüfung der Qualität dieser Dienstleister ist schon bei DApps mit überschaubarer Komplexität eines der wichtigsten Sicherheitsthemen.

Marktkapitalisierung und Dominanz

Trotz einer wachsenden Zahl leistungsfähiger Konkurrenten dominiert Ethereum die Kategorie der Smart-Contract-Plattformen. Das Bild ist aber ausgeglichener als bei den Kryptowährungen (vgl. Abbildung 3.2).

17 Siehe Coindesk (2016).

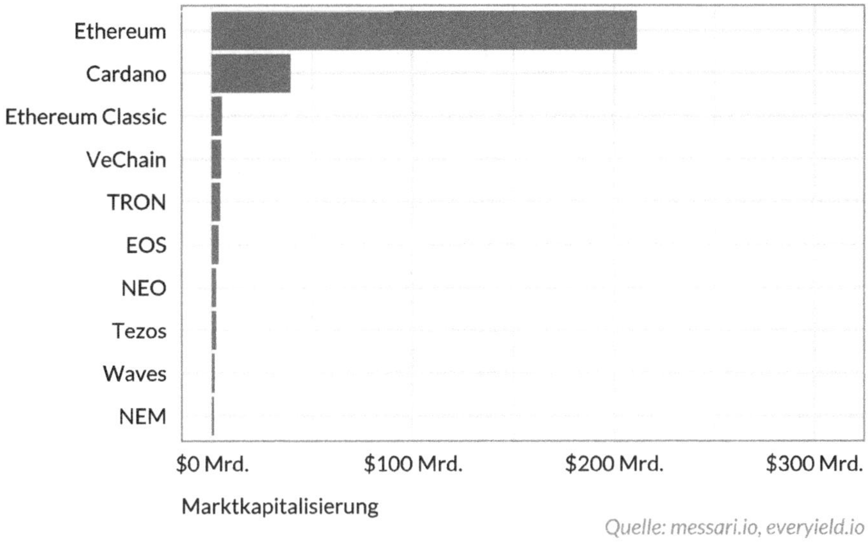

Abb. 3.2: Marktkapitalisierung der Top-10 Smart-Contract-Plattformen

Für Ethereum spricht weiterhin die Möglichkeit, im Rahmen eines einfachen Prozesses dezentrale Anwendungen zu implementieren, deren Token klaren Standards wie ERC20 oder ERC721 entsprechen. Je mehr Anwendungen sich an festen Standards orientieren, desto attraktiver ist es für andere Entwickler, sich ebenfalls diesem Standard anzuschließen. Zudem gibt es auf der Ethereum-Plattform derzeit die meisten Tools für Anwendungsentwickler, was die Implementierung von Apps auf Ethereum vereinfacht. Andere Plattformen holen aber auf, und Ethereum ist bei weitem nicht mehr die einzige ernstzunehmende Smart-Contract-Plattform. Auf Grund der bisher begrenzten Skalierbarkeit und den damit zusammenhängenden teils absurd hohen Transaktionskosten ist Ethereum auch in technischer Hinsicht nicht unumstritten. Auf diese Kritikpunkte wollen wir kurz eingehen.

Das Grundproblem: Skalierbarkeit und Transaktionskosten

> *»We will either solve the scalability and consensus problems or die trying.«*
>
> *Vitalik Buterin, Mitbegründer von Ethereum*

Für die Ausführung von Programmcodes auf dem Ethereum-Netzwerk fallen Gebühren an. Diese orientieren sich zum einen an der Komplexität des ausgeführten Programmcodes, denn jeder einzelne Rechenschritt, beispielsweise eine Addition zweier Zahlen, wird in Rechnung gestellt. Das klingt umständlich, verhindert jedoch auf intelligente Weise die ewige Ausführung versehentlich implementierter Endlosschleifen und macht Versuche, das Netzwerk absichtlich zu überlasten, zu einem teuren Vergnügen. Alle auszuführenden Transaktionen werden an das Netzwerk kommuniziert und reihen sich in eine Warteschlange ein. Über einen Auktionsmechanismus wählen die ausführenden Rechner des Netzwerkes dann die für sie profitabelsten Transaktionen aus. Die flexible Anpassung der Gebühren durch die Ersteller eines Smart Contracts ermöglicht es den Anwendern im gewissen Rahmen zu beeinflussen, wie schnell der Programmcode ausgeführt wird.

Ein solches Verfahren ist in normalen Zeiten effizient, kann aber bei hohem Transaktionsvolumen und einer länger werdenden Warteschlange zu schnell steigenden Kosten führen. Wenn Anwender zu lange auf die Ausführung einer Transaktion warten, neigen sie dazu, höhere Transaktionskosten zu akzeptieren, was wiederum andere Netzwerkteilnehmer unter Zugzwang setzt. So können sich die Kosten schnell hochschaukeln. Das ist kein theoretischer Effekt, sondern ein reales Problem, das sich oft beobachten lässt. Der praktische Nutzen von Ethereum leidet darunter, da manche Anwendungen auf der Plattform schlichtweg zu teuer werden (vgl. Abbildung 3.3).

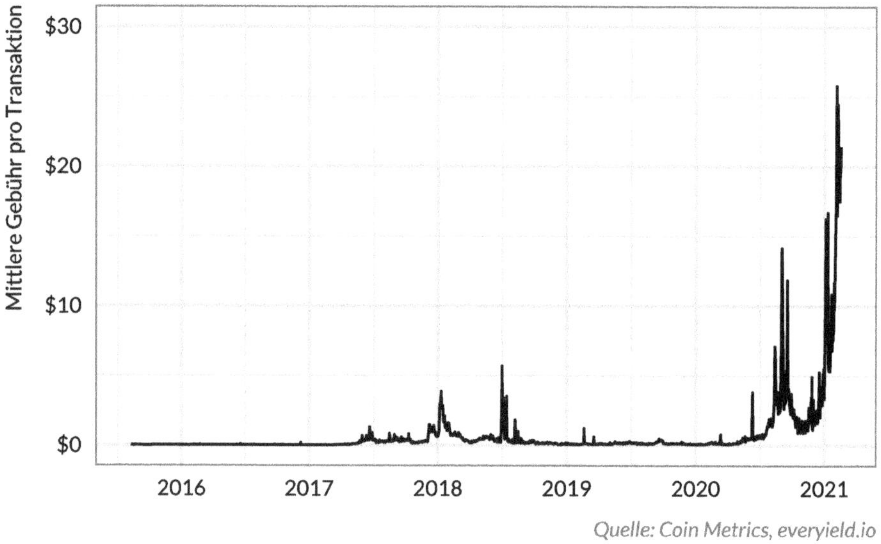

Abb. 3.3: Durchschnittliche Gebühren pro Transaktion im Ethereum-Netzwerk

Die durchschnittliche Transaktionsgebühr stieg im April des Jahres 2021 bis auf rund 25 US-Dollar an. Dieser Betrag klingt nicht allzu hoch, er fällt aber bei komplexeren Transaktionen, die sich ihrerseits aus mehreren Einzeltransaktionen zusammensetzen, mehrfach an. So bezahlten Nutzer einer dezentralen Börse auf dem Ethereum-Netzwerk im Frühjahr 2021 für einen einfachen Tausch von Ether in einen anderen Token durchschnittlich mehr als 130 US-Dollar. Für große Transaktionen mögen derartige Kosten verkraftbar sein, alltagstauglich sind sie nicht.

Während der Netzwerkeffekt für Ethereum spricht, ist die massive Verbesserung der Skalierbarkeit für den Fortbestand der Plattform entscheidend. Daher muss das Projekt ETH 2.0 ein Erfolg werden. Sollte dies nicht gelingen, werden Konkurrenten wie Cardano oder Polkadot in den Vordergrund rücken, die bereits jetzt mit einer Kapazität von bis zu einer Million Transaktionen pro Sekunde werben. Bereits jetzt öffnen sich Projekte wie der bekannte Stablecoin Tether in andere Richtungen. Der Tether existiert seit einiger Zeit auch auf der Smart-Contract-Plattform TRON und schon jetzt übersteigt die Anzahl der dort stattfindenden Transaktionen die Werte des Ethereum-Netzwerks (vgl. Abbildung 3.4).

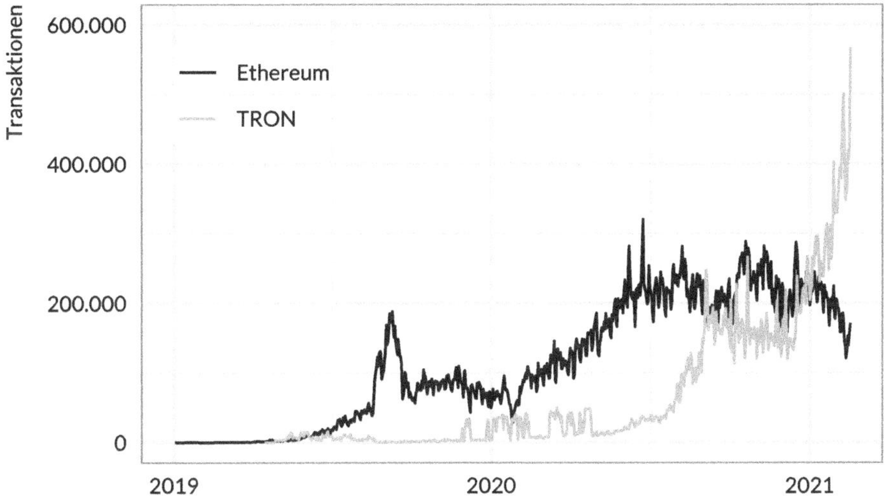

Quelle: Coin Metrics, everyield.io (Stand: 19.02.2021)

Abb. 3.4: Anzahl der USD-Tether-Transaktionen auf Ethereum und TRON

Der Innovationsdruck auf Ethereum ist enorm. Neben dem Mammutprojekt ETH 2.0 wird daher parallel an Second-Layer-Lösungen gearbeitet, die einen großen Teil der Transaktionen weg von der Blockchain auf ein paralleles Netzwerk verlagern. Neben einer generellen Überarbeitung des Transaktionskostenmodells werden auch weiterführende Ansätze wie State Channels, Sidechains, Childchains oder Optimistic Roll-Ups diskutiert. Eine detaillierte Erläuterung dieser Technologien würde zu weit führen, daher sei auf den guten Überblick bei Messari hingewiesen.[18]

Der Markt für Smart-Contract-Plattformen ist hart umkämpft und es wäre verfrüht, einen Sieger auszurufen. Möglicherweise existiert der Gewinner von morgen heute noch gar nicht.

18 Siehe Christanto (2021).

Web3 Token

Auf dem Internet laufen verschiedene Dienste. Der bekannteste Dienst ist das World Wide Web (www) oder kurz das Web. Ins Leben gerufen wurde dieser Dienst, den viele fälschlicherweise für »das Internet« halten, vom britischen Physiker und Informatiker Tim Berners-Lee. Er entwickelte neben dem ersten Webserver und dem ersten Browser auch die Hypertext Markup Language (HTML) sowie die URL, die eine einfache Verknüpfung von im Netzwerk verteilten Dokumenten ermöglicht.

Die erste Stufe des Web war das »read-only-web« (Berners-Lee), das Web 1.0. Nutzer konnten Webseiten betrachten und über Hyperlinks zu anderen Seiten springen. Darauf folgte mit dem »Web 2.0« die heutige Stufe des »read-write« Web. Dieses Web unterscheidet sich in vielen Punkten von der Konzeption des Internets. Das Web 2.0 ist allein auf Grund der Abhängigkeit vom System der Domain Name-Server (DNS) stark zentralisiert, während das Internet eine strikt dezentrale Struktur ist. Durch die Blockchain ist der Weg zum dezentralen Web 3.0 frei geworden, das sich wieder der ursprünglichen Idee eines »open, trustless, and permissionless network« von Berners-Lee nähert. Das Web 3.0 ist in der Nomenklatur von Berners-Lee ein »read-write-execute« Web, das nicht nur das Lesen und Schreiben von Daten, sondern auch die Ausführung dezentraler Programme ermöglicht.

Projekte, die an der Umsetzung dieses neuen Webs arbeiten, beschäftigen sich mit dezentralen Speichern (Filecoin, Storj), der Nutzung dezentraler Rechenkapazitäten (Golem, iExec) oder mit der Dezentralisierung digitaler Werbung (Basic Attention Token). Wie andere Blockchain-Anwendungen ist der Flaschenhals auch bei diesen Projekten die Skalierbarkeit. Zudem ist die Nutzung dezentraler Apps für die Anwender noch ungewohnt und die Interaktionen mit Web 3.0-Anwendungen erfordern teilweise spezielle Software oder Add-Ons.

Die Verbesserungen der letzten Jahre sind jedoch bemerkenswert, wie beispielsweise die nahtlose Integration des Basic Attention Tokens (BAT) in den sicherheitsfokussierten Webbrowser Brave zeigt.[19] Brendan Eich, der Mitbegründer und CEO von Brave, hat bereits als Entwickler eines Vorläufers der im Web allgegenwärtigen Sprache JavaScript sowie als Gründer der Mozilla Foundation sein Können unter Beweis gestellt.

Centralized Exchanges

Centralized Exchanges sind Plattformen und Apps, die den Handel von Kryptowährungen untereinander oder gegen Fiat-Währungen ermöglichen. Als Marktplätze für Token und als Schnittstelle zur Fiat-Welt sind sie essenziell für das Ökosystem. Zu den bekanntesten zentralisierten Börsen gehören Binance, Bitfinex, Bitmex, Coinbase, Gemini und Kraken. Nicht jeder dieser Handelsplätze hat auch ein Token emittiert.

19 Webseite (Brave, 2021).

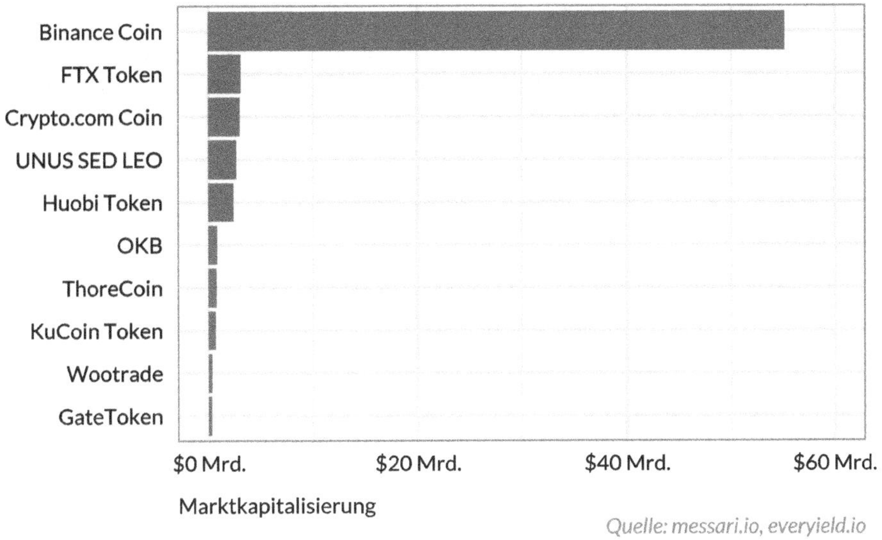

Abb. 3.5: Marktkapitalisierung der Top-10 Centralized Exchanges

Der bekannteste Token dieses Sektors ist der BNB von Binance (vgl. Abbildung 3.5). Analog zum Ether auf dem Ethereum Netzwerk ist der BNB der Treibstoff des Binance-Systems, erfüllt aber zahlreiche weitere Funktionen bis hin zur Nutzung als einfaches Zahlungsmittel. Der Token wurde über einen ICO im Juni 2017 kreiert und lief zunächst als ERC20 Token auf der Ethereum-Plattform. Im April wechselte das Token dann von Ethereum auf die Binance Smartchain. Eine interessante Eigenschaft des BNB ist dessen deflationärer Charakter. Nach jedem Quartal nutzt Binance ein Fünftel der über die Börse vereinnahmten Transaktionskosten, um BNB zurückzukaufen und zu vernichten. Dieser Prozess endet erst dann, wenn die Hälfte der ursprünglich emittierten Token nicht mehr existiert.

Stablecoins

Wie der Name bereits andeutet, sollen Stablecoins vor allem einen Zweck erfüllen. Sie sollen einen stabilen Wechselkurs gegenüber einer Fiat-Währung, in der Regel dem US-Dollar, aufweisen. So sollen sie ein schwankungsarmes bis nahezu schwankungsfreies digitales Asset repräsentieren. Durch die geringe Volatilität erfüllen sie die bei hochvolatilen Kryptowährungen angezweifelte Wertaufbewahrungsfunktion.

Die Stablecoins repräsentieren einen umstrittenen Sektor. Für die einen sind diese Token der logische, digitale Ersatz für Fiat-Währungen. Andere stellen die Frage, wofür ein Token benötigt wird, das lediglich den US-Dollar oder eine andere konventionelle Währung abbildet. Insbesondere in Regionen mit hoher Inflation und wirtschaftlicher Unsicherheit stoßen derlei Fragen auf Unverständnis. Dort haben Menschen oft keinen Zugriff auf den US-Dollar und schätzen die Stablecoins als zwar inoffizielles, aber immerhin erreichbares Asset. So erreichen die Kryptowährungen in diesen Regionen bereits ein Ziel. Sie erleichtern den Zugriff auf Finanzdienstleistungen für alle Menschen, die ein Smartphone besitzen.

Auf Grund der hohen Nachfrage konnten die Stablecoins ein enormes Wachstum verzeichnen. Dominiert wird dieser Sektor vom nicht unumstrittenen Tether (vgl. Abbildung 3.6).

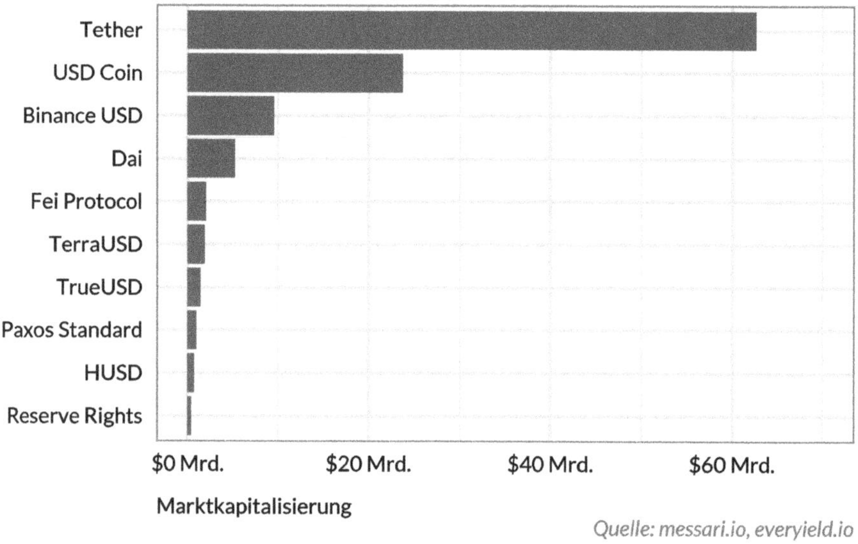

Abb. 3.6: Marktkapitalisierung der Top-10 Stablecoins

Der USD Coin (USDC) sowie der Binance USD (BUSD) folgen mit einigem Abstand. Der DeFi-Stablecoin DAI des Maker Protokolls steht an vierter Stelle. Die restlichen Stablecoins spielen eine untergeordnete Rolle.

Funktionsweise von Stablecoins

Stablecoins sind kryptografisch gesicherte Token auf einer Blockchain, die eine staatliche Fiat-Währung replizieren sollen. Sie sind an eine solche Währung gekoppelt oder »gepegged«, wie man in der Finanzbranche sagt. Ursprünglich wurden diese Token entwickelt, um Krypto-Tradern eine Möglichkeit zu geben, das Risiko ihres Portfolios zu reduzieren, ohne die Kryptowelt zu verlassen. Auf diesen ersten Anwendungsfall folgten schnell weitere. So sind Stablecoins zu einem beliebten Medium geworden, um indirekte Transfers von Fiat-Währungen günstig, sicher und sehr schnell zu erledigen. Vor allem in Ländern mit begrenztem Zugang zum US-Dollar ist dieses Vorgehen beliebt. Neben der nicht vorhandenen Bürokratie sind gerade bei Auslandsüberweisungen die sehr niedrigen Kosten ein wichtiges Argument.

Auch für Kryptobörsen ist die interne Abwicklung des Handels über Stablecoins sinnvoll. Es ist sehr viel einfacher, einen Stablecoin als weiteres Kryptoasset zu integrieren, als Banken mit entsprechenden Währungskonten anzubinden. Auch im schnell wachsenden Segment der dezentralisierten Finanzdienstleistungen spielen Stablecoins unter anderem als Asset, das in Smart Contracts als Sicherheit hinterlegt werden kann, eine wichtige Rolle.

Es gibt verschiedene Ansätze, die Stabilität des Stablecoins im Verhältnis zu einer Fiat-Währung sicherzustellen. Die wichtigsten Unterscheidungsmerkmale sind der Grad der Zentralisierung und die Art der eingesetzten Sicherheiten (vgl. Abbildung 3.7).

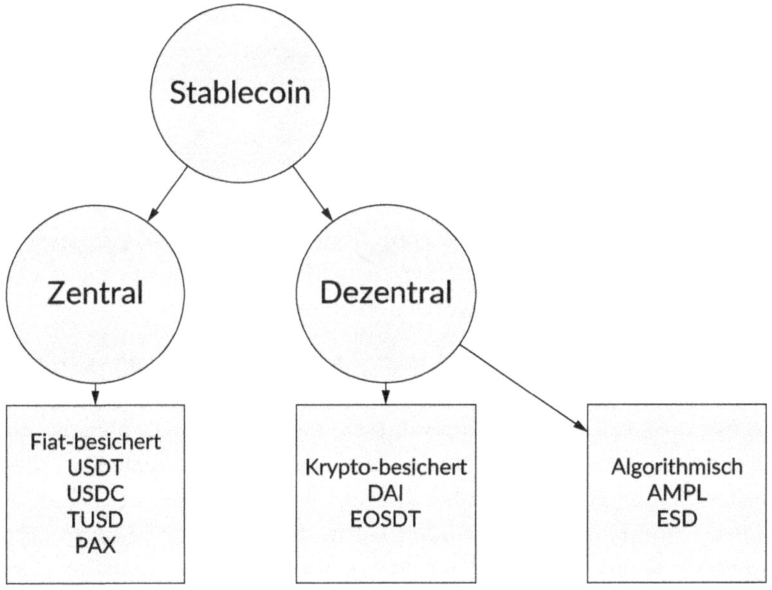

Abb. 3.7: Kategorisierung von Stablecoins

Für die Anwender sind vor der Entscheidung für einen Stablecoin die folgenden Fragen zu beantworten:

- Wofür soll der Stablecoin genutzt werden?
- Soll es sich um eine dezentrale Lösung handeln?
- Wie sind die regulatorischen Anforderungen?
- Wie ist die Skalierbarkeit?
- Wie hoch sind die Transaktionskosten?

Da die unterschiedlichen Konstruktionsweisen von Stablecoins zu Assets mit sehr unterschiedlichen Risiken führen, wollen wir uns einigen Mechanismen nun etwas ausführlicher widmen.

Fiat-besicherte Stablecoins

Fiat-besicherte Stablecoins wie der *USDT* von Tether Ltd. basieren auf einem simplen Konzept. Die Preisstabilität wird durch eine vollständige Besicherung mit US-Dollar erreicht. Die digitalen Token werden ausgegeben, wenn ein Nutzer die entsprechende Summe an Fiat-Währung auf das Konto der Tether Ltd. einzahlt. Geben Nutzer die Token zurück, erhalten sie im Gegenzug eine Auszahlung in US-Dollar und die digitalen Token werden vernichtet. Ein solcher Stablecoin erfordert eine zentrale Entität und ist als »off-chain«-Coin das Gegenstück zum Entwurf eines Kryptoassets. Das Konzept erinnert an eine goldgedeckte Währung, deren Stabilität von der Vertrauenswürdigkeit derjenigen zentralen Institution abhängt, die das Gold verwahrt.[20] Die Versuchung, mehr Token zu generieren als es die Sicherheiten zulassen, ist groß. Auch das Risiko eines Verlustes der in US-Dollar hinterlegten Sicherheiten durch einen technischen Fehler oder durch Betrug ist nicht von der Hand zu weisen.

Die erste Version des von der Tether Ltd. entwickelten Stablecoins *Tether* basierte auf dem Omni-Layer-Protokoll des Bitcoin.[21] Nach und nach wurde der Token auch auf weiteren Protokollen, wie Ethereum, TRON, EOS und Solana eingeführt. Der beliebteste Tether-Coin ist der USDT, der an den Wert des US-Dollars (USD) gekoppelt ist. Von Tether gibt es nicht nur das Token USDT in USD. Auch die Währungen EUR (EURT) und der Offshore Renminbi (CNHT) werden unterstützt.

So simpel und einleuchtend dieses Konzept auch sein mag, so schwer fällt es vielen in der Kryptowelt, einer zentralen Instanz zu vertrauen. Das zentralisierte Konzept mit einem Unternehmen und dessen Bankkonto als potenzieller Bruchstelle konterkariert mit seinem Kontrahentenrisiko den Grundgedanken der Dezentralität. Eine Klage der US-Staatsanwaltschaft gegen die Tether Ltd. aus dem Jahr 2019, bei der es um den Vorwurf der Veruntreuung ging, wurde zwar im Februar 2021 beigelegt. Viele fühlten sich dennoch in ihren Vorbehalten gegen zentrale Strukturen bestätigt. Dabei spielt es keine Rolle, ob bereits ein Schaden eingetreten ist oder nicht.[22] Es geht nicht allein um eine hohe Eintrittswahrscheinlichkeit eines Schadens, sondern auch um dessen mögliches Ausmaß und die Wechselwirkungen mit anderen Bausteinen des Kryptobiotops. Da der USDT bei vielen Börsen als Quotierungswährung fungiert, könnte ein Skandal bei Tether schnell zu deutlichen Preisverzerrungen, Illiquidität und sogar Kapitalverlust führen. Auch für den Decentralized Finance Sektor (DeFi)

20 Siehe Stephey (2008).
21 Omni ist eine Plattform für die Erstellung und den Handel von digitalen Vermögenswerten und Währungen. Es ist eine Software, die als zweite Schicht (Second Layer) auf der Bitcoin Blockchain aufbaut. Omni-Transaktionen sind daher in struktureller Hinsicht Bitcoin-Transaktionen mit erweiterter Funktionalität (Omni, 2021).
22 Siehe Steinadler (2021).

wäre ein solches Ereignis ein ernstzunehmendes Stressszenario, da der USDT häufig als Sicherheit hinterlegt wird.

Neben Tether gibt es weitere Fiat-besicherte Stablecoins wie den USD-Coin (USDC) von Circle und den TrueUSD (TUSD). Beim TrueUSD wird das Thema Vertrauen direkt an Smart Contracts delegiert, über die alle Zahlungen automatisiert abgewickelt werden. Die Entwickler und andere Mitarbeiter kommen mit den Zahlungsströmen nicht in Kontakt. Zusätzlich sollen regelmäßige unabhängige Audits das Vertrauen stärken.[23]

Kryptobesicherte Stablecoins

Die dezentrale Alternative zu den off-chain-Stablecoins sind on-chain-Stablecoins. Wie der Name bereits sagt, kommen diese Token ohne zentrale Entität aus und sind daher nach Ansicht vieler Marktteilnehmer die bessere Alternative. Der Stabilisierungsmechanismus dieser Token basiert auf Sicherheiten, die in Form anderer Kryptoassets an einen Smart Contract gesendet werden. Im Gegenzug wird eine entsprechende Menge Stablecoins emittiert und an den Sicherheitengeber gesendet. Ein solcher Stablecoin ist der DAI, der auf dem Protokoll Maker aufsetzt. Anleger können beispielsweise Ether als Sicherheit hinterlegen und erhalten die entsprechende Anzahl an DAI Token, der an die Entwicklung des US-Dollar gekoppelt ist.

Um eine möglichst stabile Bindung an den US-Dollar zu erreichen, setzt das Maker-Protokoll auf Smart Contracts und Marktkräfte. Änderungen der Stabilitätsgebühr sowie die Kursveränderungen des DAI sollen Investoren ermutigen, das Angebot zu reduzieren oder zu erhöhen, um den DAI in Richtung seines Zielpreises von 1 US-Dollar zu bringen. Fällt der Kurs des DAI unter diese Marke von 1 US-Dollar, wird die Stabilitätsgebühr erhöht, wodurch sich die Ausgabe von DAI verteuert. Zudem ist für Kreditnehmer attraktiv, ihren Kredit günstig zurückzuzahlen. Sie kaufen DAI am Markt für unter einem US-Dollar, liefern diese an den Smart Contract und erhalten die als Sicherheit hinterlegten Ether zurück. Der Smart Contract vernichtet die eingelieferten DAI, um das Angebot an DAI zu verknappen und dessen Kurs in Richtung des Zielpreises von einem US-Dollar zu bewegen. Liegt der Kurs des DAI über einem US-Dollar, wird die Stabilitätsgebühr reduziert, um DAI-Darlehen zu verbilligen. Marktteilnehmer können Ether oder andere Kryptoassets als Sicherheiten stellen, erhalten DAI, die sie am Markt für mehr als einen Dollar verkaufen können. Dieser technisch über Smart Contracts implementierte Arbitrageprozess läuft automatisch ab und bedarf keiner zentralen Steuerungseinheit. Im Falle starker Bewegungen des Kryptomarktes kann auch der Kurs des DAI im Verhältnis zum US-Dollar erheblich schwanken. Auf Grund der hohen Prämien, die in diesem Falle zu vereinnahmen sind, gibt es Spezialisten, die sich allein auf die Arbitrage dieser Abweichungen konzentrieren.

23 Siehe TrustToken (2021).

Algorithmische Stablecoins

Algorithmische Stablecoins setzen auf ein rein marktbasiertes Konzept. Die existierenden Token sind eher experimenteller Natur und die Abweichungen der Preise zu den jeweiligen Zielpreisen sind oft noch sehr groß. Viele Anleger beschränken sich vorerst darauf, das Verhalten dieses autonomen Stablecoins in der freien Wildbahn zu beobachten.

Ein algorithmischer Stablecoin ist ein Kryptoasset, das die angestrebte Preisstabilität über einen Algorithmus erreichen soll, der aktiv das verfügbare Angebot an Token beeinflussen kann. Fällt der Preis des Token, wird das Angebot reduziert, um einen Preisanstieg herbeizuführen. Steigt der Preis des Token, werden neue Einheiten emittiert, um das Angebot zu erhöhen und den Preis wieder in Richtung des Zielpreises zu bewegen. Die Volatilität des Preises wird algorithmisch reduziert. Der Preis dafür ist die Erhöhung der Volatilität des Angebots.

Die Logik hinter diesen Systemen basiert weitgehend auf der Quantitätstheorie des Geldes, die besagt, dass »sich jede Änderung der umlaufenden Geldmenge auf die Preise der Güter niederschlägt«.[24] Bei einer Verdoppelung der im Umlauf befindlichen Geldmenge sollen sich dieser Theorie zufolge auch die Warenkosten im Laufe der Zeit verdoppeln. Ebenso würden die Warenkosten proportional sinken, wenn sich die im Umlauf befindliche Geldmenge verringern würde. Die Quantitätstheorie des Geldes gehört auch zum Rüstzeug der Zentralbanken, die die Geldmenge eines Landes als Reaktion auf Veränderungen der Warenpreise (Inflation oder Deflation) regulieren können. Algorithmische Stablecoins nutzen ähnliche Techniken wie Zentralbanken und werden aus diesem Grund auch als »algorithmische Zentralbanken« bezeichnet.

Ein Beispiel für einen algorithmischen Stablecoin ist *Ampleforth*[25]. Bislang hat dieses Konzept Investoren nicht überzeugen können, was zum nicht unwesentlichen Teil daran liegt, dass es bisher nicht sonderlich schwankungsarm funktioniert hat. Abbildung 3.8 zeigt den Preisverlauf des algorithmischen Coins im Verhältnis zum US-Dollar. Der Preis des Token selbst hat für Anleger keine wirkliche Bedeutung, da deren Anzahl algorithmisch adjustiert wird. In Abhängigkeit von der Abweichung des AMPL vom Referenzkurs nimmt die Anzahl der Token ab oder zu. Abbildung 3.8 enthält daher auch den Verlauf des um diese Veränderungen angepassten Preises, der eher der Vermögensentwicklung der Anleger entspricht, die AMPL in ihren Wallets halten. Beide Zeitreihen wurden zu Beginn der Datenreihe auf den Wert von 1 US-Dollar gesetzt.

Auf Grund des erratischen Verlaufs wird der Ampleforth scherzhaft auch »a sometimes stable coin« genannt. Für Häme bietet dieser erste ernstzunehmende Test eines algorithmischen Stablecoins jedoch keinen Anlass. Das dahinterstehende Konzept ist

24 Siehe bpb (2016).
25 Siehe Ampleforth (2021).

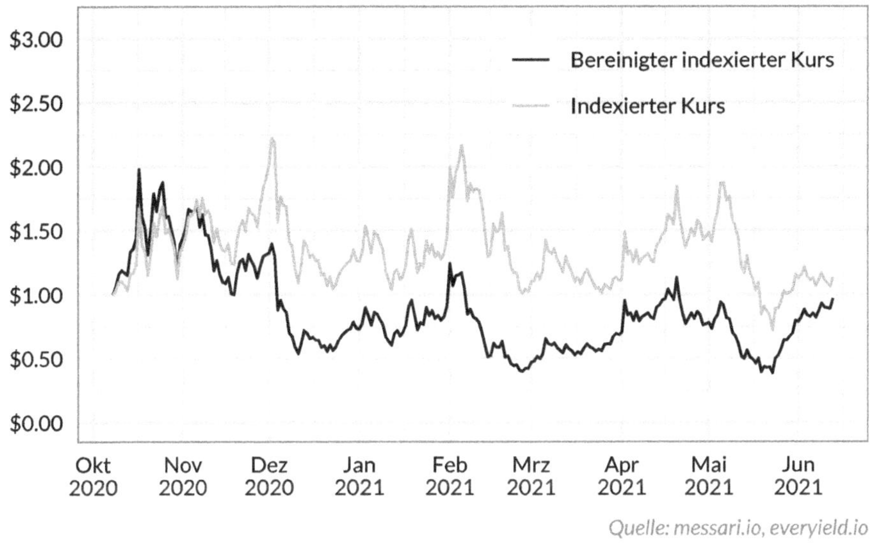

Abb. 3.8: Preisverlauf des algorithmischen Stablecoin Ampleforth

auf Grund des hohen Autonomiegrades und der nicht notwendigen Besicherung näher an einem echten Krypto-Stablecoin als die derzeit stärker genutzten besicherten Lösungen.

Schwankungsrisiken von Stablecoins

Auch besicherte Stablecoins können die Anbindung zum US-Dollar nicht zu jedem Zeitpunkt gewährleisten. Insbesondere in volatilen Marktphasen mit deutlichen Verschiebungen von Angebot und Nachfrage können die Notierungen spürbar schwanken. Bricht der Bitcoin-Preis plötzlich ein, steigt die Nachfrage nach Stablecoins sprunghaft an, da Investoren in einen sicheren Hafen strömen. Der Anstieg der Nachfrage kann den Preis eines Stablecoins über den Zielwert von einem US-Dollar heben. Der fast 50 %-ige Einbruch des Bitcoin im März 2020 führte auch bei den Stablecoins zu Stress. Besonders stark bekam dies der dezentrale Stablecoin DAI zu spüren. Durch den gleichzeitigen Kursrutsch des Ether, der als Sicherheit für DAI-Kredite dient, mussten die Kreditnehmer entweder ihre Sicherheiten erhöhen oder die Kredite in DAI zurückzahlen. Viele entschieden sich für Letzteres, woraufhin die Nachfrage nach DAI deutlich anzog, und der Kurs des Token deutlich über den Zielwert von einem US-Dollar stieg. Bei den Fiat-besicherten Token USDT und TUSD hat der Arbitragemechanismus deutlich besser funktioniert (vgl. Abbildung 3.9).

Während die Fiat-besicherten Stablecoins USDT und USDC sich innerhalb einer Spanne von einem Prozent um den Kurs des US-Dollar herumbewegen, ist der Verlauf des kryptobesicherten DAI deutlich volatiler. Die hohen Abweichungen sind zumindest derzeit noch der Preis dafür, die dezentrale Kryptowelt nicht zu verlassen. Festzuhalten bleibt jedoch die über einen längeren Zeitraum eintretende Stabilisierung des DAI-Kurses. Der grundsätzliche Ansatz, auf die Marktkräfte und

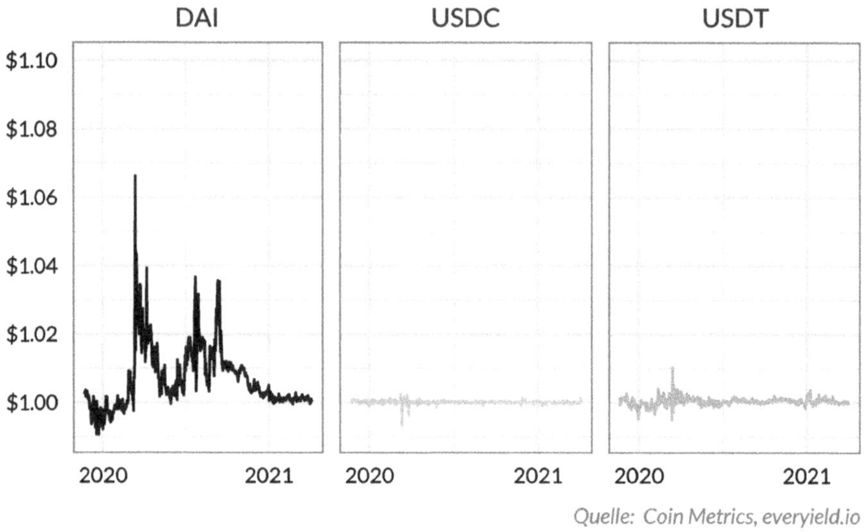

Abb. 3.9: Kursverlauf von Stablecoins seit Januar 2020

Arbitrage zu vertrauen, hat sich also bewährt. In der deutlichen Abwärtsbewegung des Kryptomarktes im Mai 2021 zeigten sich keinerlei Anzeichen einer Instabilität. Für eine derart junge Technologie ist das als großer Erfolg zu werten. Möglicherweise ist dies ein Fingerzeig an die zentralen Einheiten des konventionellen Finanzsystems. Märkte funktionieren, wenn man sie lässt.

Privacy Coins

Der Glaube an die generelle Anonymität von Kryptowährungen hält sich hartnäckig. Viele Nutzer denken noch immer, Bitcoin-Transaktionen seien anonym. Sie sind es nicht. Transaktionen auf der Bitcoin Blockchain und vielen anderen Netzwerken sind nicht anonym, sie sind lediglich pseudo-anonym. Jeder, der den technischen Hintergrund der Transaktionen versteht und weiß, wie eine Blockchain funktioniert, kann Transaktionen zurückverfolgen. Dabei gibt es keinen Zeitdruck, denn alle Transaktionen sind jederzeit für jeden zugänglich, der sich die Mühe macht, einen Blockexplorer[26] im Webbrowser aufzurufen. Die Kunst ist es, die in eine Transaktion involvierte Bitcoin-Adresse mit dem Benutzer in Verbindung zu bringen. Dies geschieht über die Auswertung großer Datenmengen aus den »sozialen Netzwerken« und anderen öffentlich zugänglichen Bereichen des Web. Für Behörden gibt es einen wesentlich einfacheren und schnelleren Weg zu den gewünschten Informationen. Er führt über die regulierten Handelsplattformen, die sich den üblichen KYC/AML-Prozessen[27] unterwerfen müssen.

26 Siehe (Bitcoin.com, 2021).
27 KYC steht für »Know your Customer« und bezeichnet die Anforderungen, die Identität von Kunden zu prüfen, bevor Geschäfte durchgeführt werden. Ein Grund hierfür ist die Verhinderung von Geldwäsche. Für entsprechende Gegenmaßnahmen steht das Kürzel AML (»Anti Money Laundering«).

Dies passt nicht in die großen Reden von Datensicherheit und Privatsphäre, daher haben die Entwickler von Beginn an auch Protokolle entwickelt, die es ermöglichen, die Spuren im Netzwerk vollständig zu verwischen. Das Ergebnis sind die Privacy Coins, die den Nutzern die vollständige Anonymität ermöglichen.

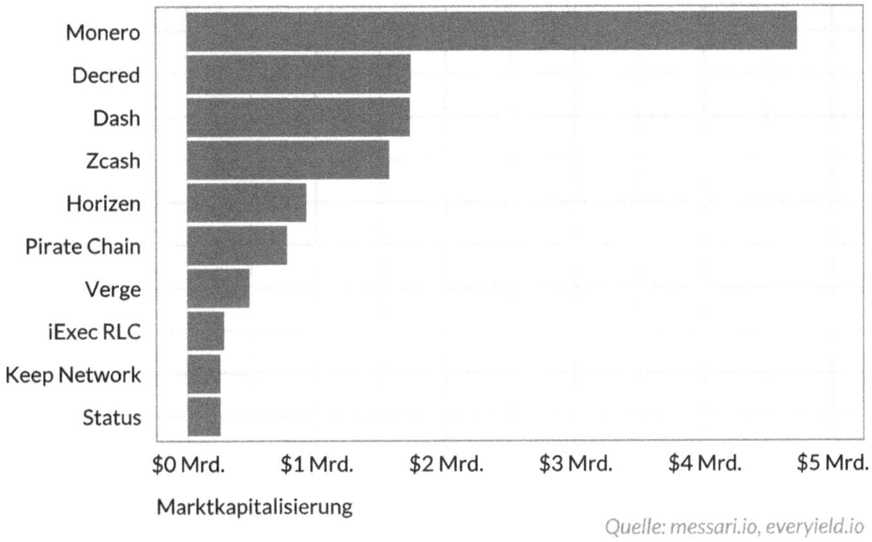

Abb. 3.10: Marktkapitalisierung der Top-10 Privacy Coins

Der Monero (XMR) ist der beliebteste Privacy Coin (vgl. Abbildung 3.10). Das Projekt bedient sich unter anderem so genannter Ring-Signaturen, die eine Zuordnung von Transaktionen zu einzelnen Nutzern unmöglich machen. Üblicherweise werden Transaktionen nur vom Sender signiert, so dass eine direkte Beziehung zwischen der Transaktion und der ausführenden Person besteht. Bei einer Ringsignatur wird die Transaktion von weiteren Versendern signiert, die jedoch lediglich der Verschleierung des Absenders dienen. Um auch die Identität des Empfängers zu schützen, werden Stealth-Adressen genutzt. Dies sind einmalig zu verwendende Adressen, die im Gegensatz zu normalen Adressen einem Empfänger nicht zugeordnet werden können. Sämtliche Daten zu den Beteiligten und dem Umfang einzelner Transaktionen bleiben durch diese durchdachten Methoden vertraulich. Eine Verkettung von Transaktionen auf Basis einer Datenhistorie ist ebenfalls ausgeschlossen.

Ein weiteres bekanntes Token dieses Sektors ist ZCash. Zwar wird auch DASH immer wieder zu den Privacy Coins gezählt, weil es mit der PrivateSend-Funktion eine Möglichkeit zur Vermischung von Transaktionen anbietet. Ein solches Feature bieten jedoch auch andere Kryptoassets. Trotz dieser Funktion ist der Grad der mit DASH erreichbaren Privatheit in keiner Weise mit der von Monero zu vergleichen. Bei DASH ist Privacy eine Funktion, bei Monero und ZCash ist sie ein Konstruktionsmerkmal.

Privacy Coins müssen mit anhaltendem Gegenwind vieler Regulierer rechnen. Viele Börsen schließen diese Token bereits vom Handel aus. Das klingt plausibel, hat jedoch eine Kehrseite. Denn ein Verbot von Privacy Coins, wie auch immer dieses umgesetzt werden soll, würde gleichzeitig alle Nutzer ihrer Möglichkeit berauben, Finanztransaktionen diskret vorzunehmen. Hier gilt es, etwaige Gefahren durch anonyme Transaktionen einer möglichen Einschränkung der Privatsphäre und damit der Freiheiten der Bürger gegenüberzustellen.

Decentralized Finance

Das Kürzel DeFi steht für Decentralized Finance und ist der Überbegriff für dezentrale Finanzapplikationen, die auf Kryptografie, der Blockchain und Smart Contracts aufbauen. Die dezentrale Börse Uniswap gehört seit geraumer Zeit zu den größten Protokollen in diesem Sektor (vgl. Abbildung 3.11). Das bestehende Finanzsystem ist zentral organisiert und ist vereinfacht gesagt eine Struktur mit einer Vielzahl an Teilnehmern, die Transaktionen über zentrale Intermediäre wie z. B. Banken ausführen. Der Weg von der bestehenden zentralen zur dezentralen Welt wird daher auch Disintermediation bezeichnet. Durch dezentrale Anwendungen finden Transaktionen direkt zwischen den Teilnehmern eines Netzwerks statt. Ein einfaches Beispiel ist der Transfer einer Summe an Krypoassets zwischen zwei Nutzern. Dieser findet direkt zwischen den Adressen dieser beiden Teilnehmer und ohne Intermediär statt. Transaktionen wie eine Überweisung sind mit Blockchain-basierten Protokollen mit geringem Aufwand zu implementieren. Derart simple Vorgänge sind die Bausteine, aus denen sich beliebig komplexe Finanzanwendungen konstruieren lassen. Die Stablecoins deuten diese Möglichkeiten mit dem Beispiel der autonom regulierten Vergabe und Steuerung krypto-besicherter Kredite an.

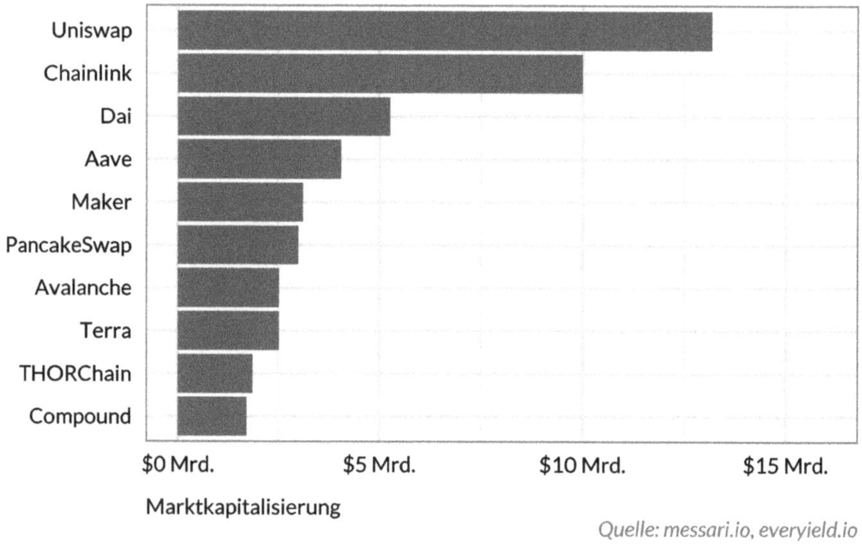

Abb. 3.11: Marktkapitalisierung der Top-10 im Sektor Decentralized Finance

Decentralized Finance ist mehr als ein bestimmtes Kryptoasset mit einer bestimmten Funktion. Es ist ein Komplex, in dem verschiedene Schichten (Layer) miteinander interagieren. Die einzelnen Schichten sind hierarchisch organisiert und bauen aufeinander auf, während die Architektur selbst offen ist. Die Entwickler komplexer Anwendungen können so die jeweils am besten für eine Aufgabe geeigneten Elemente einer Schicht auswählen und kombinieren.

Eine hervorragende Übersicht (vgl. Abbildung 3.12) liefert ein Paper von Prof. Dr. Schär von der Universität Basel, das von der St.Louis Fed veröffentlicht wurde.[28]

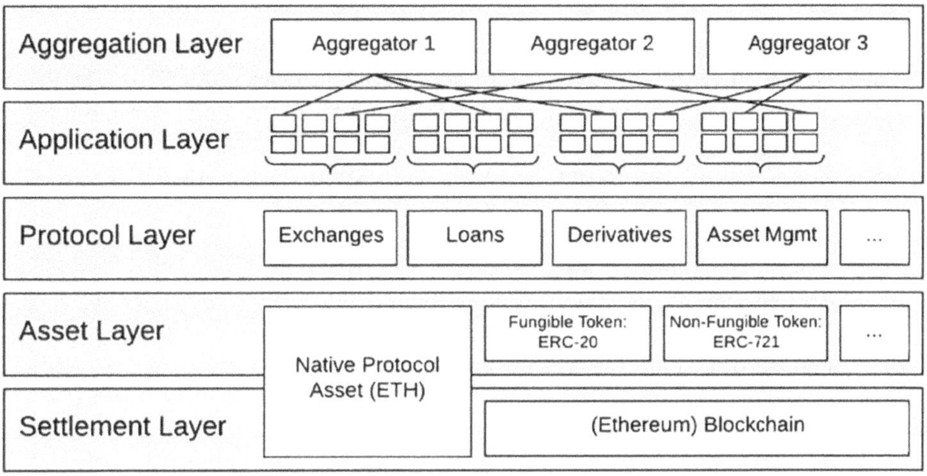

Abb. 3.12: Decentralized-Finance-Schichtmodell

Es gibt fünf Schichten: die Abwicklungs-, Asset-, Protokoll-, Anwendungs- und Aggregationsschicht. Um das Konzept zu verstehen, werden wir die Schichten kurz vorstellen.

Die *Abwicklungsschicht (Layer 1, Settlement Layer)* besteht aus der als Basis eingesetzten Blockchain und dem zugehörigen nativen Token des Protokolls. Bei der Bitcoin Blockchain ist dies der Bitcoin, bei Binance ist es der BNB. Auf dieser Ebene werden die ordnungsgemäße Speicherung von Eigentumsinformationen sichergestellt. Bei Blockchain-Anwendungen sind diese über die Transaktionshistorie festgelegt. Die korrekte Darstellung der Besitzverhältnisse resultiert daher aus der fehlerfreien Speicherung sämtlicher Zustandsänderungen des Netzwerks.

Die *Vermögensschicht (Layer 2, Asset Layer)* besteht aus allen Vermögenswerten, die auf der Abwicklungsschicht ausgegeben werden. Dazu gehören sowohl das native Token

28 Siehe Schär (2021).

eines Protokolls als auch alle weiteren Assets, die auf dieser Blockchain ausgegeben werden. Bei Ethereum sind dies der Ether als natives Token der Ethereum-Blockchain sowie alle ERC20 und ERC721 Token, wie etwa MKR, COMP und AAVE.

Die *Protokollschicht (Layer 3, Protocol Layer)* bietet Standards für bestimmte Anwendungsfälle wie dezentrale Börsen, Kreditmärkte, Derivate und die Verwaltung von Vermögenswerten auf der Blockchain. Über Smart Contracts können dann basierend auf diesen Standards Finanzprodukte als Programmcode nachgebildet werden.

Die *Anwendungsschicht (Layer 4, Application Layer)* baut auf der Protokollschicht auf und bezieht sich typischerweise auf eine Benutzeroberfläche oder ein Frontend, und repräsentiert damit die Schnittstelle zu den Anwendern.

Die *Aggregationsschicht (Layer 5, Aggregation Layer)* kombiniert verschiedene Anwendungen aus der Applikationsschicht. Es handelt sich um Plattformen, die eine Verbindung zu mehreren Anwendungen und Protokollen herstellen und relevante Informationen auf übersichtliche Art und Weise zusammenfassen. Ein Beispiel dafür ist der Aggregator Frontier, der das Management von DeFi-Produkten über mehrere Blockchains ermöglicht.

Eine wesentliche Kennzahl, die den Stand der Entwicklung des Dezentralized Finance Segments anzeigt, ist der Wert des insgesamt in DeFi-Anwendungen als Sicherheiten hinterlegten Kapitals, des Total Value Locked (TVL). Dieser Wert wird in der Regel in US-Dollar ausgewiesen (vgl. Abbildung 3.13).

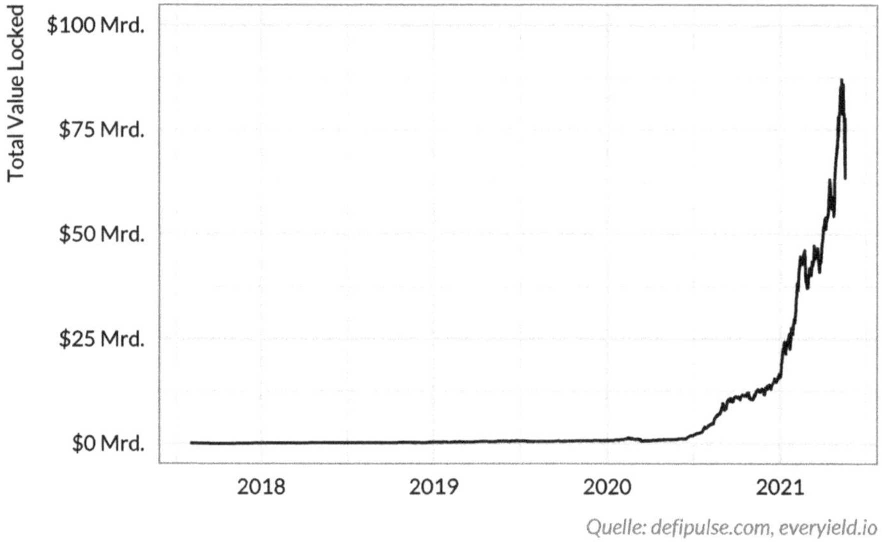

Abb. 3.13: Total Value Locked (TVL) in US-Dollar im Sektor Decentralized Finance

Während ein steigender TVL ein positives Zeichen für die Akzeptanz der DeFi-Anwendungen ist, muss man die starke Abhängigkeit dieses Wertes von der

Kursentwicklung des Ether berücksichtigen, da dieses Asset den Großteil der hinterlegten Sicherheiten ausmacht. Abbildung 3.14 zeigt den Total Value Locked umgerechnet in Ether.

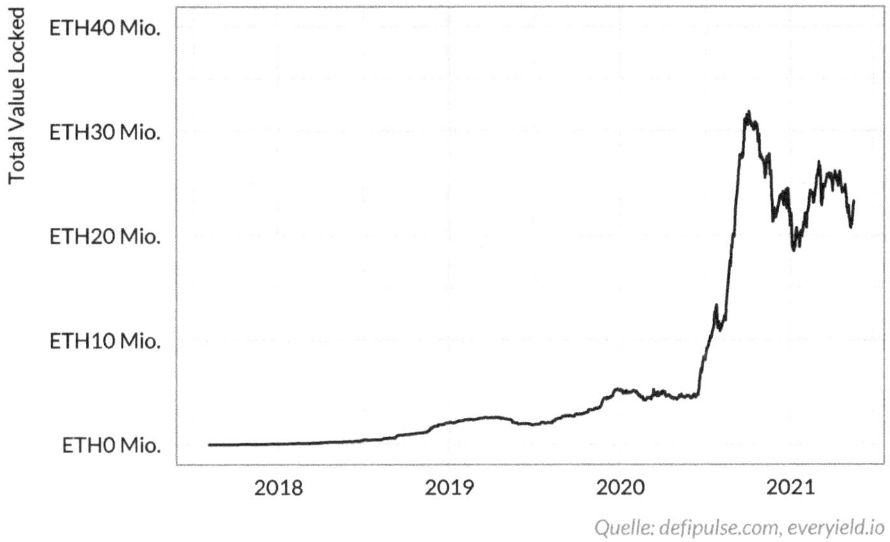

Abb. 3.14: Total Value Locked (TVL) in Ether im Sektor Decentralized Finance

Auch hier zeigt sich ein starkes Wachstum, wenn auch die Betrachtung in Ether im Jahr 2021 deutlich anders aussieht als die zuvor gezeigten Werte in US-Dollar. Die hohen Wertschwankungen der als Sicherheiten hinterlegten Kryptoassets sollten Anleger daher immer im Blick behalten, wenn sie sich ein Urteil über den Stand des DeFi-Sektors bilden wollen.

Zuordnung von Token zum Sektor DeFi

Um dem Sektor Decentralized Finance zugeordnet zu werden, muss eine Anwendung die folgenden Anforderungen erfüllen:

- Klarheit der Anwendung: Das Protokoll muss explizit auf Finanzanwendungen wie Kreditvergabe, Börsenhandel, die Schaffung synthetischer (derivativer) Vermögenswerte oder das Asset-Management ausgerichtet sein.
- Open-Source-Quellcode: Der Quellcode eines Protokolls muss als Open Source verfügbar sein. Jeder darf ihn ohne die Freigabe eines Dritten einsehen, wiederverwenden und modifizieren.
- Dezentrale Steuerung: Entscheidungen über Aktualisierungen und administrative Privilegien werden über dezentrale Konsensfindung und nicht durch eine zentrale Instanz getroffen.
- Pseudoanonymität: Die Benutzer der Anwendungen müssen ihre Identität nicht preisgeben.
- Dezentrale Verwahrung: Vermögenswerte werden dezentral innerhalb des Netzwerkes und nicht von einer dritten Partei verwahrt.

Relevante DeFi-Projekte

Mit Maker haben wir bereits ein DeFi-Projekt vorgestellt, das die Basis für den kryptobesicherten Stablecoin DAI ist. Alle weiteren Protokolle, die kryptobesicherte Stablecoins ermöglichen, zählen ebenfalls zum Sektor Decentralized Finance. Da wir uns dem Thema Stablecoins bereits ausführlich gewidmet haben, konzentrieren wir uns im Folgenden auf weitere DeFi-Anwendungen.

Kreditvergabe und -aufnahme

Wer ein dezentrales Finanzsystem aufbauen möchte, kommt nicht um das Kreditgeschäft herum. Mit Compound (COMP) gehört das neben Maker derzeit größte DeFi-Projekt in diese Kategorie. Compound ist ein Protokoll zur Implementierung verzinster, kryptobasierter Leihgeschäfte. Der gesamte Prozess erfolgt autonom. Ein weiteres relevantes DeFi-Projekt dieser Kategorie ist Aave (AAVE).

Derivate

Wie im traditionellen Finanzwesen leitet sich der Wert eines kryptobasierten Derivats von der Entwicklung eines zugrunde liegenden anderen Vermögenswertes, dem Underlying, ab. Die wichtigste DeFi-Anwendung für kryptobasierte Derivate ist Synthetix (SNX). Das Protokoll ermöglicht es Benutzern, derivative Strukturen auf Basis von Kryptoassets, aber auch konventionellen Anlagen wie Aktien, Währungen oder Rohstoffen aufzulegen. Synthetix wurde auf der Ethereum Blockchain implementiert, somit haben die auf dieser Plattform geschaffenen Derivate die Form eines ERC20-Tokens. Da diese auf einer öffentlichen Blockchain aufgelegt wurden, sind sie sofort für alle Interessenten weltweit verfügbar.

Dezentrale Börsen

Dezentrale Börsen oder »DEXes« ermöglichen den Austausch von Krypto-Vermögenswerten ohne zentrale Entität. Der Austausch digitaler Assets über eine DEX erfolgt bilateral. Tauscht ein Nutzer beispielsweise Ether gegen Bitcoin, dann erfolgt der Transfer der beiden Token zwischen den beteiligten Adressen direkt. Die DEXes ermöglichen diesen Transfer, haben aber zu keinem Zeitpunkt Zugriff auf die ausgetauschten Token.

Es gibt zwei Arten von DEXes. Die einen orientieren sich an einem Liquiditätspool, andere an einem Orderbuch. Beispiel für die Liquiditätspool-orientierten Handelsplätze sind Uniswap, Kyber und SushiSwap. Loopring und IDEX hingegen sind Beispiele für Orderbuch-basierte Börsen. DEXes zielen darauf ab, die inhärenten Probleme der zentralisierten Börsen zu lösen. Dazu zählen vor allem die zentrale Verwahrung von Vermögenswerten, aber auch geografische Restriktionen und die begrenzte Auswahl handelbarer Vermögenswerte.

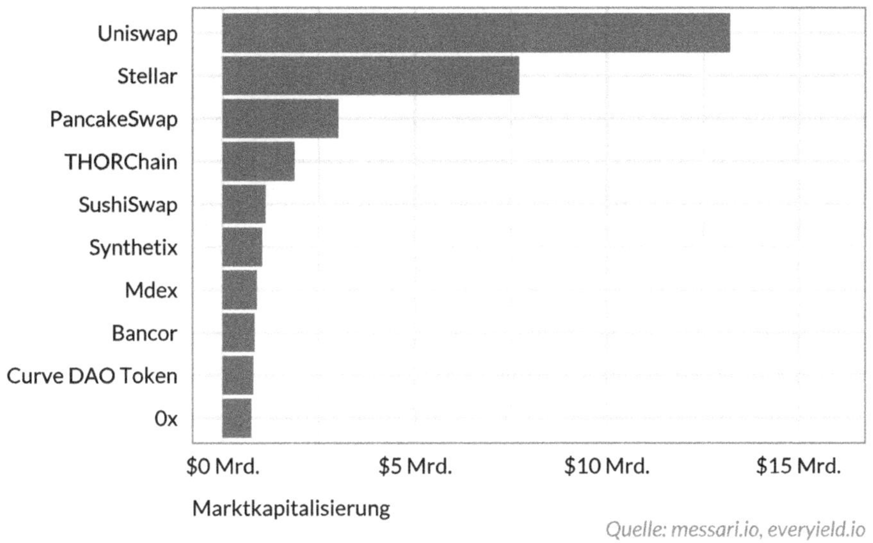

Abb. 3.15: Marktkapitalisierung der Top-10 Decentralized Exchanges

Versicherungen

Die Versicherung ist ein weiterer Teil des traditionellen Finanzwesens, der in der dezentralen Welt abgebildet werden kann. Zwei der aktuell populärsten Anwendungen von Versicherungen im DeFi-Raum sind der Schutz gegen das Versagen von Smart Contracts und die Absicherung gegen den Verlust von Sicherheiten. Eines der bekanntesten Projekte dieser Kategorie ist Nexus Mutual (NXM).

Fazit

Das Segment Decentralized Finance umfasst ein breites Spektrum mit zahllosen Projekten. Trotz aller fraglos bemerkenswerten Fortschritte sollte die Betrachtung der Risiken nicht vollkommen verdrängt werden, die sich vor allem aus fehlerhaften Smart Contracts und Protokolländerungen ergeben können. Programmierfehler oder Sicherheitslücken sind bei Blockchain-basierten Systemen noch gefährlicher als im konventionellen Finanzsystem. Zum einen liegt das an der Finalität von Transaktionen, die eine nachträgliche Fehlerkorrektur ausschließt. Der zweite Risikofaktor ergibt sich aus der weitgehenden Autonomie der Programme. Läuft ein fehlerhaftes Programm erst einmal, dann ist es nicht mehr zu stoppen, wenn dies im Code nicht vorgesehen ist bzw. keine automatische Fehlerkontrolle in den Prozess eingreifen kann. In hochvolatilen Marktphasen mit temporärer Illiquidität kann das Zusammenspiel im Grunde einfacher Mechanismen plötzlich und unvorhersehbar zu komplexen, unkontrollierbaren Abläufen führen.

Das klingt im Vergleich zum bestehenden System zunächst abschreckend, ist jedoch eine einseitige Betrachtung. Dem gegenüber steht das vollkommen unemotionale

Handeln der autonomen Akteure im Kryptomarkt. Es gibt keine Verzögerungen bei der Liquidation nicht ausreichend besicherter Kredite und keine unter Stress getroffenen Fehlentscheidungen. Zudem gibt es keine Möglichkeiten, bestimmten Gruppen von Marktteilnehmern Vorteile zu Lasten anderer Marktteilnehmer zu verschaffen. Das ist ein gerade von Außenstehenden oft unterschätzter Punkt, weil sie gar nicht wissen, dass sie betroffen sind. Den kurzfristigen Schmerzen, die das DeFi-Segment für Anleger immer mal wieder bereithalten wird, steht durch die regelmäßige Marktbereinigung möglicherweise eine höhere langfristige Stabilität gegenüber.

Die wesentlichen Punkte bei der Beurteilung von DeFi-Projekten sind der Grad der Dezentralität, die systemischen Risiken durch gegebenenfalls eintretende kaskadierende Wertverluste von Vermögenswerten sowie die Skalierbarkeit und Transaktionskosten des Netzwerks. Wie Ethereum als Basis vieler DeFi-Projekte mit ETH 2.0 zeigt, steht das Thema Skalierbarkeit auch bei den Plattformanbietern ganz oben auf der Prioritätenliste.

Non-Fungible-Token

Non-Fungible-Token (NFT) ist eine etwas unglücklich gewählte Bezeichnung für eine besondere Kategorie digitaler Assets. Ein Gut wird als fungibel bezeichnet, wenn es identisch und austauschbar ist. So ist es egal, mit welchem Zehn-Euro-Schein ein Kunde seinen Einkauf bezahlt. Auch zwischen zwei standardisierten Goldbarren gibt es keinen Unterschied. Zu den nicht fungiblen Werten zählen beispielsweise Kunstwerke, Immobilien oder Wein. Non-fungible-Token stellen einzigartige, digitale Vermögenswerte dar. Dabei kann es sich um die digitale Repräsentation eines realen physischen Objekts oder um ein rein digitales Objekt handeln. Relevant ist lediglich die Auszeichnung jedes dieser Token mit einer einzigartigen, unveränderlichen und nicht kopierbaren Eigenschaft wie einem kryptografischen Kennzeichen.

Technisch betrachtet sind NFTs Token einer Blockchain, die der Übertragung digitaler Werte dienen und folgende Eigenschaften besitzen:

- *Einzigartigkeit*: Jedes NFT hat Eigenschaften, die in den Metadaten der Datei auf der Blockchain gespeichert werden. Diese Informationen können aus einer Nachricht, einem Bild, einem Video oder Musik bestehen, die durch eine eindeutige digitale Signatur zu etwas Einmaligen werden. Da die Daten auf einer Blockchain gespeichert werden, sind sie unabänderlich, für jeden einsehbar und für immer verfügbar.
- *Knappheit*: Die Erzeuger eines NFT können festlegen, wie viele gleichartige Token, sprich Kopien mit einer jeweils einzigartigen Signatur, erzeugt werden sollen. So gibt es Einzelstücke, aber auch NFTs mit einer festgelegten Auflage, beispielsweise mehrere NFTs mit den Daten desselben Videos. Die Einhaltung der bei der Emission festgelegten Anzahl der Token wird durch die Blockchain sichergestellt.
- *Unteilbarkeit*: NFTs werden nicht in kleinere Einheiten zerlegt, daher kann ein NFT nur im Ganzen übertragen werden.

Wer einen NFT in seiner Wallet hält, besitzt und kontrolliert es. Da es auf einer Blockchain aufgesetzt wurde, ist auch die gesamte Historie der Transaktionen dieses NFT für jeden nachvollziehbar und eindeutig identifizierbar. Vielen Investoren fällt es schwer, die Werthaltigkeit von NFTs zu beurteilen. Manche fragen sich, ob solche digitalen Assets überhaupt einen Wert haben können. Dabei sind die Unterschiede zum klassischen Kunstmarkt möglicherweise gar nicht so groß wie es zunächst scheint.

Nüchtern betrachtet spielen Knappheit, vorherrschender Zeitgeist sowie die Vorlieben einzelner Personen häufig die ausschlaggebende Rolle bei der Preisfindung für ein Kunstwerk. Zudem spielt es für den Verkäufer keine Rolle, wie hoch Kritiker den künstlerischen Wert seiner Arbeit einstufen mögen. Kommt ein Produkt zur richtigen Zeit auf den Markt, dann können, wie bei klassischen Kunstwerken auch, die Verkaufspreise rasch ungeahnte Höhen erreichen. So versteigerte unlängst das Auktionshaus Christie's eine digitale Collage des Künstlers Beeple für 69 Millionen US-Dollar an den Manager eines Kryptofonds.[29] Jack Dorsey, der CEO von Twitter, versteigerte ein Bild seines allerersten Tweets für 2,9 Millionen US-Dollar an Sina Estavi, CEO eines Blockchain Start-ups aus Malaysia.[30]

Für Investoren ergibt sich der potenzielle Nutzen von NFTs aus der Möglichkeit, verifizierbar einzigartige digitale Assets übertragen zu können. Den Anwendungsfeldern für diese Möglichkeit sind keine Grenzen gesetzt. Auch für Künstler mit monetären Interessen kann sich die Programmierbarkeit der Token als Segen erweisen. So lassen sich beispielsweise Regeln zur Höhe von Tantiemen programmatisch hinterlegen, die dann ohne großes Vertragswerk und ohne Geldeintreiber dafür sorgen, einem Künstler auch einen Anteil der Erlöse aus zukünftigen Geschäften mit seinem Kunstwerk zukommen zu lassen. Den Erben von van Gogh und anderen bekannten großen Meistern hätte diese Funktion sicherlich gefallen.

Für Nutzer einer Wallet sind NFTs problemlos in ein Portfolio aus Kryptoassets zu integrieren. Der große Reiz einer solchen Beimischung liegt in der erwartbar niedrigen Korrelation zu allen anderen Assetklassen und der Möglichkeit, nicht nur Kunst, sondern alle digitalen Güter als problemlos transferierbares Token erwerben zu können. Die Bewertung dieser Werte ist herausfordernd, aber vor ähnlichen Problemen stehen Spezialisten auch in der Welt der greifbaren Güter.

Durch die zahlreichen skurril wirkenden Beispiele gerät der generelle Nutzen solcher Token oft in den Hintergrund. Generell repräsentieren NFTs aber nichts anderes als die Möglichkeit, alles Mögliche zu »tokenisieren«. So können auch Besitzrechte an Immobilien oder Finanzprodukten wie Private-Equity-Beteiligungen auf eine festgelegte Anzahl digitaler Token übertragen werden, um eine einfache Aufteilung großer Vermögenswerte auf viele Investoren zu ermöglichen. Die Anwendung der

29 Siehe Monopol (2021).
30 Siehe t3n (2021).

Blockchain-Technologie kann so neuen Anlegerschichten den Zugang zu bestimmten Investitionen ermöglichen, die Möglichkeiten zur Diversifikation von Portfolios deutlich erweitern und gleichzeitig die Transparenz verbessern.

Fazit Kryptobiotop

Der Bitcoin war das erste Kryptoasset und für viele steht es immer noch stellvertretend für das gesamte Kryptobiotop. Dies ist eine verengte Sichtweise, denn mittlerweile gibt es zahllose Projekte und klar unterscheidbare Sektoren. Derzeit dominieren einige Token ihre jeweilige Kategorie teilweise deutlich, aber angesichts der Dynamik wäre es naiv, davon auszugehen, das Kryptobiotop sähe in zehn Jahren auch nur annähernd so aus wie heute. Viele von den mittlerweile fast 10 000 Token werden nicht überleben, Projekte werden sich aufspalten oder schlichtweg verschwinden und andere werden ihre Stelle einnehmen.

Das Kryptobiotop steckt noch in den Kinderschuhen und fast alle Projekte befinden sich in der Entwicklungsphase. Angesichts dieser Situation ist die ausschließliche Nutzung markttechnischer Kennzahlen zum Treffen einer Investmententscheidung ein nachvollziehbarer Ansatz, der die Anleger vor größeren Problemen bewahren kann. Nicht jeder Anleger fühlt sich mit einem rein technischen Ansatz wohl und so werden auch verschiedene Ansätze zur fundamentalen Bewertung von Kryptoassets genutzt. Auf diese Methoden gehen wir im folgenden Kapitel ein.

Experten-Interview mit Max Lautenschläger

Zur Person: Max Lautenschläger ist Co-Founder & COO von Iconic[31], einem globalen Krypto-Asset-Manager. Er begann seine Karriere als Unternehmensberater für Fortune-500-Unternehmen aus der Stahl-, Versorgungs- und Einzelhandelsbranche zu Themen wie Digitalisierung, Projektmanagement und IT-Integration beriet. Danach wechselte er in den Bereich Private Equity bei einer Asset-Management-Gruppe mit einem verwalteten Vermögen von 40 Milliarden Euro und ging dann zu einem Fintech-Company-Builder, wo er zusammen mit dem Management-Team mehrere alternative Finanz-Startups von Grund auf aufbaute.

Max Lautenschläger erwarb einen BA in Internationalem Management sowie einen MBA. Darüber hinaus ist er in Harvard ausgebildet worden und ist Chartered Alternative Investment Analyst (CAIA) Charterholder. Zusätzlich ist er im Aufsichtsrat von MLP, Deutschlands größtem unabhängigen Finanzdienstleister. Er ist persönlich als Business Angel in mehrere Startups investiert.

31 Zur Webseite Iconic (2021).

Lieber Max, danke, dass du dir heute für uns Zeit genommen hast. Ich denke, du bist als COO von Iconic, einem Krypto-Asset-Manager, der ideale Ansprechpartner, wenn es um das Thema Kryptobiotop geht. Herzlich willkommen!

Die Webseite Coinmarketcap.com weist derzeit mehr als 9000 verschiedene Coins aus. Für Anleger ist dies eine unüberschaubare Auswahl, die abschreckend wirkt. Wie sollten sich deiner Meinung nach Anleger dieser Assetklasse nähern? Was sind sinnvolle Gruppierungen, die eine Auswahl erleichtern?

Vielleicht hilft hier eine Analogie zum Aktienmarkt. In den USA gibt es ungefähr 4500 Aktien, die an einer Börse gelistet sind. In Europa ist die Zahl ähnlich, ich denke, wir kommen hier auf rund 5000 börsennotierte Firmen. Nach dieser Logik stehe ich ja am Aktienmarkt vor einem vergleichbaren Auswahlproblem. Der große Unterschied ist, dass der Aktienmarkt reifer ist und gewisse Indizes anbietet. Ich schaue mir zum Beispiel den S&P500, die Nasdaq oder den DAX an, und dies gibt mir ein Gefühl der Sicherheit, weil ich weiß, in diese Indizes kommen nur hochqualitative Aktien hinein.

Im Kryptobereich ist die Anzahl handelbarer Token gar nicht so viel höher. Was ich jedem Neueinsteiger aber empfehlen würde, ist, sich keine Werte außerhalb der Top 200 anzuschauen. Wer etwas konservativer an die Sache herangeht, fokussiert sich einfach auf die Top 50, denn diese Token handeln nicht ohne einen Grund mit einer höheren Marktkapitalisierung.

Zurückhaltend wäre ich bei denjenigen Coins, die eine geringe Liquidität haben oder die nicht auf etablierten Börsen handeln. Beispielsweise möchte ich bei einem Coin sehen, dass er bei Coinbase, Binance, Kraken oder Bitstamp gelistet ist. Token, die im Fokus des Regulators stehen, würde ich ebenfalls meiden. Wir sehen ja, für wie viel Aufsehen das Thema mit der SEC bei Ripple gesorgt hat. Das gleiche Thema haben wir auch beim Bitfinex-Token LEO. Der wurde zwar als Utility-Token verkauft, wird in den USA jedoch wahrscheinlich als Security Token eingestuft. Ebenfalls kritisch gesehen werden Privacy Coins wie Monero wegen ihres hohen Anteils an privaten/anonymen Transaktionen.

Wenn wir die Bewertung außen vor lassen, heißt das für die Anleger: Sich innerhalb der Top 200 Token bewegen, auf eine ausreichende Liquidität achten, die richtigen Marktplätze auswählen und regulatorisch schwierige Token meiden.

Was bedeuten denn deine Selektionskriterien für das Thema Initial Coin Offering (ICO)? Ist dieses Thema angesichts der genannten Kriterien überhaupt interessant oder benötigt man eine gewisse Lebensspanne eines Coins, um eine sinnvolle Aussage treffen zu können?

Bleiben wir auch hier bei der Analogie zu den traditionellen Märkten, die den Investoren vertraut sind. Ein ICO ist für mich mit einem Venture Capital Investment vergleichbar. Ich zum Beispiel investiere in Aktien, aber ab und zu finde ich ein aufregendes Start-up und investiere auch dort. Das Gleiche kann man auch für den Kryptomarkt sagen. In den Top 200 Token ist man diversifiziert investiert, aber natürlich kann man sich auch ICOs anschauen. Ob es sich im Detail um ein STO, ein ICO, ein

IDO handelt – wir haben ja schon die verschiedensten Begrifflichkeiten gehört – ist eigentlich irrelevant.

In 2017 hatten wir einen extremen ICO-Hype, in dem man richtig gut verdienen konnte. Solche Hype-Zyklen gibt es auch in den traditionellen Märkten, bedenkt man, wie viele IPOs und SPACs es in den letzten zwei Jahren gab. In 2020/21 sind es nun vor allem DeFi-Projekte, die zum Beispiel über Polkastarter oder die Binance Chain auf den Markt kommen. Natürlich lohnt es sich, darauf ein Auge zu haben. Ich glaube, was jedem nur bewusst sein sollte, ist das viel größere Risiko eines solchen Investments. Aber das ist im traditionellen Bereich, beispielsweise bei einem Investment in ein Start-up, nicht anders. Das Geld kann weg sein, aber dafür habe ich die Chance, dass mein Investment sich vielleicht verzwanzig-, verdreißig- oder vervierzigfacht.

Die Korrelationen zwischen den meisten Kryptoassets sind relativ hoch. Viele Anleger setzen daher nur auf den Bitcoin. Wie viel bringt deiner Meinung nach eine Diversifikation innerhalb der Kryptoasssets?

Vor ein paar Jahren hätte ich die Frage noch anders beantwortet als heute. Damals hätte ich gesagt: Eigentlich ist es relativ egal, was du kaufst, da die meisten Assets mit 80 bis 90 Prozent miteinander korrelieren. Steigt der Bitcoin, geht auch der Kurs des Ether nach oben, und vice versa. Dies hat sich aber extrem geändert und ich bin sehr froh darüber. Kommen wir noch einmal auf die erste Frage zurück, wie Krypto-Projekte ausgewählt werden können. Im Endeffekt glaube ich, muss sich jeder Anleger fragen, an was er glaubt. Glaube ich an die Blockchain als die Infrastruktur der Zukunft und daran, dass auf dieser Infrastruktur entsprechende dezentrale Applikationen gebaut werden? Ein guter Vergleich zur alten Welt sind die App-Stores von Apple oder Google. Oder glaube ich daran, dass durch die Limitierung der Anzahl an Bitcoin dieses Asset eher wie ein Commodity einzustufen ist? Eine Art digitales Gold, das mich vor Inflation schützen soll, in Zeiten, in denen extrem viel Geld von Notenbanken gedruckt wird. Glaube ich an Decentralized Finance und eine Welt ohne Clearinghouse und Market Maker, in der alles in Smart Contracts verpackt sein wird und ich die Mittelsmänner, die heute den Finanzmarkt regeln, gar nicht mehr brauche? Wenn ich mir zu diesen Themen eine fundierte Meinung gebildet habe, und für mich weiß, wo die Blockchain oder generell die kryptografische Technologie und Tokenisierung wirklich relevant sein können, dann kann ich die entsprechenden Assets auswählen.

Ich bin beispielsweise von Beginn an ein Fan von Ethereum gewesen. Bitcoin hat bei mir damals nicht diese große Rolle gespielt. Heute sehe ich das anders. Aber ich bin über Ethereum zu den Kryptos gekommen. Warum ist das so? Weil ich denke, dass viele Geschäftsmodelle zukünftig auf Blockchains laufen werden. Ob das Supply-Chain-Management betrifft, das digitalisierte Grundbuchamt, den Gesundheitssektor oder die Monetarisierung von Daten – ich persönlich glaube, dass die Blockchain sehr viele Anwendungen in der Geschäftswelt finden wird. Deswegen hat Ethereum von Anfang an extrem viel Sinn für mich gemacht. Und das führt mich zu den Korrelationen, die mittlerweile zeigen, dass verschiedene Kryptos ganz unterschiedliche Werttreiber haben. Bei Bitcoin ist es der digitale Rohstoff-Gedanke. Bei Ethereum oder anderen Smart-Contract-Plattformen sind die Werttreiber die Anzahl an Applikationen und das Ausmaß an Transaktionen. Krypto-Börsen hingegen sind komplett abhängig vom Handelsvolumen, bei Ripple geht es darum, wie die Banken in Zukunft miteinander interagieren können, und wie viele Overnight Repos wie schnell hin- und hergeschoben werden können. Dementsprechend sagt der gesunde Menschenverstand jetzt, diese Assets sollten nicht zu 90 Prozent oder mehr miteinander korreliert sein. Und genau das ist auch nicht mehr der Fall.

Wir haben letztes Jahr in einem Research Report genau über dieses Thema geschrieben und gesehen, dass der Korrelationskoeffizient des Bitcoin zu den anderen Kryptoassets zwischen 0,2 und 0,7 liegt. Und jetzt wird es interessant. Die Korrelationskoeffizienten zwischen verschiedenen Kryptos sind teilweise kleiner als die zwischen Anleihen und Aktien oder Immobilien und Aktien. Es macht also absolut Sinn, innerhalb von Kryptos zu diversifizieren, weil die Werttreiber komplett unterschiedlich sind und wir mittlerweile in einer Welt leben, in der diese Werttreiber auch etwas bedeuten. 2017 war das anders. Da war vieles Spekulation und der Markt wurde durch Bitcoin getrieben.

Es ist interessant, dass du die Werttreiber ansprichst. Obwohl diese offensichtlich sind, gibt es immer noch undifferenzierte Vergleiche, bei denen beispielsweise Bitcoin und Ethereum in einen Topf geworfen werden. Warum halten sich solche Vergleiche?

Ich denke, viele Leute verstehen es nicht. Es wurde auch jahrelang in den traditionellen Finanzmedien nur über Bitcoin gesprochen. Daher war Bitcoin für jeden die Kryptowährung. Nach und nach hat sich das verändert, so dass mittlerweile besser differenziert wird. Sonst gebe ich dir völlig Recht, das wird schon oft so noch in den gleichen Topf geworfen. Jedoch ist diese Ignoranz nicht einseitig. Wenn du im Kryptobereich Leute nach Aktien fragst, dann unterscheiden sie auch nicht zwischen Tesla oder Daimler. Da wird auch gesagt: Aktien sind schlecht, das ist diese zentralisierte Welt, mit der wollen wir nichts zu tun haben.

Die Ignoranz besteht in beiden Welten. Deswegen positionieren wir uns genau dazwischen. Wir sind die Brücke zwischen der traditionellen und der dezentralen Finanzwelt. Dieses Bindeglied zu sein ist enorm wichtig. Deswegen sind auch Finanzinstrumente, die auf XETRA handeln, aber Kryptos als Underlying haben, so wichtig. Wir bieten auch zum Beispiel diversifizierte Krypto-Indexfonds an, denn Diversifikation macht Sinn in diesem Bereich. So können Anleger mit einem Vehikel in verschiedene Kryptowährungen investieren. Unser Indexfonds hat Ende 2020 den Bitcoin underperformt. Bitcoin ist nach oben geschossen, die Altcoins konnten nicht mithalten. Mittlerweile (April 2021) ist die Dominanz des Bitcoin durch den Anstieg der Altcoins auf ein historisches Tief von 49 Prozent gesunken. Dadurch konnte unser Index den Bitcoin in den letzten Monaten wieder deutlich hinter sich lassen. Eine solche Entwicklung hilft dabei, den Investoren auch das nötige Bewusstsein und Verständnis für andere Coins zu vermitteln.

Ein Thema, das sich sehr dynamisch weiterentwickelt, ist Decentralized Finance (DeFi). Ist dieser Bereich auch für größere Investoren bereits investierbar?

Das hängt von der Definition von Decentralized Finance ab. Für mich ist die Hauptinfrastruktur für Decentralized Finance nach wie vor Ethereum. Ich muss also nicht analog zu Venture Capital direkt in einzelne Projekte investieren, sondern kann dies indirekt über die zugrundeliegende Plattform tun. Das muss nicht Ethereum sein. Auch bei diesen Plattformen kann ich diversifizieren und zum Beispiel in die Binance Smart Chain oder Polkadot investieren. Das Schöne ist, es gibt ganz verschiedene Möglichkeiten, um in diese Infrastruktur zu investieren. Wenn ich dennoch in Use-Cases im Decentralized-Finance-Bereich investieren will, gibt es zum Beispiel Uniswap oder Pancakeswap, die dezentrale Marktplätze repräsentieren. Auch ein sehr spannender Bereich, wenn man bedenkt, dass sogenannte Liquiditätspools über Smart Contracts das ganze Market Making ersetzen können.

Man kann innerhalb des DeFi-Bereichs mehr oder weniger aggressiv investieren. Exotischere Anwendungen wie Yield Farming sind deutlich riskanter und daher für größere Investoren wahrscheinlich weniger geeignet. Die Projekte sind alle spannend und natürlich ist DeFi momentan das große Buzzword. Aber im Endeffekt ist es das, was mich auch dazu bewogen hat, in den Kryptobereich zu kommen. 70 Prozent der Weltbevölkerung haben nach wie vor keinen Zugang zu Finanzdienstleistungen. Durch die Blockchain-Technologie benötigt man dafür aber nur noch ein Smartphone, denn einen Zugang zum Internet haben mittlerweile 80 Prozent der Weltbevölkerung. Wir können Milliarden Menschen auf einmal mit Finanzdienstleistungen versorgen, die vorher gar keinen Zugang dazu hatten. Das ist bemerkenswert, selbst wenn es sich in vielen Fällen vorerst nur um simple Transaktionen handelt. Aber um das Ganze abzuschließen: Ich würde professionellen Investoren derzeit davon abraten, im großen Stil in exotischere DeFi-Projekte zu investieren.

Du hast vorhin davon gesprochen, dass es ja auch euer Antrieb bei Iconic ist, die alte und neue Welt zusammenzubringen. Genau dazu wollen wir auch mit unserem Buch beitragen. Daher eine konkrete Frage zur möglichen Allokation von Kryptoassets. Welche Spanne hältst du für den Anteil an Kryptoassets in einem traditionellen Multi Asset-Portfolio mit einem langfristigen Anlagehorizont für angemessen?

Ich kenne Leute, die im Tech-Bereich arbeiten, viel Geld verdienen und überhaupt nicht damit einverstanden sind, was gerade geldpolitisch passiert. Diese Menschen sind zu 100 Prozent in Krypto investiert. Das wäre mir zu extrem. Ich selber, im Kryptobereich arbeitend, habe für mich beschlossen, dass ich 20 bis 30 Prozent in Krypto halte. Aber auch das ist zu viel für einen normalen Anleger. Ich würde immer sagen, ein bis fünf Prozent. Das Spannende ist, dass das Kryptouniversum die einzige Assetklasse darstellt, die langfristig keine signifikante Korrelation zu irgendeiner anderen Assetklasse aufweist. Das gilt selbst bei der Betrachtung von Private Equity, Infrastructure oder Venture Capital. Aufgrund ihres Diversifikationspotenzials zu traditionellen Assetklassen wie Aktien, Immobilien und Anleihen mag ich diese Assetklassen sehr gerne. Jedoch haben diese alternativen Investments wiederum Korrelationen zueinander, wenn auch nicht zu den traditionellen Assetklassen. Das heißt, wir haben mit Kryptos derzeit eine Art heiligen Gral der Portfoliokonstruktion, weil ich keine nennenswerte Korrelation zu irgendetwas anderem habe.

Das Alpha-Potenzial wird von den meisten Investoren zwar honoriert, die Volatilität jedoch schreckt immer wieder ab. Deswegen haben wir nicht nur den Return on Investment (ROI), sondern auch die Sharpe Ratio analysiert. Über die letzten zehn Jahre sehen wir, dass die Beimischung von Kryptoassets die Sharpe Ratio eines jeden Portfolios (Norwegen Model, Endowment Model, Family Office Model) enorm erhöht hat. Das zusätzliche Return-Potenzial macht die erhöhte Volatilität mehr als wett.

Viele Anleger sagen, sie halten nichts von Bitcoin, da es kein Hedge sei. Das zeigt nur die übertriebenen und teils absurden Erwartungen an diese Assetklasse. Einerseits sollen die Kryptos stark steigen, wenn andere Assetklassen auch steigen. Sie sollen aber nicht fallen, wenn die anderen Assets fallen, sondern auch dann womöglich noch steigen. Das ist unrealistisch. Kryptos sind weitgehend unkorreliert zu anderen Anlagen, aber nicht negativ korreliert. Sie sind eben »a different kind of animal«.

Damit wären wir am Ende angekommen. Max, vielen Dank für das Gespräch.

Ich danke euch!

4 Bewertung von Kryptoassets

»Price is what you pay. Value is what you get.«
Warren Buffett

Es ist einfach, eine beliebige Meinung zum vermeintlich angemessenen Preis des Bitcoin im Internet zu finden. Einen begründbaren Wert für das Kryptoasset zu bestimmen ist wesentlich schwieriger. Für technisch orientierte Trader spielt dieser Wert kaum eine Rolle, denn sie achten nur auf den Preisverlauf und dessen Schwankungsbreite. Gerade für institutionelle Anleger spielt aber auch die fundamentale Bewertung eine Rolle, und sei es nur bei der Suche nach unterstützenden Argumenten für eine Allokation.

Es gibt verschiedene Möglichkeiten, eine solche Bewertung zu ermitteln. Für Anlagen, die Zahlungsströme generieren, wie viele Aktien, Anleihen oder Immobilien, werden unter anderem die diskontierten Cashflows zur Bewertung herangezogen. Bei anderen Assets, wie Gold, Rohstoffen oder auch Kunst ist die Ausgangssituation nicht ganz so einfach.[1]

Bei Rohstoffen können Produktionskennzahlen wie die Kosten für die Förderung und Produktion des Rohstoffes zur Bewertung genutzt werden. Die Kosten der Förderung gelten als langfristiges Minimalniveau der Preise, da sich bei dauerhaft niedrigeren Kursen die Produktion nicht mehr lohnt, und die Produzenten ihre Kapazitäten so weit wie möglich reduzieren. Beim Gold werden wegen des monetären Charakters des Metalls auch die langfristigen Inflationszeitreihen herangezogen, gilt das Metall doch als Inbegriff des realen Werterhalts.[2] Der gesamte Bestand des jemals geförderten Goldes ist bekannt und würde in einen Würfel von weniger als 25 Meter Kantenlänge hineinpassen. Beim Bitcoin ist die Datenhistorie zwar sehr kurz, auf Grund der erkennbaren Parallelen zum Gold schauen die Analysten jedoch auch bei der Bewertung des ersten Kryptoassets auf den Faktor Knappheit. Die entsprechenden Daten sind für alle Interessierten verfügbar, denn neben der finalen Geldmenge sind sowohl die Anzahl der existierenden als auch die der neu emittierten Coins jederzeit bekannt.

Angebot und Nachfrage

Es gibt derzeit rund 19 Millionen Bitcoin. Wie bei anderen Wertpapieren oder auch Goldbarren werden nicht alle Token gleichermaßen oft gehandelt. Ähnlich wie bei den Anteilsscheinen einer Aktiengesellschaft befinden sich nicht alle Bitcoin im Streubesitz. Am Aktienmarkt gibt es diesbezüglich regulatorische Meldeschwellen. Überschreitet der Anteil eines Investors einen bestimmten Anteil an einem Unternehmen, muss dies öffentlich bekannt gegeben werden. Beim Bitcoin ist die Bewegung aller

1 Siehe Ilmanen (2011).
2 Siehe Bernstein (2017).

Token zwischen verschiedenen Adressen transparent und jederzeit einsehbar, eine Meldeschwelle ist daher obsolet. Viele Langfristinvestoren halten große Bestände an Bitcoin, die nie bewegt werden. Im Kryptosegment werden diese langfristig ausgerichteten Anleger HODLer genannt. Das Akronym ist aus einem Buchstabendreher in einem Forenbeitrag entstanden, wird aber mittlerweile mit »hold on for dear life« übersetzt.[3] Eine elaborierte Anlagestrategie sieht anders aus, aber wer sich schon länger mit dem Finanzmarkt beschäftigt, dem wird dieses Verhalten aus anderen Anlageklassen bekannt vorkommen.

Einzelne Bitcoin lassen sich nach der Dauer kategorisieren, die sie mit einer bestimmten Adresse assoziiert sind. Dieser Wert lässt sich einfach über die Analyse der Unspend Transaction Outputs (UTXO) ermitteln. Auf Grund der Struktur der Datenhaltung auf der Blockchain, die ja nichts anderes als eine sequenzielle Buchhaltung aller jemals auf dem Netzwerk erfolgten Transaktionen ist, weisen diese UTXO die Anzahl der Bitcoin an, über die der Besitzer einer Adresse verfügen kann. In ihren Wallets sehen die Nutzer daher keine feste Bestandsgröße einer Buchhaltung, sondern die Summe der UTXO der durch diese Wallet verwalteten Adressen. Gleichzeitig erlauben die UTXO die Auswertung sämtlicher historischer Bewegungen von Bitcoin über eine Adresse. So lassen sich die Anzahl, die Haltedauer und die Kauf- und Verkaufspreise jeder Transaktion nachverfolgen.

Als langfristige Investoren definieren wir Anleger, die ihre Bitcoin mindestens ein Jahr oder länger halten. Der Anteil dieser Adressen steht für mehr als 60 % aller existierenden Coins (vgl. Abbildung 4.1). Offenbar ist eine Gruppe von Investoren bereit, eine große Anzahl Bitcoin langfristig zu halten.

Ein weiterer Faktor sind diejenigen Bitcoin, die für immer verloren sind. Die Spanne der Schätzungen dieser lost coins reicht vom niedrigen einstelligen Prozentbereich bis zu 20 % aller jemals emittierten Token. Die Analysten von Chainalysis halten eine Zahl von mehr als 3,5 Millionen für immer verlorenen Bitcoin für plausibel.[4] Treffender als von verlorenen Coins zu sprechen wäre die Verwendung der Bezeichnung verlorene Zugänge, denn vergessen werden nicht die Coins, sondern die privaten Schlüssel (private keys) zu den Bitcoin-Adressen. Eine weitere Ursache für einen permanenten Verlust von Bitcoin ist der Versand an eine falsche Adresse. Auf Grund der Vielzahl möglicher Adressen werden solche Coins so gut wie niemals bei einer aktiv genutzten Adresse landen. In der Regel sind sie verloren, da auf die anderen Adressen niemand zugreifen kann. Gerade in der Frühzeit des Bitcoin passten die Nutzer längst nicht so genau auf, ob die Empfängeradresse auch wirklich stimmt. Es ging ja nur um Cents.

3 HODL entstand in einem Forenbeitrag des Users GameKyyubi. Im Dezember 2013 schrieb er einen Eintrag ins BitcoinTalk.org-Forum mit der Überschrift »I AM HODLING«. Nachdem der Bitcoin-Kurs stark eingebrochen war, schrieb er dort, seine Freundin sei gerade in einer Lesbenbar, der Bitcoin-Kurs breche ein, doch er wolle seine Coins nicht verkaufen, sondern behalten. Ergänzend fügte er hinzu, dass er betrunken sei. Er meinte natürlich holding und nicht hodling. Der Post ging innerhalb kurzer Zeit viral. Bis zum ersten Meme vergingen nur wenige Minuten @AMHODLING.

4 Siehe Chainalysis (2020).

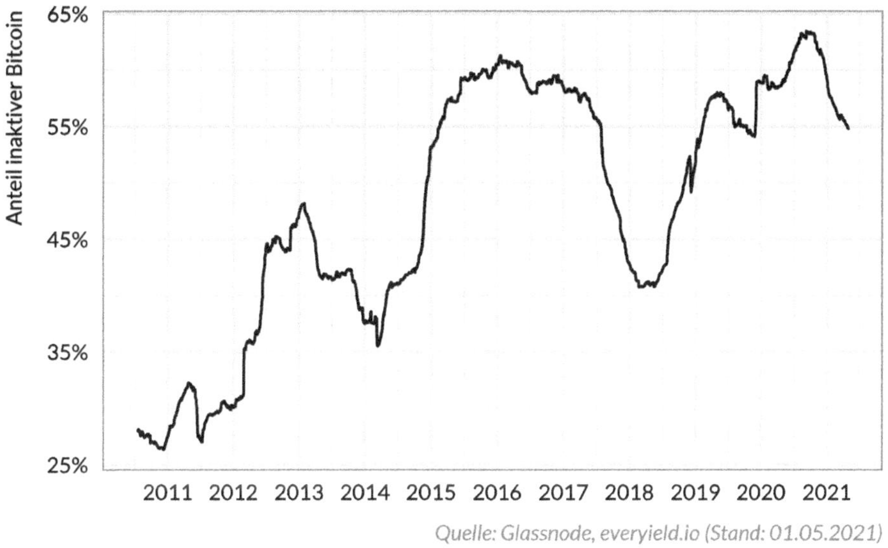

Abb. 4.1: Anteil der Bitcoin, die mindestens ein Jahr lang nicht gehandelt wurden

Mancher denkt heute sicherlich nur ungern an ein paar hundert Bitcoin zurück, die auf diese Weise in die ewigen Jagdgründe geschickt wurden.

Unter Beachtung aller nicht mehr handelbaren Bitcoin sind lediglich 25 % bis 40 % des gesamten Angebots an den Börsen aktiv. Dies zeigen auch die Adressen, die den großen Handelsplätzen zugeordnet werden können. Sie repräsentieren derzeit circa 2,4 Millionen Bitcoin (vgl. Abbildung 4.2).

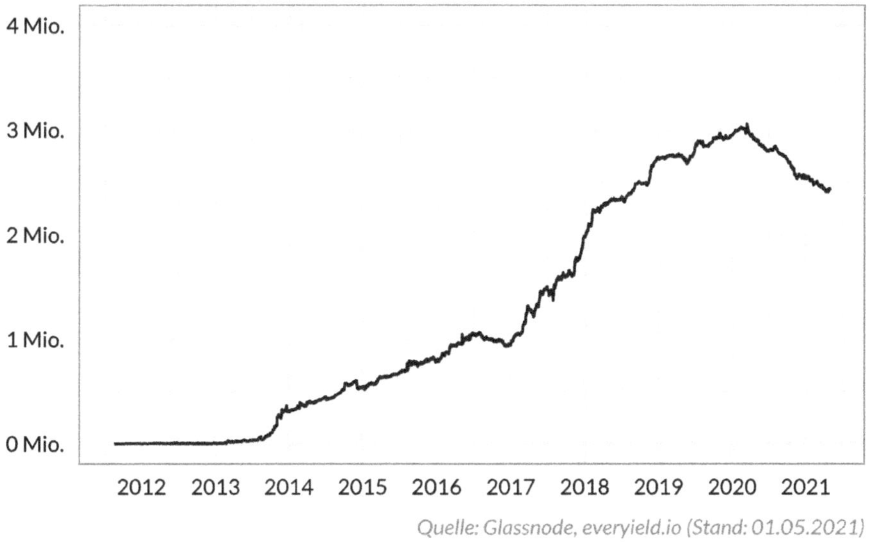

Abb. 4.2: Bitcoin auf mit Börsen assoziierten Adressen

Im Gegensatz zu den Adressen, die mit Börsen assoziiert sind, basieren alle Daten zur Anzahl verlorener Bitcoin auf Schätzungen. Es ist generell nicht möglich, die Nichtexistenz von etwas zu beweisen. Dieser Grundsatz gilt auch für die privaten Schlüssel bestimmter Bitcoin-Adressen, daher sollten alle genannten Zahlen als »educated guess« verstanden werden.

Das Stock-to-Flow-Modell

Die Elemente des Bitcoin-Protokolls wie Kryptografie, Arbeitsnachweise und die dynamische Anpassung des Schwierigkeitsgrades beinhalten ein Ziel: Die verifizierbare Knappheit eines digitalen Guts. Obwohl es auf Grund der im Protokoll kodierten Regeln noch weitere 120 Jahre dauern wird, bis der allerletzte Satoshi als kleinste Einheit eines Bitcoin entsteht, werden bereits Ende des Jahres 2034 mehr als 99 % des maximalen Bitcoin-Angebots existieren. Im Gegensatz zu Fiat-Währungen, die dazu neigen, sich mit der Zeit mehr oder weniger kontrolliert zu vermehren, wird Bitcoin auf Grund der *lost coins* ab einem gewissen Zeitpunkt sogar immer knapper.

Beim Bitcoin-Protokoll kann man daher von einem Angebotsengineering sprechen. Das Angebot an neuen Bitcoin, die über den Mining-Prozess generiert werden, ist vom Preis gänzlich entkoppelt. Dadurch unterscheidet sich die Angebotsdynamik des digitalen Assets deutlich von der anderer Rohstoffe, die dem klassischen Schweinezyklus unterliegen. Steigende Preise führen zu einer Ausweitung der Produktion, sinkende Preise zu einer Reduktion des Angebots. Diese Prozesse laufen als Reaktion auf Preisveränderungen mit zeitlichem Versatz ab, da niemand eine Mine stilllegt, weil der Goldpreis drei schwache Monate durchlebt, und andererseits die Stilllegung und eine spätere Reaktivierung von Kapazitäten im Rohstoffsektor viel Zeit und Geld erfordern. Im Agrarsektor sind Fruchtwechsel ohnehin nur in bestimmten Abständen möglich, die bei saisonalen Saaten wie Mais und Weizen kurz sind, bei langlebigen Kulturen wie Kakao und Kaffee hingegen fast säkulare zeitliche Ausmaße annehmen.

Ein wichtige Pufferfunktion nehmen im Rohstoffmarkt daher die Lagerbestände ein. Für vorwiegend industriell eingesetzte Rohstoffe wie Palladium oder Platin liegt das Volumen der vorhandenen Vorräte in der Regel unter dem Niveau einer Jahresproduktion, wodurch die Produktion zum entscheidenden Preis-beeinflussenden Faktor wird. Eine positive oder negative Aussage des CEOs eines der größten Palladium-Produzenten kann daher starke Preisschwankungen auslösen, denn der Puffer, auf den die verarbeitende Industrie zurückgreifen kann, ist klein. Bei Gold und Silber hingegen übersteigen die Lagerbestände die jährliche Förderung um ein Vielfaches.

Im Gegensatz zum Rohstoffmarkt üben Preisveränderungen des Bitcoin keinen direkten Einfluss auf die produzierte Menge aus. Das Protokoll wirkt einem solchen Einfluss über die dynamische Anpassung des Schwierigkeitsgrades der durch die Miner zu lösenden Aufgaben sogar entgegen. Bei einem steigenden Bitcoin-Preis und anziehender Rechenleistung im Netzwerk wird dieser Schwierigkeitsgrad erhöht. Bei fallenden

Preisen und fallender Rechenleistung erfolgt die Anpassung nach unten. Damit wird die turnusgemäße Ausgabe neuer Bitcoin sichergestellt, und der Preis und die Rechenleistung im Netzwerk dienen als Parameter zur Stabilisierung der preisunabhängigen Ausweitung des Angebots.

In dem Buch »Der Bitcoin Standard« beschreibt Saifedean Ammous das altbekannte Konzept des »Stock-to-Flow« (S2F). Bei diesem Ansatz werden die beiden Parameter Lagerbestand (Stock) und Förderung (Flow) ins Verhältnis gesetzt.[5] Das Verhältnis der Lagerbestände zur Förderung über einen bestimmten Zeitraum soll als Gradmesser für die Eignung eines bestimmten Rohstoffs als Wertaufbewahrungsmittel dienen. Zudem wird es von einigen Analysten als Basis für die Bewertung eines Assets genutzt.

Die Stock-to-Flow Ratio von Gold beträgt 62. Dies bedeutet, dass der aktuelle Bestand dem 62-Fachen der aktuell jährlich geförderten Menge entspricht. Rohstoffe mit einer hohen Stock-to-Flow Ratio wie Gold und Silber sind in der Vergangenheit als Wertaufbewahrungsmittel verwendet worden. Abbildung 4.3 zeigt die Werte für den Bitcoin und verschiedene Rohstoffe.

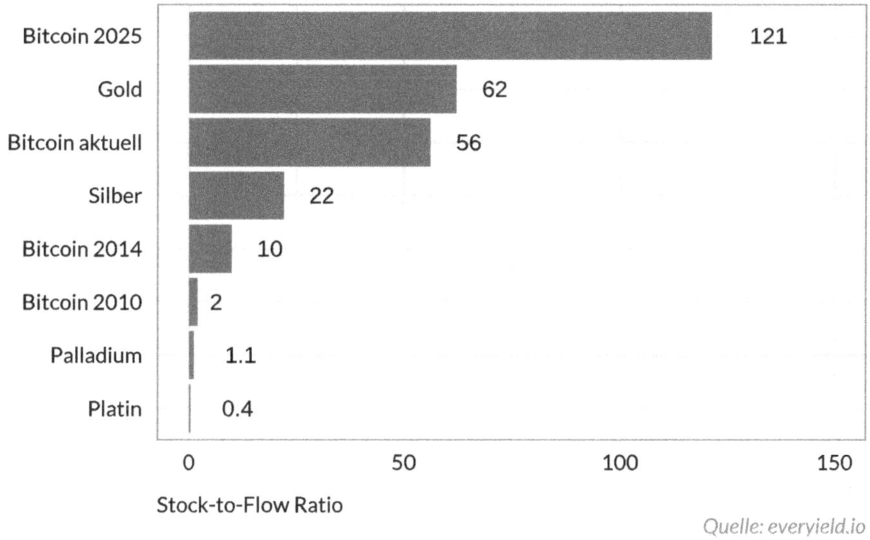

Abb. 4.3: Stock-to-Flow für Bitcoin und Edelmetalle

Da sowohl die Anzahl existierender Bitcoin als auch der Zeitpunkt und die Anzahl neuer Coins bekannt ist, lässt sich der Wert des Stock-to-Flow für jeden beliebigen Zeitpunkt in der Vergangenheit und in der Zukunft exakt ermitteln. Nach dem letzten Halving beträgt die aktuelle S2F-Ratio des Bitcoin 56 und liegt damit in etwa auf dem Niveau des entsprechenden Wertes für Gold. Mit dem nächsten Halving im Jahr 2024 wird sich die Anzahl der pro Jahr neu geschaffenen Coins halbieren, was zu einer Verdopplung der S2F-Ratio des Bitcoin führen wird.

5 Siehe Ammous (2018).

Als einer der ersten hat ein anonymer Bitcoin-Anhänger namens PlanB eine Visualisierung dieses Modells über Twitter veröffentlicht. Zudem hat er im März 2019 unter Verwendung der historischen Bitcoin-Preise und Stock-to-Flow Ratios eine Preisprognose auf Basis einer einfachen Regression verbreitet.[6] Dazu setzte PlanB die historischen Stock-to-Flow Werte ins Verhältnis zur Marktkapitalisierung des Bitcoin. Dieses Modell wurde von denjenigen, die bereits investiert sind, auf Grund der sehr positiven Vorhersage bereitwillig akzeptiert, ist jedoch lediglich eine Extrapolation dessen, was bereits passiert ist. Abbildung 4.4 zeigt die Entwicklung des prognostizierten Preislevels und den Kursverlauf des Bitcoin.

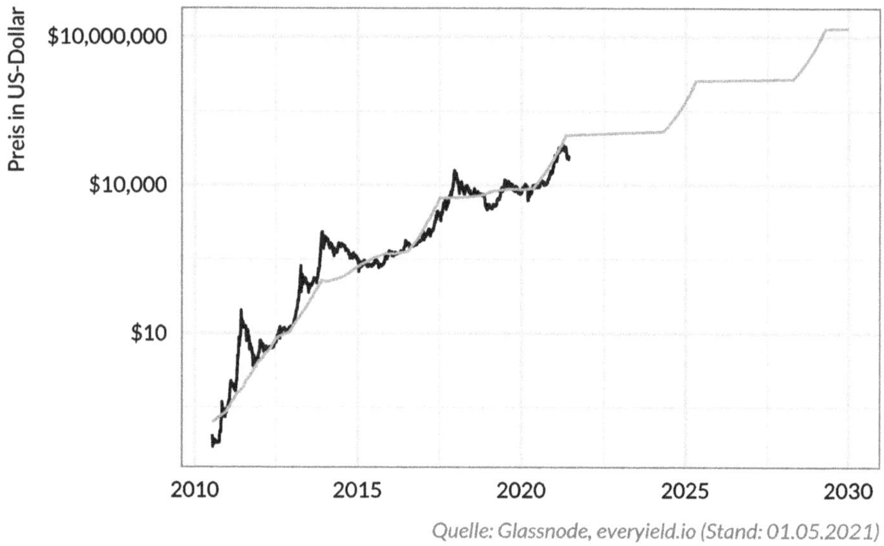

Abb. 4.4: Bitcoin-Preisprognose aus dem Stock-to-Flow-Modell

Die dunkle Linie zeigt die Preisentwicklung des Bitcoin, die helle Linie den prognostizierten Preis. Demnach sollte sich der Bitcoin bis zum Jahr 2024 bei einem Preis zwischen 100 000 und 110 000 US-Dollar einpendeln. Wie zu erwarten ist, zieht der prognostizierte Preis nach einem Halving auf Grund der reduzierten Geldmengensteigerung, des Flows, deutlich an. Der Bitcoin-Preis ist dieser Bewegung in den letzten Jahren mit leichter Verzögerung gefolgt. Eine mögliche ökonomische Erklärung für diese Tendenz liegt im Mining-Prozess und dessen Anreizsystem.

Der Einfluss des Mining

Das S2F-Modell betrachtet ausschließlich den aktuellen Bestand an Bitcoin und dessen durch das Protokoll vorgegebene Zunahme im Rahmen des Minings. Die Betreiber der für diesen Prozess notwendigen Rechner sind Unternehmen, die sich mit den gleichen

6 Siehe PlanB (2020).

ökonomischen Sachzwängen auseinandersetzen müssen wie klassische Rohstoffunternehmen. Während die Menge an Bitcoin, die ein Miner in einer gewissen Periode erhalten wird, gut prognostizierbar ist, gilt das nicht für die Preise. Es geht daher auch bei diesen Unternehmen vor allem um effiziente Strukturen und eine rigide Kostenkontrolle. Den Löwenanteil der Betriebskosten eines Miners machen die Energiekosten aus, während der Beitrag administrativer Kosten kaum ins Gewicht fällt. Weitere nennenswerte Ausgaben fallen für die Hardware, die Unterbringung der Geräte und für deren Kühlung an. Wie bei einer Goldmine gibt es auch für jeden Bitcoin Miner ein Preisniveau, auf dem er gerade noch kostendeckend arbeiten kann. Da diese Unternehmen fast alle in Regionen mit niedrigen Strompreisen arbeiten, existiert eine enge Preisspanne, die für den Großteil der weltweiten Miner eine Schmerzgrenze darstellt. Fällt der Preis unter diese Schwelle, beschleunigen sich die Abverkäufe, da viele Miner weiterhin ihre laufenden Kosten decken müssen. Sämtliche neu vereinnahmten Coins werden in dieser Situation direkt veräußert und treffen auf einen ohnehin bereits fallenden Markt. Unterhalb einer bestimmten Preisschwelle sind daher die Miner einer der wesentlichen Treiber für aufkommenden und anhaltenden Verkaufsdruck.

Nicht nur die Preisveränderungen des Bitcoin wirken sich direkt auf die Profitabilität eines Miners aus. Besonders bedeutsam ist die regelmäßige Halbierung der Vergütung der Miner, das *Halving*. Die Auswirkungen dieses unausweichlichen Ereignisses auf die Miner lässt sich in Phasen einteilen. Dabei zeigt sich das Bitcoin-Netzwerk als darwinistisches System, in dem ineffiziente Strukturen langfristig keine Chance haben.

- *Phase 1:* Nach einem Halving Event sind nur die effizientesten Miner profitabel. Sie nutzen geringe Stromkosten und kommen frühzeitig an die beste Hardware.[7]
- *Phase 2:* Durch einen steigenden Bitcoin-Preis weitet sich die Marge der effizienten Miner deutlich aus. Sie sind daher in der Lage, ihren komparativen Vorteil weiter auszubauen, und setzen dies in der Regel durch Investitionen in noch leistungsfähigere Hardware um. Durch lange Bestellzyklen treffen die neuen Rechenkapazitäten sukzessive ein und führen zu einem stetigen Anstieg der Rechnerleistung im Netzwerk (Hashrate).
- *Phase 3:* Bei einer steigenden Hashrate erhöht das Bitcoin-Netzwerk automatisch den Schwierigkeitsgrad für den Arbeitsnachweis der Mining-Rechner, wodurch deren Profitabilität zurückgeht. Die Marge der Mining-Unternehmen sinkt wieder, während die noch in den guten Zeiten bestellte Hardware bei vielen gerade erst eintrifft. Viele Miner sind nun wieder dazu gezwungen, die operativ vereinnahmten neuen Bitcoin direkt zu veräußern. Der allgemeine Verkaufsdruck nimmt wieder zu.

7 Bitcoin Miner besitzen mit ASIC-Rechnern anwendungsoptimierte Hardware (application-specific integrated circuits), um Hashes so schnell wie möglich berechnen zu können. Diese Hardware wird für diesen einen Zweck konzipiert. Neben der Leistung spielt auch die Energieeffizienz eine wichtige Rolle. So benötigt der S17 Pro 50T von Bitmain zwar 50 % mehr Energie als der ältere Bitmain S9 13,5T, liefert aber 300 % mehr Hash-Leistung.

- *Phase 4:* Die Hash Rate und damit die Anforderungen an die Miner sind für viele zu hoch geworden, und ineffiziente Unternehmen schließen die Pforten. Schrittweise führen diese Geschäftsaufgaben zu einer Entlastung der Margen der verbliebenen Miner.

Diese Zyklen zeigen ein pures kapitalistisches System und damit einen in ökonomischer Hinsicht robusten und anpassungsfähigen Organismus. Damit erinnert es an ein Zitat des Wirtschaftsprofessors Leon C. Megginson, dessen Interpretation der Arbeit von Charles Darwin lautete: »It is not the most intellectual of the species that survives; it is not the strongest that survives; but the species that survives is the one that is able best to adapt and adjust to the changing environment in which it finds itself.«[8]

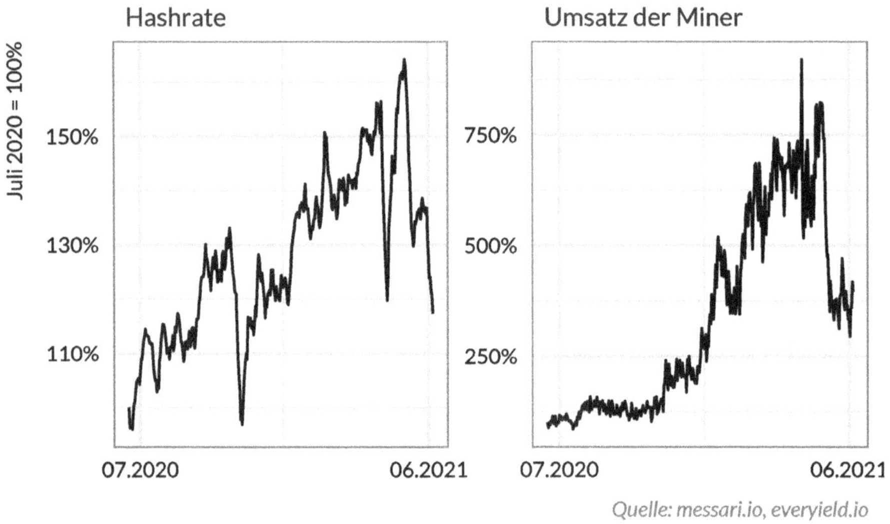

Abb. 4.5: Hashrate und Umsatz der Miner im Bitcoin-Netzwerk

Der Anpassungsmechanismus für den Schwierigkeitsgrad stellt einen autonomen Mechanismus zur Stabilisierung der Gewinnmargen des Miningprozesses dar. Für effiziente Miner bietet es einen angemessenen Anreiz, das Netzwerk weiterhin zu sichern. Ineffiziente Teilnehmer müssen entweder ihre Energiekosten senken und ihre Hardwareausrüstung optimieren, oder sie haben keine Chance, profitabel zu arbeiten. Die Genialität dieses Mechanismus wird oft unterschätzt, daher sei hier noch einmal auf die Symmetrie der Anpassung des Schwierigkeitsgrades hingewiesen. Verlassen viele ineffiziente Miner das Netzwerk, dann führt dies zu einer Reduktion der zur Verfügung stehenden Rechenleistung. Kann der Zielwert von einem erstellten Block alle zehn Minuten nicht mehr gewährleistet werden, wird der Schwierigkeitsgrad automatisch gesenkt, was zu höheren Margen für die verbliebenen Miner führt. Diese Unternehmen arbeiten bis zum Eintritt neuer Konkurrenten dann hochprofitabel. Matt D'Souza,

8 Siehe Megginson (1963).

der leider verstorbene CEO von Blockware, spricht in seinem Artikel darüber, dass es beim Mining hauptsächlich ums Überleben geht.[9]

Die dargestellte zyklische Natur des Mining Prozesses liefert eine ökonomisch plausible Erklärung der strukturellen Kursmuster nach einem Halving. Damit ist jedoch keine Aussage über das Kursniveau an sich verbunden. Die auf einem Stock-to-Flow-Modell basierenden Kursprognosen lassen sich so nicht begründen.

Kritik am Stock-to-Flow-Modell

An keinem anderen Modell scheiden sich die Geister in der Kryptoszene stärker als am Stock-to-Flow-Modell. Für die einen ist es der heilige Gral, für die anderen ein Stück gut vermarkteter Pseudowissenschaft, das auf falschen Annahmen basiert. Wir wollen uns nüchtern den Kritikpunkten widmen:

- Das S2F-Modell bildet lediglich eine Scheinkorrelation (spurious correlation) ab. In diesem Fall sind zwei unabhängige nichtstationäre Zeitreihen[10] zwar positiv korreliert, die Korrelation ist jedoch nicht kausal begründet, sondern zufällig. Die Regressionskoeffizienten zwischen den vom Modell prognostizierten und den realisierten Werten sind in diesem Falle hoch, dennoch ist das Modell nicht für die Prognose geeignet.
- Laut S2F-Modell wird der Preis des Bitcoin ausschließlich vom Wachstum des Bitcoin-Angebots bestimmt. Andere Parameter, wie etwa die globale Geldmenge, spielen keine Rolle. Einer Analyse des Asset-Managers Swissrex[11] zufolge impliziert das Stock-to-Flow-Modell für das Jahr 2040 eine Bitcoin-Marktkapitalisierung in Höhe von rund 100 Billionen US-Dollar. Dieser Wert ließe sich wohl nur mit einer Hyperinflation begründen. Da sich das Modell auf den Kursverlauf des Bitcoin gegenüber beliebigen Währungen anwenden lässt, auch auf das Verhältnis zum Goldpreis, ist ein solches Szenario nicht realistisch.
- Die Stock-to-Flow Ratio allein determiniert nicht, ob ein Asset als »hartes Geld« geeignet ist. Beim Gold, nachweislich eine unverwüstliche Hartwährung, findet sich über die vergangenen 115 Jahre kein stabiler Zusammenhang zwischen der Stock-to-Flow Ratio und dem Marktwert des Metalls. Während die Stock-to-Flow Ratio relativ stabil bei rund 60 lag, schwankte die Marktkapitalisierung zwischen 60 Milliarden und mehr als 11 Billionen US-Dollar. Offensichtlich gibt es weitere relevante Faktoren, die den Goldpreis beeinflussen.
- Das Modell funktioniert nicht generell für andere Kryptowährungen, die ebenfalls ein limitiertes Angebot haben. So weisen die Stock-to-Flow Ratios der Bitcoin Forks Bitcoin Cash und Bitcoins SV mit ihren ebenfalls jeweils maximal 21 Millionen Coins und Litecoin mit einer Obergrenze von 84 Millionen Coins keinen nennenswerten Zusammenhang mit deren Marktwerten auf.

9 Siehe D'Souza et al. (2020).
10 Eine Zeitreihe ist dann stationär, wenn sie zu allen Zeitpunkten den gleichen Erwartungswert und die gleiche Varianz hat.
11 Webseite »SwissRex« (2021).

Die optisch gefällige Näherung, die durch das Fitting der Daten der Vergangenheit zumindest teilweise nicht zu vermeiden ist, erweckt visuell den Eindruck einer hohen Prognosekraft. Einen wissenschaftlichen Nährwert sollte man dieser Vorgehensweise jedoch nicht zuschreiben. Hinsichtlich der Eignung für verlässliche Preisprognosen ist das Stock-to-Flow-Modell allein deshalb schon mit Vorsicht zu genießen, weil andere Rohstoffe und Kryptoassets den bei Bitcoin zumindest temporär sichtbaren Zusammenhang nicht bestätigen.

Die Nachfrage

Generell lässt sich die Nachfrage nach Bitcoin in zwei verschiedene Kategorien einteilen, die investitionsgetriebene und die fundamentale Nachfrage. Die investitionsgetriebene oder auch spekulative Nachfrage geht von Anlegern aus, die über eine bestimmte Periode mit einem Preisanstieg rechnen. Die fundamentale Nachfrage stammt von Anwendern, die Bitcoin auf Grund der Eigenschaft als dezentrales, zentralbankunabhängiges Asset erwerben wollen. Bei diesen Anlegern kann es sich beispielsweise um Privatpersonen oder Unternehmen in Ländern handeln, deren Regierungen ihren Einwohnern den Erwerb ausländischer Währungen verbieten und entsprechende Kapitalverkehrskontrollen eingeführt haben. Auch institutionelle Anleger, die Wert auf eine möglichst breite Diversifikation legen und mehr an langfristig robusten Allokationen als an Einjahreserträgen interessiert sind, kommen als Anleger in Frage. In diese Kategorie fallen neben Family Offices auch Pensionskassen und Staatsfonds.

Für die Analyse der Nachfrageseite können die auf der Blockchain gespeicherten Transaktionsdaten und daraus abgeleiteten Kennzahlen genutzt werden. Diese *on-chain-Daten* sind auf der vollständigen Transparenz der Blockchain für jeden verfügbar. Durch die Auswertung der Rohdaten und die Anwendung komplexer Aggregations- und Filterverfahren ist es ausgehend von einfachen Vorgängen und den damit verbundenen Preisdaten und Zeitstempeln möglich, das Verhalten von Anlegergruppen zu untersuchen. Dieses Vorgehen wird als on-chain-Analyse, Blockchainanalyse oder auch Netzwerk-Forensik bezeichnet. Unternehmen wie Coin Metrics oder Glassnode haben sich darauf spezialisiert.

Eine bekannte on-chain-Kennzahl weist die Zahl der pro Tag auf dem Netzwerk aktiven eindeutigen Adressen aus (daily active addresses, kurz DAA). Diese Metrik ist nicht eins zu eins mit den aktiven eindeutigen Nutzern gleichzusetzen, da ein Nutzer auch mehrere Adressen nutzen kann. Dennoch vermittelt sie einen Eindruck vom Wachstum (oder der Schrumpfung) des aktiven Netzwerks (vgl. Abbildung 4.6). Generell wird eine steigende Tendenz dieser Kennzahl als ein Zeichen zunehmender Adoption des Netzwerks gewertet.

Trotz des aktuell deutlich höheren Preisniveaus lag die Anzahl der täglich aktiven Adressen im Jahr 2021 nur unwesentlich höher als am Gipfel des ICO-Booms im Jahr 2021.

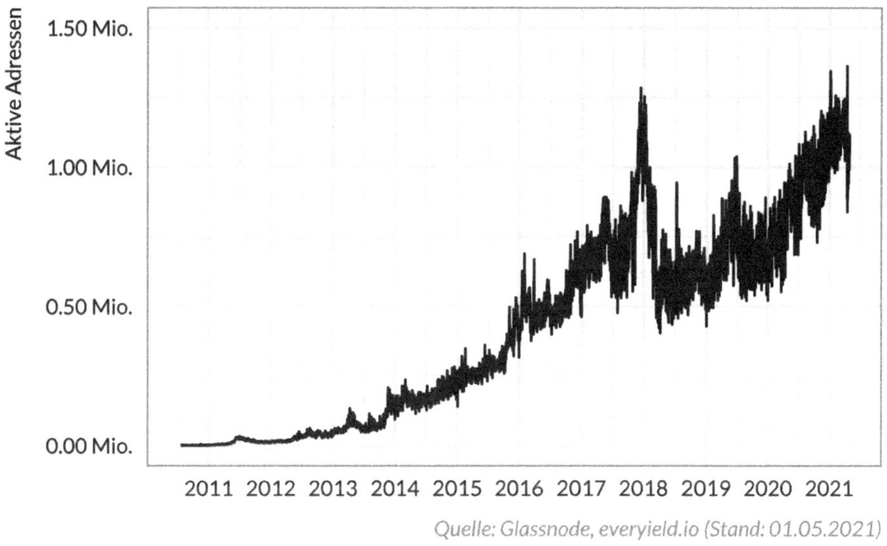

Abb. 4.6: Anzahl aktiver Adressen im Bitcoin-Netzwerk

Ein weiterer Indikator ist der Whale-Index (vgl. Abbildung 4.7), der die Anzahl eindeutiger Bitcoin-Adressen mit Guthaben von mehr als 1000 Bitcoin darstellt.

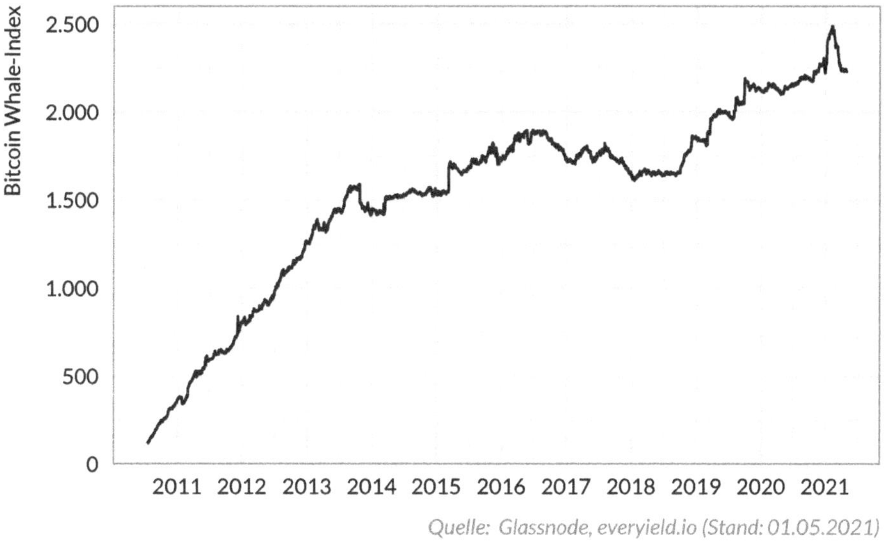

Abb. 4.7: Bitcoin-Whale-Index (Anzahl der Adressen mit mehr als 1000 Bitcoin)

Der Whale-Index zeigt eine anhaltende Akkumulation von Bitcoin in großen Adressen an. Angesichts der Kursteigerung des Kryptoassets ist dies bemerkenswert, selbst wenn ein nennenswerter Anteil dieser Adressen mit Börsen assoziiert sein dürfte, und daher nicht alle für einzelne Anleger oder Unternehmen stehen. Im Jahr 2013 entsprach eine Position von 1000 Bitcoin einem Gegenwert von rund 100 000 US-Dollar. Aktuell sind es rund 37,5 Millionen US-Dollar. Auf dem Weg zwischen diesen beiden Werten dürfte die Versuchung groß gewesen sein, die Positionsgröße durch ein paar Verkäufe zu reduzieren und einige Investoren werden dies auch umgesetzt haben. Dennoch finden sich auch jetzt offenbar noch große Anleger, die ihre Bestände auf mehr als 1000 Bitcoin ausbauen.

Adoption fördert Adoption

Für die breitere Wahrnehmung des Bitcoin sind Transaktionen bekannter Unternehmen und vor allem die Integration in die allgemeinen Zahlungsprozesse von großer Bedeutung. In diese Kategorie fällt das erste Bitcoin-Investment durch ein börsengehandeltes Unternehmen aus den USA. Diesen Schritt wagte Michael Saylor, der CEO von MicroStrategy, einem an der Nasdaq gehandelten Softwareunternehmen mit einem Jahresumsatz von 1,4 Milliarden US-Dollar. Der CEO beschloss kurzerhand, dem Bitcoin gegenüber dem US-Dollar den Vorzug im Treasury des von ihm geführten Unternehmens zu geben. Diesen Beschluss setzte er konsequent um. Die ersten Investitionen tätigte Saylor im Sommer 2020. Seither stockte er die Bestände regelmäßig auf, wobei er diese Käufe zum Teil durch die Emission von Wandelanleihen finanzierte. Mittlerweile hat MicroStrategy insgesamt mehr als 90 000 Bitcoin erworben. Dies entspricht einem Gegenwert von rund fünf Milliarden US-Dollar (bei einem BTC/USD Preis von 55 000 US-Dollar) – angesichts des Jahresumsatzes des Unternehmens und der Schwankungsbreite des Bitcoin ein riskantes Unterfangen. Über die Motivation zu diesem Schritt spricht Saylor ausführlich in einem Interview mit Andreas Pompliano.[12]

Michael Saylor ist ein Extrembeispiel und er kann eine solche Entscheidung als CEO nur deshalb treffen, weil er gleichzeitig Mehrheitseigentümer von MicroStrategy ist. Für andere Unternehmen fungierte er allen Risiken zum Trotz dennoch als Eisbrecher. Kurze Zeit später folgte Jack Dorsey, CEO von Twitter und Gründer des Cash-App-Betreibers Square. Für das Treasury von Square kaufte er Bitcoin im Gegenwert von 50 Millionen US-Dollar. Zeitgleich veröffentlichte Dorsey ein Whitepaper, in dem er darlegt, wie die Transaktion durchgeführt wurde und auf welche Weise die Bitcoin verwahrt werden. Zudem verweist er auf Informationen, wie man Bitcoin versichern kann und wie sie bilanziert werden. Am 8. Oktober 2020 schrieb Dorsey auf Twitter: »More important than Square investing $50 million in Bitcoin is sharing how we did it (so others can do the same)«.

Ein weiterer Nachahmer war der Zahlungsdienstleister PayPal. Kurze Zeit nach Square kündigte das Unternehmen die Einführung einer neuen Dienstleistung an, die den Kunden den direkten Erwerb von Kryptowährungen über ihre PayPal-Konten sowie die Verwahrung der Token ermöglicht. In Planung ist die Möglichkeit, die erworbenen Assets auch an externe Wallets übertragen zu können. PayPal will zudem in den

12 Pompliano (2020).

Krypto-Zahlungssektor vordringen und es allen Nutzern ermöglichen, bei Geschäften mit den weltweit 26 Millionen an PayPal angebundenen Händlern mit Kryptowährungen zu bezahlen. Angesichts der rund 300 Millionen aktiven Nutzer wäre eine Umsetzung dieses Vorhabens ein technisch kleiner Schritt für PayPal, aber ein großer Sprung für die Adoption von Kryptoassets.

Für Schlagzeilen sorgte auch die Entscheidung von Elon Musk, CEO von Tesla und SpaceX, eineinhalb Milliarden US-Dollar aus den Liquiditätsbeständen von Tesla in Bitcoin zu tauschen. Auch die Bezahlung der Autos von Tesla konnte zeitweise mit Bitcoin erfolgen, wobei das Unternehmen betonte, die eingenommenen Bitcoin nicht in US-Dollar konvertieren zu wollen. Diese Vorgehensweise dürfte jedoch auch auf Grund steuerlicher Erwägungen gewählt worden sein und sollte daher nicht ausschließlich dem Enthusiasmus für die Kryptowährung zugeschrieben werden. Nach kurzer Zeit änderte Elon Musk dann die Marschrichtung und stoppte die Akzeptanz von Bitcoin. Als Begründung nannte er den Energiebedarf des Bitcoin-Netzwerks: »Tesla has suspended vehicle purchases using Bitcoin. We are concerned about rapidly increasing use of fossil fuels for Bitcoin mining and transactions, especially coal, which has the worst emissions of any fuel. Cryptocurrency is a good idea on many levels and we believe it has a promising future, but this cannot come at great cost to the environment. Tesla will not be selling any Bitcoin and we intend to use it for transactions as soon as mining transitions to more sustainable energy. We are also looking at other cryptocurrencies that use <1% of Bitcoin's energy/transaction.«[13]

Da Musk weiterhin ein Fürsprecher von Kryptoassets ist und über ausreichende finanzielle Mittel und einen guten Zugang zum Kapitalmarkt verfügt, ist auch eine neue, durch eines seiner Unternehmen geschaffene Kryptowährung nicht auszuschließen. Durch die Einbettung in das Gesamtkonzept von Tesla gäbe es zahlreiche über eine reine Währung hinausgehende Anwendungsfälle für ein digitales Token, wie beispielsweise die Entlohnung von Tesla-Fahrern für die durch das Umherfahren gesammelten Daten. Die Art und Weise, wie er den von vielen Bitcoin-Maximalisten so verhassten Dogecoin mehr oder weniger zu seinem »Lieblingscoin« auserkoren hat und damit seine Scherze treibt, bringt den einen oder anderen verlässlich auf die Palme. Tatsächlich lässt sich mit dem Dogecoin in der aktuellen Version das Thema Energieverbrauch nicht lösen. Jedoch mag man Musk vieles vorwerfen, einen Mangel an Vorstellungsvermögen und Durchsetzungskraft hat er nicht. Daher dürfte es sich bei der Beschäftigung des Tesla-CEOs mit Kryptoassets um deutlich mehr als einen temporären Spleen handeln. Im Gegensatz zu anderen Marktteilnehmern riskiert Tesla durch die dosierte Nutzung von Kryptowährungen zudem nicht die Existenz seines Kerngeschäfts.

Mit jedem weiteren Unternehmen, das sich für eine überlegte Nutzung von Bitcoin oder anderen Kryptoassets entscheidet, werden die Hürden für andere institutionelle Investoren niedriger. Unternehmen, die im Verhältnis zur Kapitalstruktur übermäßige

13 Musk (2021).

Wetten eingehen, sei es aus Gründen des Egos oder einfach aus Gier, erweisen dem Kryptobiotop hingegen einen Bärendienst.

Relative Bewertung

Bei der Einschätzung des Potenzials von Kryptoassets als Wertaufbewahrungsmittel kann auch der Vergleich mit anderen Assetklassen helfen. Was bei allen Diskussionen um den Marktwert einzelner Anlagen, sei es die Aktie von Amazon, ein Gemälde von Rembrandt oder der Bitcoin, auffällt, ist, wie viele die Größe des weltweiten Kapitalmarkts unterschätzen und den Anteil der Kryptoassets überschätzen (vgl. Abbildung 4.8).

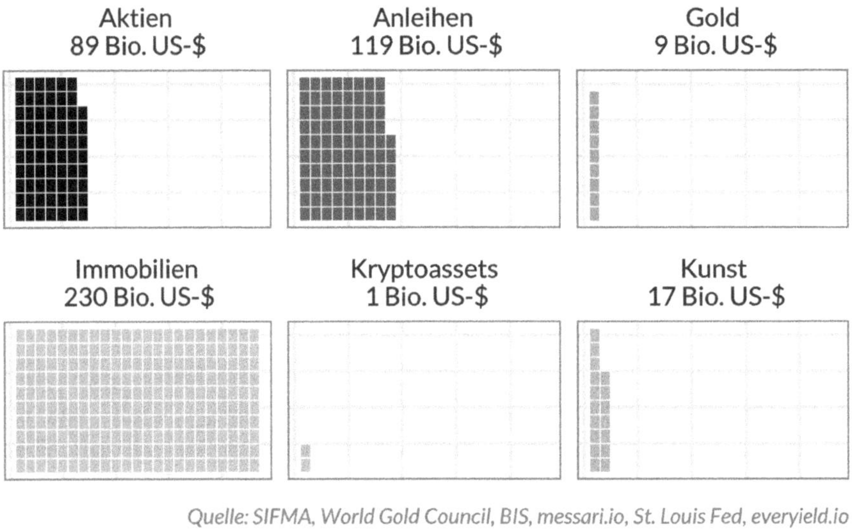

Abb. 4.8: Assetklassen im Größenvergleich

Allein die in den Abbildungen dargestellten Anlageklassen, die ja viele Dinge aus dem Bereich alternativer Anlagen gar nicht enthalten, machen zusammen mehr als 400 Billionen US-Dollar aus. Wenig überraschend repräsentiert der globale Immobilienmarkt den Großteil dieses Marktes. Bei allen Kategorien hat die Politik der relevanten Zentralbanken in den letzten Jahren vielfältigen Kursrückschlägen zum Trotz zu einem deutlichen Zuwachs geführt.

Das Argument, die laxe monetäre Haltung helfe den Ärmsten, mag ein gutes Marketinginstrument sein, der Blick auf die Assetpreise und die Inflation zeigt jedoch ein gegenteiliges Bild. Kryptoassets spielen selbst nach den starken Kurssteigerungen und der Masse an »Schrottcoins«, die auch in den letzten Jahren ihre Käufer fanden, hinsichtlich etwaiger Risiken für das Finanzsystem keine nennenswerte Rolle. Selbst der Marktwert des Bitcoin bewegt sich lediglich auf dem Niveau einzelner

Börsenschwergewichte des Aktienmarktes. Unabhängig davon, wie man die Bewertung des Bitcoin und anderer Kryptoassets einschätzt, droht aus diesem Sektor keine systemische Gefahr. Das derzeitige Ausmaß ist in keiner Weise mit den Entwicklungen des Aktienmarktes zur Jahrtausendwende (Tech Bubble) oder gar den Auswüchsen der Immobilien- und Kreditderivateblase der Jahre 2008 und 2009 zu vergleichen. Seinerzeit hatte mit dem Versicherungskonzern AIG ein einzelner Marktteilnehmer mehr als 500 Milliarden gehebelte ABS-Verbriefungen in den Büchern. Der aktuelle Marktwert des Bitcoin beträgt nicht einmal zwei Drittel der allein im ersten Quartal 2021 emittierten US-Staatsanleihen.

Die vergleichsweise geringe Größe des Bitcoin und anderer Kryptoassets ist einerseits ein Hindernis für die weitere Adoption, steht jedoch andererseits für ein hohes Potenzial. Schon geringe Umschichtungen aus den konventionellen Anlagen in die neue Assetklasse können zu deutlichen Preisanstiegen führen. Dies gilt umso mehr, da viele Besitzer von Bitcoin kein Interesse zeigen, sich von ihren Beständen zu trennen. Unter denen, die nicht investiert sind, wächst zumindest das Interesse, sich mit der neuen Assetklasse zu beschäftigen. Angesichts des Zinsniveaus und der Inflationsrisiken dürfte vor allem unter Anleihebesitzern die Bereitschaft zu einer schrittweisen Neuorientierung weiterwachsen.

Im Anleihensegment sind es die negativen Renditen, die Investoren weltweit schmerzen. Papiere im Wert von mehr als zehn Billionen US-Dollar rentieren derzeit negativ, ein Vielfaches der aggregierten Bewertung sämtlicher Kryptoassets. Der Druck zur Diversifikation ist groß, und so haben sich in den letzten Jahren auch traditionell eher zurückhaltende Anleger wie Stiftungen vermehrt den Alternativen zugewandt und beispielsweise die Aktienquoten erhöht. Ohne eine deutliche Änderung der Notenbankpolitik wird der Druck auf viele institutionelle Anleger nicht nachlassen. Sollte der Bitcoin auch nur ein Prozent der Bewertung des globalen Anleihemarktes erreichen, ergäbe sich daraus ein Kurs von 350 000 Dollar pro Bitcoin. Das ist nicht als Preisprognose zu verstehen, sondern soll vielmehr zeigen, wie stark sich bereits geringe Veränderungen der Asset-Allokation durch die globalen Kapitalanleger auswirken können. Es ist übrigens sinnvoll, bei der Beurteilung der Wahrscheinlichkeit derartiger Szenarien den doch eher schlichten westlichen Blickwinkel auf die Kapitalmärkte durch eine globale Sichtweise zu ergänzen. In Regionen, in denen Anleger nicht nur mit niedrigen Zinsen, sondern auch mit hohen Kreditausfallrisiken, dauerhaft instabilen Währungen und anhaltenden systemischen Risiken zu kämpfen haben, werden die Risiken des Bitcoin und anderer Kryptoassets oft deutlich anders eingestuft als in London, Frankfurt oder Paris. Das zeigt auch das Beispiel El Salvador. Der zentralamerikanische Staat machte den Bitcoin im Sommer 2021 zum offiziellen Zahlungsmittel.

Phasen der Adoption

Die folgende Liste stellt die Reihenfolge der Adoption durch verschiedene Anlegergruppen idealtypisch dar.

- Individuelle Investoren,
- kleine Hedge-Fonds und Family Offices,
- kleine Unternehmen und größere Hedge-Fonds,
- große Unternehmen und Investmentfonds,
- Pensionskassen und Versicherungen,
- Zentralbanken,
- Staaten.

Die Grenzen zwischen diesen Stufen sind natürlich nicht trennscharf, denn in jeder dieser Gruppen gibt es einzelne Investoren, die aus verschiedenen Gründen sehr viel früher oder sehr viel später agieren als andere. So hat beispielsweise die Versicherung *USA MassMutal* bereits in Bitcoin investiert und auch die Manager zahlreicher universitätsnaher Stiftungen in den USA zählen zu den frühen Anlegern.

Trotz vereinzelter Hypes rund um den Bitcoin und zahlreiche Altcoins befindet sich die gesamte Assetklasse in einer frühen Phase der Adoption, was angesichts der ebenfalls sehr frühen Phase der Entwicklung vieler Projekte nicht überrascht. Bis zum Sommer des Jahres 2021 haben erste größere Unternehmen und Pensionsfonds sowie einige Family Offices erste Anlagen getätigt. Der große Durchbruch und damit der Schritt in den Mainstream hat aber noch nicht stattgefunden, was auch am Mangel regulierter Investmentvehikel liegt. Mit der Auflage von Krypto-ETPs und aktiven Fonds wird sich dies ändern. Einer breiteren Adoption steht dann sowohl aus technischer als auch aus regulatorischer Sicht nichts mehr im Wege.

Bei den Zentralbanken ist unter Adoption eher die Schaffung eigener staatlicher Digitalwährungen zu verstehen. Den Bitcoin oder andere digitale Assets werden diese Institutionen vermutlich bestenfalls als Reserveasset akzeptieren. Eine Central Bank Digital Currency (CDBC) würde sich als zentral gesteuerte, digitale Repräsentation der Fiat-Währung eines Wirtschaftsraumes strukturell von dezentralen Kryptowährungen unterscheiden. Die Zentralbanken einiger Länder, darunter die Bank of England, die People's Bank of China (Zhōngguó Rénmín Yínháng, 中国人民银行), die Bank of Canada sowie die Institute aus Uruguay, Thailand, Venezuela, Schweden, Russland und Singapur beschäftigen sich offen mit diesem Thema.

Der Netzwerkeffekt und Metcalfe's Law

Im Zuge der Vereinfachung und Verbilligung der globalen Kommunikation sind große ökonomische Netzwerke entstanden, deren Bedeutung und Marktwert nicht nur von der Anzahl der Akteure, sondern auch von deren Vernetzung untereinander abhängt. Das bekannteste Beispiel für solche Netzwerke sind die »sozialen« Medien.

Netzwerkeffekte wurden von Robert Metcalfe, einem der Miterfinder des Ethernets und Mitbegründer des Netzwerkausrüsters 3Com Corporation populär. Der Netzwerkeffekt beschreibt, wie sich der Nutzen und damit auch der potenzielle Wert eines Netzwerkes in Abhängigkeit von der Teilnehmerzahl ändert. Das Ethernet schuf die technologische Basis für die Vernetzung von Computern in einem lokalen Netzwerk. Erstmals konnten Rechner Ressourcen, wie Speicher oder Peripheriegeräte gemeinsam nutzen und Daten ohne zusätzliche Medien über ein Kabel untereinander austauschen. Das Unternehmen 3Com entwickelte und fertigte die dafür benötigten Netzwerkkarten. Zu Beginn war den potenziellen Kunden jedoch nicht klar, warum man viel Geld für diese Karten ausgeben sollte. Metcalfe griff daher zum Stift und zeichnete als Unterstützung für seine Vertriebsmitarbeiter ein Diagramm (vgl. Abbildung 4.9).

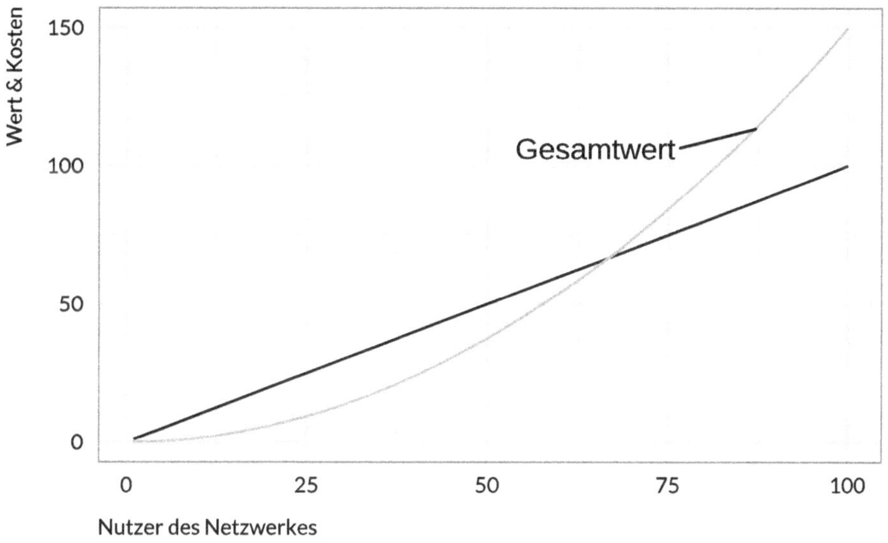

Abb. 4.9: Entwicklung von Kosten und Nutzen eines Netzwerks

Laut Metcalfe steigen die Kosten für den Aufbau eines Netzwerks proportional zur Anzahl der Nutzer, während der Nutzen und damit der Wert des Netzwerks proportional zum Quadrat der Anzahl der Karten zunimmt, da die Anzahl aller möglichen Verbindungen in einem Netzwerk mit N Knoten $N * (N - 1)$, und damit für große Zahlen in etwa N^2 beträgt.[14]]

Dieses Maß der maximalen Konnektivität aller Netzwerkteilnehmer war die erste Version von Metcalfe's Law. Demnach ist der Nutzen eines Netzwerks mit zehn Teilnehmern (100) also vier Mal so hoch wie der Nutzen eines Netzwerks mit fünf Teilnehmern (25). Erst ab einer gewissen Größe übersteigt der Nutzen die Kosten des Netzwerks und steigt dann weiter stark an. Da eine Nutzung des Ethernets nur mit der entsprechenden Ausrüstung möglich war, folgten die Vertriebsmitarbeiter und schließlich auch die Kunden von 3Com dieser Argumentation, und der Absatz der Ethernetkarten stieg von wenigen hundert auf mehrere Millionen. Schließlich

14 Siehe Briscoe et al. (2006); Peterson (2018).

profitierte auch 3Com von dieser Strategie, wurde an der Nasdaq gelistet und schließlich von Hewlett-Packard übernommen.

Metcalfe's Law und Facebook

Die erste Version von Metcalfe's Law wurde auf Grund des durch das Modell implizierten quadratischen und damit nicht nachlassenden Wachstums des Netzwerknutzens kritisiert. Im Jahr 2013, zum Jubiläum des Ethernets, veröffentlicht Metcalfe daraufhin ein Paper, in dem er auf Basis eines modifizierten Ansatzes eine Bewertung von Facebook vornimmt.

Das ursprüngliche Modell basierte auf der unrealistischen Annahme, alle Knoten eines Netzwerkes, die miteinander kommunizieren können, würden dies auch tun. Wie alle Nutzer von Chat-Netzwerken wissen, ist dies erfreulicherweise nicht der Fall. Es galt, eine bessere Näherung für die Anzahl wirklich in Kontakt stehender Teilnehmer zu finden. Metcalfe löste dieses Problem, indem er eine Funktion in sein erstes Modell integrierte, die den Einfluss jedes zusätzlichen Nutzers auf den Wert des Netzwerks abbildet. Zum Einsatz kommt eine Sigmoid- bzw. Gompertz-Funktion, deren Werte kumuliert einen S-förmigen Verlauf zeigen. Diese Funktion wird vor allem in der Biologie für die Modellierung des Wachstums der Population von Bakterien, Viren oder Tumorzellen verwendet (vgl. Abbildung 4.10).

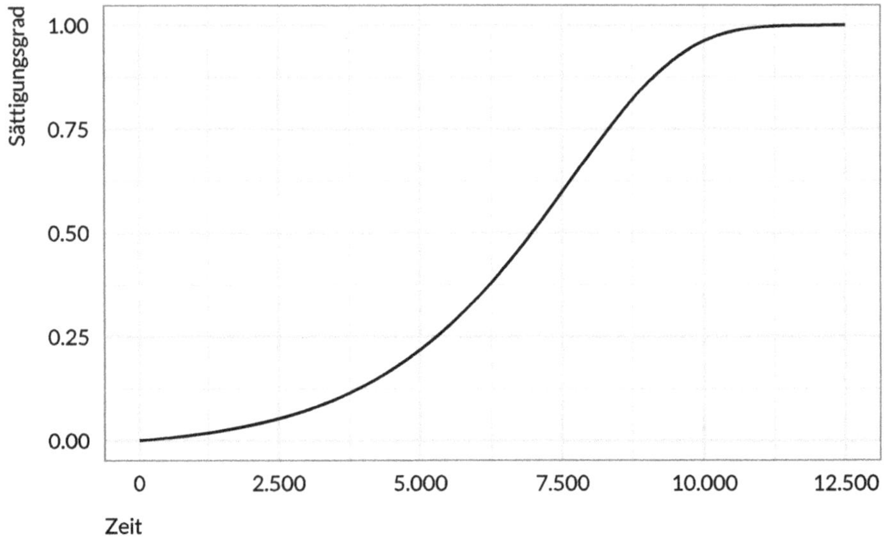

Abb. 4.10: Modellierung eines Wachstumsprozesses durch eine Gompertz-Funktion

Der relevante Unterschied zum ursprünglichen Modell ist die Berücksichtigung des abnehmenden Nutzens zusätzlicher Teilnehmer bei bereits umfangreichen

Netzwerken. So wird dem Netzwerkeffekt und dem Wert eines Netzwerks eine Grenze gesetzt.

Metcalfe wollte sein Gesetz in Abhängigkeit zur Zeit modellieren. Die Eigenschaften der Sigmoid-Funktion waren für ihn ideal, lässt sich doch mit ihr der Effekt einer zunehmenden Sättigung modellieren. Das ist wichtig, denn auch ein Netzwerk kann nicht unendlich wachsen und der Beitrag eines einzelnen Nutzers zum Gesamtnutzen nimmt ab einem bestimmten Punkt wieder ab, bis er schließlich nur noch marginal ist.

Auf Basis eines Regressionsmodells kann anhand einiger Jahre eine einfache Prognose der zukünftigen Werte abgeleitet werden (vgl. Abbildung 4.11).

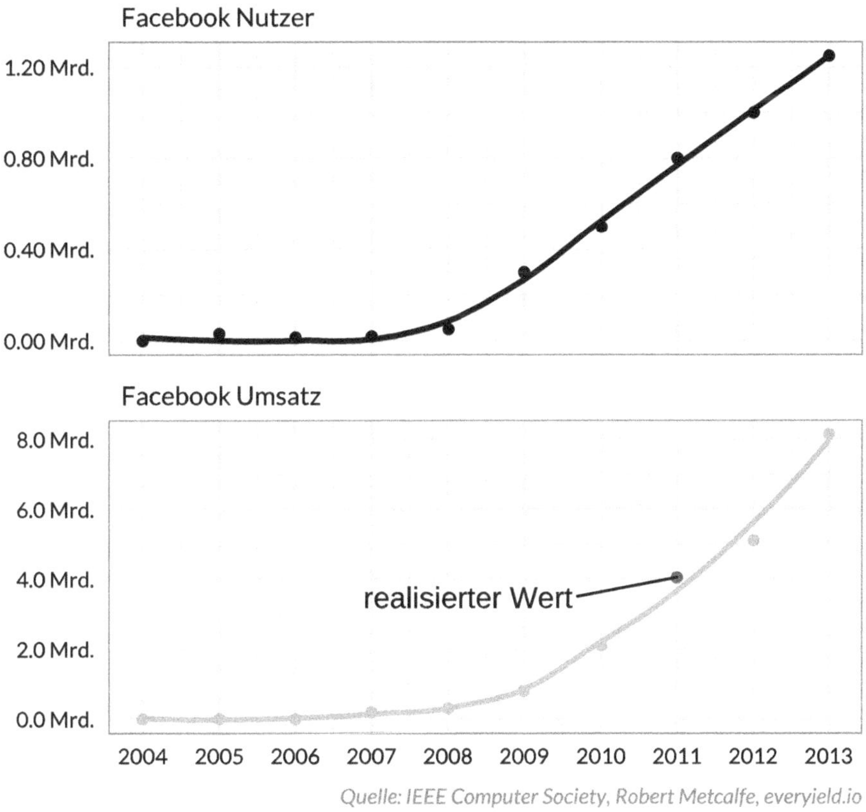

Abb. 4.11: Prognostizierte versus realisierte Werte der Anwendung von Metcalfe's Law auf Facebook

Derartige Auswertungen sehen stets beeindruckend aus, sind jedoch mit Vorsicht zu genießen, denn es ist sehr einfach und für manchen auch verlockend, so lange die Modellparameter zu verändern, bis eine nahezu perfekte Abbildung bereits bekannter Daten erreicht wird. Eine Optimierung von Modellparametern kann zwar nützlich sein, führt aber bei übermäßiger Nutzung zwingend zu instabilen Modellen ohne jeglichen Prognosewert.

Metcalfe's Law und Bitcoin

> *»Apple is a mobile network, Google is a search network, Facebook is a social network, Bitcoin is a monetary network. All benefit from advances in software & hardware technology, as well as Metcalfe's law. Many understand the former, few understand the latter.«*
>
> *Michael Saylor, CEO MicroStrategy*

Analog zur Vorgehensweise bei der Modellierung der Facebook-Umsätze kann auf Basis von Metcalfe's Law auch eine Prognose des Bitcoinkurses erstellt werden. Bei Facebook haben die Kunden ihre Nutzerkonten, im Bitcoinnetzwerk verwalten sie ihre Bitcoinadressen.

Im Gegensatz zu Facebook ist der Zusammenhang zwischen der Bewertung des Netzwerkes und den Nutzern bei Bitcoin direkter. An einem steigenden oder sinkenden Wert des Netzwerks sind die Anwender als Besitzer des zugehörigen Tokens direkt beteiligt. Bei Netzwerken wie Facebook ist dies nicht der Fall, denn beteiligt sind lediglich die Aktionäre. Die Möglichkeit, von einer steigenden Akzeptanz des Netzwerks zu profitieren, ist ein zweischneidiges Schwert. Einerseits ist das Interesse der Besitzer der Token an einer stetig wachsenden Zahl von Anwendern groß, was sich stabilisierend auswirkt. Andererseits zieht der direkte Zusammenhang naturgemäß rein spekulativ interessierte Nutzer an, für die es unerheblich ist, wie die langfristige Entwicklung des Netzwerks ist, da sie beizeiten das Netzwerk wieder verlassen. Dies stärkt die Neigung zu wiederkehrenden starken Preisveränderungen nach oben wie nach unten. Eine breite globale Akzeptanz eines Kryptonetzwerks könnte diesen Effekt auf Grund der dann erreichten Größenordnung möglicherweise abmildern. Allerdings ist die zyklische Natur der Boom- und Bust-Zyklen nicht auf diesen kleinen Sektor der Kapitalmärkte beschränkt.

Hinsichtlich der Akzeptanz und damit auch der Anziehungskraft auf neue Nutzer haben die größten Netzwerke immer die beste Ausgangssituation.[15] Alternativen benötigen viel Geduld, selbst wenn sie technische Verbesserungen mitbringen. Das zeigen die zahlreichen Hard Forks der Bitcoin Blockchain, wie Bitcoin Cash oder Bitcoin SV. Mit dem Bitcoin PoS konnte auch eine energiesparende Version des Bitcoin, die anstelle des Proof-of-Work-Algorithmus auf das Konzept des Proof-of-Stake setzt, bisher offenbar keine ausreichende Zahl an Nutzern gewinnen (vgl. Abbildung 4.12).

Im Whitepaper des Bitcoin PoS werden die von dieser Version adressierten Schwachstellen des Bitcoin genannt. So soll die Abwicklung von Transaktionen bei der neuen Variante drei Mal schneller sein als beim Original. Zugleich soll der Stromverbrauch um 99 % geringer ausfallen und das Netzwerk zugleich resistenter gegen 51 %-Attacken

15 Siehe Arthur (2010).

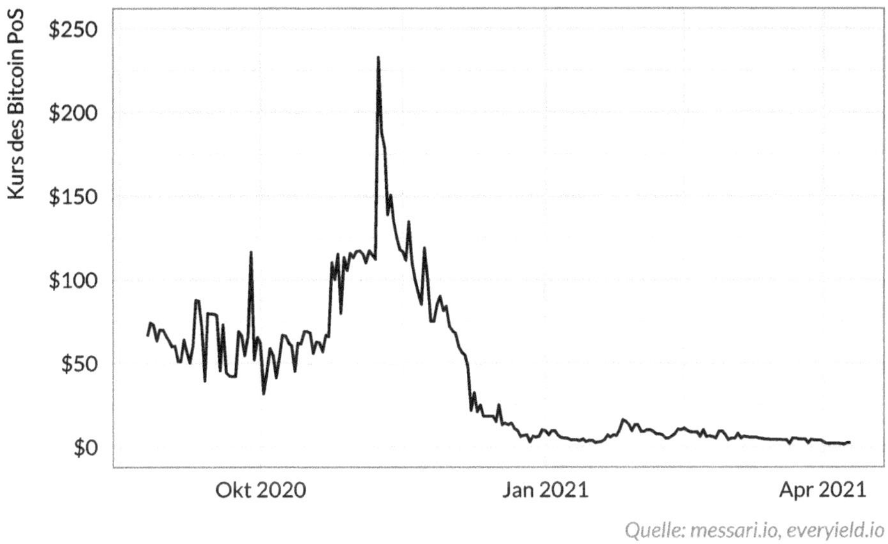

Abb. 4.12: Mangelnde Akzeptanz und negative Preisentwicklung des Bitcoin PoS

sein. Das maximale Angebot an Token ist wie beim Bitcoin selbst auf 21 Millionen begrenzt. Der Zuspruch zu dieser neuen Bitcoin-Variante ist trotz der interessanten Ansätze überschaubar. Eine ernstzunehmende Konkurrenz zum größten Netzwerk stellt sie wie die früheren Hard Forks derzeit nicht dar.

Dennoch verdeutlicht die Entwicklung noch einmal die Natur der Kryptoassets. Es handelt sich um Software, die im Rahmen der technischen Restriktionen des Protokolls geändert werden kann. Daher werden nicht in kurzer Zeit scharenweise Nutzer von einem etablierten Netzwerk zu einem Neuankömmling wechseln, nur weil dieser in einigen Aspekten attraktiver erscheint. Wahrscheinlicher ist eine schrittweise Anpassung des bestehenden Netzwerks über entsprechende Anpassungen der Software. Ein Beispiel hierfür ist die aktuelle Diskussion um die Integration des Protokolls Dandelion++, das eine Anonymisierung der Transaktionen auf der Bitcoin Blockchain ermöglichen würde.[16]

Die Datenbasis für die Anwendung des Metcalfe-Modells auf Bitcoin ist auf Grund der Transparenz der Blockchain für jeden verfügbar. Benötigt werden die Anzahl aller einzigartigen Adressen (unique addresses) als Näherung für die Anzahl der Nutzer sowie die Historie des Bitcoin-Kurses. Referenzwährung ist der US-Dollar. Die Anzahl an Adressen dient als Näherung für die Anzahl der Anwender, allerdings ist dies eine sehr grobe Schätzung, da jeder Nutzer beliebig viele Adressen nutzen kann

16 Bei Dandelion++ handelt es sich um ein Verfahren zum Verbergen des Rechner-Standorts. Ziel ist es, eine höhere Anonymität zu gewährleisten. Dandelion ist ein Feature des Privacy Coins Monero. Durch ein leicht zeitverzögertes Absetzen von Nachrichten soll es verschiedenen Netzwerk-Knoten nicht mehr möglich sein, den geografischen Ort des absendenden Netzwerkteilnehmers und seiner IP-Adresse einzugrenzen (Harper, 2018).

(vgl. Abbildung 4.13). Eine ausführliche Herleitung des Modells findet sich in den Veröffentlichungen von Timothy F. Peterson von Cane Island Alternative Advisors [17].

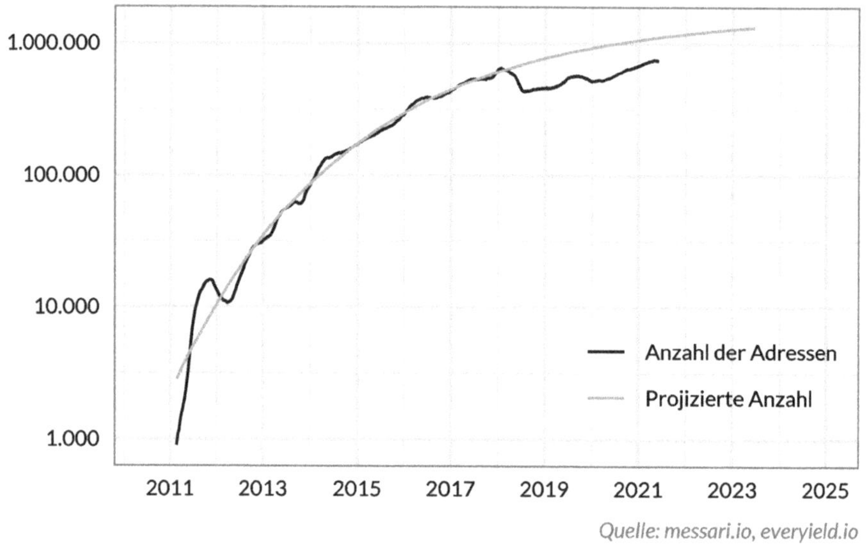

Abb. 4.13: Modellierung der Entwicklung eindeutiger Adressen (unique addresses) im Bitcoin-Netzwerk

Die Reduktion auf einen einzigen Faktor macht die Auswertung sehr einfach, aber auf Grund der nur groben Approximation der Nutzer durch die Anzahl der eindeutigen Adressen anfällig für Fehler. Die Integration des mittleren Transaktionsvolumens pro Adresse könnte eine sinnvolle Erweiterung darstellen, da diese Daten komplementär zur Anzahl der Adressen sind und ein Zusammenhang von Transaktionsvolumen und dem Wert des Netzwerks plausibel erscheint. Abbildung 4.14 zeigt den Verlauf der Marktkapitalisierung des Bitcoin sowie den vom Modell projizierten Trend. Peterson weist in seinen Veröffentlichungen ein anderes Niveau aus. Er lässt bei der Festlegung der Zeiträume für die Datenerhebung bestimmte Perioden heraus, was er mit vermeintlich in diesen Phasen vorherrschenden Preismanipulationen begründet.

Die Abweichungen des Kryptoassets vom Modellpreis sind deutlich, aber zyklischer Natur. Eine systematische Abweichung in die eine oder andere Richtung ist nicht zu beobachten. Ähnlich wie das simple Stock-to-Flow-Modell nutzt auch der Ansatz von Metcalfe eine Regression und die entsprechenden Anpassungen der variablen Parameter an die vorhandenen Daten. Daher sind auch die auf diesem Modell basierenden Vorhersagen mit Vorsicht zu betrachten, denn wie sich leicht feststellen lässt, führen kleine Änderungen der genutzten Parameter zu spürbaren Veränderungen der projizierten Werte.

17 Peterson (2018).

Abb. 4.14: Modellbasierte Projektion der Marktkapitalisierung des Bitcoin

Für den Einsatz in der Praxis ist daher zunächst eine Zerlegung des Datenraums in mehrere Perioden anzuraten, um einen Eindruck von der Sensitivität der Prognosen gegenüber dem gewählten Zeitraum zu erhalten. Exakte Preisprognosen wird kein professioneller Investor erwarten, daher sollte die Nutzung eines solchen Modells eher der Ermittlung von Wahrscheinlichkeiten bestimmter zukünftiger Preisniveaus dienen. Für diesen Zweck ist das Modell von Robert Metcalfe ein interessantes Werkzeug. Die Annahme des prognostizierten fairen Preisniveaus erfüllt aber noch einen weiteren Zweck. Sie erinnert Anleger daran, wie lang Phasen der Unter- oder Überbewertung anhalten können. Diese Eigenschaft teilen Kryptoassets mit allen anderen Anlageklassen. Während Voraussagen auf Sicht von zehn Jahren mit exakten und in der Regel sehr hohen Kurszielen fragwürdig erscheinen, hat mancher möglicherweise eher ein Problem mit den kurzfristigen Prognosen. So liegt die faire Bewertung des Bitcoin laut Metcalfe Ende 2021 bei rund 30 000 US-Dollar. Dies ist deutlich niedriger als die Prognosen des S2F-Modells oder anderer relativen Bewertungsmethoden. Mit einem Preis von rund 36 000 US-Dollar[18] befinden wir uns demnach trotz einer bereits deutlichen Korrektur weiterhin in einer Phase der leichten Überbewertung.

Mit Hilfe des Metcalfe-Modells können wir die Stärke der Übertreibung messen. Wir können den aktuellen Preis mit dem Modellwert ins Verhältnis setzen und die relative Abweichung berechnen (vgl. Abbildung 4.15).

Die Abbildung zeigt, wie stark der realisierte Preis vom prognostizierten fairen Wert abweichen kann. In Abhängigkeit vom genutzten Modell und der Parametrisierung

18 Stand 19. Juni 2021.

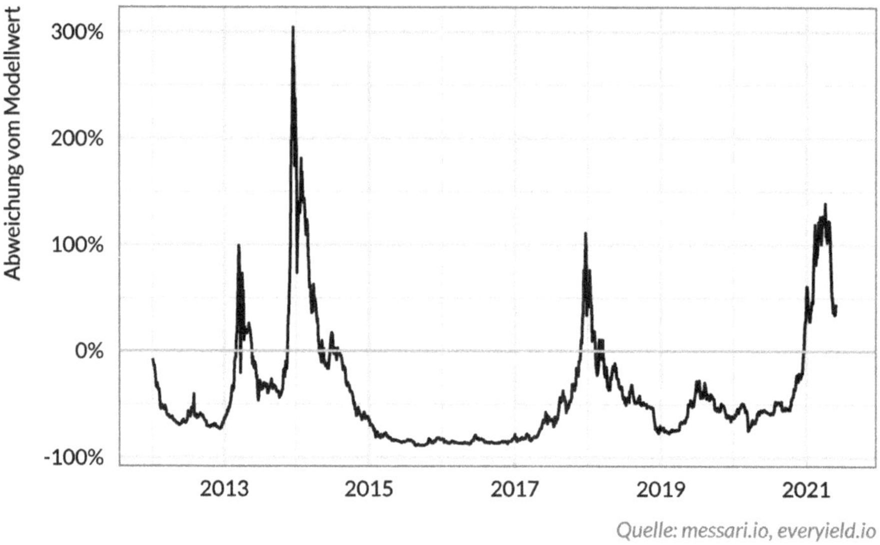

Abb. 4.15: Abweichung des Bitcoinpreises vom Modellwert

kommen verschiedene Analysten sowohl beim prognostizierten Wert als auch bei den historischen Abweichungen zu teils enorm abweichenden Schlüssen. Sich allein auf Metcalfe's Law zu verlassen, wäre daher töricht und zudem ist es mit der Wahl des Ansatzes alleine nicht getan. Es müssen weitere Fragen beantwortet werden: Auf Basis welchen Zeitraums wird regressiert und warum? Wann und aus welchem Anlass werden etwaige Anpassungen vorgenommen? Die von uns an dieser Stelle gewählten Darstellungen dienen daher lediglich der Illustration der generellen Vorgehensweise.

Das Metcalfe-Modell kann ein interessanter Baustein innerhalb umfangreicherer Bewertungsansätze sein. Der theoretische Hintergrund ist deutlich besser begründet als beim Stock-to-Flow-Modell, aber an fundierter Kritik herrscht auch bei diesem Ansatz kein Mangel.[19]

Bewertung von Kryptoassets mit Cashflow

Einer der wesentlichen Kritikpunkte an Kryptoassets sind die fehlenden Kapitalerträge. Auf viele Kryptoassets wie den Bitcoin trifft dies zu, aber nicht auf alle. Der Bitcoin eignet sich auf Grund der längsten Preishistorie und der strukturellen Eigenschaften sehr gut als Beispiel, an dem sich viele Charakterzüge der neuen Assetklasse erläutern lassen. Es gibt jedoch vor allem im Segment Decentralized Finance andere Token, die auch Cashflows generieren. Bei der Bewertung dieser Projekte lassen sich daher im Gegensatz zum Bitcoin auch konventionelle Ansätze der Unternehmensbewertung einsetzen.[20]

19 Siehe Briscoe et al. (2006).
20 Siehe Grinold/Kahn (1999).

Ertragsorientierte Methode

Die Discounted Cash Flow (DCF)-Methode ist die bekannteste Art der ertragsorientierten Bewertung. Der Ansatz ist simpel, leicht nachvollziehbar und eines der wichtigsten Werkzeuge des Kapitalmarktes. Das Einsatzfeld reicht von der Bewertung einfacher Zinsswaps bis hin zu den komplexesten Produkten des Financial Engineering. Während der Ansatz plausibel ist, bleibt das Problem der Wahrscheinlichkeit, mit der bestimmte Zahlungsströme in der Zukunft eintreten. Bei einer US-Staatsanleihe mit drei Jahren Laufzeit ist diese Wahrscheinlichkeit sehr hoch. Bei Projekten im Kryptobiotop, die erst seit wenigen Jahren existieren und einer breiten Front kaum quantifizierbarer Risiken von der Regulatorik bis zur Liquidität gegenüberstehen, ist die Lage nicht so einfach. Es ist essenziell, diese Probleme bei der Bewertung zu beachten. Eine einfache, aber nützliche Möglichkeit ist die Modifikation der erwarteten Cashflows auf Basis der Volatilität des Tokenpreises.

Unternehmensbewertung auf Basis von »Multiples«

Bei dieser Art der fundamentalen Aktienbewertung werden Kennzahlen wie Gewinn, Umsatz oder EBITDA des zu bewertenden Unternehmens ins Verhältnis zum Marktwert gesetzt. So können einheitliche Bewertungen erreicht werden, die zumindest innerhalb eines Sektors einen Vergleich der Unternehmen untereinander ermöglichen. Der Ansatz wird auch Comparable Company Approach genannt und kann problemlos auch auf bestimmte Token angewendet werden. So können beispielsweise die Projekte eines Sektors wie dezentrale Börsen (DEXes) direkt miteinander verglichen werden.

DeFi-Protokolle versus traditionelle Finanzinstitute

Einer der naheliegenden Anwendungsfälle der Blockchain ist der Nachbau und die Substitution von Teilen des bestehenden Finanzsystems. So ist der Kernprozess des Kapitalmarktes der schnelle, sichere und dauerhafte Transfer nichtstofflicher Güter mit der zusätzlichen Anforderung, über die durchgeführten Transaktionen ein unveränderliches Buch zu führen. Das gesamte Geflecht an Tätigkeiten von Banken, Asset-Managern oder Versicherungen wirkt auf Außenstehende oft sehr komplex. Die grundlegenden Geschäftsprozesse sind jedoch im Kern simpel und lassen sich durch DeFi-Protokolle vergleichsweise einfach nachbauen, denn strukturell wird in der dezentralen Welt vieles wesentlich vereinfacht.

Während im bestehenden System das Vertrauen zwischen verschiedenen Kontrahenten der alles zusammenhaltende Faktor ist, kommen Blockchain-basierte Anwendungen konstruktionsbedingt ohne Vertrauen aus. Dies ist *der* wesentliche Vorteil der dezentralisierten gegenüber der zentralisierten Finanzwelt. Bei der Nutzung von Blockchain-Anwendungen werden Transaktionen zwischen Parteien durch Smart Contracts koordiniert und durchgesetzt, finden bilateral statt und sind final. Erst der Wegfall der Notwendigkeit, das Vertrauen zwischen zwei Vertragsparteien über Intermediäre und umfangreiche rechtliche Vereinbarungen zu schaffen, ermöglicht eine schlanke Abbildung von Geschäftsprozessen.

Die Stakeholder eines DeFi-Projekts sind:

- *Liquiditätsanbieter (ähnlich den Einlagengebern einer Bank):* Sie stellen Kapital zur Verfügung, das produktiv im Rahmen finanzieller Aktivitäten eingesetzt werden kann.
- *Token-Inhaber (ähnlich den Aktionären einer Bank):* Sie kontrollieren das Protokoll und können über relevante Anpassungen, wie Regeländerungen, Ertragsverwendung oder die Höhe etwaiger Gebühren abstimmen.
- *Entwickler (ähnlich den Mitarbeitern einer Bank):* Sie konzipieren und implementieren das Protokoll und darauf basierende Anwendungen zur Durchführung und Koordination finanzieller Aktivitäten.
- *Anwender (ähnlich den Kunden einer Bank):* Sie nutzen das Protokoll, um Finanztransaktionen durchzuführen. Die Spanne der Geschäftsvorgänge reicht von einer einfachen Überweisung über die Nutzung eines Lending-Contracts bis hin zur Auflage eigener Token, beispielsweise im Rahmen der Erstellung und des Verkaufs von NFTs.

Viele Stakeholder gehören mehreren Gruppen gleichzeitig an. So nutzen viele Besitzer von SUSHI Token die Plattform SushiSwap für Handelsgeschäfte und stellen gleichzeitig Liquidität für diese dezentrale Börse bereit.

Der Erfolg eines DeFi-Projekts hängt auch vom Ausgleich der Interessen dieser unterschiedlichen Kategorien von Stakeholdern ab, denn es herrscht ein reger Wettbewerb zwischen einzelnen Projekten, und eine alternative Plattform ist immer nur den sprichwörtlichen Mausklick entfernt. Gut beobachten lässt sich dieses dynamische Anreizsystem beim Blick auf die Veränderungen der Zinssätze, die von unterschiedlichen Anbietern für die Bereitstellung von Liquidität gezahlt werden.

Bewertung von DeFi-Token

Der Datenabieter Token Terminal[21] hat eine Auswertung der zur Zeit umsatzstärksten DeFi-Token vorgenommen (vgl. Abbildung 4.16).

Die große Streuung der Werte überrascht nicht, sind doch alle dargestellten Projekte noch sehr jung. Bemerkenswert für Unternehmen in der Start-up-Phase sind jedoch die bereits erreichten Umsatzniveaus, die bis in den Bereich dreistelliger Millionensummen vordringen.

Im Folgenden gehen wir auf die in Abbildung 4.16 dargestellten Kennzahlen ein und erläutern, wie diese bei Kryptoassets zu interpretieren sind.

21 »Token Terminal« (2021).

Projekt	Kategorie	Marktkapitalisierung in Mrd. $	Preis $	Handelsvolumen in Mrd. $ p.a.	Gebühren %	Umsatz in Mio. $ p.a.	Umsatzwachstum 180 Tage	Price/Sales
Aave	Lending	3,88	267,04	0,492	12,96 %	63,7	3064,99 %	60,99
Balancer	Exchange	1,92	19,22	16,3	0,32 %	52,9	464,55 %	36,35
Compound	Lending	2,17	217,44	2,01	8,91 %	179	287,63 %	12,15
Curve	Exchange	6,08	1,84	68,1	0,04 %	27,2	559,64 %	223,12
MakerDAO	Lending	1,33	1320,88	1,3	1,99 %	26	1762,88 %	51,13
Ren	Exchange	0,54	0,53	7,58	0,18 %	13,9	2332,49 %	38,51
SushiSwap	Exchange	1,79	7,16	129	0,30 %	386		4,64
Synthetix	Exchange	3,24	15,16	15,4	0,41 %	63,1	2160,04 %	51,38
Uniswap	Exchange	13,5	13,48	268	0,30 %	805	1733,54 %	16,75

Quelle: Token Terminal (Stand 28.01.2021), everyield.io

Abb. 4.16: Umsatzstarke DeFi-Token

Marktkapitalisierung

Analog zur Aktie ist dies der um Verwässerungen bereinigte Gesamtwert aller Token. Der Anbieter *Token Terminal* ermittelt diesen Wert auf Basis des vollständig verwässerten (fully diluted) Angebots. Der Begriff »fully diluted« bezeichnet in der Aktienwelt die Anzahl aller Papiere, die existieren würden, wenn sämtliche ausstehenden Optionen auf Anteile und Wandlungsrechte ausgeübt würden.

Vor dem Erwerb einer langfristigen Position sollten Investoren daher auf Grund der möglichen Auswirkungen auf die Bewertung auch dem Angebotsplan der zugrundeliegenden Token einen Blick widmen. Ein großer Unterschied zwischen der um mögliche Verwässerungen bereinigten und der unbereinigten Marktkapitalisierung ist ein Hemmnis für die langfristige Kursentwicklung.

Volumen

Diese Kennzahl ist eine grundlegende Metrik zur Einordnung des Erfolgs eines Liquiditätsprotokolls. Bei Börsen repräsentiert sie das Handelsvolumen und bei Lending-Protokollen das Kreditvolumen. Höhere Volumina implizieren eine bessere Liquidität für die Nutzer und ein größeres Ausschüttungspotenzial für die Inhaber der Protokolltoken.

Gebühren

Die Einnahmen einer Plattform entsprechen der Summe aller Gebühren, die an die Bereitsteller von Liquidität ausgezahlt wurden. Bei dezentralen Börsen sind dies die Einnahmen der Liquiditätsanbieter, bei Kreditplattformen sind es die bezahlten Zinsen.

Umsatz

Der Umsatz eines DeFi-Projekts ist das Produkt aus den Handelsumsätzen und den zugehörigen Transaktionskosten bzw. das Produkt aus den Kreditvolumina und den zugehörigen Zinssätzen.

Kurs/Umsatz-Verhältnis

Das Kurs/Umsatz-Verhältnis (price/sales ratio) ist der Quotient aus dem Marktwert eines Projekts und dem annualisierten Umsatz. *Token Terminal* nutzt eine zukunftsorientierte Umsatzschätzung auf Basis eines einfachen gleitenden 30-Tage-Durchschnitts. In der Aktienanalyse bezieht sich diese Kennzahl in der Regel auf die Umsätze der letzten zwölf Monate.

Fragen zu den Bewertungskennzahlen

Auf Grund der hohen Dynamik des Sektors verändern sich diese Kennzahlen oft rasch und deutlich. In jedem Fall sollten daher folgende Fragen beantwortet werden:

- Sind die Umsätze und Cashflows ausreichend und aussagekräftig? Da manche Token nicht einmal ein Jahr alt sind, können annualisierte Werte in die Irre führen. Dies gilt insbesondere für Wachstumskennzahlen, die naturgemäß hoch ausfallen, wenn die Ausgangsbasis nahe Null liegt.
- Ist das Ökosystem des Tokens stabil? Diese Frage bezieht sich auf die gesamte Prozesskette des Projektes sowie den Stand und die Entwicklung der Adoption durch die Stakeholder. Projekte sind Software und können daher rasch modifiziert werden. Vermeintliche Werttreiber sind dann plötzlich obsolet und die Ertragslage verändert sich drastisch. Beispiele sind die Transformation des Aave-Protokolls, das aus ETHlend hervorging, sowie die parallel existierenden Versionen v1, v2 und v3 der dezentralen Börse Uniswap. Alle drei Versionen laufen als dezentrale Applikation weiterhin eigenständig, es konnte also nicht das gesamte Handelsvolumen von einer Version auf die folgende transferiert werden. Derartige Entwicklungen können immer wieder vorkommen und sollten daher in einem fundamentalen Analyseprozess beachtet werden. Darüber hinaus sind die Markteintrittsbarrieren sehr gering, da alle Quellcodes offen zugänglich sind und von jedem kopiert, genutzt und verändert werden können. Ein prominentes Beispiel ist der Start von SushiSwap. Der dezentrale Handelsplatz hat schlichtweg den kompletten Code des Konkurrenten Uniswap übernommen. Zwar läuft auch Uniswap weiterhin erfolgreich und ist profitabel, dennoch zeigt das Beispiel die Bedeutung einer stabilen Gruppe an Stakeholdern.
- Woraus ergibt sich der Wert für die Besitzer der Token? Nicht jeder Token erfreut seine Besitzer mit Ausschüttungen. Es gibt jedoch andere Faktoren, die sich auf den Wert des Tokens auswirken. Ein Beispiel hierfür ist die algorithmisch determinierte Vernichtung von Token durch eine Plattform. Die Programme hinter diesen Burn-Mechanismen senden Token an eine bestimmte Adresse, für die niemand den privaten Schlüssel besitzt. So wird das Angebot der Token reduziert, was tendenziell den Preis stützt.
- Werden Tokenhalter mit zusätzlichen Airdrops belohnt? Bei einem Airdrop werden neue Token an die bestehenden Besitzer der Token verteilt. Sie fallen quasi vom Himmel wie das sprichwörtliche Helikoptergeld. Dieser Vorgang stellt das Gegenteil der zuvor besprochenen Burn-Mechanismen dar. Ein Vorteil für Anleger kann daraus nur dann resultieren, wenn nicht alle Tokenbesitzer mit neuen Token bedacht

werden. Ansonsten erhöht sich wie bei einem Aktiensplit lediglich die Anzahl der handelbaren Token. Da sich der Gesamtwert dann auf mehr Token verteilt, wirkt sich ein Airdrop tendenziell negativ auf den Preis aus.
- Welchen Zielmarkt bedient das Projekt? Die Ausrichtungen der DeFi-Projekte unterscheiden sich deutlich, daher reagieren die verschiedenen Token auch ganz anders auf Änderungen der Rahmenbedingungen. Der Versuch einer Regulierung dezentraler Handelsplätze wird Uniswap und SushiSwap stärker beeinflussen als das auf Kreditvergabe ausgerichtete Projekt Aave.

Neben den wichtigen quantitativen Aspekten spielen auch qualitative Kriterien eine wichtige Rolle. Ein gutes Projekt erkennt man an einem talentierten Team, das die Weiterentwicklung und das Wachstum der eigenen Dienstleistung in den Mittelpunkt stellt, gleichzeitig aber erfahren und bodenständig genug ist, sowohl mit den Regulierungsbehörden als auch mit den existierenden Unternehmen des jeweiligen Sektors zusammenzuarbeiten. Auch engagierte Stakeholder, die aktiv an der Zukunft des Projekts mitarbeiten, sind wichtig. Sie verleihen einem Projekt die gerade zu Beginn nicht immer selbstverständliche Stabilität.

Vergleich mit traditionellen Unternehmen

Bei manchen Projekten bietet sich ein direkter Vergleich zu gelisteten Aktiengesellschaften an. Das ist insbesondere im Falle übereinstimmender Geschäftsmodelle sinnvoll, wie beispielsweise bei der Gegenüberstellung einer dezentralen Börse (DEX) mit ihren traditionellen Pendants.

Ein Beispiel für einen solchen Handelsplatz ist SushiSwap, dessen Token SUSHI unübersehbare Merkmale einer Aktie aufweist. So wird ein Teil der Einnahmen aus den Börsentransaktionen an die Inhaber der SUSHI-Token ausgeschüttet. Über einen Smart Contract stellt SushiSwap programmatisch die korrekte Verteilung sicher. Außerdem sind mit dem Besitz der Token Governance-Rechte verbunden, die dem Besitzer Mitspracherechte bei Änderungen des SushiSwap-Protokolls zusichern. Diese Rechte sind vergleichbar mit den Stimmrechten des Besitzers einer Stammaktie.

Zum Vergleich ziehen wir auch einige gelistete Kryptounternehmen heran:

- *BC Technology Group* (863 HK): Das Unternehmen bietet Software-as-a-Service, Brokerage-, Börsen- und versicherte Verwahrungsdienstleistungen für Institutionen und professionelle Anleger an.
- *Galaxy Digital Holdings* (GLXY CN): Das Unternehmen hat sich auf den Sektor der digitalen Vermögenswerte spezialisiert und ist in vier Geschäftsbereichen tätig: Vermögensverwaltung, Handel, Investitionen und Beratungsdienstleistungen.
- *Coinbase* (COIN US): Das Unternehmen ist die bekannteste und älteste zentrale Kryptobörse mit Sitz in den USA. Mit über 90 Milliarden US-Dollar an verwahrten Vermögenswerten und mehr als 56 Millionen registrierten Benutzern ist Coinbase ein Schwergewicht, das im Jahr 2021 an der Börse gelistet wurde.

Die Tabelle in Abbildung 4.17 zeigt eine Auswertung gängiger Kennzahlen von SushiSwap und den genannten börsennotierten Unternehmen. Die Kennzahlen der gelisteten Firmen basieren auf den Daten des vergangenen Jahres. Für SushiSwap wurden die bisher ausgewiesenen diesjährigen Umsätze für das Gesamtjahr 2021 hochgerechnet. Da die etablierten Börsen vergleichsweise stabile Umsätze aufweisen, die Historie der dezentralen Pendants hingegen nur einige Monate lang ist, diese Handelsplätze jedoch ein anhaltend hohes Wachstum aufweisen, ist die Nutzung der projizierten Werte für SushiSwap in diesem Falle vertretbar.

Sektor	Unternehmen	Kurs/Umsatz	Dividendenrendite
Dezentrale Börse	SushiSwap	4.1x	4.80%
Traditionelle Börsen	Hong Kong Exchange (388 HK)	41.8x	1.48%
	Intercontinental Exchange (ICE US)	11.0x	1.02%
	Nasdaq Inc. (NDAQ US)	7.9x	1.41%
	Japan Exchange (8697 JP)	10.0x	2.10%
	London Stock Exchange (LSEG LN)	13.5x	0.79%
	Euronext (ENX FP)	7.9x	1.68%
	Börsen (Median)	13.5x	1.45%
	Börsen (Durchschnitt)	19.3x	1.41%
Gelistete Kryptounternehmen	BC Technology Group (863 HK)	18.5x	0%
	Galaxy Digital Holdings (GLXY CN)	18.8x	0%
	Coinbase (Based on FTX Futures)	43.8x	0%

Quelle: Yahoo Finance, FTX, everyield.io. Stand 28.01.2021

Abb. 4.17: Bewertung von SushiSwap im Vergleich zu traditionellen Handelsplätzen

Von der oft postulierten Bewertungsblase ist bei diesem Token nichts zu erkennen. Die Kennzahlen werden viele positiv überraschen, denn Gewinne sind nicht das Erste, mit dem die meisten Start-ups werben können. Einer der Gründe für die frühe Profitabilität sind die sehr niedrigen Kosten einer dezentralen Organisation. Ist ein solches Konstrukt erst einmal korrekt aufgesetzt, läuft es von alleine und wird im laufenden Prozess lediglich erweitert und verbessert.

Um allzu großer Euphorie über die vergleichsweise günstige Bewertung des dezentralen Handelsplatzes vorzubeugen, sei noch einmal an die Unterschiede zwischen Aktien und Token erinnert. Im Gegensatz zu Aktien repräsentieren Token kein Eigenkapital. Dies ist ein Unterschied, dessen Bedeutung sich wie so vieles am Kapitalmarkt erst im Ernstfall offenbart.

Aktionäre haben ein verbrieftes Eigentumsrecht und damit einen anteiligen Anspruch auf das Nettovermögen eines Unternehmens nach Abzug der Verbindlichkeiten.

Zudem sind mit Stammaktien klar definierte Kontrollrechte verbunden. Inhaber von Token hingegen besitzen keine juristisch durchsetzbaren Eigentumsrechte. Wem gegenüber wollte man diese in einer dezentralen Struktur auch einfordern? Der Besitz von Token ermöglicht die Nutzung einer Dienstleistung und die Einbindung bei Governance-Entscheidungen. Gerade das Thema Governance wird in schlichteren Betrachtungen zwar oft mit Aktionärsrechten gleichgesetzt. Die Art des Mitspracherechts eines Tokenhalters hängt jedoch stark von der jeweiligen Governance-Struktur ab. Ein festgelegtes Mindestmaß gibt es nicht.

Statistischer Ansatz

Neben den dargestellten Versuchen, ein Modell zu finden, das nicht nur den historischen Preisverlauf gut abbildet, sondern auch eine nützliche Prognose generiert, gibt es die Möglichkeit, sich ausschließlich der Verteilung der historischen Renditen zu bedienen. Beim so genannten Bootstrapping-Verfahren werden die realisierten Kursveränderungen der Vergangenheit genutzt.[22] Diese sollten um den Einfluss länger anhaltender Trends bereinigt werden, was durch die Berücksichtigung der Autokorrelation der Renditen erfolgt.

Um aus den bereinigten Daten die mögliche Entwicklung für die kommenden 100 Perioden zu ermitteln, werden 100 zufällig gezogene Werte dieser empirischen Verteilung zu einem neuen Renditepfad verkettet. Da ein einzelner derartiger Pfad keinerlei Aussage ermöglicht, wird dieser Schritt häufig wiederholt. Das Resultat ist eine Vielzahl möglicher künftiger Entwicklungen, aus denen sich dann Kennzahlen wie der Mittelwert der Renditen oder Drawdowns, der Median oder beliebige Perzentile der Ertrags- und Risikokennzahlen ermitteln lassen.

Das Resultat von 100 Simulationen mit jeweils 1000 Schritten auf Basis der täglichen Renditen des Bitcoin zeigt Abbildung 4.18. Als Zeitraum für die empirische Datenerhebung haben wir den vollständigen Auf- und Abwärtszyklus zwischen November 2013 und Dezember 2017 gewählt.

Derartige Auswertungen sind hilfreich, denn sie ermöglichen eine Einordnung der Wahrscheinlichkeit bestimmter künftiger Ereignisse, wie etwa dem maximalen Ausmaß künftiger Drawdowns, dem Übertreffen einer Zielrendite oder auch dem Risiko eines Totalausfalls. Aufschlussreich sind solche Simulationen vor allem deshalb, weil sie auf realisierten Renditen basieren und damit zeigen, welche Risiken auch ohne eine strukturelle Veränderung des Marktes zu erwarten sind. Andererseits ist dieser Punkt jedoch auch die Schwachstelle des Ansatzes, denn gerade bei Strukturbrüchen fallen die Reaktionen eines Marktes oft heftig aus – in beide Richtungen.

22 Siehe Gehrke (2019).

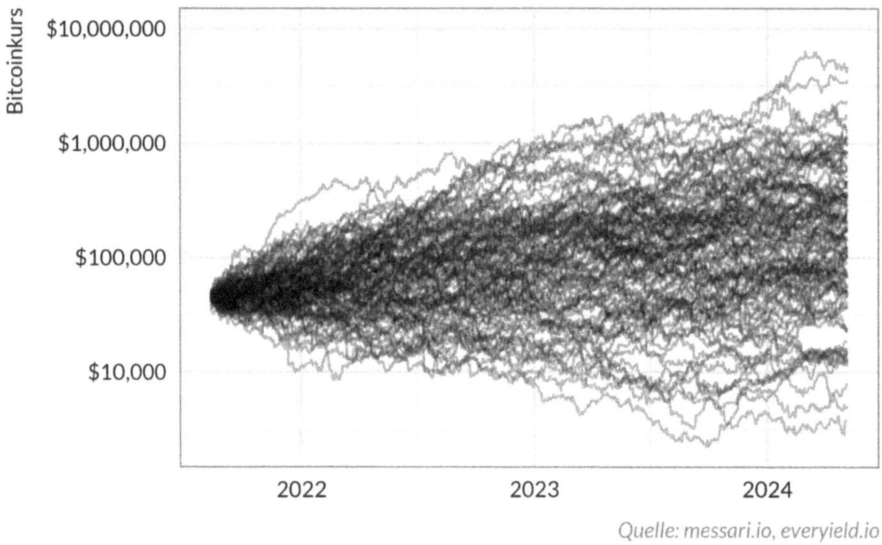

Abb. 4.18: Mittels Bootstrapping erzeugte Simulationspfade des Bitcoin

Durch die Möglichkeit, bestimmte künftige Entwicklungen mit Wahrscheinlichkeiten zu versehen, ist der Ansatz deutlich praxisnäher und glaubwürdiger als die zwar beliebten, aber in der Regel nutzlosen und häufig angepassten Punktprognosen. So lässt sich beispielsweise der Median-Pfad der Simulationen darstellen (vgl. Abbildung 4.19).

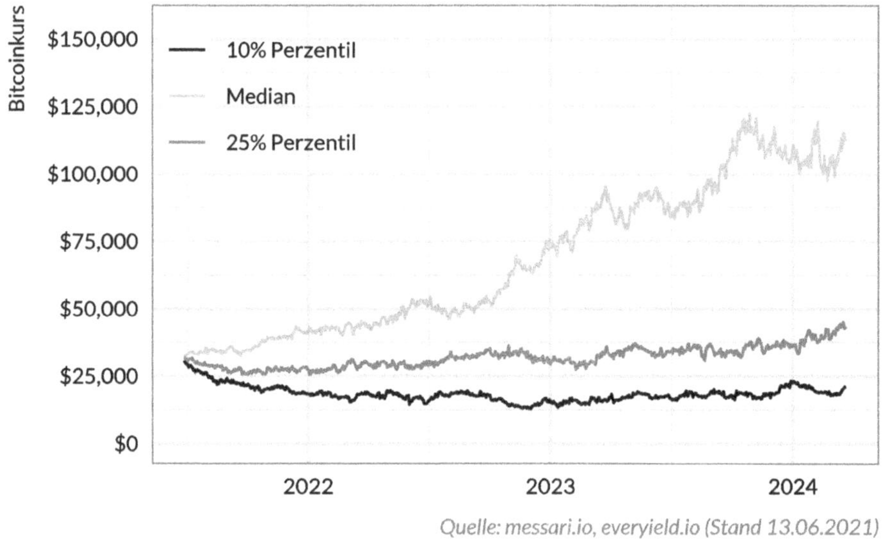

Abb. 4.19: Median, 25 %- und 10 %-Perzentil-Pfade der Simulation

Die Möglichkeit, sich auch nicht erwünschte, aber dennoch mögliche Szenarien anzuschauen, ist gerade für institutionelle Anleger von Bedeutung. Während mancherorts exakte Kursziele im Mittelpunkt stehen, geht es im professionellen Umfeld zunächst immer um die Einschätzung möglicher Risiken. Damit einher geht auch die Frage, auf welchem Weg der Preis sich vom Ausgangspunkt zum Endpunkt bewegt. Es ist ein Unterschied, ob der Weg eines Assets auf dem Weg von 100 nach 110 zwischenzeitlich auf 30 oder nur auf 90 führt. Während der Median der Performance bei 36,5 % p. a. liegt, sorgt der Blick auf das 25 %-Perzentil und das 10 %-Perzentil mit jährlichen Renditen von 12,8 % respektive –7,1 % dafür, die Risiken nicht aus dem Blick zu verlieren. So ist die Sharpe Ratio des Medianpfads mit 1,18 sehr hoch, der Wert fällt aber bereits beim 25 %-Perzentil auf wenig beeindruckende 0,38 ab. Die ausgewiesene jährliche Volatilität liegt zwischen 31 % und 46 %.

Auf Basis der Simulation lässt sich auch die Wahrscheinlichkeit ermitteln, auf Basis der genutzten Daten zu einem bestimmten Zeitpunkt einen Verlust zu erleiden (vgl. Abbildung 4.20). Mit zunehmender Anlagedauer nimmt diese Wahrscheinlichkeit ab, was angesichts der historischen Daten nicht überraschend ist.

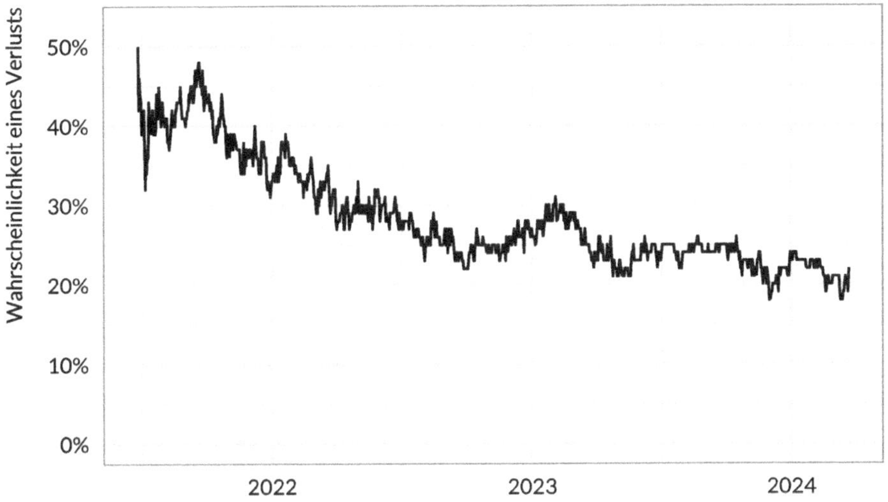

Quelle: messari.io, everyield.io (Stand 13.06.2021)

Abb. 4.20: Aus der Simulation abgeleitete Verlustwahrscheinlichkeit

Die dargestellten Werte sagen nichts über das Ausmaß der Verluste aus. Wie aber der in der vorigen Grafik dargestellte Verlauf des 10%-Perzentils zeigt, sind auch Verluste von 50 % keine extrem seltenen Ereignisse.

Neben der dargestellten generellen Verlustwahrscheinlichkeit kann auch die Wahrscheinlichkeit für das Erreichen eines bestimmten Ertragszieles oder einer Ertragsspanne ermittelt werden. Dieses Vorgehen ist nicht nur bei der Beantwortung der Frage hilfreich, wann ein Portfolio zu viel oder zu wenig Risiko enthält. Gerade der zweite

Punkt ist bei der Ausgestaltung von Anlagerichtlinien wichtig, denn wird ein bestimmtes Renditeniveau angestrebt, dann kann eine Allokation auch zu wenig Risikopositionen enthalten. Mit Geldmarktpapieren wird ein Anleger derzeit keine 2 % jährlich verdienen.

Simulationen können daher bei der Frage nach der optimalen Risikoposition helfen und gleichzeitig deren Schattenseiten offenlegen. So weist die dargestellte Simulation für das 10 %-Perzentil einen maximalen Drawdown in Höhe von 48 % aus, der erst nach rund drei Jahren wieder ausgeglichen wird, Werte, die durchaus plausibel erscheinen und weit entfernt sind von einem pessimistischen worst case-Szenario.

Auch Simulationsverfahren haben Schwächen und werden daher häufig als zu einfach kritisiert. Leider bleibt es in der Regel bei dieser oberflächlichen Kritik. Als vermeintliche Alternative werden dann oft hoffnungslos überoptimierte Modelle präsentiert, die einen bestimmten Markt für eine bestimmte Periode nahezu perfekt beschreiben. Perfekte Abbildungen der Vergangenheit sehen schön aus, helfen jedoch in der Praxis nicht weiter. So wie viele professionelle Portfolio-Manager die Problematik der fat tails der Renditeverteilung vieler Assets kennen, so wissen sie auch um die Vor- und Nachteile simulierter Renditen. Daher werden Simulationen und andere Modelle nüchtern als das betrachtet, was sie sind, nützliche und flexible Werkzeuge, aber keine allmächtigen Glaskugeln.

Fazit Bewertung

Die Bewertung von Finanzinstrumenten gilt vielen mehr als eine Kunst denn als eine Wissenschaft. Dies wird vielen plausiblen Bewertungsansätzen nicht gerecht. Wie ein Hedge Funds Manager einst sagte, ist an den Finanzmärkten alles durch diskontierte Cashflows und Wahrscheinlichkeiten zu beschreiben. Das Problem und damit auch das, was die Kapitalmärkte interessant macht, ist die häufige Diskrepanz zwischen dem vermeintlich fairen Preis eines Assets und dem Preis, den andere Kapitalmarktteilnehmer zu bezahlen bereit sind. Der Unterschied zwischen diesen beiden Werten treibt den Finanzmarkt an und steht für ein enormes Ertragspotenzial. Während es auch in den etablierten Märkten immer wieder zu Übertreibungen nach oben und nach unten kommt, sind gerade neue Märkte anfällig für rasche und deutliche Preisveränderungen. Das ist nicht überraschend, denn während eine plausible Bewertung für eine Aktie oder Anleihe von Analysten rasch auf Basis existierender Bewertungsansätze erstellt werden kann, ist dies bei Kryptoassets schwieriger.

Die Bewertung eines Assets ist nie einfach, und oft interessiert den Kapitalmarkt auch die elaborierteste Prognosemethode nur wenig. Zumindest die temporäre Kursentwicklung hängt nicht zuletzt auch davon ab, wie viele Anleger sich an einem von mehreren konkurrierenden Modellen orientieren. Bei den Kryptoassets kommen mit der kurzen Historie und den ständigen Metamorphosen existierender Projekte zusätzliche Schwierigkeiten hinzu. Am leichtesten fällt daher die Bewertung digitaler Assets mit

Cashflows. Andere Token sind rein spekulative Assets, eine Bezeichnung, die wir in keiner Weise despektierlich meinen. Anleger erwerben diese Token in der Erwartung, sie zu einem späteren Zeitpunkt teurer weiterzuverkaufen. Dieses Vorgehen zeigt sich auch bei Aktien, die keine Dividende ausschütten, oder bei Beteiligungen aus den Bereichen Private Equity oder Venture Capital. Daher sind alternative Bewertungsansätze gefragt, von denen wir in diesem Kapitel einige vorgestellt haben.

Experteninterview mit Désirée Velleuer & Reto Stiffler

Désirée Velleuer ist CEO & Co-Founder der Crypto Consulting AG sowie der SwissRex AG. Die Crypto Consulting AG vertreibt einen Crypto Fund, der auf fundamentaler Analyse basiert und aktiv verwaltet wird. Die SwissRex AG analysiert Blockchains und Krypto-Token mit fundamentalen Bewertungsmodellen, auf denen die Strategie des Crypto Funds basiert. Vor dem Eintritt in die Kryptobranche war sie Fondsmanagerin bei der GAM Global Asset Management und Credit Suisse AG. Bei GAM war sie Co-Fund Managerin (Director) des GAM Absolute Return Europe Equity Fund. Désirée Velleuer hält einen Master-Abschluss in Banking & Finance der Universität St. Gallen.

Reto Stiffler ist Co-Founder & Partner der Crypto Consulting AG[23] sowie der SwissRex AG. Seine Kryptoexpertise hat er als Redakteur des Blockchain-Magazins blockchainnachrichten.com unter Beweis gestellt. Zuvor war er CIO & Partner bei BK&Associates Ltd., einer Investment Boutique für Wealth Management. Er war zudem lange Jahre Portfoliomanager (Executive Director) bei Julius Bär und GAM Global Asset Management mit dem Fokus auf das Management europäischer Aktienfonds. Seine Karriere begann er bei der Credit Suisse AG als Makro Analyst. Reto Stiffler studierte Wirtschaftswissenschaften (Lic.rer.pol.) an der Universität Freiburg, Schweiz.

Wir haben heute Désirée Velleuer und Reto Stiffler bei uns zu Gast. Sie sind Gründer der SwissRex AG und der Crypto Consulting AG, die einen aktiv verwalteten Crypto Fund vertreibt. Sie sind Experten, wenn es um das Thema Bewertung von Kryptoassets geht. Viele Investoren fragen sich, ob man diese Assets überhaupt bewerten kann und wenn ja, welche Ansätze in der Praxis eingesetzt werden. Deshalb freuen wir uns heute, mit ihnen darüber zu sprechen. Herzlich willkommen, Désirée und Reto.

Danke, wir freuen uns sehr, hier zu sein.

Diskussionen um neue Entwicklungen wie Kryptoassets sind selten faktenorientiert, sondern oft emotional und vorurteilsbehaftet. Wie schätzt ihr die Rolle von Kryptoassets auf Sicht von zehn Jahren ein?

Kryptotoken werden sich als neue Anlageklasse etablieren und in die Portfolios von Family Offices, Vermögensverwaltungen und in einem weiteren Schritt von Banken

23 Webseite: Crypto Consulting (2021).

Einzug halten. Später werden auch Pensionskassen hinzustoßen. Dabei werden Kryptoassets vor allem als guter Diversifikator in Portfolien integriert.

Wir denken, dass sich in Zukunft die Dezentralisierung des Finanzsektors zu einem bedeutsamen Thema entwickelt, das zu ernstzunehmender Konkurrenz für klassische Banken- und Börsenplätze, wie wir sie kennen, führt. Im aktuellen Umfeld mit Negativzinsen, der Angst vor Inflation und dem Vertrauensverlust in die Zentralbanken fangen die Menschen an, sich wirklich mit dem Thema Kryptoassets auseinanderzusetzen. Sie lesen darüber, lernen und fangen an, sich auszubilden. Zum Beispiel gibt es hier in der Schweiz mit dem Certified Crypto Finance Expert eine dreitägige Schulung, die einen Einblick in die Kryptowelt vermittelt. Und die Anleger fangen an, selber Investitionen zu tätigen oder die Analyse, die Käufe und Verkäufe dieser Tokens und die sichere Lagerung einem professionellen Vermögensverwalter zu überlassen. Daraus resultiert die Nachfrage nach einem aktiv gemanagten Kryptofonds, wie wir ihn vertreiben.

Wie bei Aktien und Anleihen, oder generell bei allen anderen konventionellen Assetklassen, stellt sich auch bei Kryptoassets die Frage der Bewertung. Was würdet ihr Kritikern entgegnen, die Kryptos für generell nicht bewertbar halten, und mit welcher Assetklasse sind Kryptos am ehesten vergleichbar?

Wir teilen Kryptoassets in drei Klassen ein. Wir haben die Wertaufbewahrungsmittel, die Kryptowährungen und die Wertschriften. Die Wertschriften sind mit Aktien oder Obligationen vergleichbar. Es gibt Cashflows, die ausgeschüttet werden. Dadurch sind wir in der Lage, wie bei der Analyse von Aktien Kurs/Gewinn-Verhältnisse zu berechnen oder Discounted Cash Flow-Analysen durchzuführen. Vor allem im Decentralized-Finance-Bereich gibt es immer mehr Token, die eine Art Dividende ausschütten. Als Beispiel wäre hier SushiSwap zu nennen, eine der größten dezentralen Börsen. Zwanzig Prozent der Handelsgebühren, die auf der Plattform generiert werden, gehen als Ausschüttung an die Halter der SUSHI-Token. So ergibt sich für SushiSwap ein KGV von ungefähr 25. Diese Kennzahl kann man mit dem entsprechenden Wert einer traditionellen Börse wie der Nasdaq vergleichen, die momentan ein KGV von 40 aufweist.

Bei den Kryptowährungen muss man unterscheiden, ob eine Art Zins bezahlt wird oder nicht. Es gibt Währungen, die einen sogenannten Staking Reward ausschütten. Das ist zum Beispiel in Zukunft bei Ethereum 2.0 der Fall, das für Ende des Jahres geplant ist. Hier erhält man eine Art Zins, wenn man die Ether Token auf der Plattform hinterlegt. Anhand des Staking Rewards kann wiederum ein Kurs-Gewinn-Verhältnis berechnet werden. Daneben gibt es Kryptowährungen ohne Cashflows. Das sind vor allem die Zahlungstoken, wie Ripple, Litecoin, Bitcoin Cash, Bitcoin SV und so weiter, bei denen eine Analyse schwierig ist. Das Gleiche gilt auch für Bitcoin. Bei all diesen Token gibt es keine Cashflows. Aus diesem Grund haben wir unser eigenes Modell aufgestellt, das Swissrex-Modell, das sich ähnlich wie bei Gold, Silber oder anderen Rohstoffen direkt auf das Angebot und die Nachfrage stützt.

Auf der Angebotsseite geht es nicht allein darum, wie viele Coins bereits im Markt sind und wie viele zukünftig noch dazukommen. Wichtig ist auch die Umlaufgeschwindigkeit. Nehmen wir als Beispiel den Bitcoin, dessen maximale Anzahl auf 21 Millionen begrenzt ist. Ein Bitcoin kann aber einmal, zehnmal oder im Extremfall sogar hundertmal im Jahr zirkulieren. Eine Verdopplung der Umlaufgeschwindigkeit ist jedoch gleichbedeutend mit einer Verdopplung des Angebots. Darum sind wir keine Fans von Token, deren Umlaufgeschwindigkeit über die Zeit hinweg stark ansteigt.

Genauso wichtig ist die Nachfrageseite, bei der es vor allem um Netzwerkeffekte geht. Diese sind bereits aus dem Internetboom bekannt und können über das Metcalfesche Gesetz abgebildet werden, gemäß dessen eine Verdopplung der Nutzer auf einer Plattform eine Vervielfachung des Wertes dieser Plattform hervorruft. Dieses Modell wird von einigen Analysten in der Kryptowelt benutzt, wir sehen die dargestellte Kausalität jedoch kritisch, denn sie weist in die falsche Richtung. Übersehen wird der Einfluss der Veränderungen des Bitcoinpreises selbst auf die Anzahl der Nutzer. Macht der Kurs einen Sprung nach oben, dann lesen wir in den Zeitungen darüber, und mehr Nutzer gehen auf die Plattform. Unserer Meinung nach weist die Kausalität vom Preis zum Nutzer und nicht umgekehrt. Daher können wir dieses Modell nicht benutzen, um einen fairen Wert zu generieren. Was jedoch bleibt, ist das Wissen, dass die meisten neuen Technologien sich entlang einer S-Kurve adoptieren. Das ist kein großes Geheimnis. Plakativ gesprochen beschreibt die S-Kurve nichts anderes, als dass sich zu Beginn nur ein paar Nerds mit einer neuen Technologie beschäftigen. Dann folgt Schritt für Schritt die Masse, bis es am Schluss zu einer Sättigung kommt. Für unser Modell nutzen wir mehrere Inputvariablen wie die Geldmenge, Zinssätze, die Volatilität von Bitcoin sowie die Verwässerungen in der Zukunft. Damit schätzen wir die S-Kurve und erhalten einen fairen Wert.

Ein weiterer in der Branche kontrovers diskutierter Bewertungsansatz ist das Stock-to-Flow-Modell des anonymen Autors Plan B. Soviel wir wissen, spielen Stock-to-Flow-Daten für euch auch eine Rolle. Was sind eurer Meinung nach die wichtigsten Kritikpunkte an diesem Modell?

Wir sind wahrscheinlich die größten Kritiker dieses Modells. Es fließt zwar in unseren Ansatz mit ein, aber nur zu 5 bis 10 Prozent. Unsere Hauptkritik ist, dass der Bitcoinpreis als nominale Variable mit einer realen Variablen, der Stock-to-Flow-Kennzahl, verglichen wird. Es ist unmöglich, mit einer realen Variablen eine nominale Variable zu schätzen, und weitere Kennzahlen wie die Geldmenge oder die realen Zinssätze fließen nicht mit in dieses Modell ein. Dies ist unser größter Kritikpunkt. Zudem wird unserer Meinung nach eine falsche Kurve genutzt. Selbst auf einer Logarithmischen Skala zeigt sich so eine lineare Beziehung. Dies impliziert eine in alle Ewigkeit steigende Bewertung. Es handelt sich also um die falsche Funktion. Wir benutzen daher eine logarithmische Kurve. Die Zuwächse in der Bewertung verlaufen so über die Zeit hinweg zwar immer noch steil, nehmen jedoch mit der Zeit ab. Das waren unsere zwei größten Kritikpunkte.

Zudem sollte – anders als beim Modell von Plan B – auch die Umlaufgeschwindigkeit berücksichtigt werden. Wie ich vorhin schon erwähnt habe, bedeutet eine Verdopplung der Umlaufgeschwindigkeit eine Verdopplung des Angebots. Schlussendlich ist das Ziel all dieser Berechnungen, einen fairen Wert bzw. eine Spanne für einen fairen Wert zu ermitteln. Gerade in dieser neuen Assetklasse weichen die Preise aber auf Grund der hohen Volatilität oft sehr stark von diesem fairen Wert ab.

Wie geht ihr damit um, dass Assets auch über lange Zeiträume überbewertet sein können und trotzdem weiter steigen. Für aktives Management ist dies doch eine enorme Herausforderung.

Ja, das ist so. Theoretisch könnten Autokorrelationen genutzt werden, um die Abweichungen der fairen Werte zu modellieren. Wenn man sich allerdings den langfristigen Verlauf des Bitcoin und die letzten Zyklen anschaut, sehen wir, dass die Abweichungen von unserem fairen Wert über die Jahre hinweg immer kleiner werden. Wir gehen davon aus, dass sowohl die absoluten Kurssteigerungen als auch die Abweichungen vom fairen Wert im Zeitverlauf abnehmen, und modellieren das auch so. Unser momentaner fairer Wert für Bitcoin ist bei 35 000 US-Dollar.[24] Bis zum Ende des Jahres 2021 steigt der faire Wert auf 40 000 US-Dollar. Wir denken auch, dass es später zu einem Überschießen kommen kann, und der Bitcoin-Preis am Hochpunkt dann ungefähr bei 100 000, bis vielleicht 150 000 US-Dollar notieren könnte. Im Gegensatz zum Modell von Plan B ist dieses Level für uns das Top, von dem ausgehend der Preis wieder auf sein faires Niveau zurückkehrt. Bei Plan B liegt der Mittelwert, um den der Bitcoin dann die nächsten Jahre schwankt, bei 288 000 US-Dollar. Von diesem Wert ist unser Modell weit weg, aber wir werden sehen, wer Recht hat.

Wir können natürlich mit unserem aktiven Ansatz ein Netto-Exposure zwischen minus 20 Prozent und 120 Prozent fahren. Wenn unsere fairen Werte bereits erreicht wurden oder wir denken, dass der Markt überhitzt ist, können wir das Exposure runterfahren oder die Positionierung marktneutraler ausrichten. Zudem können wir auch Arbitragestrategien einsetzen. Durch das aktive Management ist es uns gelungen, seit der Auflegung unseres Fonds, die Entwicklung des Bitcoin um mehr als 400 Prozent zu übertreffen.

In eurem Research Paper zeigt ihr auch den starken Einfluss des Zinssatzes auf die faire Bewertung des Bitcoin. Das klingt logisch, da ein Asset ohne Cashflows eine extrem lange Duration hat, im Falle des Bitcoin vergleichbar mit Gold. Kann man sagen, dass in einem steigenden Zinsumfeld der faire Wert von Bitcoin sinken sollte?

Ja, wir sehen Bitcoin als digitales Gold an. Ähnlich wie beim Gold ist der reale Zinssatz noch viel wichtiger als die Inflation an sich. Wenn die realen Zinsen negativ sind, dann ist das Umfeld für Gold und Bitcoin sehr gut, weil es weniger Alternativen gibt. Bei steigenden Realzinssätzen steigt die Anzahl der Anlagemöglichkeiten wieder. Zum

24 Anmerkung der Autoren: Das Interview wurde am 10. Mai 2021 geführt; der Bitcoin notierte zu diesem Zeitpunkt bei rund 58 000 US-Dollar.

Beispiel können Anleger wieder in Obligationen umschichten. Wir haben eine Sensitivitätsanalyse durchgeführt. Wenn man den realen Zinssatz um ein Prozent verändert, führt dies zu einer Veränderung des Bitcoin-Preises in Höhe von 50 000 bis 100 000 US-Dollar, wobei der Floor des Preises zwischen 30 000 und 50 000 Dollar liegt. Auch die Geldmenge spielt eine große Rolle.

Eure Sichtweise weicht wohltuend von dem Bitcoin-Maximalismus ab. Es ist eine nüchterne Betrachtungsweise, die diese neue Assetklasse in eine umfassende Asset-Allokation integriert. Das ist eine Sichtweise, die wir teilen. Natürlich muss sich ein neues Asset auch mit allen anderen Assets auseinandersetzen und steht immer in Konkurrenz zu zinstragenden Instrumenten, auch wenn man sich das im Augenblick angesichts des Zinsniveaus kaum vorstellen kann. Bei der Integration von konventionellen Anlageklassen und Kryptoassets werden beide Seiten der Asset-Allokation aufeinander zugehen.

Interessant ist auch, dass wir momentan eine negative Korrelation zwischen Gold und Bitcoin beobachten können. Nun haben wir über die realen Zinsen und die Geldmenge gesprochen, wieso sehen wir da auf einmal eine negative Korrelation? Wir können uns das nur durch die Auswirkungen einer Substitution erklären. Diejenigen, die bisher nur Gold und Silber gehalten haben, schichten einen Teil der Anlagen in Bitcoin um. Auch wenn nur fünf bis zehn Prozent der Anlagen substituiert werden, kann dies zumindest kurzfristig zu einer negativen Korrelation der beiden Assets führen.

Oft ist zu lesen, Gold- und Kryptoanleger seien Antagonisten. Wer Gold mag, der mag keine Kryptos und umgekehrt. Aus meinem Umfeld kann ich diesen Eindruck nicht bestätigen. Ich erkenne bei vielen Goldanlegern nach anfänglicher Skepsis mittlerweile sogar eine bemerkenswerte Aufgeschlossenheit gegenüber Kryptos. Seht ihr das auch so?

Zu Beginn war das sicherlich nicht der Fall. Da waren die Gold- und Silberinvestoren große Kritiker von Bitcoin. Aber jetzt sehen wir mehr und mehr Aufgeschlossenheit gegenüber Bitcoin und Kryptoassets. Wie schon erwähnt vermuten wir, dass fünf bis zehn Prozent aus Gold Exposure in Krypto transferiert werden, sei es nur für den Fall, dass sich Kryptos durchsetzen und die Nachfrage nach Gold und Silber perspektivisch sinkt. Meiner Meinung nach ist eine sinkende Nachfrage nach den beiden Edelmetallen zwar eher unwahrscheinlich, aber genau für dieses Szenario macht es Sinn, auch eine Allokation in Kryptos zu haben.

Bitcoin ist ja ohnehin nur ein Teil des Marktes. Wir sehen aktuell mehr Chancen bei einigen Altcoins. Wie es Reto bereits erwähnt hat, sehen wir vor allem bei Token aus dem Bereich Wertschriften spannende Projekte, in die wir aktuell auch investieren. Bitcoin haben wir aktuell gar nicht im Portfolio.

Im Bereich Wertschriften kommen sehr viele Token aus dem DeFi-Sektor. Wir stellen im Buch beispielhaft die Bewertung von SushiSwap dar. Eine Besonderheit sind die dank der Blockchain in Echtzeit verfügbaren Daten, die für die Bewertung benötigt werden. Normalerweise müssen Analysten drei Monate auf Quartalsdaten warten und sich in der Zwischenzeit mit oft unsicheren Daten und Prognosen begnügen. Was bedeutet die umgehende Datenverfügbarkeit für euren Analyseprozess?

Das Schöne ist, es ist nicht nur die Bilanz in der Blockchain sichtbar, sondern es ist schon die revidierte Bilanz. Da die Blockchain nicht manipuliert werden kann, brauchen wir auch keinen Revisor, sondern wir sehen die tatsächlichen Zahlen auf der Blockchain. Bei Uniswap beispielsweise schwanken die Kennzahlen jeden Tag ein wenig, aber der Trend ist aufwärtsgerichtet. Momentan werden pro Tag auf diesem Handelsplatz schon Kryptos im Gegenwert von zwei Milliarden US-Dollar gehandelt und Einnahmen von fünf Millionen US-Dollar generiert. Auf das Jahr hochgerechnet ist das ein Ertrag von mehr als 1,8 Milliarden US-Dollar und damit mehr als der Gewinn der Nasdaq.

Für die Bewertung einer dezentralen Börse wie Uniswap nehmen wir die Durchschnittswerte der Handelsvolumina und legen für die Prognose eine S-Kurve an. Es wird natürlich auch bei Uniswap ähnlich wie bei einer Finanz-App sein. Zu Beginn sind ein paar Nerds drin, dann kommt die Masse und zum Schluss gibt es eine Sättigung, daher überlegen wir uns immer, wo auf der S-Kurve sich ein Projekt gerade befindet. Wenn man eine S-Kurve zur Modellierung heranzieht, überschätzt man das Wachstum nicht. Wenn das Wachstum in diesem Jahr bei 350 Prozent liegt, dann können wir davon ausgehen, dass es im nächsten Jahr wahrscheinlich zwischen 200 und 300 Prozent sein wird und im übernächsten Jahr vielleicht bei 70 Prozent. Der Ansatz zwingt dazu, das Wachstum nicht zu überschätzen. Wir konstruieren die Modelle natürlich nicht für alle existierenden Token, sondern wir schauen uns die liquidesten 50 ohne Stablecoins an. Für diese Top 50 haben wir unsere Modelle, die wir täglich überwachen.

Kryptos sind offenbar nicht einfach zu bewerten, aber ich denke, wir konnten mit diesem Interview die These widerlegen, man könne diese Assetklasse gar nicht bewerten. Eure Modelle sind der beste Beweis dafür. Vielen Dank für eure Zeit und weiterhin alles Gute für euch.

Dankeschön, sehr gerne.

5 Kryptos als Assetklasse

»Compound interest is the eighth wonder of the world. He who understands it, earns it, he who doesn't, pays it.«
Albert Einstein

Innerhalb von zehn Jahren hat sich eine neue Assetklasse herausgebildet, deren Grundstein der Bitcoin gelegt hat. Um eine Vielzahl digitaler Token herum ist ein Biotop neuer Projekte entstanden und die Professionalisierung der globalen Handelsplätze ermöglicht es mittlerweile auch institutionellen Anlegern, in digitale Assets zu investieren.

Merkmale einer Assetklasse

Jeder Finanzmarktteilnehmer kennt den Ökonomen William F. Sharpe und hatte bereits mit den Ergebnissen seiner Arbeit zu tun. Der Wirtschaftswissenschaftler wurde im Jahr 1990 für seine Arbeit auf dem Gebiet der Preisbildungstheorie im Kapitalmarkt mit dem Sveriges Riksbank Prize in Economic Sciences in Memory of Alfred Nobel[1] geehrt. Sein Name steht für das Capital Asset Pricing Model und für eine der bekanntesten Risikokennzahlen, die nach ihm benannte Sharpe Ratio.

Sharpe definierte drei Merkmale, die eine Assetklasse auszeichnen:

- Verschiedene Assetklassen müssen sich gegenseitig ausschließen. Eine Anlage darf nur einer Anlageklasse zugeordnet sein.
- Eine Assetklasse muss umfassend sein und eine große Anzahl von Anlagen beinhalten, um innerhalb der Anlageklasse eine Diversifikation zu ermöglichen.
- Die Korrelation der Erträge unterschiedlicher Anlageklassen zueinander sollen niedrig sein (Greer 1997).

Neben den bekannten Kategorien Aktien, Renten, Rohstoffe und Währungen gibt es auch das Sammelbecken der Alternativen Investments, in dem sich Segmente wie Private Equity, Hedgefonds oder Kunst wiederfinden.

Wie so vieles in den Wirtschaftswissenschaften klingen die Regeln klarer, als es die Anwendung in der Praxis ist. Die Grenzen zwischen Anlageklassen sind oft fließend und werden nicht zuletzt vom herrschenden Marktregime beeinflusst. So ähnelt in Krisensituationen der Charakter einer Hybridanleihe dem einer Aktie, und die Korrelation von Unternehmensanleihen zu Aktien hängt auch von der jeweiligen Ratingkategorie und Laufzeit eines Bonds ab. Auch bei der Einordnung von Kryptoassets ist Pragmatismus gefragt.

1 Dieser Preis für herausragende Leistungen in den Wirtschaftswissenschaften wurde erstmals 1969 verliehen. Ein Nobelpreis für Wirtschaftswissenschaften existiert nicht.

Während die digitalen Assets je nach Ausprägung einer Aktie oder einem Rohstoffinvestment ähneln können, gibt es auch Konstrukte, die sich vollständig von den konventionellen Anlageklassen unterscheiden. Auf Grund ihrer Konstruktionsweise sowie der umfangreichen Möglichkeiten zur Diversifikation innerhalb der Kryptoassets erfüllen sie die Anforderungen an eine eigenständige Anlageklasse. Dafür sprechen auch die große Spannbreite der Korrelationen einzelner Kryptoassets untereinander sowie die niedrigen Korrelationen der digitalen Assets zu anderen Anlageklassen. Kryptos sind *a different kind of animal.*

Die weitergehende Kategorisierung von Kryptoassets ist nicht trivial. Eindeutige Grenzen oder gar ein verbindlicher Standard für die Bezeichnung einzelner Sektoren existieren bisher nicht, so dass vieles von den verwendeten Datenanbietern abhängt, die jeweils ihre eigenen Nomenklaturen verwenden. Diese Problematik ist nicht neu, denn abweichende Bezeichnungen und Zuordnungen gibt es auch bei Aktien oder Anleihen.

Wie groß ist der Kryptomarkt?

Die Frage, ob digitale Assets eine eigenständige Anlageklasse darstellen, ist eher theoretischer Natur. Von praktischer Relevanz hingegen ist, ob das Kryptobiotop die notwendige Größe und Liquidität hat, um nicht nur für Privatanleger, sondern auch für institutionelle Investoren geeignet zu sein.

Die Marktkapitalisierung des gesamten Kryptomarktes bewegt sich zwar zyklisch stark schwankend, aber in der Tendenz aufwärts. Enorme Preissteigerungen in Phasen der Euphorie und rasche Kurseinbrüche spiegeln sich in der Gesamtentwicklung wider (vgl. Abbildung 5.1).

Neben dem übergeordneten Bild ist auch die Verteilung der Marktktapitalisierungen interessant. In der Berichterstattung wird meist ausschließlich über den Bitcoin gesprochen. Seltener werden andere Projekte wie Cardano oder Chainlink genannt (vgl. Abbildung 5.2: ADA und LINK). Mit den unterschiedlichen Marktkapitalisierungen lässt sich dies kaum begründen, denn auch weltweit beachtete Aktienindizes werden von einigen Titeln dominiert. So wie der amerikanische Leitindex S&P 500 Index neben Apple und Amazon eine Menge interessanter Konstituenten hat, so setzt sich auch der interessante Teil des Kryptouniversums nicht nur aus Bitcoin und Ether zusammen.

Derzeit gibt es tausende digitaler Token, von denen jedoch kaum mehr als einhundert eine Marktkapitalisierung von über 500 Millionen US-Dollar aufweisen, während der Bitcoin die Marke von einer Billion US-Dollar überschritten hat. Diese Unterschiede werden oft zum Anlass genommen, dem Markt die nötige Reife abzusprechen. Allerdings ist das Verhältnis der Marktkapitalisierung des schwersten Wertes zum 100sten Wert beim amerikanischen S&P 500 Index nicht weniger asymmetrisch als bei der Rangliste der digitalen Token. Das Verhältnis der Börsenwerte der größten und der

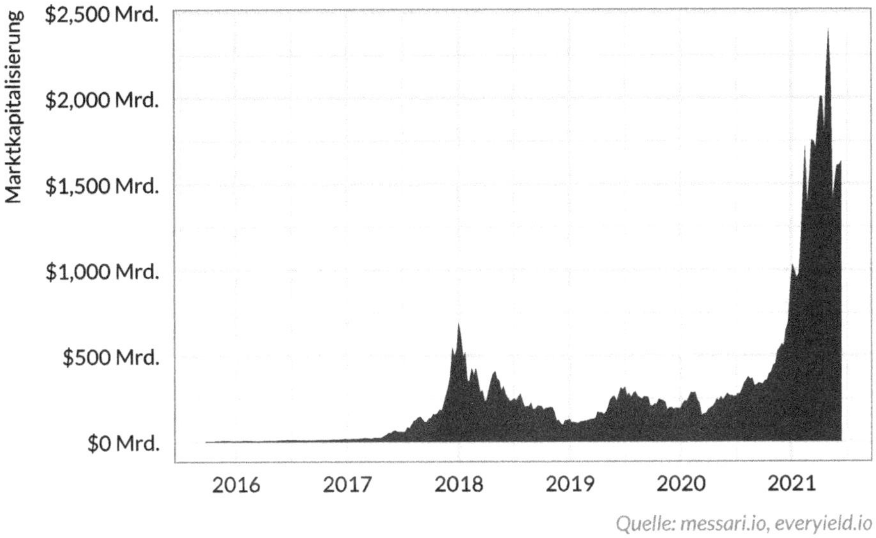

Abb. 5.1: Marktkapitalisierung des Kryptomarktes

auf Platz 100 der Rangliste liegenden Aktie liegt bei 2886 (1700 Milliarden zu 0,589 Milliarden US-Dollar). Im Vergleich zum einhundertsten Wert der Kryptorangliste beträgt das Gewicht des Bitcoin das 1100-Fache.

Auch in der Breite ähnelt die Verteilung der Marktwerte von Kryptoassets derjenigen zahlreicher Aktienindizes. Das relativiert die häufig gehörte Kritik, der Kryptomarkt

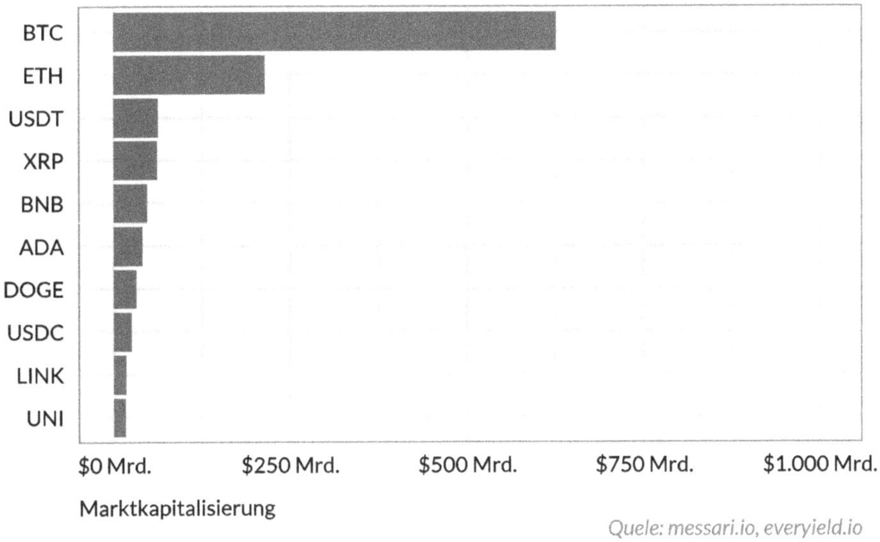

Abb. 5.2: Marktkapitalisierung der größten Kryptoassets

bestehe lediglich aus Bitcoin und Ethereum, und danach komme lange nichts. Die Ursache der Kritik ist eine Mischung aus Unkenntnis der Situation bei den klassischen Assetklassen und fehlendem Wissen über den Kryptomarkt.

Es ist nicht unüblich, innerhalb einer Assetklasse einen Anker zu haben, auf den die Marktteilnehmer schauen, und an dem sie die Entwicklung anderer Assets messen. Im Aktienmarkt ist dies der Dow Jones Industrial Average, am Devisenmarkt ist es der US-Dollar. Solche Anker können sich im Zeitverlauf ändern, wie das Beispiel des britischen Pfunds zeigt, das vor einigen Dekaden noch ganz oben auf dem Währungszettel stand und heutzutage nahezu bedeutungslos ist.

Auch im Aktienbereich kaufen Anleger gerne die Titel, von denen sie zumindest schon einmal gehört haben. Es ist daher wenig überraschend, wenn sich viele an digitalen Assets interessierte Anleger auch in diesem Bereich zunächst auf den größten Titel konzentrieren und das Kryptobiotop im ersten Schritt in zwei Gruppen teilen. Auf der einen Seite steht der Bitcoin, auf der anderen Seite alles andere. So entwickelte sich die noch heute gängige Einteilung in den Bitcoin und die Alternative Coins oder kurz Altcoins.

Diese simple Zusammenfassung von allem, was nicht Bitcoin ist, mag praktisch sein, ist aber viel zu grob, denn der Anteil des bekanntesten Kryptoassets am Gesamtmarkt nimmt weiter ab (vgl. Abbildung 5.3). Daher setzt sich schrittweise, wie bei konventionellen Assetklassen, eine Einteilung der verschiedenen Token in übergeordnete Kategorien und Sektoren durch.

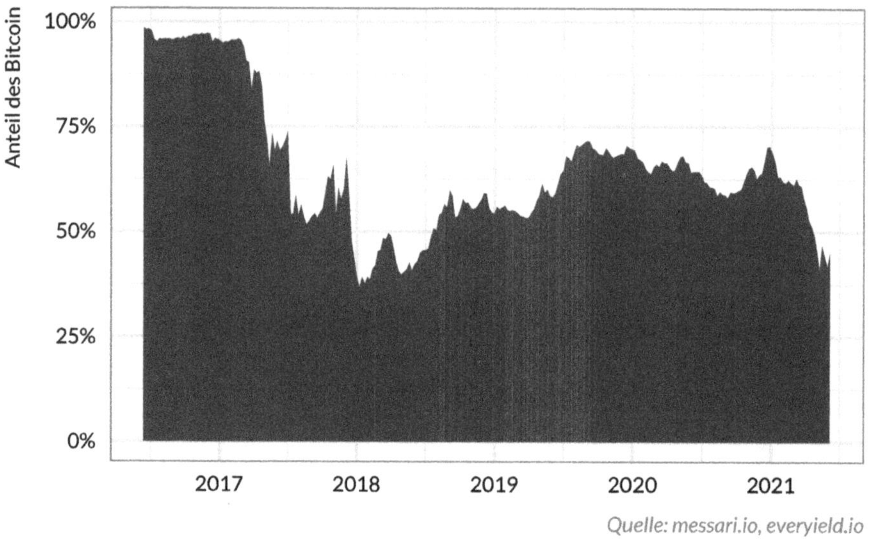

Abb. 5.3: Anteil des Bitcoin am Gesamtmarkt

Derzeit machen die Altcoins rund 55 % des Gesamtmarktes aus. Der Bitcoin weist zwar noch den größten Marktwert aller Kryptoassets auf, der Abstand zu den anderen großen Token nimmt jedoch ab. Abbildung 5.3 zeigt jedoch, wie stark die beiden Anteile schwanken. In der sehr emotionalen Phase des Jahres 2017, als unzählige neue Coins über Initial Coin Offerings[2] platziert wurden, deren Kurse sich ohne Bezug zur Realität oft nahezu senkrecht nach oben bewegten, dominierten kurzfristig sogar die Altcoins mit einem Anteil von mehr als 60 % den Gesamtmarkt. Zumindest in positiven Marktphasen senkt auch das Eintreten immer neuer Coins den Anteil des Bitcoin. Perspektivisch ist es sinnvoll, sich die Dominanz auf Sektorebene anzuschauen oder aber gleich einen Schritt weiter zu gehen, und neben der Marktkapitalisierung weitere Faktoren, wie etwa das tägliche Transaktionsvolumen, zu betrachten.

Erneut zeigt sich eine Parallele zu den konventionellen Assetklassen. In langen Anstiegsphasen entwickeln sich die kleineren Titel im Mittel deutlich besser als der Gesamtmarkt, in Abwärtsmärkten dreht sich das Bild dann. Über die sehr lange Frist schneiden die kleineren Aktien wiederum besser ab als diejenigen mit der höheren Marktkapitalisierung.

Die Dominanz des Bitcoin bringt einen starken Einfluss des Tokens auf die Kursentwicklung des Gesamtmarktes mit sich. Die Segmentierung der neuen Assetklasse, das Herausfiltern von craptocoins (»Schrottcoins«) sowie der wachsende Anteil eher nüchtern agierender professioneller Anleger führten in den letzten beiden Jahren jedoch zu einer größeren Unabhängigkeit der Altcoins. Andere Faktoren wie die Sektorzugehörigkeit oder auch die fundamentale Bewertung einzelner Projekte gewinnen zunehmend an Einfluss. Dies sind Anzeichen einer sukzessiven Professionalisierung des Marktes.

Gerade bei Token mit einem sehr geringen Marktwert ist auch die Handelsliquidität sehr gering. Diesen Faktor sollten Anleger im Hinterkopf haben und bei der Beurteilung historischer Kursentwicklungen beachten. Im Vergleich zu den schwereren Titeln ist es bei Werten mit geringer Kapitalisierung oft sehr teuer, eine Position zu erwerben, und es kann richtig teuer werden, eine Position in einem schwachen Markt aufzulösen. In manchen Fällen ist dies mangels Liquidität gar nicht möglich. Auch diejenigen, die nicht häufig handeln, sondern sich für eine strategische Positionierung entscheiden, sollten nicht sorglos an dieses Thema herangehen.

Die Transparenz kleiner Projekte ist in vielen Fällen gering und selbst bei technologisch interessanten Ansätzen ist es angesichts der großen Konkurrenz schwierig, genügend Unterstützer und eine ausreichende Anzahl fähiger Entwickler zu finden. Auch die Kosten, die den Börsen für das Geschäft mit Altcoins entstehen, stellen ein Risiko dar. Die Betreiber der Handelsplätze werden entsprechende Handelspaare langfristig nur dann anbieten, wenn es sich lohnt und keine rechtlichen Risiken im Weg stehen. Über sehr kleinen Coins schwebt daher immer das Risiko eines Delisting, was in jedem Fall

2 Initial Coin Offerings sind ein Weg der Finanzierung für Kryptoprojekte. Anleger erwerben im Rahmen eines ICO Coins des entsprechenden Projektes (Momtaz, 2019).

die Handelskosten für Anleger in die Höhe treibt. Schlimmstenfalls sind solche Token zumindest temporär nicht mehr veräußerbar. Häufig endet der Preis zu einem späteren Zeitpunkt nahe der Null (vgl. Abbildung 5.4).

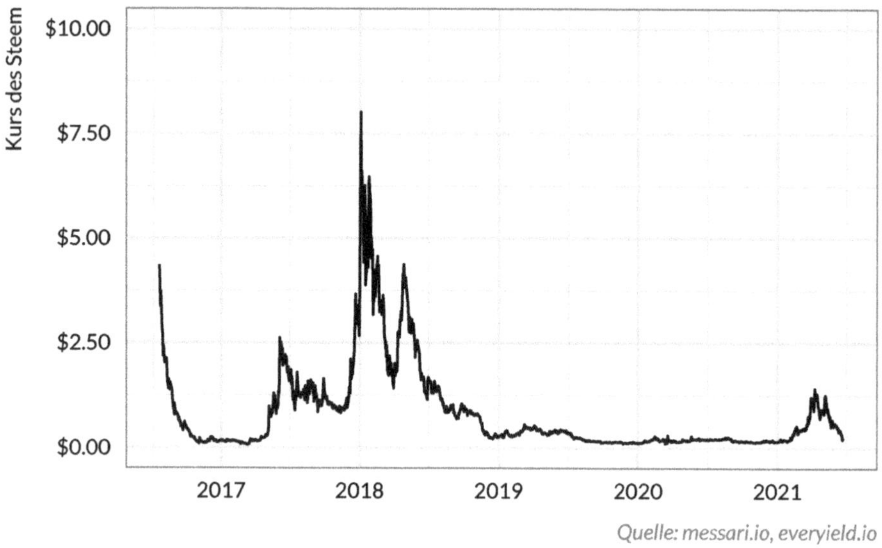

Abb. 5.4: Kursverlauf des Altcoins Steem

Da solche Entwicklungen spätestens dann in Vergessenheit geraten, wenn ein zerbröseltes Token in den Ranglisten nicht mehr unter den ersten 500 Coins auftaucht, sollte man sich vor dem Einstieg Gedanken über die Risiken machen und einen rigiden Plan parat haben, wie man derartige Positionen überwacht und wann im Fall der Fälle die Reißleine gezogen wird.

Der noch junge Markt weist eine weitere Besonderheit auf. Die Rangliste ist nicht in Stein gemeißelt, sondern weist eine enorme Veränderungsdynamik auf. Während der Bitcoin noch immer die Rangliste dominiert, gab es auf den folgenden Rängen in den letzten Jahren eine Menge Bewegung. Von den zehn Coins, die Ende 2017 die Rangliste anführten, sind heute noch sechs in der Spitzengruppe. Die ehemaligen Mitglieder sind jedoch nicht gänzlich verschwunden, sondern finden sich allesamt noch in der Gruppe der größten dreißig Token wieder. Es gibt daher keinen Anlass, den gesamten Markt als pump'n'dump scheme darzustellen. Die Abläufe erinnern an die ebenfalls volatilen Börsensegmente für junge Technologieaktien. In wenigen Jahren werden diejenigen Token vergessen sein, die sich (aus welchen Gründen auch immer) nicht durchsetzen konnten. Zurückbleiben wird ein bereinigter Markt.

Die positive Kehrseite der genannten Risiken ist das enorme Potenzial vieler mittelgroßer und kleiner Altcoins. Eine Alternative zur eigenständigen Selektion der richtigen Coins stellen der Erwerb eines aktiven oder passiven Index oder aber die Auslagerung des Managements an einen aktiven Manager dar.

Handelsvolumina am Kryptomarkt

Wie am Aktienmarkt basieren die gängigen Ranglisten der Kryptoassets auf der Marktkapitalisierung. Ein eher unterschätzter, bei digitalen Assets jedoch ebenso wichtiger Faktor ist das Handelsvolumen, an dem sich ablesen lässt, wie viel Geld hinter den Kursbewegungen steht. Ein langfristig steigendes Handelsvolumen eines Tokens weist auf ein kontinuierlich zunehmendes Interesse der Anlegerschaft hin.

Wie die Marktkapitalisierung kann auch das Handelsvolumen vor allem kleiner Tokens zumindest temporär beeinflusst werden. In vielen Fällen ist es jedoch einfacher, die Marktkapitalisierung zu manipulieren. Dies gilt insbesondere dann, wenn sich der Großteil aller existierenden Token in den Händen nur weniger Eigentümer befindet. Das frei verfügbare Angebot, der free float, ist in diesem Falle sehr gering und schon kleine Transaktionen können den Preis und damit die Marktkapitalisierung signifikant steigen oder fallen lassen. Da es keinerlei standardisierte Überwachung verdächtiger Transaktionen gibt, besteht der einzige Schutz für Anleger darin, sich die Kurse derartiger Token an mehreren Handelsplätzen anzuschauen. Im Zweifelsfall ist der einzig richtige Weg, sich von derartigen Assets fernzuhalten und ein Mindestmaß an Liquidät und free float vorauszusetzen.

Liquidität ist noch aus einem anderen Grund wichtig. Sie ist der Maßstab für die Leichtigkeit, mit der ein Vermögenswert eingetauscht werden kann, ohne dessen Preis zu beeinflussen. Zu beachten sind drei Aspekte: die Dauer einer Transaktion, der zur Durchführung erforderlichen Aufwand und die Differenz zwischen indikativem Preis zum Zeitpunkt der Orderaufgabe und dem Ausführungspreis, die Slippage. Je höher die Liquidität, desto schneller und kostengünstiger können Händler eine Transaktion abschließen.

Auch für die Risikoeinschätzung ist die Handelsliquidät wichtig. Je liquider ein Markt ist, desto stabiler ist er. Beim Kauf oder Verkauf von Bitcoin gibt es genügend Marktteilnehmer, die bereit sind, den Auftrag mit minimalen Auswirkungen auf den Preis auszuführen. Bei weniger liquiden Altcoins ist eine spürbare Verzerrung des Preises durch eine große Order hingegen sehr wahrscheinlich.

Verlässliche Liquiditäts- bzw. Volumensdaten zu erhalten ist in der Kryptowelt auf Grund der zahlreichen zentralen und dezentralen Handelsplätze nicht einfach. Der Datenanbieter Coinmarketcap nennt eine Zahl von weltweit mehr als 300 Börsen, von denen der Großteil nicht reguliert ist. Die gesamte Entwicklung dieses Sektors ist wesentlich dynamischer, als sich dies viele Menschen vorstellen, die lediglich klassische Abwicklungssysteme vor Augen haben. Für dezentrale Handelsplätze entfällt ein Großteil des üblichen Ballasts, da das gesamte Settlement direkt auf der Blockchain stattfindet. Eine dezentrale Börse kann daher binnen weniger Stunden aufgesetzt werden. Damit ist natürlich nicht sofort eine nennenswerte Liquidität auf diesem Handelsplatz verbunden, und so ist die Streuung der umgesetzten Volumina auf verschiedenen Börsen sehr breit. Am Spotmarkt bewegt sich das mittlere tägliche Handelsvolumen der Top 100 Börsen gemäß Coinmarketcap zwischen vernachlässigbaren acht Millionen und bemerkenswerten acht Milliarden US-Dollar.

Die Researchhäuser Bitwise, The Block und Digital Asset Research haben sich ausführlich diesem Thema gewidmet. Von Dutzenden untersuchter Handelsplätze verblieben die folgenden acht Unternehmen als Anbieter vertrauenswürdiger Daten zu Preisen und Handelsliquidität: Bitfinex, Bitflyer, Bitstamp, Coinbase, Gemini, itBit, Kraken und Poloniex.[3] Laut Bitwise zeichneten sich diese Akteure allesamt vor allem durch die transparente Darstellung der Handelsaktivitäten aus. Diese Transparenz zieht Market Maker an und schafft Vertrauen bei institutionellen Händlern, Investoren und Regulierungsbehörden. Derartige Auswertungen können nur erste Anhaltspunkte liefern, denn die Studien konzentrieren sich auf den Spot-Handel mit Bitcoin gegen den US-Dollar und gegen den Stablecoin Tether. Die Liquidität anderer Coins wurde nicht behandelt. Dennoch sind die Ergebnisse plausibel.

Auch der Markt übernimmt bei der Auswahl der Börsen durch die Investoren seine Funktion. Anleger, die negative Erfahrungen mit einem Handelsplatz gemacht haben, werden sich anderen Anbietern zuwenden, wenn die Kosten oder der Ärger groß genug sind. Für institutionelle Anleger übernimmt die Auswahl des besten Handelsplatzes in der Regel ein auf Kryptoassets spezialisiertes Handelsteam eines professionellen Anbieters.

Bei den folgenden Darstellungen der Handelsvolumina haben wir uns für den Datenanbieter Messari entschieden, der sich an den Liquiditätskriterien von Bitwise orientiert, um möglichst realistische Volumendaten zu ermitteln. Die Betreiber zahlloser Webseiten verwenden nicht bereinigte Daten, was zu einer systematischen Verzerrung der ausgewiesenen Handelsvolumina nach oben führt. Das Ausmaß dieser zu hoch ausgewiesenen Schätzungen der Handelsvolumina ist erheblich. Für den gesamten Kryptomarkt werden auf dieser Basis stellenweise Volumina von über 270 Milliarden US-Dollar täglich berichtet. Realistischer sind ausgehend von bereinigten Daten ermittelte Werte. Diese zeigen tägliche Umsätze in Höhe von 90 bis 120 Milliarden US-Dollar.

Um ein belastbares Bild von der Liquidität zu bekommen, betrachten wir den Mittelwert der letzten vier Quartale. So können wir Ausreißer ausschließen und uns auf die Token konzentrieren, die über einen relevanten Zeitraum ein nennenswertes Handelsvolumen aufweisen (vgl. Abbildung 5.5). Stablecoins, das Äquivalent zur Cash-Position im Kryptoportfolio, haben wir aus dieser Auswertung bewusst ausgeschlossen.

Bitcoin ist der einzige Coin, der ein tägliches Handelsvolumen im Milliardenbereich aufweist. Mit einem täglichen Handelsvolumen von rund 7 Milliarden US-Dollar ist er das mit Abstand am stärksten gehandelte Token. Auf Platz zwei liegt der Ether mit einem Volumen von rund 5 Milliarden US-Dollar.

3 Siehe Coindesk (2020).

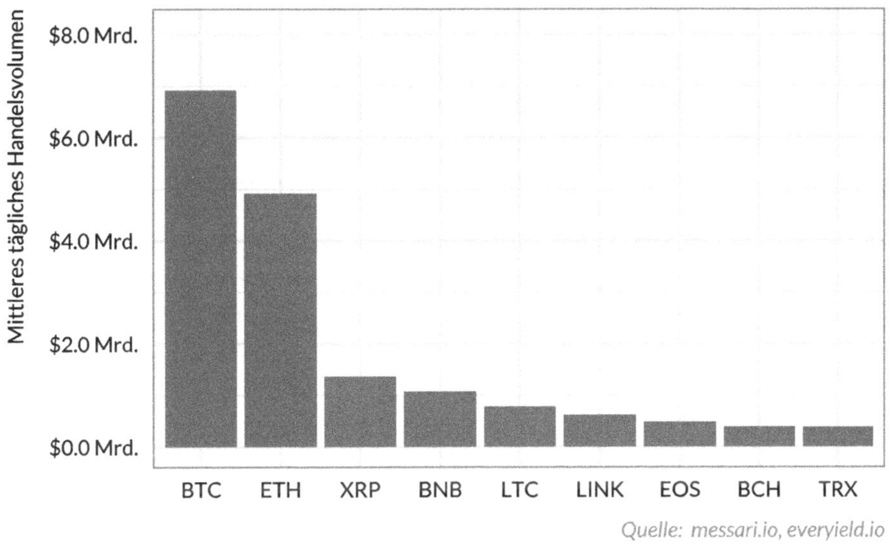

Abb. 5.5: Mittleres Handelsvolumen relevanter Coins (Juli 2020 bis Juni 2021)

Das Handelsvolumen ist sehr volatil, wie Abbildung 5.6 am Beispiel des Bitcoin zeigt.

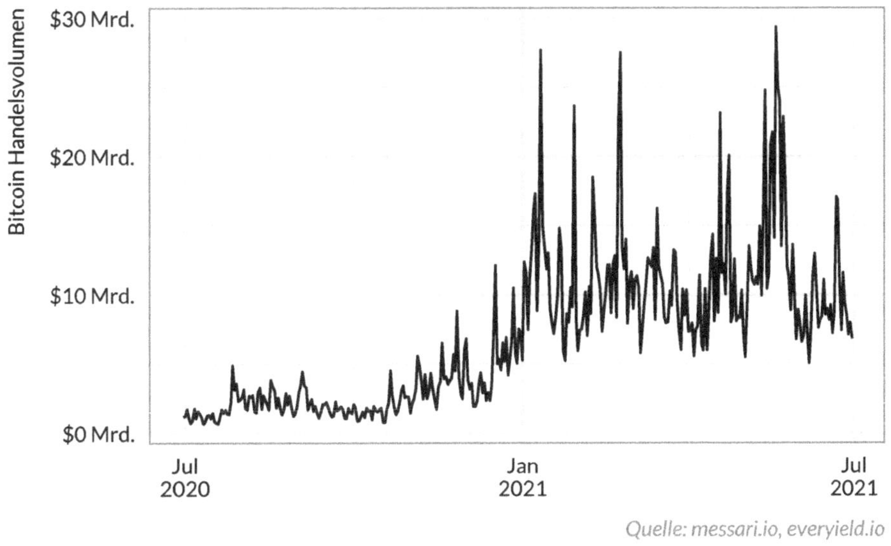

Abb. 5.6: Bitcoin Handelsvolumen (Juli 2020 bis Juni 2021)

Die Entwicklung des Handelsvolumens einzelner Token kann durch einzelwertspezifische Ereignisse oder durch die Entwicklungen am Gesamtmarkt beeinflusst werden. Während die Entdeckung von Sofwarefehlern (»bugs«) oder Lücken im Protokoll eines einzelnen Netzwerks vor allem das Handelsvolumen des zugehörigen Tokens beeinflusst, führt eine am gesamten Markt spürbare Problematik zu insgesamt steigenden

Umsätzen. So legte das tägliche Handelsvolumen des Bitcoin in der angespannten Situation im Frühjahr des Jahres 2020 auf rund 2 Milliarden US-Dollar zu.

Wichtige Ereignisse, die ein den Markt dominierendes Token wie den Bitcoin betreffen, beeinflussen auch den Gesamtmarkt. So zog nicht nur das Handelsvolumen des Bitcoin deutlich an, als Elon Musk verlautbaren ließ, auch Tesla habe Bitcoin für das Treasury des Unternehmens erworben.[4] Diese Nachricht wurde als generell positiv für den Kryptomarkt eingestuft und sorgte daher nicht nur beim Bitcoin, sondern auch bei vielen anderen Token für rasche Kursanstiege und anziehende Handelsvolumina. Musks Kurznachrichten, in denen er sich über Dogecoin äußerte, wirkten sich hingegen nur auf dieses Token aus.

Die Verteilung des Handelsvolumens auf die einzelnen Kryptoassets ähnelt dem von der Marktkapitalisierung bekannten Bild. Das eine oder andere kleine Token ragt an einzelnen Tagen aus der Masse heraus, wenn es einen spezifischen Anlass gibt. Insgesamt jedoch entfallen mehr als 90 % des marktweiten Handelsvolumens auf die zwanzig Coins mit den größten Marktwerten. Abbildung 5.7 zeigt das über ein Jahr gemittelte tägliche Handelsvolumen einiger konventioneller und digitaler Assets.

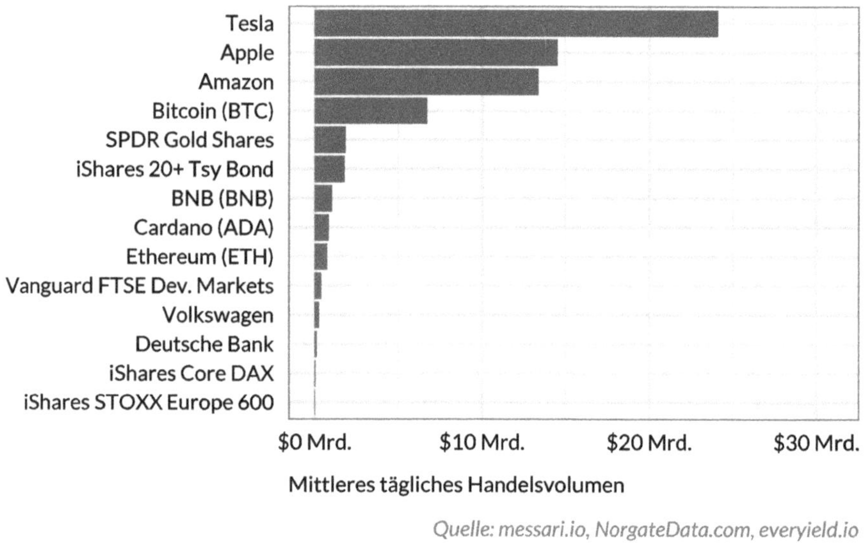

Abb. 5.7: Mittleres Handelsvolumen verschiedener Assets (Juli 2020 bis Juni 2021)

Während die zweistelligen Milliardenumsätze der großen US-Tech-Aktien in weiter Ferne liegen, übertrifft der Bitcoin immerhin das Volumen des bekanntesten Gold-ETF. Das Handelsvolumen des Ether liegt in etwa auf dem Niveau des Vanguard FTSE Developed Markets ETF.

4 Siehe Kovach (2021).

Bei den ausgewiesenen Handelsvolumina der Kryptoassets handelt es sich um die aggregierten Werte mehrerer Börsen. Es wäre derzeit nicht möglich oder zumindest in ökonomischer Hinsicht keine gute Idee, sehr große Orders nur bei einem einzigen Handelsplatz zu hinterlegen. Wie bei Aktien mit geringer Liquidität werden solche Transaktionen in der Regel ohnehin über spezialisierte Handelsabteilungen platziert, die für eine optimale Ausführung Sorge tragen. Weltweit wächst die Anzahl solcher Handelsdesks, die es institutionellen Investoren ermöglichen, nennenswerte Volumina zu bewegen, ohne die gesamte Marktstruktur aus der Bahn zu werfen. Eines der bekannteren Beispiele für eine solche Transaktion ist das Unternehmen MicroStrategy. Michael Saylor, der CEO des Softwareanbieters, schichtete nahezu die gesamten liquiden Mittel seines Software-Unternehmens vom US-Dollar in Bitcoin um. Um diese Position im Gegenwert von mehreren hundert Millionen Dollar aufzubauen, benötigten Händler mehrere Tage.

> *»To acquire 16,796 BTC (disclosed 9/14/20), we traded continuously 74 hours, executing 88,617 trades averaging (…) 3,89 BTC each minute. But at all times we were ready to purchase $30-50 million in a few seconds if we got lucky with a 1-2% downward spike.«*
>
> *Michael Saylor, CEO Microstrategy*

Im Vergleich zum Handel auf dem globalen Devisenmarkt klingt dieses Vorgehen abenteuerlich, aber auch in anderen Assetklassen dauert es oft einige Zeit, eine große Position aufzubauen. Mit zunehmender Adoption und einem breiteren Spektrum verschiedener Anleger sollte sich die Liquidität am Kryptomarkt laufend verbessern. Diese Tendenz zeigt sich bereits im kontinuierlichen Anstieg des Transaktionsvolumens des Bitcoin (vgl. Abbildung 5.8).

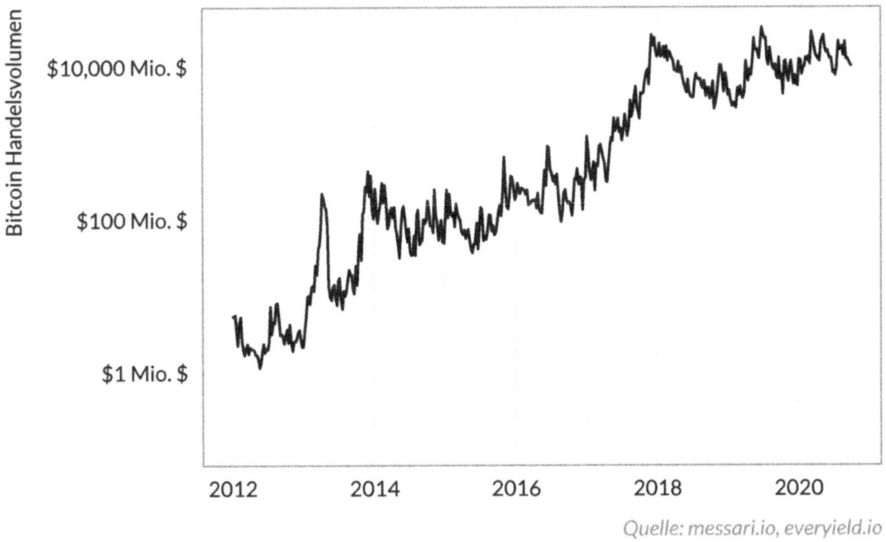

Abb. 5.8: Tägliches Handelsvolumen des Bitcoin

Der beachtenswerte Anstieg des Handelsvolumens erfolgte auch am Kryptomarkt nicht binnen weniger Wochen. Zunächst beschäftigten sich nur eine Handvoll Entwickler mit den neuen Token. Später wurden diese bei einigen Onlinespielen genutzt. Richtig in Fahrt kam der Handel jedoch erst nach der Gründung der ersten Handelsplattformen, die eine rasch wachsende Zahl privater Anleger anzogen. Das gehandelte Volumen entwickelte sich dann stetig aufwärts, so dass schließlich im Jahr 2020 auch institutionelle Anleger die Möglichkeit hatten, erste nennenswerte Positionen aufzubauen.

Bitcoin ist für die meisten Anleger der Erstkontakt mit Kryptoassets. Das Token war zuerst da und auf Grund der simplen Konstruktion liegt es nahe, es als eine Art digitalen Rohstoff und somit als Asset einzuordnen. Bei Plattform- oder Utilitytoken ist die Kategorisierung weniger intuitiv. Deshalb und wegen der zumindest erwarteten höheren Risiken spielen die alternativen Kryptoassets bei institutionellen Investoren bisher eine untergeordnete Rolle. Das ist nachvollziehbar, denn während Privatanleger oft nur die erwartete oder erhoffte Rendite im Blick haben, bewerten professionelle Anleger auch die Risiken. Dazu gesellen sich in vielen Finanzhäusern Anreizsysteme, die das Vermeiden von Risiken für Angestellte deutlich attraktiver machen als die Einführung von Innovationen oder das Eingehen persönlicher Risiken. Sind für eine Anpassung der Anlagestrategie Gremienentscheidungen notwendig, münden diese oft in der Minimierung persönlicher Haftungsrisiken und nicht in einer Maximierung des Verhältnisses von Chancen und Risiken.

Ein weiterer Faktor, der die Möglichkeiten zur Anlage in Kryptoassets determiniert und in vielen Fällen zum Bitcoin führt, ist das angestrebte Anlagevolumen. Der Erwerb bestimmter Altcoins ist nicht in beliebigem Umfang möglich. Während private Anleger nur selten durch die Handelsliquidität in ihren Positionsgrößen beschränkt werden, sollten Institutionelle sich schon auf Grund der Transaktionskosten auf die liquidesten und größten Token konzentrieren. Sonst bleibt von einer theoretisch guten Performance nach Transaktionskosten oft weniger übrig als mancher denkt.

Die Lebenszyklen des Bitcoin

Die Entwicklung des Bitcoin weist Parallelen zum klassischen Weg eines Unternehmens von der Gründung über die ersten privaten Finanzierungsrunden bis hin zum Exit früher Anteilseigner durch einen Börsengang (Initial Public Offering) auf.

Wie bei der Beteiligung an Kapitalgesellschaften ist das Ertragspotenzial auch beim Bitcoin für die sehr frühen Anleger überproportional höher als für diejenigen Käufer, die ihre Anteile erst am Tag des Börsengangs erwerben. Ein frühes Investment findet jedoch immer in der Phase der höchsten Unsicherheit statt. So lässt sich heute leicht vom enormen Potenzial des Bitcoin sprechen, da man um dessen enorme Kurssteigerungen weiß. Nicht ausblenden sollten Anleger aber die zahlreichen Altcoins, deren Kurse sich in Richtung Null bewegten.

Nicht alle Anleger hatten in jeder Phase die Gelegenheit zu investieren. Eine simple Möglichkeit, eine zeitliche Aufteilung vorzunehmen, ist die Auswertung des Handelsvolumens und die Existenz allgemein verfügbarer Handelsplätze. Analog zu Kapitalgesellschaften lässt sich auch beim Bitcoin der Zeitraum seit der Schaffung des Genesis-Blocks in klar abgegrenzte Perioden aufteilen. So gibt es eine Art Gründungsphase, eine Periode, die man Venture-Capital-Phase nennen kann, sowie die Post-Exit-Phase, die dem Weg einer Aktie nach dem Börsengang ähnelt.

Wir wollen das Beispiel der verschiedenen Phasen eines Investments am Beispiel Bitcoin näher ausführen.

Gründungsphase

Eine breite Anlegerschicht kann die Aktien eines Unternehmens erst am Tag des Börsengangs erwerben. Die Möglichkeit, sich früher zumindest indirekt zu beteiligen, besteht lediglich in Einzelfällen über den Erwerb von Aktien gelisteter Unternehmen, die sich vorzeitig über nicht öffentliche Finanzierungsrunden beteiligen konnten. Ein Beispiel hierfür ist der Asset Manager SuRo Capital, der ein Portfolio verschiedener nicht gelisteter Firmen hält, darunter mit Coursera den größten US-Anbieter für Online Learning im Rahmen von Massive Open Online Courses (MOOC). Den gesamten Weg von der Beteiligung über eine private Finanzierungsrunde bis zum Börsengang konnten Anleger bei der SuRo-Beteiligung am Unternehmen Palantir Technologies beobachten, deren Börsengang im Oktober 2020 erfolgte.

Mit ein wenig technischem Wissen konnten Interessierte zwar frühzeitig als Miner eine Menge Bitcoin einnehmen. Wie die Teilnahme an frühen Finanzierungsrunden privater Gesellschaften aber war auch die direkte Anlage in Bitcoin zu Beginn für viele Anleger nicht darstellbar. In der Frühphase des Bitcoin existierten keine Handelsplätze und keinerlei Regulierung. Ein Transfer von Coins zwischen zwei Adressen erfolgte daher seinerzeit ausschließlich auf Basis bilateraler Absprachen.

Going Public

Die nächste Phase begann mit der Gründung der ersten öffentlichen Handelsplätze. Der Weg von diesen simplen Plattformen zu den ersten ernstzunehmenden Börsen war gesäumt von zahlreichen Betrugsfällen, informationstechnischen Peinlichkeiten und einigen Sicherheitslücken, die von fähigen Programmierern gewinnbringend genutzt werden konnten. Das Spektrum der Anbieter war breit und es fanden sich seriöse und unseriöse Plattformen sowie weitgehend sichere und solche mit haarsträubenden Sicherheitslücken.

Das steigende Handelsvolumen und die wie Pilze aus dem Boden schießenden Börsen weckten schließlich die Aufmerksamkeit der Regulierungsbehörden. Diese begannen, den regulatorischen Umgang mit den neuen Assets in Angriff zu nehmen. Vor dem Hintergrund des sich entwickelnden rechtlichen Rahmens erfolgte eine anhaltende Professionalisierung der globalen Handelsplätze mit großen Spielern wie Kraken, Gemini, Coinbase, Paxos und zahlreichen anderen. Gleichzeitig wuchs die Anzahl verfügbarer Hardware- und Software-Wallets zur Verwahrung und Verwaltung der Coins durch die Nutzer.

Institutionalisierung

Das Kurspotenzial, die niedrige Korrelation zu anderen Anlageklassen, aber auch der Reiz eines vermeintlichen Auswegs aus dem klassischen Finanzsystem mit seinen Intermediären, weckten das Interesse aufmerksamer institutioneller Anleger. Fragen nach den Möglichkeiten zum Erwerb größerer Volumina sowie der sicheren Verwahrung von Kryptoassets wurden hörbar. Neben dem medial in den Fokus rückenden Universum immer neuer Altcoins, von denen sich einige die wenig schmeichelhafte Bezeichnung »craptocoin« (Schrottcoin) verdienten, entstand etwas viel Bedeutenderes: Es entwickelte sich ein über den ganzen Globus verteiltes Netz an Teams und Unternehmen, die sich der Lösung der anstehenden technischen und regulatorischen Aufgaben widmeten. Während zahlreiche Medien sich darauf konzentrierten, hinter welchem Coin vermutlich eine Betrügerei stecken könnte und warum das schlimm sei, wurden die Mitglieder der weltweiten Krypto-Gemeinschaft kaum wahrgenommen und nicht selten belächelt. Das Verständnis für die kommenden Umwälzungen durch Blockchain-Anwendungen im Allgemeinen und Kryptowährungen im Speziellen war gering und das bestehende System wirkte allen bekannten Problemen der letzten Dekaden zum Trotz noch zu dominant.

Der kurze Hype des Jahres 2017, in dessen Verlauf der Kurs des Bitcoin von 1000 US-Dollar auf 20 000 US-Dollar stieg, überlagerte dann alles. Während mancher noch über Token mit Namen wie Einsteinium schmunzelte, begannen die Kurse vieler Kryptocoins bereits zu fallen. Im Hintergrund jedoch wuchs das Biotop, das Tempo der Weiterentwicklungen blieb hoch und die Regulierungsbehörden vieler Länder setzten ihre Arbeit an einem funktionierenden rechtlichen Rahmen für digitale Assets fort. Die Idee eines Verbotes, wie auch immer dies bei einem dezentralen System wirkungsvoll umgesetzt werden sollte, blieb ein Gespenst, dessen Schrecken mit dem wachsenden und zunehmend verlässlicheren Rechtsrahmen stetig abnahm.

Seit der Stabilisierung des Bitcoin-Preises im Jahr 2020 ist die positive Entwicklung des Kryptobiotops, der regulatorischen Rahmenbedingungen und des erleichterten Zugangs zu digitalen Assets für private und institutionelle Investoren wesentlich breiter angelegt. Privatanleger wählen zwischen zahlreichen, intuitiv bedienbaren Wallets aus und nutzen etablierte Plattformen zum Erwerb von Kryptoassets. Innovative Unternehmen arbeiten bereits an der Integration klassischer und digitaler Assets in eine Asset-Allokation.

Die Institutionalisierung der Handelsplattformen und die Akzeptanz des Bitcoin durch Unternehmen wie den Softwareanbieter MicroStrategy und die Zahlungsdienstleister

PayPal, Visa und Square wirkte sich aus wie ein Börsengang, bei dem ein Unternehmen keine neuen Aktien verkauft, sondern bereits existierende Papiere listen lässt. Das ohnehin vorhandene Interesse und eine wieder zunehmende Berichterstattung lässt nun einen deutlich größeren Kreis potenzieller Anleger auf eine Assetklasse mit einem begrenzten Angebot treffen.

Die verschiedenen Lebensphasen des Bitcoin zeigen, wie irreführend es ist, generell von einem zu illiquiden oder zu riskanten Asset zu sprechen. Verbesserte Liquidität, der Aufbau robuster Handelsstrukturen und die an Breite gewinnende Schar der Marktteilnehmer wirken sich auch auf die Charakteristik der Preisveränderungen des Bitcoin aus. Auch hier lohnt sich der gedankliche Brückenschlag zur Aktie. Eine Aktie, die eine sehr geringe Marktkapitalisierung und einen geringen Streubesitz[5] aufweist und zudem nicht im geregelten Markt gehandelt wird, verhält sich im Mittel deutlich anders als eine Aktie aus dem Mega Cap Index S&P 100, der die 100 größten US-Titel beinhaltet.

Wir werden den folgenden Abschnitt dazu nutzen, um weitere Eigenschaften von Kryptos als Assetklasse zu betrachten und einen Blick auf die Kursentwicklung, das Schwankungsrisiko sowie die Korrelationen zu anderen Anlagen werfen. Weiterhin wird der Bitcoin im Mittelpunkt stehen. Dies dient lediglich der Klarheit und dem Lesefluss und soll keinesfalls suggerieren, der Bitcoin sei das einzige interessante Token.

Bitcoin als knappes Gut

> *»Der Goldstandard ist nicht kollabiert. Regierungen haben ihn abgeschafft, um den Weg für die Inflation frei zu machen.«*
>
> *Ludwig von Mises*

Es gibt keine technischen Grenzen der Vermehrung einer Fiat-Währung. Politische und rechtliche Hürden mögen über längere Zeiträume ein Hindernis darstellen, aber politische und rechtliche Hürden verändern sich mit der Zeit und sind nicht unüberwindbar. Stets findet sich ein zwingender Grund dafür, von ehemaligen Zielen wie der Preisstabilität oder von Regeln wie dem Verbot der Staatsfinanzierung durch die Notenbank abzuweichen. Eine Finanzkrise erfordert »besondere Maßnahmen«, die Wirtschaft soll »angekurbelt« werden oder aber der vermeintlich unmittelbar bevorstehende »Zusammenbruch des Systems« soll verhindert werden. Sind die Hemmungen, die monetären Mittel der Notenbanken zu nutzen, erst einmal gefallen, ist es schwierig, damit wieder aufzuhören. Langfristig, das zeigt die Geschichte, ist es so gut wie ausgeschlossen, ohne technische Grenzen die Geldschöpfung unter Kontrolle zu halten.

5 Es gibt verschiedene Regelungen, welche Aktien zum Streubesitz oder auch free float gezählt werden. Für die Deutsche Börse AG sind dies diejenigen Papiere, die von Anlegern gehalten werden, deren Gesamtanteil am Unternehmen weniger als 5 % beträgt.

Der Bitcoin und zahlreiche andere Kryptoassets sind das exakte Gegenstück zu einer politisch beeinflussbaren Fiat-Währung, deren Geldmenge sich ohne Begrenzung vermehren lässt. Die Anzahl ausstehender Token einer digitalen Währung lässt sich technisch begrenzen. Beim Bitcoin liegt die maximal erzeugbare Zahl bei exakt 20 999 999 9769. Das Bitcoin-Netzwerk startete mit einer Geldmenge von 50 Bitcoin, die mit der Erstellung des ersten Blocks geschaffen wurden. Im Rahmen des Minings, also der Verarbeitung von Transaktionen zu Blöcken, wurden seither laufend neue Bitcoin kreiert. Mit jedem verifizierten Block, der an die Blockchain angehängt wird, entstehen neue Bitcoin. Die Anzahl der pro Block neu erschaffenen Bitcoin wird jedoch turnusgemäß nach jeweils 210 000 neuen Blöcken um die Hälfte reduziert. Seit dem Mai des Jahres 2020 entstehen mit jedem Block nur noch 6,25 Bitcoin. Die Wachstumsrate der Bitcoin-Geldmenge nimmt daher weiterhin ab. Schon bis zum Ende des Jahres 2021 werden mehr als 85 % aller möglichen Bitcoin erschaffen worden sein. Im Jahr 2140 werden dann die letzten neuen *Satoshi*, die kleinste Einheit des Bitcoin, ihren Weg ins Netzwerk finden. Der Gegensatz zu Fiat-Währungen könnte deutlicher nicht sein.

Das Bitcoin-Protokoll ist nur eine von vielen Möglichkeiten, eine Kryptowährung aufzulegen. Manche orientieren sich an diesem Beispiel, jedoch gibt es auch gänzlich andere Vorgehensweisen. So wurde bei einigen digitalen Token wie dem Ripple (XRP) bereits zu Beginn die gesamte Geldmenge erschaffen (Pre-Mined) und verteilt. Andere Protokolle legen eine fixe Inflationsrate pro Jahr fest. Eine absolute Obergrenze der emittierbaren Token wie beim Bitcoin ist daher keine generelle Eigenschaft von Kryptoassets.

Der Vergleich zu Gold

Goldmünzen waren 2500 Jahre lang ein essenzielles Zahlungsmittel und spielen als Reserveasset der Notenbanken weiterhin eine wichtige Rolle. Daran ändert auch John Maynard Keynes' Bezeichnung des Goldstandards als »barbarisches Relikt« nichts.

Was macht die Bedeutung von Gold aus, warum ist es so wertvoll? Die Akademiker Claude Erb und Campbell Harvey nennen drei Gründe:[6]

- Die Kaufkraft von Gold bleibt auch über lange Zeiträume erhalten.
- Die Inflation ist der maßgebliche Treiber des Goldpreises.
- Über sehr lange Zeiträume liegt der reale Ertrag von Gold bei 0 %, es bietet reinen Inflationsschutz.

Gold erhält laut Erb und Harvey also die Kaufkraft, nicht mehr und nicht weniger. Der Blick auf die Geschichte der Fiat-Währungen zeigt, wie wertvoll ein solcher Schutz vor Inflation ist.

6 Siehe Erb and Harvey (2013).

Es sind die physikalischen Eigenschaften, die das Gold von anderen Rohstoffen unterscheiden. Gold ist extrem reaktionsträge, praktisch unzerstörbar sowie nicht mit vertretbarem Aufwand synthetisierbar. Unter Goldsynthese versteht man den Vorgang, unedle Metalle in Gold zu transmutieren. Die Goldsynthese ist mit Hilfe von Teilchenbeschleunigern oder Kernreaktoren möglich, aber in der Praxis viel zu aufwändig.[7] Zudem ist das Metall kein Verbrauchsgut wie Kupfer oder Öl. Die jährliche Förderung führt zu einem mittleren Zuwachs aller Bestände um weniger als 2 % und einer stark ansteigenden Nachfrage kann nicht zeitnah mit einer entsprechenden Erhöhung der Fördermengen begegnet werden. Gold ist und bleibt ein rares Gut, das sich nicht nach Belieben vermehren lässt.

Auch Isaac Newton erkannte dies. Als sein Weg bei der Königlichen Münzprägeanstalt in England, der *Royal Mint*, begann, war das englische Geldsystem angeschlagen. Schätzungen zufolge war jede zehnte im Umlauf befindliche Münze gefälscht. Newton begann rasch einen Kampf gegen Geldfälscher und steigerte gleichzeitig die Anforderungen an die Qualität der Münzen, um Fälschungen zu erschweren, denn jede Kopie verwässerte die Anzahl der echten Münzen. Daher war die Bekämpfung der Falschmünzerei nichts anderes als die durch den Staat durchgesetzte Sicherung der Knappheit der Münzen, um den Geldwert und damit das Vertrauen in das Währungssystem aufrechtzuerhalten.

Beim Bitcoin ist die maximale Geldmenge im Protokoll festgelegt und programmatisch implementiert. Bereits nach dem kommenden Halving im Jahr 2024 wird der Bestand an Bitcoin langsamer zunehmen als die weltweiten Goldbestände.

> *»It's the same situation as gold and gold mining. The marginal cost of gold mining tends to stay near the price of gold. Gold mining is a waste, but that waste is far less than the utility of having gold available as a medium of exchange. I think the case will be the same for Bitcoin. The utility of the exchanges made possible by Bitcoin will far exceed the cost of electricity used. Therefore, not having Bitcoin would be the net waste.«*
>
> *Satoshi Nakamoto*

Laut World Gold Council beläuft sich die insgesamt geförderte und noch existierende Menge an Gold auf 197 576 Tonnen. Die weltweiten noch nicht geförderten, unter der Erde befindlichen Reserven werden auf 54 000 Tonnen geschätzt. Neu ans Tageslicht gelangen laut World Gold Council jährlich zwischen 2500 und 3000 Tonnen, also weniger als zwei Prozent des Volumens aller bereits geförderten Bestände.[8]

Im Vergleich zur relativ stabilen Menge des jährlich geförderten Goldes verringert sich der jährliche Zuwachs der Bitcoin im Zeitverlauf deutlich. Abbildung 5.9 zeigt, wie gering der Anteil neuer Coins an der bereits existierenden Menge schon jetzt geworden ist. Für Gold haben wir eine konstante Zunahme der Bestände in Höhe von zwei

7 Informationen zur Goldsynthese: https://www.chemie.de/lexikon/Goldsynthese.html.
8 Siehe World Gold Council (2021).

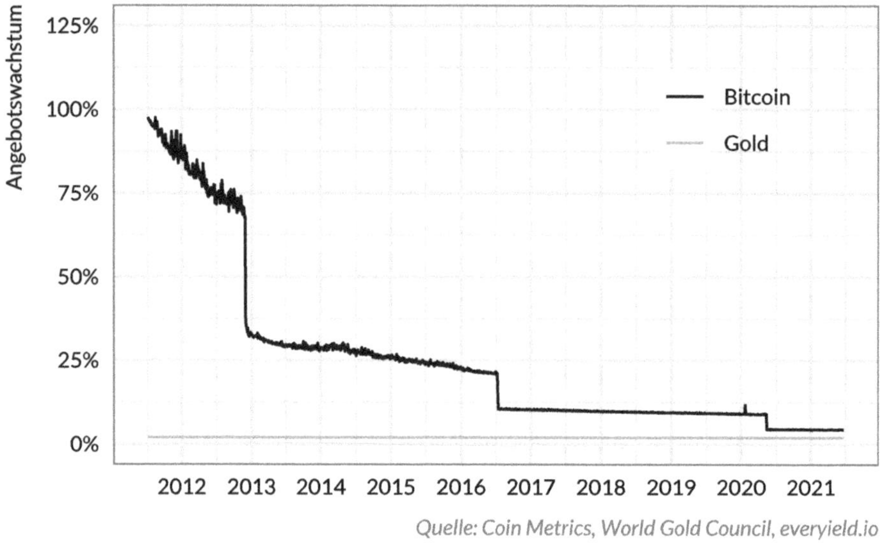

Abb. 5.9: Jährliches Wachstum des Angebots an Bitcoin und Gold

Prozent pro Jahr angenommen. Die Grafik zeigt die Auswirkungen der regelbasierten Reduktion der Geldmengenausweitung des Bitcoin. Es gibt keine Pressekonferenzen einer Zentralbank, es gibt keine Möglichkeit der Einflussnahme durch Politik und Gesellschaft. Der Prozess läuft unbeirrt weiter und bildet damit einen Gegensatz zur Welt der politisch beeinflussten Geldpolitik.

Sowohl Gold als auch Bitcoin existieren nur in begrenzten Mengen. Der Rohstoff Gold ist nur in einem begrenzten Ausmaß förderbar, die Menge der insgesamt erzeugbaren Bitcoin ist über das Protokoll limitiert. Das Besondere am Bitcoin und anderen Kryptoassets ist die algorithmisch implementierte Verknappung des Angebots eines digitalen Gutes. Erstmals können digitale Ressourcen nicht einfach vervielfältigt werden. Wie die aktuellen Entwicklungen um die Non Fungible Token zeigen, lässt sich dieses Konzept nicht nur auf ein Geldsystem, sondern auf beliebige Dinge anwenden, beispielsweise auf Kunst, Musik oder Videos.

In Zeiten einer expansiven Notenbankpolitik gewinnen knappe Güter an Attraktivität. Die zahlreichen Akronyme, mit denen die Programme der Notenbanken versehen werden, wie QE, TLTRO, TALF oder TARP bezeichnen lediglich verschiedene Wege einer mehr oder weniger indirekten Unternehmens- oder Staatsfinanzierung durch die Notenbank. Allein während der Turbulenzen des Jahres 2020 erhöhte die Federal Reserve ihre Bilanz mit einem Federstrich um vier Billionen US-Dollar. Das sind rund 12 000 US-Dollar pro Einwohner, die aus lediglich einer von zahlreichen Aktionen der US-Notenbank resultierten, die mit ihrem Vorgehen nicht alleine ist. Alle relevanten Notenbanken weiten die Geldmenge ihres jeweiligen Einflussbereichs seit Jahren in einem Maße aus, das in keinem Verhältnis mehr zu den entsprechenden Wirtschaftsleistungen steht.

Es mag nachvollziehbare Gründe dafür geben, in einer Krise nach der Notenbank zu rufen, um temporäre monetäre Maßnahmen zu fordern. Das Problem liegt in der Verwendung des Wortes »temporär« und der damit verbundenen Unklarheit über die Dauer und den finalen Umfang monetärer Eingriffe. Wie man Abbildung 5.10 entnehmen kann, ist der Trend zur Ausweitung der Zentralbankbilanzen schon seit der Finanzkrise 2008/2009 sichtbar. Ironischerweise war billiges Geld eine der Ursachen dieser Krise.

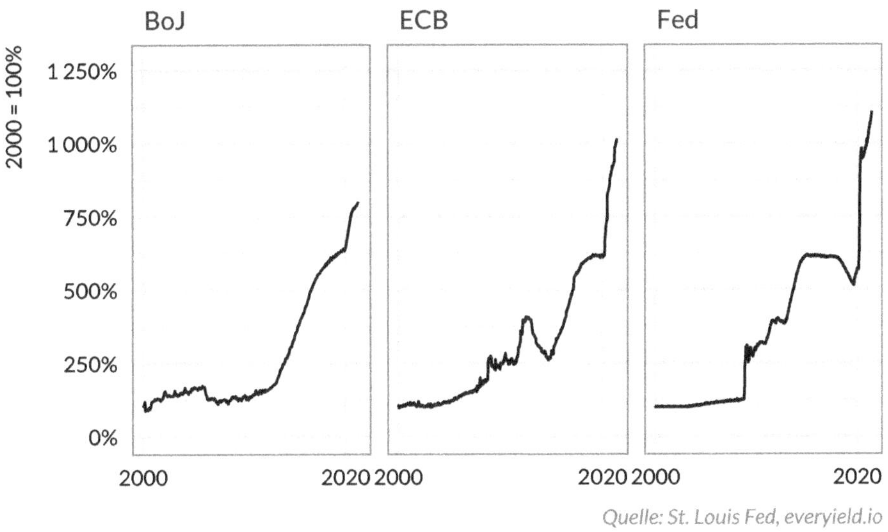

Abb. 5.10: Entwicklung der Zentralbankbilanzen

Da Inflation ein monetäres Phänomen ist, wird diese Geldpolitik langfristig zu einem erheblichen Kaufkraftverlust zahlreicher Währungen führen. Dieser Punkt wird von keinem Notenbankvertreter bestritten, ist doch die Steigerung der Inflation mittlerweile sogar zum Ziel erkoren worden.

Gemeinsam mit den künstlich bis in den negativen Bereich gedrückten Zinsen wird die Geldhaltung zusehends unattraktiver. Für Anleger, die das Ziel des Kaufkrafterhalts verfolgen, ist es als Wertspeicher nicht mehr geeignet, denn als solcher kann nur ein knappes, nicht beliebig vermehrbares Gut fungieren.

Es gibt einen weiteren Punkt, in dem Gold und Bitcoin sich ähneln und damit von Fiat-Geld unterscheiden. Beide basieren nicht auf Vertrauen. Das ist ein wichtiger Pluspunkt, denn eine typische Finanzkrise geht immer mit einem Vertrauensverlust einher. Versprechen werden nicht eingehalten, Kredite werden nicht zurückbezahlt oder Regeln werden ohne Rückfrage geändert, wie dies beispielsweise beim Schnitt griechischer Staatsanleihen der Fall war.[9] Die Blockchain-Technologie ist eine dezentralisierte Datenstruktur, die es unabhängig von gegenseitigem Vertrauen ermöglicht, miteinander zu handeln.

In technologischer Hinsicht sind Bitcoin und Gold kaum miteinander verwandt. Betrachtet man jedoch ihre Eigenschaften als Assetklasse, dann haben sie viele Gemeinsamkeiten. Der Bitcoin teilt viele positive Aspekte mit dem Gold und kombinieret diese mit den Vorteilen der digitalen Welt, wie etwa leichter Teilbarkeit und schnellen und günstigen globalen Transfers. Auch die Echtheitsprüfung ist beim digitalen Asset wesentlich einfacher. Gold hingegen punktet mit der zumindest theoretischen Möglichkeit der Anonymität und der daraus resultierenden nicht vorhandenen Nachvollziehbarkeit von Transaktionen. Im Alltag institutioneller Investoren sind diese beiden Punkte nicht relevant, für Privatanleger sind sie aber beachtenswert.

Der Vergleich zu Geld

Seit Jahren beschäftigen sich auch Zentralbanken mit der Möglichkeit, eine vollständig digitale Währung zu nutzen. Die Aussagen des britischen Notenbankers Marc Carney deuten auf eine generelle Offenheit hin, wenn auch Zentralbanken andere Gründe für die Nutzung von Kryptowährungen haben dürften als viele Anleger.

Jon Cunliffe ist als Vizegouverneur der Bank of England zuständig für die Stabilität des britischen Finanzsystems. Der 66-Jährige beschäftigt sich seit Jahren mit dem Aufstieg des Bitcoin und anderer Kryptowährungen. Etwa alle 100 bis 150 Jahre komme es zu einer Neubewertung des Geldes, sagte Cunliffe in einem Interview mit dem Handelsblatt,[10] und diese stehe nun bevor. Im Gespräch mit der Wirtschaftszeitung betonte er, dass Kryptowährungen die Ineffizienzen im bestehenden Finanzsystem aufdeckten, die sich beispielsweise in den hohen Kosten grenzüberschreitender Geldtransfers zeigten. Entscheidend sei, so Cunliffe, dass sich die Bürger auf die Sicherheit ihres Geldes verlassen könnten, unabhängig davon, mit welcher Technologie es geschaffen werde.

Zunächst soll aber die Frage beantwortet werden, ob Bitcoin oder andere Kryptoassets überhaupt als Geld kategorisiert werden können. Die deutsche Bundesbank nennt drei Funktionen, die Geld erfüllen muss: die Tauschmittelfunktion, die Funktion als Recheneinheit und die Funktion als Wertspeicher.

9 Im Jahr 2012 kam es zu einem Schnitt griechischer Staatsanleihen im Umfang von mehr als 100 Milliarden Euro. Die mehrheitlich von Privatanlegern gehaltenen Papiere wurden gegen neue Anleihen mit geringerem Wert, längerer Laufzeit und tieferen Zinssätzen getauscht. Unter Einbeziehung der verschiedenen Kennzahlen der alten und der neuen Papiere verloren die Anleger rund 70 % ihres eingesetzten Kapitals.

10 Riecke (2020).

Bitcoin als Tauschmittel

- *Bitcoin ist langlebig:* Es gibt keine Möglichkeit, die Blockchain zu zerstören, da sie weltweit dezentral auf Tausenden von Computern gespeichert wird. Ein zentraler Server und dessen Backups können zerstört werden, nicht aber ein Peer-to-Peer-Netzwerk mit mehreren tausend Knoten.
- *Bitcoin ist fungibel:* Unabhängig davon, wem sie gehören oder wo sie herkommen, haben alle Bitcoin den gleichen Wert und können gegen Produkte und Dienstleistungen eingetauscht werden. Eine Einschränkung gibt es jedoch. Da jede Transaktion öffentlich sichtbar ist, gibt es die technische Möglichkeit, Bitcoin, die von bestimmten Adressen gesendet werden, nicht zu akzeptieren. Die Fungibilität kann somit zumindest theoretisch eingeschränkt werden.
- *Bitcoin kann transportiert werden:* Die Token können problemlos weltweit übertragen werden. Bei Auslandstransfers ist der Transfer im Vergleich zu bestehenden Systemen schnell und nach kurzer Zeit final und damit irreversibel.
- *Bitcoin ist hochgradig teilbar:* Jeder Bitcoin kann in 100 Millionen Einheiten, die *Satoshi*, unterteilt werden.
- *Bitcoin kann nicht gefälscht werden:* Bitcoin sind immer einer bestimmten Adresse zugewiesen und können nicht dupliziert werden.

Bitcoin als Recheneinheit

Die Einstufung von Bitcoin als Recheneinheit ist problematischer. In der Welt der Fiat-Währungen ist die Volatilität des Bitcoin-Kurses zumindest derzeit noch deutlich zu hoch, um ihn als Basis zur Preisfestlegung zu nutzen. Ein Asset mit einer jährlichen Volatilität von 70 % ist ungeeignet, um den Preis für ein Theaterticket für die kommenden Monate festzulegen. Im Universum der Kryptoassets hingegen ist Bitcoin bereits eine wichtige Recheneinheit. An den gängigen Handelsplätzen wird neben der Quotierung in US-Dollar stets auch der Gegenwert in Bitcoin und teilweise auch in Ether dargestellt.

Bitcoin als Wertspeicher

An der Einstufung des Bitcoin als Wertspeicher scheiden sich die Geister, was erneut an der hohen Volatilität liegt. Blicken wir daher erneut auf die Sichtweise der Bundesbank, auf deren Webseite zu lesen ist: »Geld muss aber vor allem auch als Wertaufbewahrungsmittel funktionieren, also über längere Zeit seinen Wert behalten. So kann man es aufbewahren und zu einem späteren Zeitpunkt für einen Einkauf nutzen. Um als Wertspeicher zu dienen, muss Geld haltbar und wertbeständig sein. Die Besitzer von Geld müssen darauf vertrauen, dass sie sich für ihr Geld zu einem späteren Zeitpunkt noch genau so viel kaufen können wie heute. Die Kaufkraft des Geldes muss also erhalten bleiben.« Auch auf Kryptowerte geht die Bundesbank mit folgendem Satz ein: »Gerade die Krypto-Assets sind als Wertspeicher kaum geeignet, weil sie starken Preisschwankungen unterliegen.«

Die Aussage klingt intuitiv richtig, was an der Gleichsetzung von Volatilität mit Abwärtsvolatilität liegt. Niemand möchte das Ersparte um 70 % nach unten schwanken sehen. Geht die Schwankung nach oben, sieht das schon anders aus. Daher ist es interessanter, sich die Kursrückgänge vom jeweils letzten zuvor erreichten Hochpunkt, die maximalen Drawdowns, anzuschauen. Während die maximalen zwischenzeitlichen Kursverluste mit 85 % (2013) sowie 83 % (2018) enorm sind, relativieren sich diese Rückgänge durch die rasche Aufholung der Kursverluste und die vorausgegangenen Kursgewinne. Nach spätestens dreieinviertel Jahren hatten die Besitzer den temporären Wertverlust wieder ausgeglichen. Stuft man zudem nach Lesart der Bundesbank alles, was gegenüber dem US-Dollar im Zeitverlauf starke Verluste aufweist, mangels Wertaufbewahrungsfunktion nicht mehr als Währung ein, dann leert sich der Devisenzettel rasch.

Es gibt eine Menge etablierter Währungen, die im Zeitverlauf die Wertaufbewahrungsfunktion deutlich schlechter erfüllt haben als der Bitcoin und zahlreiche andere Kryptowährungen. Diejenigen, die bisher einen Teil ihrer Anlagen in Bitcoin allokiert haben, werden sich zumindest bisher nicht über eine mangelhafte Wertaufbewahrungsfunktion der Kryptowährung beklagen.

> *»Inflation is always and everywhere a monetary phenomenon in the sense that it is and can be produced only by a more rapid increase in the quantity of money than in output.«*
>
> *Milton Friedman*

Das Argument der Werthaltigkeit und die damit verbundene Anforderung des Erhalts der Kaufkraft wendet sich bei der langfristigen Betrachtung immer gegen die Fiat-Währungen, wie die Entwicklung der Kaufkraft eines US-Dollar seit 1913 gemessen am Konsumentenpreisindex (CPI) zeigt (vgl. Abbildung 5.11).

Der US-Dollar hat im Zeitverlauf mehr als 90 % seiner Kaufkraft eingebüßt. Das ist für einen vermeintlichen Wertspeicher ein erklecklicher Verlust. Auf Grund der linearen Darstellung mag der Verlauf der letzten zweieinhalb Dekaden wenig dramatisch erscheinen. Allein seit Mitte der 1980er-Jahre hat der US-Dollar jedoch mehr als 60 % seiner Kaufkraft verloren. Diese Entwicklung ist kein Zufall. Sie ist auch nicht wirtschaftlichen Unwägbarkeiten oder nicht vorhersehbaren Entwicklungen geschuldet. Sie ist, im Guten wie im Schlechten, ein Konstruktionsmerkmal jeder Fiat-Währung. Im Techniksprech würde man sagen »Inflation is not a bug, it's a feature of every fiat currency«.

Je nach Grad der politischen Einflussnahme und der globalen Marktmacht vollziehen sich Kaufkraftverluste bei verschiedenen Währungen in unterschiedlichen Geschwindigkeiten. Ein besonders dramatisches Beispiel für den Kollaps einer Währung eines rohstoffreichen Landes liefert der venezolanische Bolivar, der die Menschen in dem südamerikanischen Land nicht von der Sorge um die Wertaufbewahrung befreite, sondern sie binnen weniger Jahre um all ihr Erspartes brachte (siehe Abbildung 5.12).

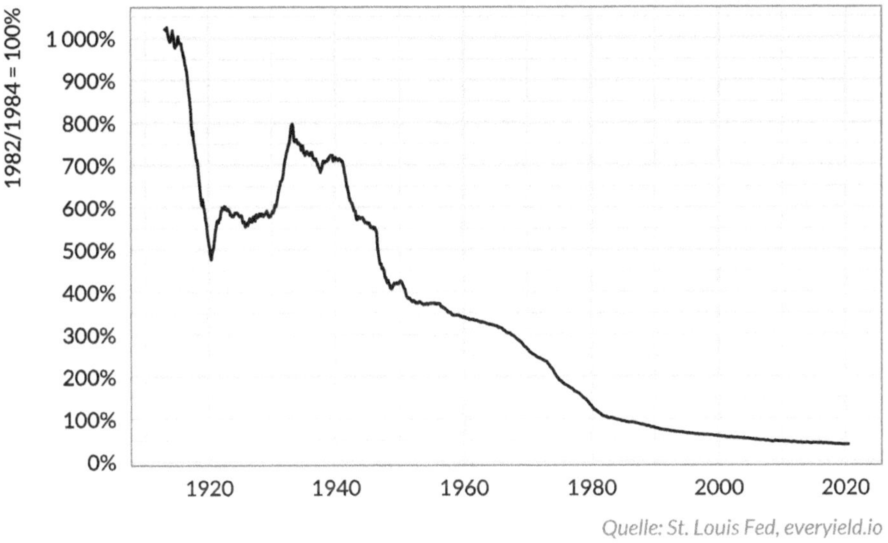

Abb. 5.11: Entwicklung der Kaufkraft des US-Dollar (US City Average, 1982/1984 = 100 %)

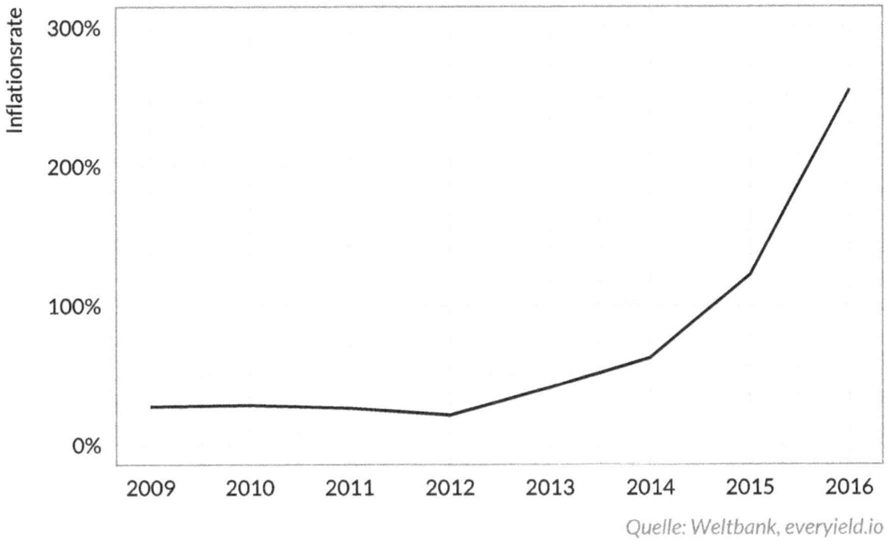

Abb. 5.12: Jährliche Inflationsrate in Venezuela

Eine bittere Erfahrung, die Wohlstand und Existenzen vernichtet hat und das Vertrauen in Papiergeldwährungen von Millionen Menschen über Generationen erschüttert haben dürfte. Menschen, die noch nie den Niedergang einer Währung miterlebt haben, können sich die dramatischen Auswirkungen auf alle Aspekte des Lebens kaum vorstellen. Die Liste der Länder, in denen ein solches Ereignis in den letzten 50 Jahren stattgefunden hat, ist jedoch beeindruckend lang, denn Finanzkrisen sind nicht so selten, wie viele denken. Der Internationale Währungsfonds (IWF) nennt allein für den Zeitraum von 1970 bis 2011 eine Zahl von 218 Währungskrisen. Als eine solche Krise wird ein mindestens 30 %-iger Rückgang der entsprechenden Währung im Verhältnis zum US-Dollar gewertet. Zudem muss dieser Rückgang um mindestens zehn Prozentpunkte stärker ausfallen als die im Vorjahr gemessene Abwertung. Der Großteil dieser Währungskrisen fand in den so genannten Schwellenländern statt, aber auch Industrieländer wie Norwegen oder Schweden waren betroffen.[11]

Bei Kryptoassets ist eine technische Begrenzung der finalen Geldmenge möglich, sie ist aber kein zwingendes Merkmal. Abbildung 5.13 zeigt die vorhandenen und nicht vorhandenen Restriktionen einiger Coins.

	Bitcoin (BTC)	Bitcoin Cash (BCH)	Ether (ETH)	Litecoin (LTC)	EOS (EOS)	Stellar (XLM)	NEO (NEO)
Einführungsdatum	2009	2017	2015	2011	2018	2014	2014
Zirkulierendes Angebot	>18 Millionen	>18 Millionen	>115 Millionen	>67 Millionen	>950 Millionen	>18 Milliarden	70 Millionen
Maximales Angebot	21 Millionen	21 Millionen	kein Limit	84 Millionen	kein Limit	kein Limit	100 Millionen

Quelle: messari.io, everyield.io, Stand Juni 2021

Abb. 5.13: Zirkulierendes und maximales Angebot einiger Kryptoassets

Hal Finney, der gemeinsam mit Satoshi Nakamoto den Quellcode von Bitcoin weiterentwickelte und an der Korrektur von Fehlern beteiligt war, beschrieb bereits im Januar 2009 ein Szenario, in dem sich Bitcoin als dominierendes Zahlungssystem etabliert. Folgende Nachricht schrieb Finney als Replik auf die E-Mail Nakamotos, in der dieser die Veröffentlichung des Bitcoin-Netzwerks verkündete.[12]

It's interesting that the system can be configured to only allow a certain maximum number of coins ever to be generated. I guess the idea is that the amount of work needed to generate a new coin will become more difficult as time goes on.

One immediate problem with any new currency is how to value it. Even ignoring the practical problem that virtually no one will accept it at first, there is still a difficulty in coming up with a reasonable argument in favor of a particular non-zero value for the coins.

As an amusing thought experiment, imagine that Bitcoin is successful and becomes the dominant payment system in use throughout the world. Then the total value of the currency should be equal to the total value of all the wealth in the world. Current estimates of total worldwide household wealth that I have found range from $100 trillion to $300 trillion. With 20 million coins, that gives each coin a value of about $10 million.

So the possibility of generating coins today with a few cents of compute time may be quite a good bet, with a payoff of something like 100 million to 1! Even if the odds of Bitcoin

11 Siehe Valencia/Laeven (2012).
12 Siehe Satoshi Nakamoto Institute (2021).

succeeding to this degree are slim, are they really 100 million to one against? Something to think about …

Hal

Dies ist weniger eine Wunschvorstellung Finneys als vielmehr eine Betrachtung der Auswirkungen einer seinerzeit unwahrscheinlichen Entwicklung. Ohne eine technologische Schicht, die die Eigenschaften von Bitcoin als Assetklasse um ein skalierbares Zahlungssystem erweitert, ist die Wahrscheinlichkeit für die Entwicklung des Netzwerks zum dominierenden Geldsystem gering. Die ersten Ansätze einer skalierbaren Lösung, wie das Lightning-Netzwerk[13], sind jedoch vielversprechend. Zudem ist Bitcoin nur eines von zahlreichen Kryptoassets, die den Fokus auf Sicherheit und die Einsatzmöglichkeit als Zahlungssystem legen. Ein Beispiel für eine Alternative mit durchdachten Ansätzen ist Decred. Die Frage, ob es möglich ist, ein sicheres, effizientes, kostengünstiges und skalierbares Peer-to-Peer-Zahlungssystem basierend auf Kryptoassets aufzubauen, kann daher mit ja beantwortet werden.

Korrelationen

Der Begriff der Korrelation wird in der Finanzbranche sehr häufig, jedoch oft unpräzise eingesetzt. Es wird von korrelierten und unkorrelierten Assets gesprochen, als handle es sich bei einer Korrelation um einen statischen Wert. Oft ist beispielsweise zu hören, Aktien und Anleihen seien negativ korreliert. Wer die letzten Dekaden der Finanzmarktgeschichte nicht lediglich als etwas zu lang geratenen Ausreißer deklariert, kann das nicht bestätigen. Wichtig bei der Beurteilung der Korrelation zweier Assetklassen ist zudem die Beschreibung, welche Renditen betrachtet werden. Zwei Assetklassen können innerhalb der Zeitspanne einzelner Handelstage negativ korreliert sein, langfristig jedoch einen Gleichlauf zeigen. Auch das Marktregime ist wichtig. Sinken langfristig die Zinsen, streben Aktien und Staatsanleihen gleichzeitig nach oben. Kommt es zu einem raschen Einbruch des Aktienmarktes, ziehen oft die Kurse der Staatsanleihen an. In diesem Fall sind die Kurse der Anleihen und Aktien temporär negativ korreliert, aber dieser Zusammenhang ist nicht in Stein gemeißelt.

Da die Korrelation ein Gradmesser für den möglichen Diversifikationsgrad einer Anlage ist, benötigen nicht nur institutionelle Anleger ein klares Bild davon, was Korrelation ist, und wie sie sich im Zeitverlauf verhalten kann. Ein Asset, das über möglichst viele verschiedene Marktregimes eine niedrige oder negative Korrelation zu anderen Anlageklassen aufweist, hat das Potenzial, ein wichtiger Portfoliobaustein zu sein.

Was ist Korrelation?

Wir verzichten bewusst auf Formeln und Herleitungen und konzentrieren uns auf die praktische Bedeutung der Korrelation. Am Kapitalmarkt stellt sie die wechselseitige

13 Siehe Antonopoulos et al. (2021).

Beziehung zwischen den Entwicklungen zweier Anlageinstrumente dar. Diese Instrumente können Aktien, ETFs oder auch digitale Token sein. Der Grad der Korrelation der Anlageinstrumente wird durch den Korrelationskoeffizienten ausgedrückt, der Werte zwischen -1 und 1 annehmen kann. Perfekt positiv korrelierte Assets weisen einen exakten Gleichlauf auf und haben einen Koeffizienten von +1. Unkorrelierte Assets zeigen einen Wert von 0. Ein Koeffizient von -1 beschreibt perfekt negativ korrelierte Instrumente. Ein perfekter Gleichlauf bedeutet nicht, wie vielfach angenommen, eine gleiche Wertentwicklung. Steigt die Aktie Zick an jedem Tag um 0,5 % und die Aktie Zack an jedem Tag um 3,7 %, dann sind die täglichen Renditen dieser beiden Aktien ebenso perfekt korreliert wie die täglichen Renditen zweier Aktien, die jeden Tag um 1 % steigen.[14]

Korrelationen reflektieren einen statischen und in der üblichen Betrachtung linearen Zusammenhang zwischen den Preisveränderungen zweier Assets über einen bestimmten Beobachtungszeitraum.[15] Zwar ist eine Momentaufnahme interessant, kann aber auf Grund der Starrheit zu falschen Aussagen verleiten. Wer allein das Resultat einer statischen Betrachtung als Eingabewert für die Optimierung von Portfolios nutzt, sollte auf böse Überraschungen gefasst sein. Schon aus Gründen der Risikominimierung empfiehlt es sich, immer auch einen Blick auf den rollierenden Verlauf der Korrelationen zu werfen.

Bei der Betrachtung und Beurteilung von Korrelationen ist eine Prüfung auf deren Plausibilität unverzichtbar. Eine Korrelation bedingt keine Kausalität. Der US-Amerikaner Tyler Vigen zeigt dies eindrucksvoll auf seiner Webseite,[16] wo er eine Menge Beispiele für die so genannten spurious correlations[17] zusammengetragen hat. Zwei Beispiele hierfür sind der Zusammenhang der Entwicklung der Scheidungsrate im US-Bundesstaat Maine mit dem Pro-Kopf-Konsum von Margarine (Korrelationskoeffizient: 99,26 %) sowie der zwischen tödlichen Zusammenstößen von Autofahrern mit Zügen und den US-Ölimporten aus Norwegen. Die Webseite von Tyler Vigen ist ebenso empfehlenswert wie unterhaltsam.

Ein zeitloses Beispiel dafür, warum Korrelationswerte nicht ohne jeden Kontext im luftleeren Raum interpretiert werden sollten, lieferte der englische Statistiker Francis John Anscombe. Sein im Jahr 1973 veröffentlichtes Paper »Graphs in Statistical Analysis«[18] enthält das berühmte Anscombe's quartet, das vier Datensätze mitsamt der jeweiligen linearen Regressionsgraden und den zugehörigen Korrelationskoeffizienten darstellt (siehe Abbildung 5.14).

14 Korreliert sind immer die Renditen der Assets. Der Einfachheit halber wird dennoch von korrelierten Assets gesprochen.
15 Siehe Spiegelhalter (2020).
16 Siehe Vigen (2021).
17 »Scheinkorrelation oder englisch spurious relationship bezeichnet eine Korrelation (Übereinstimmung oder Entsprechung) zwischen zwei Größen, der kein Kausalzusammenhang, sondern nur eine zufällige oder indirekte Beziehung zu Grunde liegt«.
18 Siehe Anscombe (1973).

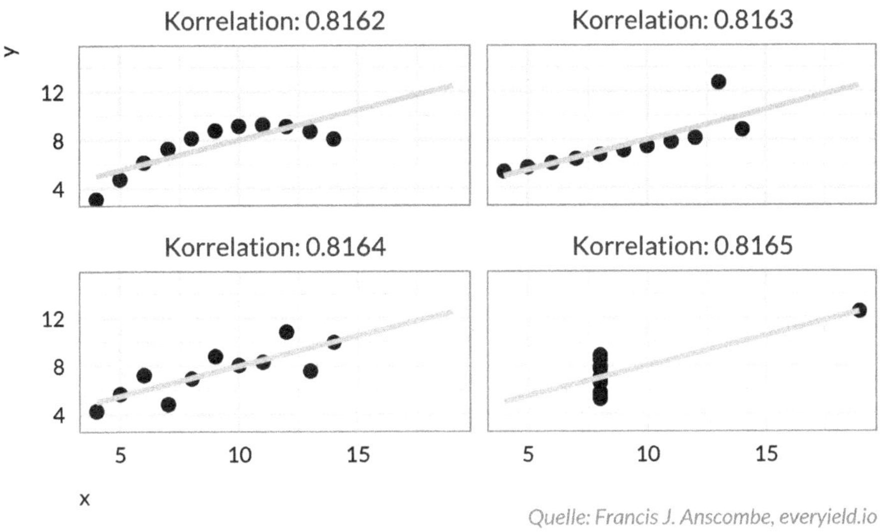

Abb. 5.14: Die Anscombe-Grafiken

Die Darstellung ist verblüffend. Während die Datensätze sich deutlich voneinander unterscheiden, zeigen sich die Differenzen der Korrelationskoeffizienten erst bei der vierten Nachkommastelle. Das Beispiel zeigt, warum es angeraten ist, neben der Begutachtung von Zahlen auch eine visuelle Beurteilung durchzuführen, wenn dies möglich ist.

Sowohl die Ausführungen von Tyler Vigen als auch die Darstellung von Francis Anscombe sollten Anleger daran erinnern, Korrelationskoeffizienten zwar ernst zu nehmen, aber die Kennzahl weder als statische Variable zu betrachten noch als alleinstehendes Kriterium für die Asset-Allokation einzusetzen.

Korrelation des Bitcoin zu konventionellen Assetklassen

Bei der Suche nach Argumenten, die für eine Allokation von Kryptoassets in Portfolios sprechen, nimmt die Korrelation einen prominenten Platz ein. Der langfristige Blick auf die täglichen Renditen seit 2013 zeigt, dass Bitcoin im Betrachtungszeitraum nahezu unkorreliert zu Aktien, Gold und Rohstoffen war (vgl. Abbildung 5.15).

Das mögliche Diversifikationspotenzial des Bitcoin offenbart sich auf den ersten Blick und es ist außergewöhnlich, denn üblicherweise sind die Renditen verschiedener Assetklassen mehr oder weniger miteinander korreliert, aber nicht vollends unkorreliert. Eine Absicherung gegen Verluste anderer Assets innerhalb eines Portfolios bot der Bitcoin im Betrachtungszeitraum jedoch nicht. Diese würde sich in einer nennenswert negativen Korrelation ausdrücken. Ziehen wir die rollierenden Korrelationen zur Betrachtung hinzu, bestätigt sich dieser Eindruck (vgl. Abbildung 5.16).

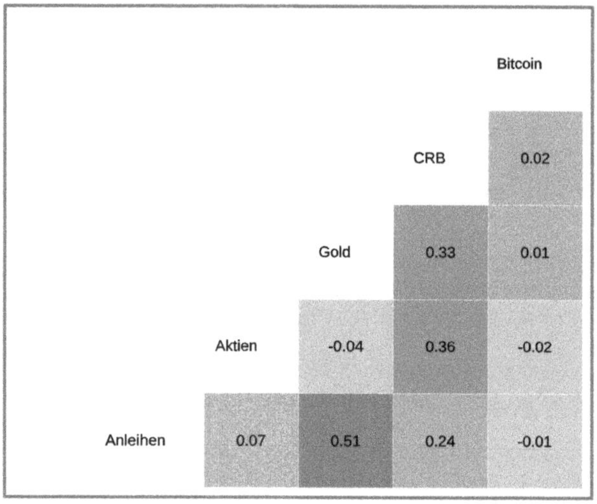

Abb. 5.15: Korrelationen verschiedener Assetklassen (2013-2020)

Quelle: messari.io, NorgateData.com, everyield.io

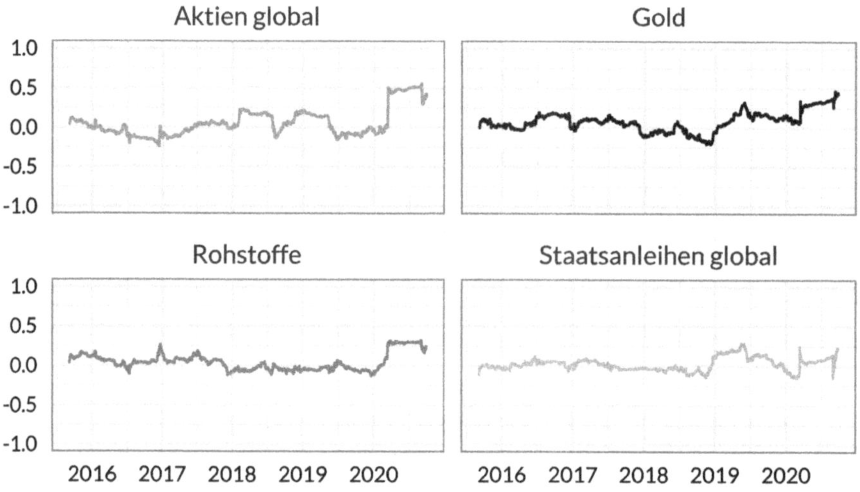

Quelle: messari.io, NorgateData.com, everyield.io

Abb. 5.16: Rollierende Korrelationen verschiedener Assetklassen zum Bitcoin (2018-2021)

Die rollierenden Korrelationen des Kryptoassets zu konventionellen Assetklassen bewegen sich in der Spanne von knapp unter Null bis etwa +0,25. In den letzten Quartalen zeigten sich auch höhere positive Werte, die möglicherweise ein Zeichen für die Teilnahme breiterer Anlegerschichten sind. Eine fortgesetzte Normalisierung der Einordnung von Kryptoassets als akzeptierte Anlageklasse dürfte mit einer generellen Erhöhung der Korrelation zu den konventionellen Investments einhergehen. Dieses

Muster ist bekannt und lässt sich in einem Satz beschreiben. Wenn immer mehr Anleger unkorrelierte Assets kaufen, dann sind diese Assets irgendwann keine unkorrelierten Assets mehr. So weit ist es noch nicht, und selbst ein längerfristiges Korrelationsniveau von 0,5 würde noch für ein bedeutendes Diversifikationspotenzial stehen.

Abbildung 5.16 verdeutlicht, warum der Blick auf statische Korrelationen stets um rollierende Korrelationen ergänzt werden sollte. Zum einen kann diese Prüfung Investoren vor zu rasch gezogenen, falschen Schlüssen bewahren. Eine statische Korrelation kann ein Artefakt sein und sich in der Praxis bestenfalls als nutzlos und schlimmstenfalls als schädlich herausstellen. Die Visualisierung der Korrelationen im Zeitverlauf offenbart die Risiken schlichter Portfoliooptimierungen, die bereits auf Grund simpler Ertragsschätzungen oft auf wackeligen Beinen stehen. Eine solche Betrachtung kann auch zu neuen Ideen führen, wie etwa der Ausnutzung zyklischer Korrelationsveränderungen für die Konstruktion von Portfolios.

Aus einem temporären Anstieg der Korrelation zwischen zwei Assets sollte ebenso wenig sofort eine Veränderung des generellen Charakters abgeleitet werden wie aus einem temporären Ausreißer nach unten. Der Blick auf die Verteilung der Korrelationen des Bitcoin zu den konventionellen Assetklassen (siehe Abbildung 5.17) zeigt einen deutlichen Schwerpunkt um die Marke von Null sowie einige Häufungen in der Spanne zwischen 0,25 und 0,5.

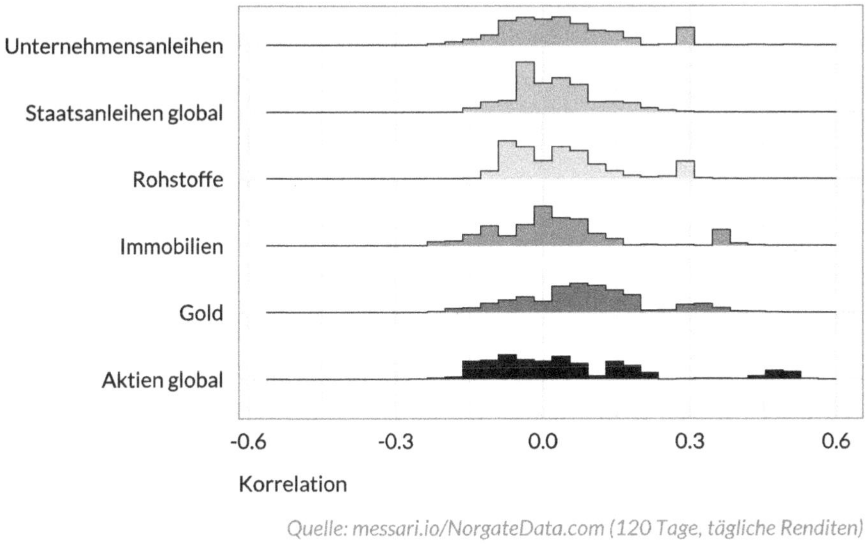

Abb. 5.17: Verteilung der Korrelationen verschiedener Assetklassen (2018-2021)

Die rollierenden Korrelationen des Bitcoin zu konventionellen Anlagen bestätigten in den letzten Jahren das hohe Diversifikationspotenzial. Dieser Effekt ist nicht nur in einer Stichtagsbetrachtung zu sehen, sondern zeigt sich über ein längeres Zeitfenster.

Sehr negative Korrelationen zeigt auch diese Darstellung nicht. Die Einstufung von Bitcoin als Instrument zur Absicherung gegen Kursverluste anderer Anlageklassen lässt sich daher aus den vorliegenden Daten nicht herauslesen.

Korrelation zwischen Kryptoassets

Die Korrelationen innerhalb der Kryptoassets geben Auskunft darüber, ob die Streuung einer Anlage in verschiedene Token im Vergleich zu einer alleinigen Anlage in Bitcoin zu einem nennenswerten Diversifikationseffekt führen kann.

Bitcoin ist derzeit die Ankerwährung des Kryptobiotops. Der grundlegende Eindruck vieler Anleger lässt sich daher in zwei Sätzen zusammenfassen. Eine nachhaltige Schwäche des Bitcoin belastet auch den Großteil der anderen Token. Befindet sich der Bitcoin hingegen in einem anhaltenden Aufwärtsmarkt, so entwickeln sich auch die meisten anderen Token positiv. Im großen Bild ist dieser Eindruck nicht falsch, jedoch ist diese Erkenntnis nicht besonders erhellend, zeigt sich dieses Muster doch auch am Aktienmarkt. Vergleichbare übergeordnete Tendenzen sollten Anleger jedoch nicht dazu verleiten, von einem permanenten Gleichlauf aller Kryptoassets auszugehen und potenzielle Möglichkeiten zur Diversifikation zu ignorieren.

Um eine belastbare Aussage treffen zu können, müssen Anleger den Blick auf die Korrelationen innerhalb der Assetklasse richten. Abbildung 5.18 zeigt die rollierenden Korrelationskoeffizienten einiger Altcoins zu Bitcoin.

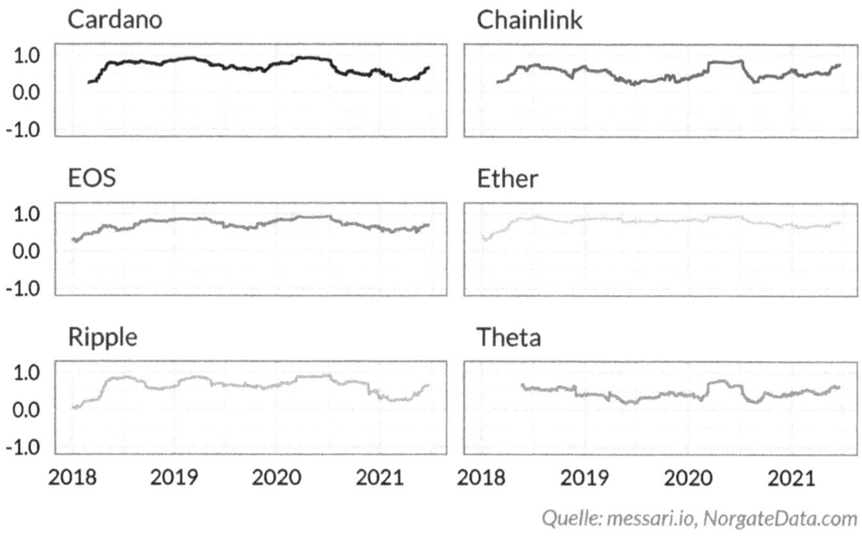

Abb. 5.18: Rollierende Korrelationen innerhalb der Kryptoassets (2018-2021)

Die dargestellten Altcoins weisen hohe, aber keineswegs stabile oder gar gleichlaufende Korrelationswerte zu Bitcoin auf. Während die Renditen des Ether stark mit denen des Bitcoin korreliert sind, weisen Theta oder Ripple eindeutig ein Eigenleben auf. Phasen negativer Korrelationen hingegen sind so gut wie nicht vorhanden. Eine Absicherungsfunktion durch die Kombination bestimmter Token sollten Investoren daher nicht erwarten.

Wie bei der Darstellung des Bitcoin und der konventionellen Assetklassen wollen wir auch innerhalb des Kryptosektors einen Blick auf die Verteilung der Korrelationen werfen (vgl. Abbildung 5.19).

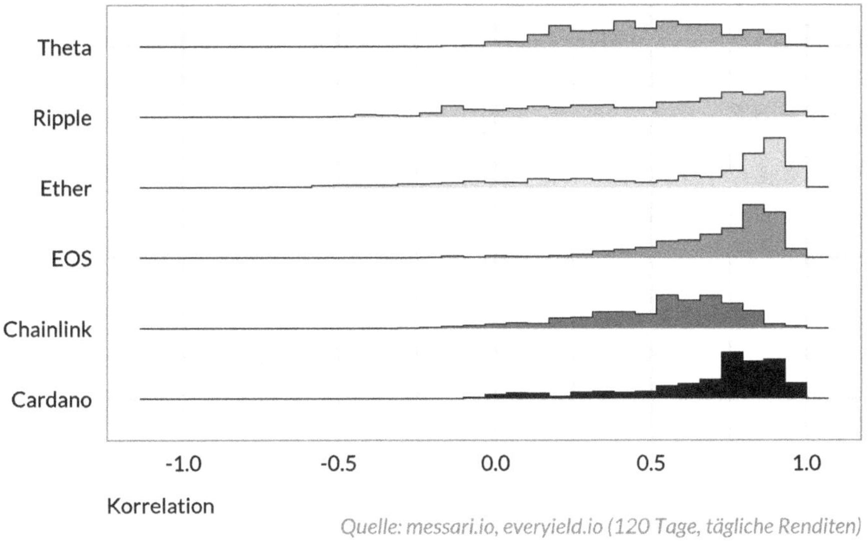

Abb. 5.19: Verteilung der Korrelationen verschiedener Kryptoassets zum Bitcoin

Die Darstellung unterstützt die These, der Verlauf des Bitcoin sei der dominierende, aber nicht der einzige Faktor für die Performance der Altcoins. Es gibt Phasen, in denen sich einzelne Coins entkoppeln können, und bestimmte Eigenschaften wie die Sektorzugehörigkeit führen zu einer Ausdifferenzierung klar unterscheidbarer Korrelationsprofile. Die Verteilung der Korrelation des Theta (Infrastruktur für dezentrales Videostreaming) zum Bitcoin unterscheidet sich deutlich von der des Cardano (Multi-Purpose Blockchain Plattform). Die schrittweise stattfindende Spezialisierung im Kryptobiotop führt zu einer zunehmenden Herausbildung klar voneinander abzugrenzender Sektoren und Kategorien, denen Projekte und deren Token zugeordnet werden. Dies vereinfacht den Anlegern eine differenziertere Betrachtungsweise und fördert die schrittweise Entkopplung der Kursentwicklungen vieler Altcoins vom Bitcoin.

Fazit

Bei der Beurteilung von Kryptoassets richtet sich der Fokus eines für die Asset-Allokation verantwortlichen Portfolio-Managers nicht allein auf die Renditen und die absoluten Kursschwankungen. Kaum weniger relevant sind bei der Konstruktion diversifizierter Portfolios die Korrelationen des Bitcoin zu anderen Anlageklassen. Wie der zurückliegende Abschnitt zeigte, hat nicht nur der Bitcoin diesbezüglich einiges zu bieten. Das wachsende Interesse institutioneller Anleger, denen es um den Kapitalerhalt über Generationen hinweg geht, kommt daher nicht überraschend.

Zusätzlich zum Potenzial positiver Marktwertveränderungen und dem in diesem Abschnitt dargestellten hohen Diversifikationspotenzial entwickelt sich im Decentralized-Finance-Sektor (DeFi) des Kryptomarktes eine weitere Komponente, die der konventionelle Anleihemarkt in weiten Teilen nicht mehr bieten kann: Zinsen.

Zinsen auf Kryptos

Die globale Nullzinspolitik der Notenbanken, die zu niedrigen und vielfach negativen Renditen vieler Staatsanleihen geführt hat (vgl. Abbildung 5.20), stellt eine enorme Belastung für institutionelle Anleger dar. Der Begriff finanzielle Repression[19] fasst die Konsequenzen der politisch verordneten Einflussnahme auf das Zinsniveau und damit auf die Kredit- und Kapitalallokation treffend zusammen. War der Kaufkraftverlust des Geldes früher der erklärte Gegner zumindest einiger Zentralbanken, so ist er mittlerweile zu einem wichtigen Ziel erkoren worden. Einigen gilt dieser Sinneswandel als »schlauer und einfacher Weg« der Entschuldung von Staaten. Dies ist jedoch einzig die Sichtweise derer, die sich ohne Aufwand ihrer Schulden entledigen wollen. Für Kapitalanleger, und dazu gehören indirekt über Versorgungswerke und Pensionskassen sehr viele Menschen, sind die angestrebten Kaufkraftverluste unerfreulich bis Existenz gefährdend.

Liegt die Inflationsrate dauerhaft über den am Markt erzielbaren Zinsen, führt dies zu einer langsamen Entschuldung des Staates und im Umkehrschluss zu einer schleichenden Enteignung der Kapitalanleger. Institutionelle Anleger stellt dies auf Grund der strikten regulatorischen Anforderungen vor große Probleme, müssen sie doch oft in qualitativ hochwertige Zinspapiere investieren. Wie hochwertig eine Finanzanlage ist, die dem Anleger keine positiven Zinsen einbringt, sondern im Gegenteil sogar laufend sichere Verluste einfährt, steht auf einem anderen Blatt. Jede Fälligkeit einer vor einiger Zeit noch mit einer positiven Rendite erworbenen Anleihe zieht eine Wiederanlage zu niedrigen oder negativen Zinsen nach sich und verschlimmert und verstetigt so das

19 Zwei Artikel zur finanziellen Repression: https://mises.org/library/meaning-financial-repression, https://www.imf.org/en/Publications/WP/Issues/2019/09/30/Financial-Repression-is-Knocking-at-the-Door-Again-48641.

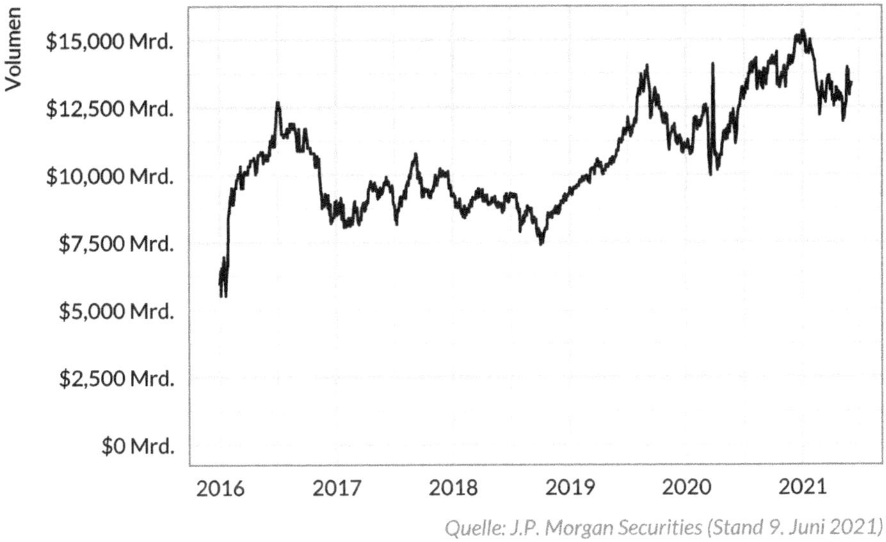

Abb. 5.20: Weltweit ausstehendes Volumen an globalen Staatsanleihen mit negativer Rendite

Problem. Die Planungen vieler US-Pensionskassen, die auf Renditeprognosen von 7 % jährlich oder mehr basieren, sind Makulatur. Die Zinskurven der US-Treasuries und deutscher Bundesanleihen zeigen, in wie weite Ferne die Normalität am Anleihemarkt trotz der jüngsten Renditeanstiege gerückt ist (vgl. Abbildung 5.21).

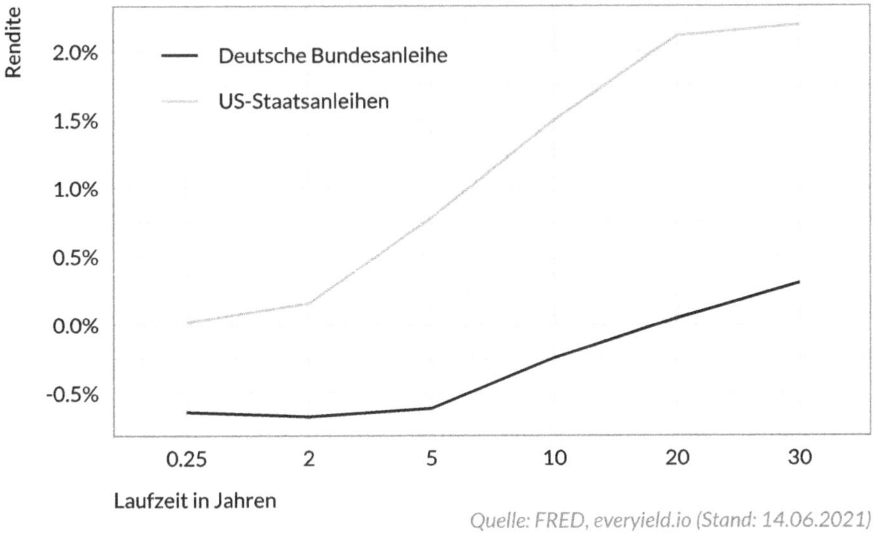

Abb. 5.21: Zinskurven USA und Deutschland

Der Erwerb länger laufender Anleihen führt zwar zu einer höheren Fälligkeitsrendite, dieser Effekt genügt jedoch nicht für die Erreichung der oft aus einer anderen Zeit stammenden Anlageziele und wird zudem mit einem deutlich höheren Zinsänderungsrisiko bezahlt. Bei deutschen Staatsanleihen müssen Anleger Papiere mit einer Laufzeit von mehr als zehn Jahren kaufen, um die Marke von 0 % Rendite vor Kosten zu überschreiten. Im Vergleich dazu ist die Situation für Pensionskassen in den Vereinigten Staaten geradezu komfortabel, wenn auch die Renditen auf US-Staatsanleihen mit zehnjähriger Laufzeit weit von ihrem Mittelwert seit 1962 entfernt sind. Dieser liegt bei rund 6 %.

Einen Schritt, den viele institutionelle Anleger bereits gegangen sind, ist die Erhöhung des Risikos. In der Regel erfolgt dies durch den Erwerb von Unternehmensanleihen als Ersatz für die niedriger rentierlichen Staatspapiere. Da auch die Risikoaufschläge von Unternehmensanleihen mit einem Investment Grade Rating[20] gesunken sind, weichen institutionelle Anleger bereits oft auf Anleihen mit schwächerem oder gar keinem Rating aus. Durch die anhaltende Nachfrage nach diesen Titeln sanken auch deren Renditen deutlich. Abbildung 5.22 zeigt die mittleren Renditen von US-High Yield-Anleihen. Die Renditen entsprechender Euro-Papiere sind noch niedriger.

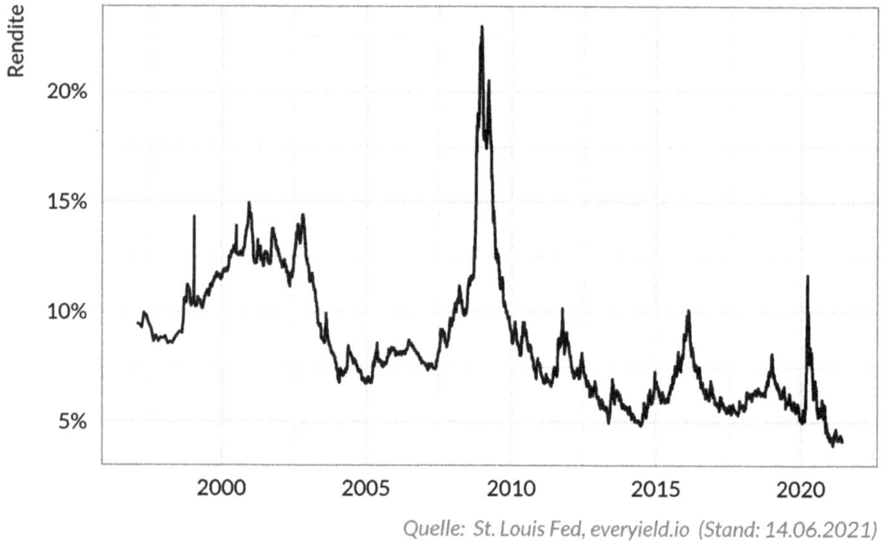

Abb. 5.22: Mittlere Rendite von US-High Yield-Anleihen

Gegenwärtig beträgt die Rendite für US-High Yield-Anleihen rund 4 %. Das ist ein Allzeittief und ein bemerkenswerter Wert vor dem Hintergrund einer mittleren jährlichen Ausfallrate solcher Papiere, die laut der Ratingagentur S&P bei 4 % liegt. Von

20 Ein Investment Grade Rating ist eine Einstufung einer anerkannten Rating Agentur zwischen AAA bis BBB- (Standard & Poor's, Fitch Ratings) bzw. Aaa und Baa3 (Moody's).

einem attraktiven Verhältnis von Chancen und Risiken kann auf diesem Niveau keine Rede sein. Allein der finanzielle Druck spült immer noch Investoren in dieses nur noch schlecht bezahlte Risiko.

Die bereits aufgerissenen Finanzierungslücken bei vielen Pensionskassen und Versorgungswerken sind unabhängig von den gewählten Laufzeiten und Risikoklassen auf dem aktuellen Renditenniveau durch Anleihen nicht mehr zu schließen. In letzter Konsequenz wird es zu Beitragserhöhungen, Auszahlungskürzungen oder zu einer Kombination aus beiden Maßnahmen kommen. Das ist die Kehrseite der Theorie von der vermeintlich »schlauen und einfachen« Entschuldung. Während eine Anlage in Staatsanleihen sich vom risikolosen Zins zum zinslosen Risiko gewandelt hat, steigt der Druck auf institutionelle Anleger und mit ihm die Bereitschaft, sich ernsthaft mit Alternativen zu beschäftigen.

Alternativen

Zinssätze schließen eine Lücke zwischen den Akteuren auf dem Finanzmarkt. Sie bringen Marktteilnehmer mit unterschiedlichen Bedarfen, Zielsetzungen und Anlagehorizonten zusammen. In einem funktionierenden Markt fungiert der Zins als regulierender Faktor, der Angebot und Nachfrage zusammenbringt. Zugleich drückt der Zins in einem funktionierenden Markt die Einschätzung des Risikos einer Anlage aus und ist somit eine zentrale Kennzahl mit hohem Informationsgehalt und einer entsprechenden Signalfunktion. Jeder weiß, es gibt nichts geschenkt, und hinter hohen potenziellen Erträgen stehen große Risiken, die schlagend werden können oder auch nicht. Die hohe Rendite ist die Entlohnung für das Eingehen solcher Risiken.

Im überwiegenden Teil des weltweiten Anleihemarkts sind beide genannten Funktionen außer Kraft gesetzt. Insbesondere institutionelle Anleger stehen auf Grund der künstlich gedrückten Zinsen unter einem hohen Anlagedruck und kaufen vereinfacht gesagt diejenigen Papiere, die anlagerichtlinienkonform sind und die höchsten Renditen aufweisen. Die Risikowahrnehmung hat sich nicht nur verschoben, sondern in weiten Teilen aufgelöst. So verlassen sich Anleger auf die dauerhafte Fortsetzung der Zentralbankeingriffe und manche sehen das größte Risiko darin, nicht aggressiv genug investiert zu sein.

Die veränderte Risikoneigung und die notgedrungene stetige Aufweichung von Anlagerichtlinien auf der Jagd nach zumindest nominal positiven Renditen sorgt bei Anlegern mit langjähriger Kapitalmarkterfahrung für Unbehagen. Die Angst vor einer Rückkehr der systemischen Finanzmarktverwerfungen mit potenziell üblen Folgen für klassische Anleihenportfolios führt zu einer größeren Offenheit gegenüber anderen Märkten, wie etwa dem Decentralized Finance Sektor (DeFi) des Kryptobiotops.

Dezentralisierte Finanzdienstleistungen boomen. Wurden viele Ideen aus diesem Bereich vor nicht allzu langer Zeit bestenfalls belächelt, zeigen sich nun viele angesichts der Entwicklung zahlreicher funktionierender Projekte positiv überrascht. Vor allem die Entstehung eines florierenden Zinsmarktes für Kryptoassets weckte auch das Interesse klassischer Anleiheanleger. Für die Wahrnehmung digitaler Assets bei relevanten institutionellen Anlegern war die Etablierung eines solchen Segments daher ein wichtiger Schritt.

Es gibt zwei Möglichkeiten, Zinsen oder zinsähnliche Einnahmen mit Kryptoassets zu erzielen, das Krypto Lending und das Krypto Staking. Während das Ziel der Anleger bei beiden Ansätzen gleich ist, unterscheiden sich die Vorgehensweisen deutlich.

Krypto Lending

Das Krypto Lending ist vergleichbar mit banküblichen Repogeschäften[21], bei denen innerhalb einer Transaktion simultan eine Vereinbarung zum Verkauf und späteren Rückkauf eines Assets geschlossen wird.

Der Kern der Kryptoasset-Leihe ist simpel. Kreditnehmer können ihre Krypto-Vermögenswerte auf einer Lending-Plattform als Sicherheit an einen Smart Contract transferieren. Im Gegenzug erhält der Verleiher die entsprechende Summe eines anderen Tokens, in der Regel eines Stablecoins. Auch Auszahlungen in Fiat-Währungen sind möglich. Für die Dauer des Leihgeschäfts erhält der Verleiher zudem Zinsen, deren Höhe von der Nachfrage nach dem verliehenen Asset sowie von der genutzten Plattform abhängt. Der dargestellte Prozess ist aus dem klassischen Finanzwesen bekannt, läuft aber in der dezentralen Welt vollständig programmbasiert auf Basis von Smart Contracts ab. Das Verfahren ist daher effizient und der administrative Aufwand ist marginal.

Bei diesem beispielhaften Geschäft handelt es sich um einen mit Kryptoassets besicherten Kredit. Sollte der Kurs dieses Assets deutlich fallen, muss der Kreditnehmer die Summe der gestellten Sicherheiten erhöhen, also eine zusätzliche Summe des Kryptoassets an den Smart Contract senden. Kommt der Kreditnehmer dieser Nachschusspflicht nicht nach, wird das Geschäft automatisch glattgestellt, und vor der Rückgabe der Sicherheiten wird von diesen ein Strafbetrag abgezogen, der dem Kreditgeber zugutekommt. Sollte ein Kreditnehmer seinen Kredit gar nicht zurückzahlen können oder wollen, fallen die Sicherheiten zur Gänze an den Kreditgeber.

Die Vorteile des Krypto Lending liegen in der Geschwindigkeit und den vollständig automatisierten Prozessen. Wer einen Kryptokredit aufnehmen möchte, der kann dies binnen weniger Minuten erledigen. Kommt es zu einer Zahlungsverzögerung oder einem Zahlungsausfall, erfolgt die Abwicklung ebenfalls umgehend, programmgesteuert und final. Den Vorteilen stehen entsprechende Risiken gegenüber. Zum einen müssen die Nutzer zentralisierten Lending-Plattformen vertrauen, die ihre Private Keys verwalten. Des Weiteren bestehen die üblichen Risiken aus den Smart Contracts. Die Renditen sind jedoch beachtlich, liegen doch die Zinssätze für Bitcoin derzeit zwischen

21 Rückkaufvereinbarung oder Repo (Abkürzung von englisch repurchase operation).

3,4 % und 7,5 % p. a. und für USD Stablecoins teilweise noch höher.[22] Hier zeigt sich die Nachfrage nach US-Dollar im Kryptosystem.

Krypto Staking

Das Bitcoin-Netzwerk nutzt einen Proof-of-Work-Algorithmus zur Validierung von Transaktionen. Andere Netzwerke nutzen einen Proof-of-Stake-Algorithmus, der nicht auf die Verrichtung von Arbeit durch Computer setzt, sondern auf einen Abstimmungsprozess. Für diesen Vorgang werden Token benötigt, und jeder Halter kann seine Bestände oder einen Teil davon zur Verfügung stellen, sie also »staken«. Dies ist in vielen Fällen komfortabel direkt aus zahlreichen Wallets möglich. Die Token werden dann für eine bestimmte Periode – manchmal auch nur einen Tag – per Smart Contract gesperrt, so dass ein Verkauf innerhalb dieses Zeitraums nicht möglich ist. Für die Bereitstellungsdauer wird das Staking mit Staking Rewards belohnt. Diese unterscheiden sich je nach Token, sind aber oft erklecklich und liegen oft deutlich höher als die Renditen an den Märkten für High Yield-Unternehmensanleihen.

Krypto Lending und Krypto Staking sind nicht zu unterschätzende Komponenten des Kryptobiotops. Während die Berichterstattung meistens von den enormen Kursgewinnen der vergangenen Jahre dominiert ist, sollten die Themen Lending und Staking gerade in ruhigerem Fahrwasser oder länger anhaltenden Seitwärtsphasen an Bedeutung gewinnen. Vor allem das Staking kann für institutionelle Anleger, die ihre Positionen langfristig halten, eine interessante Option darstellen. Besitzer von Ether können derzeit rund 6,5 % p. a. für das Staking ihrer Coins erzielen. Aktuell setzen Anleger zu diesem Zweck bereits Ether im Gegenwert von mehr als zehn Milliarden US-Dollar ein.[23]

Rendite – The sky and other limits

Viele Anleger haben zwei Dinge vor Augen, wenn sie an den Bitcoin und andere Kryptoassets denken. Das eine sind starke Kursanstiege. Die Kehrseite sind hohe Kursschwankungen. An beidem herrschte in der noch kurzen Geschichte der digitalen Token kein Mangel. So zogen die rasch steigenden Preise 2013 und 2017 zwar zahlreiche Anleger an, eine emotional getriebene Hausse unter Beteiligung größerer Teile der Bevölkerung, wie sie sich zur Jahrtausendwende im Hype um die so genannten »Internet-Aktien« abgespielt hat, war jedoch bisher nicht zu erkennen.

Einer der Gründe dafür waren die anfangs noch hohen Einstiegshürden für technisch nicht versierte Anleger. Zwar konnte jeder, der sich eine Weile mit der Materie beschäftigt hatte, zu Beginn mit einfachen Wallets hantieren und so auch an Initial Coin Offerings teilnehmen. Das war und ist jedoch nicht Jedermanns Sache und daher kann sich

22 Stand Juni 2021.
23 Rendite und Volumen jeweils Stand Juni 2021.

eine wirklich breit angelegte Hausse erst dann entwickeln, wenn der Kauf von Kryptos für jeden so einfach ist wie der Versand einer E-Mail. Der Markteintritt verbreiteter Plattformen wie PayPal, Visa und Square hat die ehemals hohen Eintrittsbarrieren de facto abgeschafft.

Der zweite Grund für die Zurückhaltung vieler potenzieller Investoren ist die Überbetonung der Schwankungsbreiten. Diese führt bei alleiniger Betrachtung in die Irre, denn der hohen Volatilität stehen enorme Kurssteigerungen gegenüber. Während sich nicht investierte Beobachter weiterhin vor Kursausschlägen fürchten, erinnern sich frühzeitig eingestiegene Besitzer von Bitcoin vermutlich eher an die über Jahre hinweg hohen Renditen. Der Zinseszinseffekt kommt bei solchen Steigerungsraten rasch zum Tragen und führt zu erstaunlichen Resultaten.

Für die Auswertung der historischen Preisentwicklung des Bitcoin gegenüber dem US-Dollar haben wir als Startzeitpunkt das Jahr 2011 gewählt. So können wir auf eine zehnjährige Historie zurückblicken, ohne den ersten Jahren nach dem Start des Bitcoin-Netzwerks ein zu hohes Gewicht zuzuschreiben. Kaum jemand hatte damals die Gelegenheit und das notwendige Wissen, um zu investieren. Von daher sollte man den seinerzeit bereits visionären Anlegern ebenso neidfrei gratulieren wie denen, die vielleicht durch Glück oder ein Onlinespiel zu einer Position gelangt sind. Den normalen Anleger repräsentieren diese Früheinsteiger jedoch nicht.

Performance

Neben dem Reiz des Neuen entwickelte vor allem die Kursentwicklung mit den Jahren eine zunehmende Sogwirkung. Trotz aller Schwankungen und den häufigen technischen Problemen zahlreicher Handelsplattformen gibt es wohl kaum ein Asset mit einem zwischenzeitlichen Marktwert von mehr als einer Billion US-Dollar, das auf eine vergleichbare Zehnjahresperformance zurückblicken kann (vgl. Abbildung 5.23).

Die Gesamtentwicklung wird vom Jahr 2013 geprägt, aber auch in den folgenden Jahren schob sich der Bitcoin vor die meisten anderen Assetklassen. Selbst ohne die extreme Entwicklung des Jahres 2013 wären aus einem Dollar 77 Dollar geworden. Streicht man das Jahr 2017 ebenfalls aus der Historie, verbleibt immerhin noch fast eine Versechsfachung des eingesetzten Kapitals (vgl. Abbildung 5.24).

Da es nicht für jeden Anleger zu jeder Zeit einfach möglich war, Bitcoin zu erwerben, ist es sinnvoll, sich die verschiedenen Lebensphasen des Bitcoin anzuschauen.

Der Startschuss für die Teilnahme einer breiteren Anlegerschar fiel durch die Entstehung öffentlicher Handelsplätze. Nach der Umwandlung von Mt. Gox[24] von einer Online-Tauschbörse für Sammelkarten in eine Plattform zum Handel von Bitcoin im Jahr 2015 entwickelte sich von Asien ausgehend ein rasch wachsendes Netzwerk international verfügbarer Handelsplätze für Kryptowährungen. Das Handelsvolumen

24 Siehe McMillan (2014).

Abb. 5.23: Kursentwicklung des Bitcoin (19. August 2011 = 100)

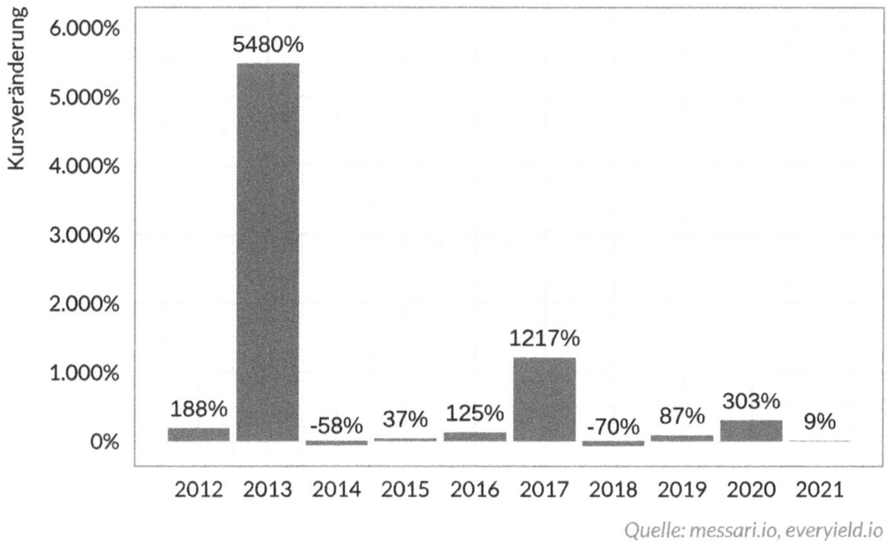

Abb. 5.24: Jährliche Kursveränderungen des Bitcoin, Stand 22.6.2021

normalisierte sich fortan und zeigte nach der rasanten Anfangsphase ab dem Jahr 2015 ein stabiles Wachstum.

Die Performance in den einzelnen Lebenszyklen des Bitcoin zeigt Abbildung 5.25.

Die Kursgewinne der ersten Phase führten den Bitcoin im wahrsten Sinne aus dem Nichts heraus auf einen Marktwert von fast 14 Milliarden US-Dollar. Die euphorische Phase der Jahre 2015 bis 2018 mit ihren zahlreichen Initial Coin Offerings legte

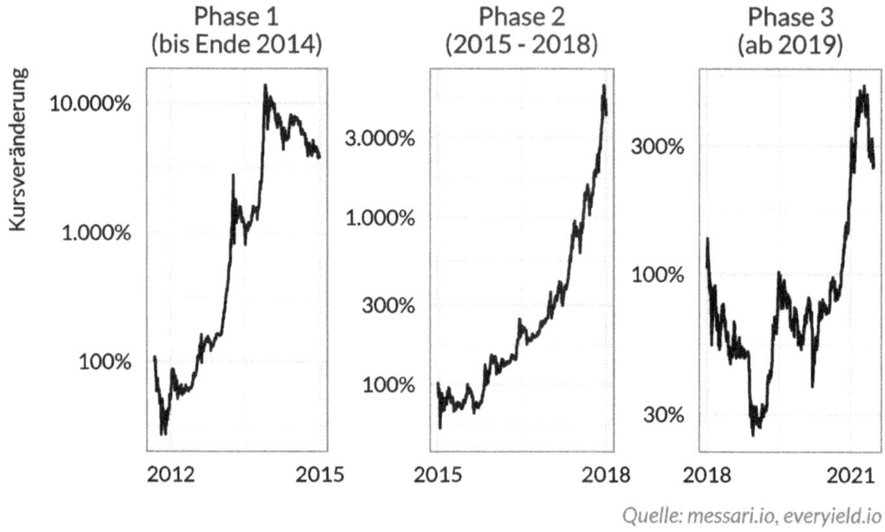

Abb. 5.25: Entwicklung des Bitcoin in verschiedenen Phasen

dann den Grundstein für die vermutlich etwas zu optimistischen Erwartungen an das Kurspotenzial der kommenden Jahre. In weniger als vier Jahren stieg die Marktkapitalisierung auf 300 Milliarden US-Dollar. Seit dem legendären Pizza Trade vom 18. Mai 2010 zwischen Laszlo Hanyecs und Jeremy Sturdivant war der Kurs des Bitcoin von 0,0028 US-Dollar auf rund 20 000 US-Dollar gestiegen.[25]

Selbst wenn das mancherorts prognostizierte Ziel von einer Million US-Dollar pro Bitcoin erreicht würde, bedeutete dies ausgehend von einem Bitcoin-Kurs in Höhe von 60 000 US-Dollar »lediglich« eine Versechzehnfachung. Das wäre ohne Frage ein bemerkenswerter Anstieg, der jedoch eine Dimension hat, in die auch andere Assets vorstoßen können. Beispiele aus der jüngeren Vergangenheit sind der Anstieg des Rhodium-Preises oder auch die Verteuerung der EU-Emissionsrechte, deren Preis in den letzten drei Jahren ausgehend von einem Preis von zwei Euro je Tonne CO^2 um mehr als das Zwanzigfache auf mehr als 45 Euro je Tonne zulegte.

Es soll an dieser Stelle nicht darum gehen, den Sinn oder Unsinn bestimmter Kursziele zu beurteilen. Anleger sollten jedoch wie bei anderen Assetklassen die vergangene Entwicklung nicht einfach in die Zukunft fortschreiben, denn ein Rückgang der Wachstumsrate wäre nach den »wilden Jahren« nicht ungewöhnlich. Gemeinsam mit einer tendenziell sinkenden Volatilität könnte sie als Zeichen der Normalisierung gewertet werden. Diese sollte sich auch in der Verteilung der täglichen Renditen zeigen, denn tägliche Kurssprünge von 20 % oder mehr sind in der Regel ein Anzeichen für einen illiquiden Markt.

25 Jedes Jahr am 18. Mai feiern Bitcoin-Enthusiasten diesen Tag in Erinnerung an die Transaktion von Laszlo Hanyecs, der zwei Pizzen für 10 000 Bitcoin erwarb. Lieferung inklusive.

Volatilität: Was sich bewegt, lebt.

Hat sich der Charakter des Bitcoin als Assetklasse in den letzten Jahren bereits verändert? Um das zu beurteilen, werfen wir einen Blick auf die Verteilung der täglichen Wertveränderungen des Kryptoassets in den drei Lebensphasen des Bitcoin (siehe Abbildung 5.26).

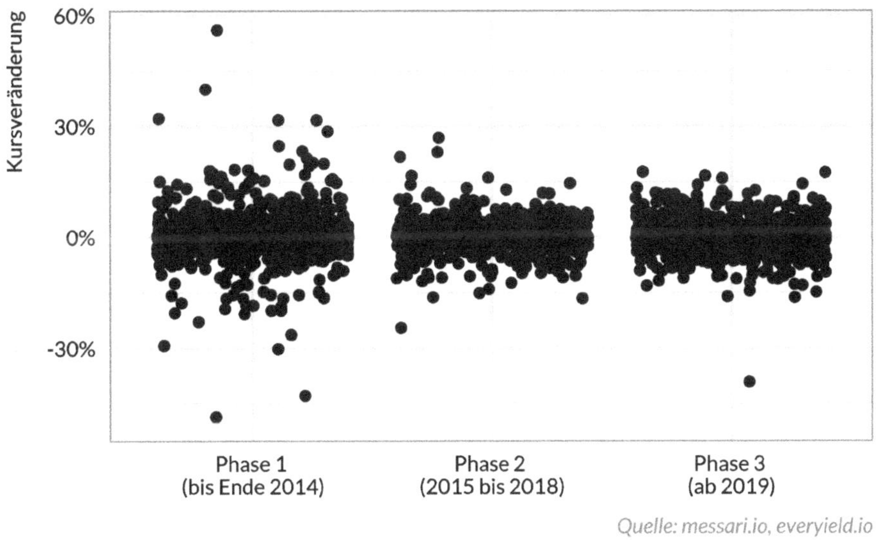

Abb. 5.26: Tägliche Veränderung des Bitcoin gegen den US-Dollar

Die geradezu chaotischen Verläufe in den frühen Jahren des Bitcoin sind beeindruckend und dennoch gehen die damaligen Turbulenzen bei der Betrachtung eines Mehrjahrescharts oft unter. Was aber im langfristigen Verlauf eine kaum sichtbare Delle ist, entpuppt sich bei näherer Betrachtung oft als enormer Kurseinbruch, der manchen Aktiencrash in den Schatten stellt. Kursausschläge im zweistelligen Prozentbereich waren damals an der Tagesordnung. Erst mit den Jahren beruhigte sich der Verlauf allmählich, wenn auch einzelne heftige Einbrüche den Bitcoin bis heute begleiten. In der Tendenz ist jedoch aller Wildheit zum Trotz eine schrittweise Normalisierung zu erkennen.

Im nächsten Schritt wollen wir untersuchen, ob sich die Verteilung der täglichen Kursveränderungen des Bitcoin an eine Normalverteilung angenähert hat. Die Renditen finanzieller Assets sind nie exakt normalverteilt, denn die Häufigkeit extrem negativer und extrem positiver Kursveränderungen ist deutlich höher als dies bei normalverteilten Renditen der Fall wäre. Dennoch ist es interessant, wie ausgeprägt und wie häufig die großen Ausreißer gegenüber einer Normalverteilung sind. Ein probates Mittel, dies zu visualisieren, ist die Betrachtung eines Quantile-Quantile-Plots, kurz QQ-Plots.

Wer so einen Chart noch nie gesehen hat, sollte sich nicht abschrecken lassen. Die Interpretation einer solchen Abbildung ist denkbar einfach, und man gewöhnt sich schnell an diese klare Form der Darstellung.

Ein QQ-Plot stellt die Quantile[26] einer empirischen Verteilung den theoretischen Quantilen einer Verteilung, meistens einer Normalverteilung, gegenüber.[27] Die Werte der empirischen Verteilung sind in unserem Fall die täglichen Renditen des Bitcoin, die auf der y-Achse abgetragen werden. Die Werte der theoretischen Normalverteilung werden auf der x-Achse abgetragen und bilden eine ansteigende Diagonale (siehe Abbildung 5.27). Liegen die beobachteten Renditen auf der ansteigenden Geraden, dann sind sie exakt normalverteilt. Das ist bei Assetpreisen nicht zu erwarten, es wäre eher verdächtig, da die Normalverteilung die Eintrittswahrscheinlichkeit sehr positiver oder sehr negativer Veränderungen von Assetpreisen deutlich unterzeichnet.

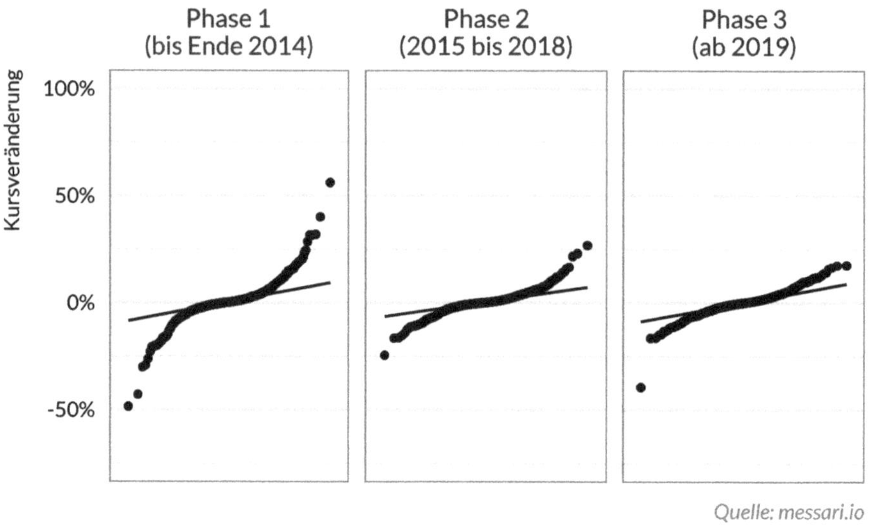

Abb. 5.27: QQ-Plot der wöchentlichen Kursveränderungen des Bitcoin gegen den US-Dollar

Auch ohne akademische Anstrengungen genügt der rasche Blick auf die Kursentwicklung des Bitcoin, um über die Renditen das Urteil »nicht normal verteilt« zu fällen. Interessant ist jedoch die von Phase zu Phase stattfindende Normalisierung.

Die erste Phase zeigt das, was man im angelsächsischen Sprachraum einen »wild ride« nennen würde. Auch hierzulande blickt mancher angesichts einiger vermeintlich verpasster Gelegenheiten etwas melancholisch zurück auf diese Zeit mit nahezu

26 Quantile definieren einen bestimmten Teil einer Datenmenge. Das p-Quantil legt fest, wie viele Werte einer Verteilung über oder unter der Grenze p liegen. Der Median ist somit das 0,5-Quantil.
27 Siehe Nekrasov (2014).

senkrechten Kursanstiegen und ohne Regulierung. Obwohl es mittlerweile weniger erratisch zugeht, ist das hohe Schwankungsrisiko weiterhin eines der häufigsten Argumente gegen die Allokation von Kryptoassets. Es mag nachvollziehbar sein, den Fokus auf das Schwankungsrisiko einer Anlageklasse zu richten. Eine Einordnung des Risikos einer Anlage sollte jedoch nicht ohne eine Einschätzung des Potenzials erfolgen. Zudem sollte ein Urteil nicht einmalig und für alle Zeiten gefällt, sondern regelmäßig überprüft werden. Die für das Risiko einer Assetklasse relevanten Eigenschaften, wie beispielsweise die Liquidität, verändern sich im Zeitverlauf oft deutlich.

Diese Änderungen können eine Verschlechterung darstellen, aber Marktstrukturen können sich auch zum Positiven wandeln. Ein Beispiel für eine erst sprunghaft eintretende und sich dann graduell fortsetzende Verschlechterung bietet der Markt für Unternehmensanleihen. Die Risikoprämien weiteten sich nach einer langjährigen Hausse in den Jahren 2008 erst langsam und dann sprunghaft aus. Die Risikoaufschläge von US-High Yield-Anleihen stiegen auf über 20 %, nachdem sie wenige Jahre zuvor noch bei 2 % gelegen hatten. Ein ordentlicher Handel war zeitweise nicht mehr möglich, und für so manche Portfoliobewertung wurden die Kurse der Papiere kurzerhand auf Basis vollkommen unrealistischer Quotierungen eingefroren, um die Abschreibungen bei zum Marktwert ausgewiesenen (mark-to-market) Beständen zu begrenzen. Allen Eingriffen der Notenbanken zum Trotz hat sich die Liquidität dieses Marktes bis heute nicht von diesem Ereignis erholt. So wunderten sich bestenfalls unerfahrene Händler im Frühjahr des Jahres 2020 über die plötzliche Unmöglichkeit, kurzlaufende Anleihen von Apple oder Coca-Cola verkaufen zu können. Wie zu Beginn der Finanzkrise oder auch in der akuten Phase der Eurokrise des Jahres 2015 hieß es am Markt für Unternehmensanleihen mal wieder »rien ne vas plus«. Trotz der Antwort der Zentralbanken, eine Auffrischung von Draghis »whatever it takes«, ist eine jederzeit mögliche spontane Illiquidität des Gesamtmarktes ein dauerhaftes latentes Risiko.

Ein Beispiel für die Verbesserung einer Marktstruktur ist die spürbare Steigerung der Liquidität des Marktes für Kryptoassets. Das Risiko großer Preisschwankungen ist zwar weiterhin vorhanden, es existiert jedoch auch in anderen Segmenten wie dem Aktien- oder Rohstoffmarkt. Andererseits sind Schwankungen nur dann sinnvoll einzustufen, wenn auch die Chancen in die Betrachtung einbezogen werden. So sollten beispielsweise die Käufer von Unternehmensanleihen das latente Risiko der Handlungsunfähigkeit nicht aus den Augen verlieren und diese den überschaubaren Renditen dieser Assetklasse gegenüberstellen. Es hilft wenig, Risiken in jeglicher Hinsicht zu vermeiden, wenn dadurch gleichzeitig sämtliche Renditechancen ausgeschlossen werden. Durch ein bestimmtes Risikoprofil wird eine Assetklasse, ob Bonds, Rohstoffe oder Kryptos, nicht zu einer guten oder schlechten Assetklasse. Anleger müssen sich entscheiden, welche Risiken sie generell tragen können und welche Risikomischung die beste Voraussetzung für die Erreichung ihrer Anlageziele bietet.

Generell gilt es, nicht zu sehr in alten Sichtweisen verhaftet zu sein, aber auch nicht alles Neue generell toll zu finden, ohne es genau betrachtet zu haben. Das mag lapidar klingen, aber die Erfahrungen aus der Praxis zeigen, wie selten diese Art kritischer Aufgeschlossenheit zu finden ist. In Teilen der Finanzbranche hat eine solche Haltung nicht nur regulatorische, sondern auch organisationsinterne Gründe, die sich unter anderem in asymmetrischen Anreizsystemen finden. Wenn das Vermeiden von Fehlern unabhängig von den Opportunitätskosten belohnt, das Eingehen von Risiken jedoch nicht entsprechend honoriert wird, dann ist es schwierig, sich in angemessener Geschwindigkeit weiterzuentwickeln.

Vergleich zu anderen Assetklassen

Der Anstieg des Bitcoin ist selbst dann nahezu konkurrenzlos, wenn der Betrachtungszeitraum auf die Zeit seit Beginn des Jahres 2015 festgelegt wird, dem Beginn der zweiten Lebensphase des Kryptoassets. Ab diesem Zeitpunkt war es für Interessierte leicht möglich, zu investieren. In diesem kurzen Zeitraum wurden aus einem Bitcoin-Investment in Höhe von 1000 Euro mehr als 100 000 Euro. Auch wenn es natürlich nicht sinnvoll ist, einen derartigen Anstieg einfach in die Zukunft fortzuschreiben, lohnt sich der Vergleich zu den Verläufen anderer Anlageklassen.

Aktienindizes

Bei der Frage nach der besten Entwicklung in der Geschichte der entwickelten Aktienmärkte denken erfahrene Anleger direkt an den großen Bullenmarkt von 1982 bis 2000.[28] Vor allem der steile Anstieg der Nasdaq ist vielen in Erinnerung geblieben. Gleiches gilt für den folgenden Abwärtsmarkt, der die Technologieindizes um 80 % einbrechen ließ. Trotz aller zwischenzeitlichen Einbrüche war die langfristige Entwicklung der Aktienmärkte vieler Industrieländer positiv. Von einer Verhundertfachung innerhalb eines überschaubaren Zeitraums sind jedoch selbst die sehr gut gelaufenen US-Standardindizes weit entfernt (vgl. Abbildung 5.28).

Während die US-Märkte in den letzten Dekaden das Geschehen dominierten, verdeutlicht nicht nur das Beispiel Japan die immerwährende Unsicherheit langfristiger Aktienerträge in einzelnen Sektoren oder Regionen. Aus dieser Unsicherheit hinsichtlich der Entwicklung regionaler Aktienmärkte heraus entstand Schritt für Schritt das Bewusstsein für die global gestreute Aktienanlage. Diese senkt die Risiken, führt jedoch naturgemäß auch zu einer Reduktion des maximal erzielbaren Ertrags.

Anleihen

Ein Vergleich der Performance von Anleihen mit Kryptoassets führt schon in normalen Zeiten zu asymmetrischen Resultaten. Dennoch stellen die Zinspapiere für viele institutionelle Investoren weiterhin den Kern ihrer Kapitalanlagen dar, sei es oft auch

28 Mahar (2004).

Abb. 5.28: Gesamtertrag von US-Large Cap Aktien

nur aus regulatorischen Gründen. In den vergangenen Jahrzehnten gab es für Anleihenbesitzer (abgesehen von einigen temporären Marktverwerfungen) wenig Grund zur Klage (vgl. Abbildung 5.29). Wer bereits investiert war, konnte sowohl von der Niedrigzinspolitik als auch von den regelmäßig aufgestockten Aufkaufprogrammen der Zentralbanken profitieren.

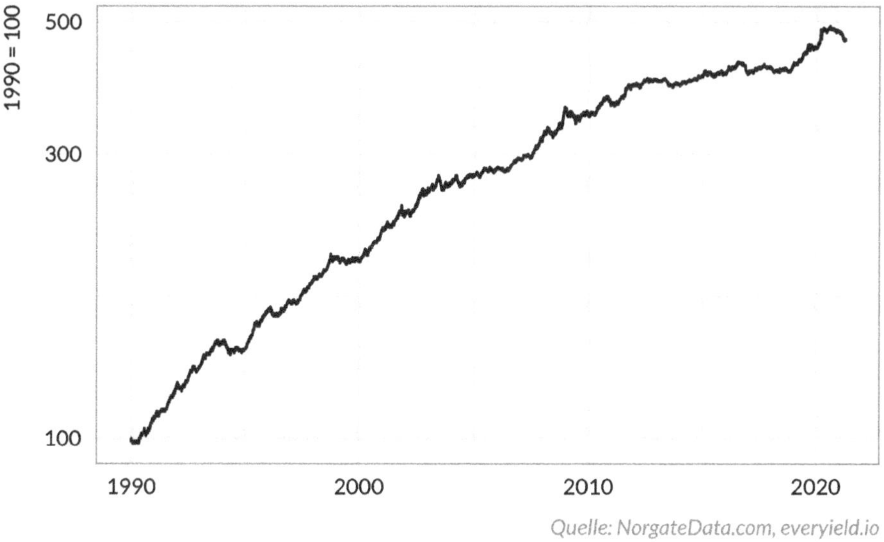

Abb. 5.29: Gesamtertrag von US-Staatsanleihen

Problematisch ist jedoch seit einigen Jahren die Wiederanlage der Mittel aus fällig gewordenen Papieren, wiesen doch zwischenzeitlich mehr als ein Viertel aller existierenden Anleihen eine negative Rendite auf. Über diese schwierige Ausgangssituation kann die positive Performance der letzten Dekaden nicht hinwegtäuschen.

Zu den niedrigen und teils negativen Renditen gesellen sich weitere Probleme hinzu. Sowohl die Diskussion um eine von den Zentralbanken initiierte Ausgestaltung einer möglichen zukünftigen Annullierung von Schulden als auch die nicht ewig aufschiebbare und langsam Fahrt aufnehmende Inflation sowie die immer vorhandene Gefahr der Zahlungsunfähigkeit einzelner Schuldner gehören zu den alltäglichen Sorgen der Anleihenanleger. Das Resultat dieser Entwicklungen ist eine in den letzten Jahren steigende Bereitschaft institutioneller Anleger zum Ausbau der Aktienquoten und des Anteils alternativer Anlagen.

Rohstoffe

Die Rohstoffe stehen für eines der interessantesten Segmente des Kapitalmarktes – ein Schauplatz zahlreicher historischer Kursexplosionen und Zusammenbrüche. Für rein passiv ausgerichtete Anleger sind Rohstoffe ein schwieriges Thema. Der Markt für aktive rohstoffbezogene Investments wird von systematischen Strategien dominiert, darunter vor allem Trendfolgeansätze sowie Strategien, die die Struktur der Terminkurven ausnutzen.[29]

Abseits der aktiven Ansätze ist nicht nur der Markt für Schweinebäuche (pork bellies) dem bekannten Schweinezyklus unterworfen, den der kluge Satz »Nichts hilft so gut gegen hohe Preise wie hohe Preise« kurz und prägnant beschreibt. Hohe Preise eines Rohstoffs führen zu vermehrten Investitionen und verstärken Anstrengungen, diesen Rohstoff zu fördern. Gleichzeitig steigen die Anreize für die Konsumenten, sich nach Alternativen für den teurer gewordenen Rohstoff umzuschauen. Ein klassisches Beispiel hierfür ist die mögliche Substitution von Palladium durch Platin bei der Produktion von Katalysatoren. Sowohl der Ausbau der Förderung als auch die Substitution eines Rohstoffs sind mit Aufwand verbunden und geschehen nicht über Nacht. Sobald der finanzielle Druck durch Preisveränderungen aber groß genug ist, greifen diese Mechanismen. Bei niedrigen Preisen eines Rohstoffs dreht sich dieses Bild um.

Diese Abläufe führen zu zyklisch wiederkehrenden Auf- und Abwärtsmärkten mit oft sehr dynamischen Preisveränderungen (vgl. Abbildung 5.30).

Die Anstiegsphasen des Rohstoffmarktes sind schon auf Indexebene beeindruckend. Bei einzelnen Werten gilt dies umso mehr. Gleiches gilt jedoch auch für die darauffolgenden Einbrüche. Da Rohstoffinvestments in der Regel über den Terminmarkt abgebildet werden, besteht zudem eine Abhängigkeit von der dortigen Preisstruktur,

29 Siehe Gorton/Rouwenhorst (2004).

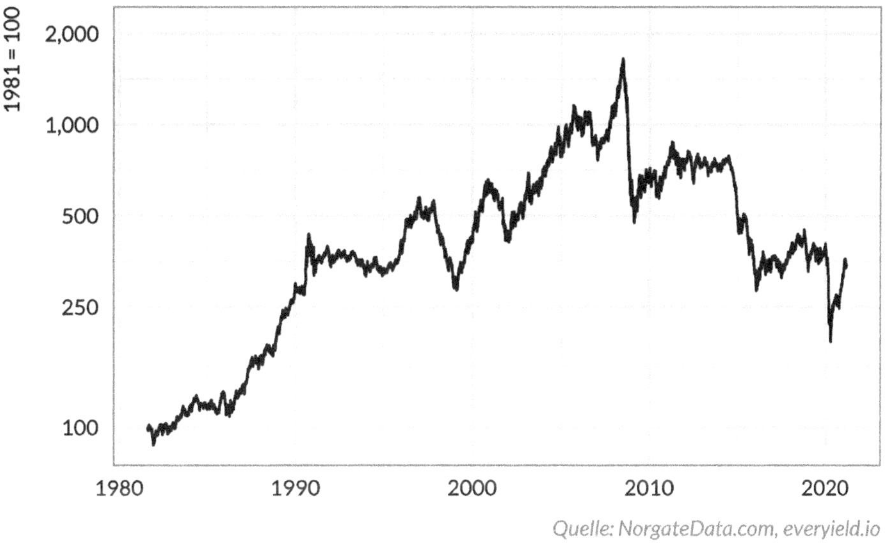

Abb. 5.30: Gesamtertrag des breiten Rohstoffmarktes

den Terminkurven. Deren Auswirkungen auf die Gesamtentwicklung eines Rohstoffinvestments sind enorm. Gerade Anleger, die Rohstoffe als langfristige Anlage in ihren Depots halten wollen, sollten dies im Blick behalten. Eine sehr interessante Auswertung zu diesem Thema findet sich im Paper »Facts and Fantasies about Commodity Futures«.[30] Die sinnvollste Art und Weise einer Rohstoffallokation ist die Einbettung in ein umfassendes Real Asset Portfolio. Ab einem bestimmten Anlagevolumen kann eine zumindest teilweise direkte Abbildung über Futures erfolgen, die eine Feinsteuerung der Risiken aus den Terminkurven ermöglicht.

Da Gold zwar ein Rohstoff ist, gleichzeitig jedoch als wichtiges globales Reserveasset der Notenbanken fungiert, stellt Abbildung 5.31 die Entwicklung des Goldpreises separat dar.

Die Entwicklung ist über die lange Frist deutlich positiver als weite Teile der das Metall betreffenden Berichterstattung. Der Aufwärtstrend des Goldpreises machte dieses Asset zu einer der besten liquiden Anlagen der letzten 20 Jahre.

Kryptoaktien: Alternative, Ergänzung oder keines von beidem?

Der nächste Schritt auf der Suche nach vergleichbaren Charakteristika führt uns zu einzelnen Aktien aus dem Sektor Technologie: Amazon, Apple, Cisco und Microsoft sind einige der bekannteren Unternehmen, deren Aktien aus vielen Anlegern vermögende Menschen gemacht haben. Dazu gesellen sich zumindest bei den Aktionären

30 Siehe Gorton/Rouwenhorst (2004).

Abb. 5.31: Gesamtertrag von Gold

beliebte Firmen wie Facebook, Alphabet und Tesla, deren Börsenlistings noch nicht ganz so lange zurückliegen.

Die Charakteristika von Aktien und Kryptos sind verschieden. Warum also ziehen wir einzelne Aktien zur Darstellung historischer Kursentwicklungen heran? Zum einen bieten sich manche Anlageklassen als Ganzes nicht für einen Vergleich an. So interessant die Volumina am Anleihemarkt sind, ohne derivatives Doping sind die dort zu erzielenden Erträge in den meisten Fällen überschaubar. Bei den Rohstoffen existiert lediglich ein überschaubares Angebot verschiedener Kontrakte. Der Aktienmarkt hingegen bietet ein vielfältiges Anlageuniversum, zahlreiche Sektoren und Subsektoren und damit einen unerschöpflichen Fundus bemerkenswerter Kursentwicklungen. Die Anlageklasse lebt zwischen den beiden Extremen Totalverlust und Verhundertfachung.

Ob Albert Einstein an Aktien, Zinspapiere oder aber eine zukünftige Assetklasse dachte, als er seinen berühmten Satz zum Zinseszins aussprach, wissen wir nicht. Abbildung 5.32 hätte den Physiker aber vermutlich zum Schmunzeln gebracht. Abgebildet sind die Trends bekannter Aktien vom Beginn des Anstiegs bis zum bisherigen Gipfel. Etwaige Dividenden und Aktiensplits wurden berücksichtigt. Den bisherigen Hochpunkt markiert das Unternehmen Amazon, dessen Aktie im dargestellten Zeitraum auf mehr als das Tausendfache des ursprünglichen Wertes stieg.

So einfach kann das Anlegerleben sein, wird sich mancher denken. Bei der Aufklärung dieses Irrtums kann die Grafik in Abbildung 5.33 helfen. Die Kurven zeigen die maximalen zwischenzeitlichen Kursverluste (Drawdowns), die Anleger aushalten mussten, wenn sie bis zum Schluss des Aufwärtstrends an Bord bleiben wollten.

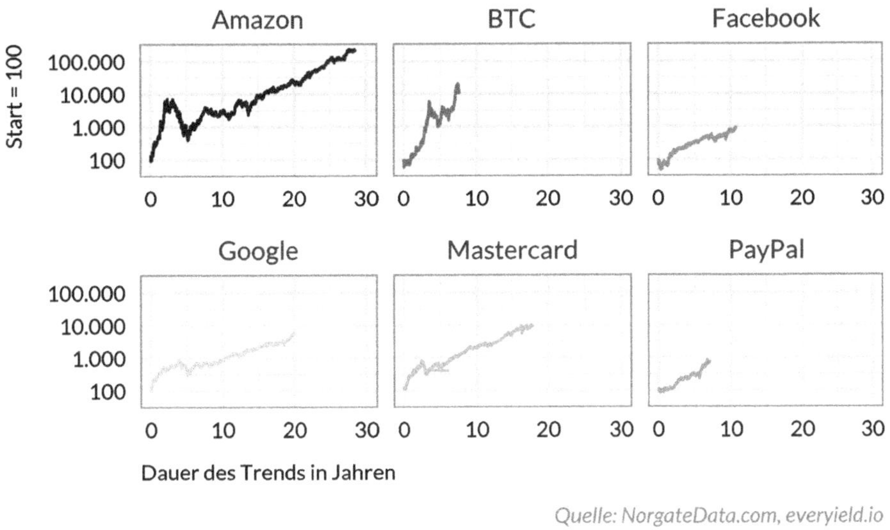

Abb. 5.32: Trends von Aktien und Bitcoin

Wie eingangs des Kapitels erwähnt, wollen wir auch die Drawdowns einer Anlage in Bitcoin nicht unterschlagen. Schwache Nerven und ebensolche Hände wurden durch die Preisschwankungen des digitalen Assets auf einige harte Proben gestellt. Diese Verwerfungen durchzuhalten war abgesehen von einigen Überzeugungstätern vermutlich nur denjenigen vorbehalten, die ihre Bitcoin (aber hoffentlich nicht ihre *private keys*) zwischenzeitlich vergessen hatten (siehe Abbildung 5.33).

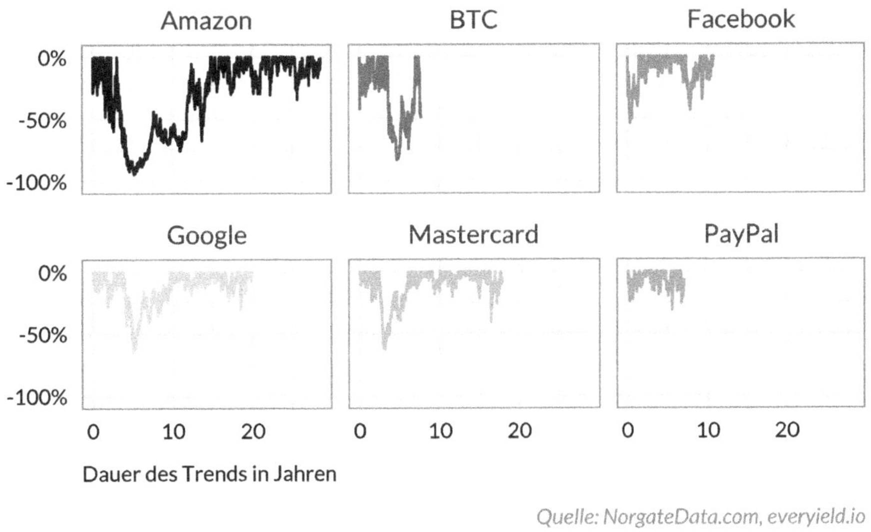

Abb. 5.33: Drawdowns von Aktien und Bitcoin

Wie beim Bitcoin oder anderen Kryptoassets relativieren die enormen Kursanstiege die Bedeutung der Schwankungsbreiten zumindest zum Teil. Geschenke wurden auch am Aktienmarkt nicht verteilt, zumal derartige Gewinner eine seltene Gattung darstellen. Viele kleine Unternehmen, denen ebenfalls viel Potenzial zugeschrieben wurde, scheiterten an der für Kurssteigerungen notwendigen Bedingung, überhaupt zu überleben. Denkt man an den Reigen der Firmen des Internet-Hypes zur Jahrtausendwende, dann fallen jedem Anleger vermutlich auf Anhieb zahlreiche Titel ein, denen zwar eine geradezu unvermeidbar erfolgreiche Zukunft prophezeit wurde, die es dann jedoch nicht ins Ziel geschafft haben. Bestenfalls wurden sie übernommen oder haben sich von der Börse zurückgezogen. In vielen Fällen erlebten die Anleger mit den Aktien jedoch Niedergänge bis hin zur Insolvenz.

Ein ähnliches Bild ist für die Aktien des Kryptosektors nur zu erwarten, wenn es zu einem nennenswerten Boom der Aktien-Neuemissionen kommen sollte. Trotz oder gerade wegen des Wachstums des Sektors ist eine solche Entwicklung nicht sicher, denn die Finanzierung der Kryptoprojekte ist nicht an den Aktienmarkt gebunden. Bereits im Jahr 2017 konnten sich Projekte durch Initial Coin Offerings (ICO) problemlos finanzieren. Da der Entwicklungsstand und die Qualität der seriösen Projekte in den vergangenen Jahren deutliche Fortschritte gemacht haben, ist die Finanzierung über den Verkauf von Token im Vergleich zu einem Börsengang oft der einfachere Weg. Zudem gibt es zahlreiche Möglichkeiten, schon in der Implementierung eines Projekts eine laufende Finanzierung in die Protokolle zu integrieren.

Dennoch gibt es Argumente für klassische Börsengänge. Ein ICO zieht bestimmte Anlegerschichten an, ein Listing an einer Aktienbörse hingegen ist für alle Anleger zugänglich. Zudem existiert im Falle eines Börsenlistings ein sicherer und über Jahrzehnte erprobter rechtlicher Rahmen für Anleger und Emittenten. Gerade für institutionelle Anleger ist diese regulatorische Klarheit wichtig. Das gilt insbesondere im Hinblick auf die Anlagerichtlinien, in denen die Grenzen der Anlagemöglichkeiten eines Anlegers festgelegt werden. Diese Anlagerichtlinien beinhalten in der Regel die üblichen Assetklassen Aktien und Anleihen. Bis digitale Assets ihren Weg in den Mainstream gefunden haben, stellen Aktien aus dem Kryptosektor eine Möglichkeit dar, überhaupt Positionen in diesem Segment aufzubauen, wenn die Anlagerichtlinien keinen Freiraum für alternative Anlagen lassen.

Auch bei den Kryptoaktien ist das Spielfeld breiter geworden, wie das Listing des Kryptobörsen-Betreibers Coinbase in den USA zeigt. In den ersten Jahren nach dem Start des Bitcoin nahmen Anleger, die nicht direkt in Kryptowährungen investieren konnten oder wollten, die Abkürzung über eine der zahlreichen Aktien, die sich mit dem damals neuen Etikett Blockchain schmückten. Wie in den Jahren der Internetaktien-Blase zur Jahrtausendwende gab es auch dieses Mal Unternehmen, die lediglich ihren Namen änderten.

Name Changer und Game Changer

Im Jahr 2000 wollten nicht nur kleine Firmen etwas vom Glanz des Internets erhaschen. Zahllose Unternehmensnamen wurden um die Domainendung .com oder um Begriffe wie online oder die Zahl 24 ergänzt. Selbst etablierte Konzerne waren vor dem Hype nicht gefeit. Auch im Jahr 2017 ließen es sich einige Führungsebenen nicht nehmen, einen neuen Namen für ihr Unternehmen auszuwählen, der den modern klingenden Begriff Blockchain enthielt. Das geschah oft unabhängig davon, ob die Unternehmen etwas mit der Entwicklung von Blockchain-Anwendungen zu tun hatten oder nicht.

Das wohl bekannteste Beispiel ist das Unternehmen »Long Island Iced Tea«, das sich kurzentschlossen in »Long Blockchain Corp.« umbenannte. Die Geschichte dieses Name Changers ging nicht gut aus. Auf einen enormen Kursanstieg nach der Umbenennung, der den Freunden der so genannten Schwarmintelligenz zu denken geben sollte, fiel der Aktienkurs zunächst wieder auf das Ausgangsniveau zurück (vgl. Abbildung 5.34). Es folgte der Verlust der Notierung an der US-Technologiebörse Nasdaq, weil das Unternehmen die Mindestanforderungen an eine Börsennotiz nicht mehr erfüllte.[31] Der Entschluss des Börsenbetreibers Nasdaq lautete kurz und bündig: »The Nasdaq Stock Market, Inc. (the Exchange) has determined to remove from listing the common stock of Long Blockchain Corp. (the Company), effective at the opening of the trading session on June 18, 2018. Based on review of information provided by the Company, Nasdaq Staff determined that the Company no longer qualified for listing on the Exchange pursuant to Listing Rule 5100«.

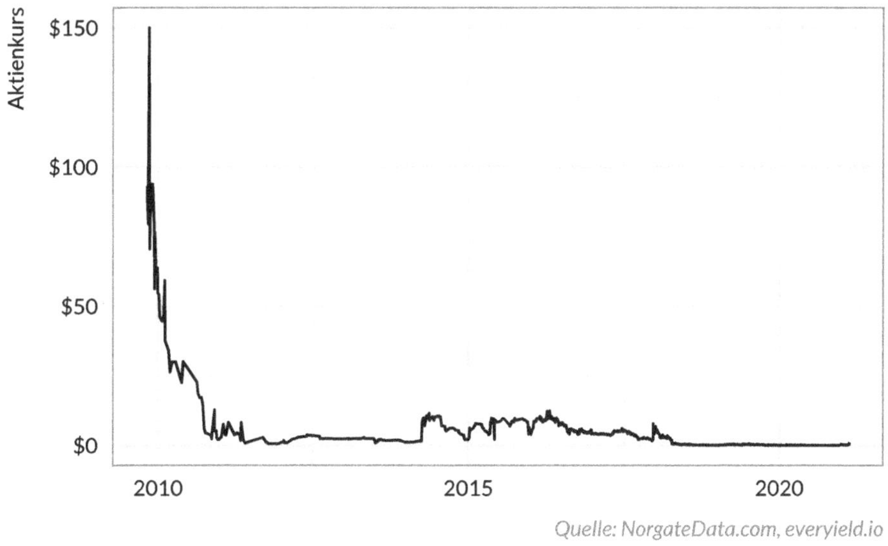

Abb. 5.34: Entwicklung der ›Name Changer‹-Aktie der Long Island Iced Tea aka Long Blockchain

31 Notiz der SEC (SEC.gov, 2018).

Eine Änderung des Firmennamens, um attraktiver zu wirken, wird oft mit so genannten Pump‘n’Dump Schemas in Verbindung gebracht. Betrüger decken sich im Rahmen solcher Aktivitäten mit illiquiden Aktien kleiner börsengelisteter Firmen ein und befeuern dann über Foren und Netzwerke mit Gerüchten und abstrusen Geschichten die Nachfrage nach den Papieren. Auf Grund der Illiquidität der Papiere genügen schon wenige unlimitierte Orders argloser Anleger, um einen enormen Kursanstieg auszulösen (Pump). In diesen Anstieg hinein verkaufen die Pump‘n’Dumper ihre Papiere (Dump). Danach folgt üblicherweise der Kollaps des Preises. Die angemessene Bezeichnung für diese Vorgehensweise ist Betrug.

Es gibt auch harmlosere Beispiele von Firmen, die mehr als einmal den Geschäftszweck wechselten. Eine ist die kanadische Northern Peak Resources, die einst als BTL Group gestartet war, sich mit Blockchain-Anwendungen im Energiesektor beschäftigte und offenbar sogar ein Pilotprojekt mit BP, Eni Trading & Shipping und Wien Energie abschloss.[32] Es erfolgte eine erste Umbenennung in Interbit Ltd.. und schlussendlich die Namensänderung in Northern Peak Resources. Das Unternehmen beschäftigt sich nun mit Mining im klassischen Sinne. Auf der Internetseite des Unternehmens heißt es, das Management strebe den Kauf langlebiger Goldförderprojekte mit niedrigen Kosten an.[33] Wir drücken die Daumen, aber als Kryptoaktie kommt das Papier des Unternehmens nicht mehr in Frage.

Solche Skurrilitäten oder auch unlautere Praktiken finden sich in allen Wirtschaftssektoren. Betrüger legen den Schwerpunkt aus nachvollziehbaren Gründen auf Themen, die gerade en vogue sind. 2017 waren es die Aktien, die man auf irgendeine Art und Weise mit den Themen Blockchain und Kryptowährungen in Zusammenhang bringen konnte. Um die Jahrtausendwende waren es Aktien mit Bezug zum Thema Internet. Statt der Worte »Crypto« und »Blockchain« war es angesagt, seinen Firmennamen mit der Domainendung ».com« zu schmücken. Das Äquivalent der Jahre 1959-1962 war der Appendix »tronics«. Für Anleger ist es wichtig, solchen Dingen aus dem Weg zu gehen, gleichzeitig aber den sich bietenden Gelegenheiten offen gegenüberzustehen. Nicht hinter jeder Internet-Aktie steht ein Betrüger und die Kürzel »24« oder ».com« finden sich nachweislich auch in den Namen seriöser und erfolgreicher Unternehmen.

Neben den vereinzelten Name Changers gibt es viele ernstzunehmende Unternehmen, die sich mit Anwendungen der Blockchain in den verschiedenen Bereichen von der Logistik, über den Energiesektor bis zur Finanzwirtschaft beschäftigen. Die Voraussetzungen für die Nutzung einer Blockchain innerhalb eines vertrauenswürdigen Netzwerks stellt andere Anforderungen an die genutzte Plattform als ein öffentliches Netzwerk, in dem es darum geht, ohne vertrauenswürdige Drittparteien auszukommen. Viele Unternehmen setzen daher bei der Umstrukturierung interner Prozesse auf permissioned blockchains wie das Open Source Framework Hyperledger[34] der Linux

32 Quelle: DSA Corporate Services (2017).
33 Quelle: North Peak Resources (2021).
34 Siehe Hyperledger.org (2021).

Foundation. Hyperledger und ähnliche Frameworks sind für viele Aufgaben besser geeignet, als sich das mancher eingestehen möchte. Öffentliche Blockchains haben ihren Platz, aber sie werden nicht in allen Wirtschaftsprozessen eingesetzt werden, weil sie nicht für jeden Zweck die beste Lösung sind. Einige der Firmen, die derzeit mit Hyperledger arbeiten, sind A.P. Moller-Maersk, Baidu, BHP, Cargill, Daimler, HSBC, IBM, ING Group, Nornickel, Novartis, Oracle, Swisscom und Walmart.

Die Tätigkeitsschwerpunkte der börsennotierten Unternehmen mit Bezug zu Kryptowährungen und Blockchain-Anwendungen sind so vielfältig wie die Kategorien des Kryptobiotops. Unternehmen, die sich frühzeitig in diesem Sektor tummeln und ohne Denkblockaden und organisationelle Hürden der Weiterentwicklung von Technologien und Geschäftsmodellen widmen, bieten sich große Chancen. Können sie sich dann noch ohne Probleme in großem Umfang finanzieren, haben sie das Potenzial zum *Game Changer*. Der Blick auf den Onlinehandel zeigt, wohin die Reise eine Aktie führen kann, wenn jemand die Spielregeln nicht als unveränderlich ansieht. Ähnliche Entwicklungen dürften zahlreichen Sektoren bevorstehen, denn das Kernthema Dezentralisierung und die damit einhergehende Überflüssigkeit von Intermediären ist nicht sektorspezifisch. Sie ist der logische nächste Schritt, der das Internet an die ursprüngliche Zielvorstellung eines globalen, dezentralen Netzwerks heranführt. Entsprechend groß sind die Chancen für Veränderer und die Risiken für Aussitzer.

Kryptoassets versus Blockchain-Anwendungen

Klar abgrenzen lassen sich die Unternehmen anhand einer Trennlinie zwischen den Tätigkeitsfeldern Kryptoassets und Blockchain-Anwendungen. Unternehmen mit dem Fokus auf Kryptoassets sind in den Bereichen Mining, Trading und Beratung tätig. Beispiele sind die Betreiber von Handelsplätzen oder spezialisierte Investmenthäuser.

Wie in anderen Branchen gibt es breit aufgestellte Unternehmen und solche, die sich auf eine Aufgabe konzentrieren. Zu Letzteren zählen die Mining-Unternehmen. Andere betreiben Börsen, bilaterale Handelsplätze oder sind auf dem Weg, eine diversifizierte Investment Bank im Bereich digitaler Assets zu werden. So umfassen die Geschäftsfelder der kanadischen Galaxy Digital Holdings neben dem Mining das Kryptoasset-Management und -Trading. Damit besetzt das Unternehmen im digitalen Raum die Tätigkeitsfelder klassischer Asset-Manager.

Da Kryptoassets nur ein Anwendungsfeld für den Einsatz der Blockchain sind, ist die Anzahl der Unternehmen, die sich generell in diesem Bereich bewegen, größer. Während bis heute sowohl in der Wahrnehmung als auch an den Kapitalmärkten diejenigen Unternehmen dominieren, die sich vor allem mit den Kryptoassets beschäftigen, wird sich das Spektrum schon auf Grund der zahlreichen weiteren Anwendungsfelder der Blockchain mit der Zeit verschieben. Schon jetzt bieten die großen Plattformanbieter Blockchain-as-a-Service Dienstleistungen an, die ähnlich wie die Einführung von

Cloud-Lösungen gerade kleineren Start-ups einen raschen Einstieg in die Entwicklung von Blockchain-Anwendungen ohne allzu viel organisatorischen Ballast bieten.

Die Möglichkeiten des Einsatzes Blockchain-basierter Softwarelösungen sind nicht auf einzelne Sektoren begrenzt. In fast jeder Branche findet sich eine Nutzungsmöglichkeit und wie in der Frühzeit des Internets werden die kurzfristigen Potenziale eher überschätzt, die langfristigen Veränderungen jedoch deutlich unterschätzt. Das gilt auch für die Geschwindigkeit, mit der sich diese neuen Entwicklungen durchsetzen werden, wenn sie erst einmal Fuß gefasst haben. So machte Kodak seine ganz eigenen Erfahrungen mit der digitalen Fotografie und diejenigen, die noch vor wenigen Jahren Streamingdienste wie Netflix belächelt haben, und stattdessen lieber den guten alten Videoverleih als unterbewertet einstuften, haben hoffentlich nicht allzu viel Geld auf diese Prognose gesetzt. Wie schnell und umfassend sich anfangs belächelte Geschäftsmodelle durchsetzen können, und was diese mit alten Strukturen anrichten, zeigen die Verläufe der Aktien von Netflix und Blockbuster Inc., dem ehemals größten Videoverleih der USA (vgl. Abbildung 5.35).

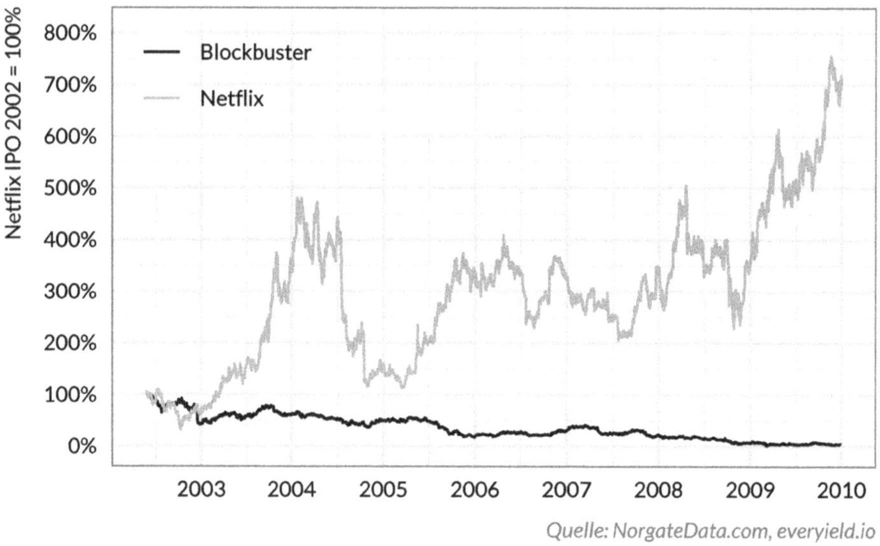

Abb. 5.35: Auswirkungen technischer Disruption auf die Aktienkurse betroffener Unternehmen

Im Handwerk heißt es beim Anziehen einer Schraube »nach fest kommt ab«. Bei der Bewertung von Aktien aus Sektoren, die einem vollständigen Wandel ausgesetzt sind, folgt auf die Einschätzung »überraschend niedrig bewertet« nicht selten die Insolvenz. Auf Veränderungen zu setzen, birgt Risiken, und es geht nicht darum, umgehend auf jede Idee zu reagieren. Darauf zu hoffen, jegliche Veränderung aussitzen zu können, ist jedoch potenziell Existenz gefährdend.

Da wir in diesem Buch das Thema Asset-Allokation behandeln, wollen wir auch einen Blick auf mögliche Veränderungen in der Finanzbranche abseits des Tradings oder Minings werfen, denn dieser Sektor bildet die Schnittmenge von klassischen Blockchain-Anwendungen und digitalen Assets. Schon die absehbaren Auswirkungen werden enorm sein. Die Obsoleszenz zentraler Autoritäten, das sofortige Settlement sowie die Programmierung und damit Automatisierung nahezu beliebiger Prozesse ermöglichen die vollumfängliche digitale Abbildung der meisten Dienstleistungen des Finanzsystems. Die Vorstellung eines autonomen, vollautomatisierten und selbst lernenden Asset-Managers beispielsweise würden wir nicht einmal mehr als Vision bezeichnen. Sie ist eher ein konservativer Entwurf dessen, was in den kommenden Jahren zu erwarten ist. Schon jetzt ist es möglich, in kurzer Zeit Investmentvehikel auf der Blockchain aufzulegen, die eine regelbasierte Steuerung von Anlagen ermöglichen und auch die Integration verschiedener Gebührenmodelle nicht vernachlässigen. Auch Themen wie eine Anlagegrenzprüfung lassen sich per Programmcode eindeutig festlegen, so dass die Verletzung von Anlagerichtlinien technisch ausgeschlossen wird. Diese Ansätze decken noch nicht alle Komplexitäten des Finanzmarktes ab. Für spezielle Anforderungen einzelner Anleger mag dies daher noch zu wenig sein, für einfache Investmentansätze jedoch, und damit für das Massengeschäft, sind derartige Strukturen vollkommen ausreichend. Die jederzeitige vollständige Transparenz gibt es gratis dazu, was beispielsweise beim Thema Steuern deutliche Effizienzsteigerungen mit sich bringen wird. Die Anbieter, die dieses Geschäft jetzt auf konventionellem Wege betreiben, können so Teile ihrer Prozesse deutlich verschlanken. Einige Abläufe werden völlig entfallen, wodurch sich auch viele Geschäftsmodelle grundlegend ändern werden. Der Anteil automatisierbarer Prozesse wird deutlich zunehmen.

Dieser Ansatz ist derzeit auf Kryptoassets beschränkt, was aber kein Grund ist, das Potenzial zu unterschätzen. Gewinnt die Tokenisierung konventioneller Assets an Schwung, steht der vollständig digitalen Abbildung einer umfassenden Vermögensanlage in technischer Hinsicht nichts im Wege. Da die Tokenisierung auch illiquide und nicht teilbare Assets wie Kunstwerke oder Immobilien betreffen wird, übersteigen die Möglichkeiten des Blockchain-basierten Asset-Managements diejenigen der konventionellen Vorgehensweise deutlich.

Die Auswirkungen des Fortschritts werden sich auch auf die administrativen Aspekte vieler Finanzprodukte auswirken. Was wird aus dem klassischen Setup von Investmentfonds, die bisher auf dem Zusammenspiel von Kapitalverwaltungsgesellschaft, Verwahrstelle und Portfolio-Management basieren und ein Paradebeispiel für das Prinzip zentraler Autoritäten im Asset-Management repräsentieren. Bedenkt man allein die Auswirkungen eines sofortigen Settlements und einer immanenten Kontrolle von Transaktionen durch das Netzwerk, dann ist das Wegbrechen großer Teile der jetzt von einzelnen Mitspielern verantworteten Aufgaben unvermeidlich. Wie in anderen Branchen eröffnet dies neue Chancen und bringt ein enormes Potenzial zur Demokratisierung des Asset-Managements mit sich. Es hängt am Regulierer, inwiefern dieser Prozess in der Finanzbranche so disruptiv sein darf, wie er es beispielsweise in der Medienbranche war. Wie zäh auch immer die Öffnung in einigen Ländern erfolgen mag, für Teilnehmer, die nicht am alten System hängen, bieten sich Chancen, in einem sehr überschaubaren Zeitraum neue Strukturen aufzubauen, die den alten das Wasser über kurz oder lang abgraben können.

In jedem Fall betroffen sind zahlreiche klassische Backoffice-Aufgaben, die ersatzlos entfallen können. Angesichts dieser Evolution im Zeitraffer wirkt manche Stellenbeschreibung bereits heute angestaubt. Ein zentrales Hauptbuch mit verzugsfreiem Settlement und ohne Kontrahentenrisiko macht zentralisierte Kontrollen obsolet und ermöglicht neben höherer Sicherheit eine enorme Beschleunigung von Prozessen im Asset-Management. Bei diesem vollständigen Umbau der Infrastruktur, einem klassischen Fall von kreativer Zerstörung, treiben schon jetzt große Unternehmen wie Fidelity die Entwicklungen voran. Daher werden nicht nur Start-ups von den Entwicklungen profitieren, sondern auch viele der bestehenden Unternehmen.

Entwicklung von Kryptoaktien

Im Vergleich zu den mehreren tausend Kryptoassets ist die Auswahl an Aktien in diesem Segment bescheiden. Zu Beginn standen vor allem Mining-Unternehmen wie Riot Blockchain oder Hive Blockchain im Fokus, aber auch Firmen mit umfassenderen Geschäftsmodellen betraten die Bühne. Bekanntere Vertreter des Sektors sind beispielsweise die Galaxy Digital Holdings aus Kanada, die Bitcoin Group SE sowie die Fintech Holding Finlab aus Frankfurt am Main. Auch gemeinsame Beteiligungen im noch überschaubaren Bereich der Kryptoaktien sind nicht selten. So sind die kanadische Galaxy Digital und die deutsche Finlab gemeinsam am *EOS VC Fund* beteiligt.

Das Feld der gelisteten Aktien, die Dienstleistungen abseits des Finanzsektors anbieten, wird dominiert von den großen Softwarehäusern und Cloudplattformen. Als Kryptoaktien würden wir diese Papiere nicht bezeichnen, denn mit digitalen Assets haben sie nur bedingt zu tun. Als Kryptoaktien stufen wir die Unternehmen ein, die sich auf dem Feld zwischen Mining, Investment und Beratung tummeln. Eine nennenswerte Korrelation dieser Titel zur Entwicklung des Kryptomarktes ist plausibel, so dass sie eine wenn auch ungenaue Abbildung von Kryptorisiken in Portfolios ermöglichen.

Die Verläufe zweier Mining-Aktien und eines Kryptodienstleisters aus dem Finanzsektor, die erst im Dezember 2019 gelistet wurden, sind in Abbildung 5.36 dargestellt. Die Zeitreihe beginnt am Datum des Starts des ersten Bitcoin Futures an der Chicago Mercantile Exchange.

Die Verläufe der Mining-Aktien ähneln dem Verlauf des Bitcoin. Silvergate profitierte davon, einer der wenigen gelisteten Finanzdienstleister mit einem klaren Fokus auf das Kryptosegment zu sein. Zudem war das Unternehmen unbelastet vom Abwärtstrend des Bitcoin seit 2018, der die auf das Mining ausgerichteten Unternehmen finanziell unter Druck brachte.

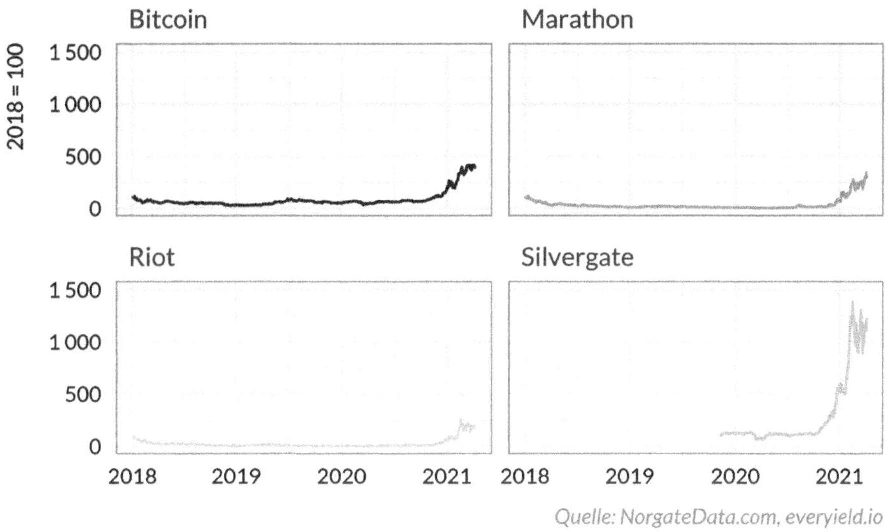

Abb. 5.36: Kursverlauf von Bitcoin und Kryptoaktien

Durch das Hinzufügen weiterer Mining-Aktien lässt sich ein Portfolio mit einer hohen Korrelation zum Bitcoin konstruieren. So könnten Anleger ohne Änderung der Anlagerichtlinien zumindest indirekt einen Schritt in Richtung einer Krypto-Allokation gehen. Natürlich unterscheiden sich die fundamentalen Eigenschaften und Risiken einer Aktienanlage deutlich von denen eines Portfolios digitaler Assets. Ein Kryptoportfolio vollständig durch Aktien zu ersetzen ist daher nicht möglich.

Dennoch sind die Anlagemöglichkeiten im Sektor vielfältig. Durch die Beimischung weiterer Titel kann ein breit diversifiziertes Portfolio aufgebaut werden, das zwar eine geringere Korrelation zum Bitcoin hat, dafür jedoch nicht zum großen Teil von der Entwicklung der sehr preissensitiven Miner abhängt. Dies wird für viele Anleger, die nicht direkt in Kryptos investieren können, vermutlich der bevorzugte Weg sein.

Abbildung 5.37 zeigt den Verlauf eines solchen Portfolios aus reinen Kryptoaktien und Unternehmen mit Bezug zum Kryptobiotop. Um Verzerrungen durch die sehr unterschiedlichen Börsenwerte gering zu halten, haben wir uns für eine Gleichgewichtung der Werte entschieden. Im Rahmen des Rebalancings wird diese Gleichgewichtung quartalsweise wieder hergestellt.

Die Entwicklung des Aktienportfolios ähnelt langfristig dem Verlauf des Bitcoin. Kurzfristig hingegen zeigen sich einige Divergenzen. Dennoch kann ein solches Portfolio als Alternative für Anleger dienen, die rechtlich eingeschränkt sind oder aus anderen Gründen eine Direktanlage in Kryptoassets scheuen.

Warren Buffett kauft bekanntlich nur Firmen, die auch ein Idiot führen könnte, weil früher oder später möglicherweise ein Idiot eine bestimmte Firma führen wird. Mit einer semibegabten Führungsspitze lässt sich in einem Boom vielleicht ein flotter und

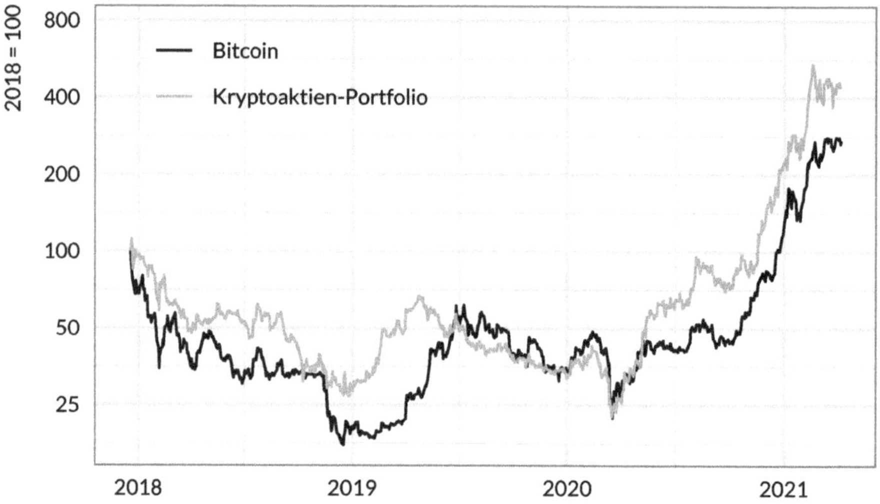

Quelle: messari.io, NorgateData.com, everyield.io

Abb. 5.37: Verlauf eines Kryptoaktien-Portfolios im Vergleich zum Bitcoin

profitabler Exit aus einem privaten Investment über einen Börsengang bewerkstelligen. Der Aufbau eines langfristig erfolgreichen Unternehmens in einem sehr dynamischen Sektor wie Kryptoassets wird ohne fähiges Management nicht gelingen. Dennoch lohnt es sich, neben den digitalen Assets selbst auch die an der Börse gelisteten Aktiengesellschaften nicht aus den Augen zu verlieren. Eine für jedermann zugängliche Informationsquelle sind die täglich veröffentlichten Positionen börsengehandelter Fonds wie dem VanEck Vectors Digital Transformation ETF.

Fazit Kryptos als Assetklasse

Wichtige Entwicklungen bringen große Chancen mit sich. Ein sprichwörtliches *free lunch* aber wird es auch dieses Mal nicht geben. Für Anleger, die sich für digitale Assets interessieren, gilt es daher, sich dem Thema mit einer gesunden Mischung aus Aufgeschlossenheit, Disziplin und Nüchternheit zu widmen.

Jede neue Entwicklung braucht Zeit, bis sie zu etwas Alltäglichem wird. Das war beim World Wide Web nicht anders als beim Smartphone und wird auch bei den digitalen Assets so sein. Die Geschwindigkeit der massenhaften Adoption hängt von zwei Punkten ab: Die Basis einer breiteren Nutzung ist ein durch den Gesetzgeber und die Regulierungsbehörden zu schaffender verlässlicher Rechtsrahmen. Der zweite Punkt ist die Weiterentwicklung des technischen Biotops mit dem Ziel, sowohl den Erwerb als auch die Handhabung von Kryptoassets für Normalbürger einfach zu gestalten. Wer nachts aus Sorge um den Verlust von private keys nicht in den Schlaf kommt oder angesichts seiner Abrechnungen den Steuerberater vor unlösbare Aufgaben stellt, der wird eher eine abwartende Haltung einnehmen.

An die Kursentwicklung des Bitcoin und zahlreicher anderer Kryptoassets kommen die konventionellen Anlageklassen nicht heran. Dafür jedoch bieten diese eine lange Historie, die beim Gold sogar einige tausend Jahre zurückreicht. Es ist daher nicht zielführend, auf den zurückliegenden enormen Anstieg des Bitcoin zu verweisen und andere Anlageklassen für obsolet zu erklären. Ebenfalls bringt es Anleger nicht weiter, sich gänzlich von den Entwicklungen der digitalen Assets abzuwenden, nur weil deren Historie so kurz ist und phasenweise chaotisch verlief.

Aktien aus dem Kryptosektor sind kein Ersatz für eine direkte Anlage in Kryptoassets. Dennoch können die klassischen Wertpapiere als Ergänzung dienen. Für Anleger, die auf absehbare Zeit keinerlei Zugang zu digitalen Assets haben, kann ein diversifiziertes und aktiv gesteuertes Portfolio von Kryptoaktien vorerst sogar die einzige Möglichkeit einer Allokation in diesem Sektor sein.

Für private wie institutionelle Anleger stellt sich die Frage, wie und in welchem Ausmaß eine Integration digitaler Assets in ein Portfolio umgesetzt werden sollte. Diesem Thema widmen wir uns im folgenden Kapitel.

Experteninterview mit Bernadette Leuzinger

Bernadette Leuzinger ist CEO der Crypto Fund AG, einer Tochtergesellschaft der Crypto Finance Gruppe. Bernadette kam kurz nach der Gründung zur Crypto Fund AG und hat wesentlich zu den Geschäfts- und regulatorischen Entwicklungen des Unternehmens beigetragen. Ihr Engagement war dabei für das Aufsetzen der Produkte sowie bei der Erlangung der ersten Asset-Management-Lizenz für ein Crypto-Asset-Unternehmen in der Schweiz von unschätzbarem Wert. Vor ihrem Eintritt bei der Crypto Fund AG war Bernadette in verschiedenen Funktionen in globalen Konzernen in Banking und IT tätig. Ihre Erfahrung hat dabei maßgeblich zu ihrem Engagement in der Blockchain-Technologie beigetragen und kombiniert ihre Expertise in den finanziellen und technologischen Aspekten der aufstrebenden Crypto-Asset-Branche.

Wir sprechen heute mit Bernadette Leuzinger, CEO der Crypto Fund AG, einem Asset-Manager für quantitative und diskretionäre Strategien. Wir thematisieren unter anderem auch Derivate im Krypto-Bereich. Diese dürften viele Investoren ganz besonders interessieren. Herzlich willkommen, Bernadette.

Ich freue mich auf das Interview.

Viele Anleger sind auf Grund der vergleichsweise hohen Schwankungsbreiten vieler Kryptoassets weiterhin zurückhaltend. Wie schätzt ihr die Volatilität dieser Assetklasse ein?

Aus einer Investmentperspektive heraus ist es wichtig, welchen Zeithorizont man sich anschaut. Hat man eine Intraday-Perspektive oder schaut man darauf, was in den letzten Monaten oder sogar Jahren passiert ist? Investoren müssen sich über ihre Zielsetzung im Klaren sein. Wieso schaue ich mir die Volatilität an? Aber eins ist klar, wenn man die Schwankungen traditioneller Anlagen gewohnt ist, dann muss man mit der Volatilität der Kryptos erst einmal umgehen können. Kryptoassets sind jedoch immer noch ein sehr junger Markt und es laufen noch viele Entwicklungen. Bitcoin ist jetzt zwar über zehn Jahre alt, aber wenn man es genau nimmt, kann man aus einer Marktperspektive die ersten Jahre nicht zur Geschichte zählen. Gerade mit der Institutionalisierung dieser Assetklasse wird sich auch deren Volatilität verändern.

Ihr nutzt quantitative Methoden, aber auch diskretionäre Ansätze. Wo liegen die Vorteile eines regelbasierten Ansatzes? Gerade in einem doch recht volatilen Markt wie dem Krypto-Markt und wo haltet ihr diskretionäre Methoden für unabdingbar?

Bei Bitcoin sieht man vor allem in der langen Frist, dass es große Zyklen gibt. Im Jahr 2017 zum Beispiel erreichten wir ein Allzeithoch bei 20 000 US-Dollar. 2018 sind die Kurse dann um 80 Prozent eingestürzt und das nicht nur beim Bitcoin, sondern über den ganzen Kryptomarkt hinweg. Diese Volatilität sehen wir als Chance für einen quantitativen Ansatz. Zusätzlich gibt es das Bewertungsthema. Was ist der Wert von Bitcoin? Gibt es überhaupt einen inneren Wert?

Mit unserem quantitativen Ansatz müssen wir uns mit dieser Frage gar nicht beschäftigen, denn für diesen ist das Preisniveau unerheblich. Wichtig ist lediglich, dass es einen Preis gibt, der sich bewegt und den man handeln kann. Für diesen Ansatz benötigen wir sogar Volatilität. Wenn man auf die diskretionäre Seite schaut, finde ich das aus der technologischen Perspektive heraus äußerst spannend. Was sind das für Protokolle? Was für Incentive-Modelle stecken dahinter? Was hat man sich überlegt? Was für Grundlagen liegen einem Projekt zugrunde? Wie ist es dann im Code umgesetzt? Das alles sind sehr interessante Fragen, aber was man natürlich konstatieren muss, ist, dass es allein durch die kurze Historie noch ein sehr von Retailinvestoren getriebener Bereich ist. Da stellt sich die Frage: Wo befinden wir uns im Markt und wie effizient ist dieser? Dies bestimmt letztendlich auch die Auswahl der eingesetzten Modelle.

Der Schwerpunkt eures ersten Fonds ist der Bitcoin, den ihr über den Einsatz von Derivaten der Chicago Mercantile Exchange (CME) abbildet. Was spricht für die Nutzung von Derivaten und gegen den Spotmarkt?

Inzwischen nutzen wir nicht nur die Bitcoin-Kontrakte, sondern auch Ethereum-Futures, die Anfang Februar 2021 lanciert wurden. Es gibt mehrere Gründe, warum wir uns für Derivate entschieden haben. Natürlich kann man die Long-Seite sehr gut mit dem Spot-Markt bedienen. Auf der Short-Seite jedoch sind Derivate unabdingbar. Unser Anspruch als Firma ist es, im Kryptomarkt alles auf einem professionellen Level zu machen, so wie man es von der traditionellen Finanzwelt gewohnt ist.

Bei Kryptoassets ist es immer ein Thema, wo diese Assets verwahrt werden. Für traditionelle Investoren ist dieses Thema immer noch schwer zu greifen, weil sie es nicht gewohnt sind. Da bieten Derivate, die an einer etablierten Börse wie der CME gehandelt werden, den Vorteil, dass man eine professionelle Gegenpartei mit einem Gegenparteirisiko von nahe null hat. Dieses ist bei einer Spot-Transaktion auf einer Exchange mit kurzer Historie, die einer anderen oft nur minimalen Regulation unterstellt ist, deutlich größer. So können wir die ganze Verwahrungsthematik aus unserem Produkt herausnehmen, weil wir nur Derivate von einer traditionellen, vollregulierten Börse einsetzen.

Neben den Vorteilen, die du gerade genannt hast, haben die an den etablierten Börsen gehandelten Derivate auf Kryptoassets auch Nachteile. Neben den täglichen Handelsunterbrechungen ist vor allem das Wochenendrisiko zu nennen. Wie geht ihr da mit dem Risikomanagement um?

Dies ist für uns kein großes Problem. Wir konzentrieren uns auf Strategien, die sich nicht auf Intraday-Bewegungen fokussieren, sondern eher langsamerer Natur sind. Die Intraday-Volatilität ist für uns Rauschen, kein Signal. Wir arbeiten auf Basis täglicher Daten, somit ist für unsere Modelle das Overnight- oder Weekend-Risk kaum relevant. Dennoch haben wir uns natürlich mit diesem Thema beschäftigt und es analysiert. Dabei haben wir festgestellt, dass die Preisveränderung am Wochenende, also von Freitag auf Montag, statistisch gesehen nicht von einer normalen Overnight-Bewegung wie beispielsweise von Montag auf Dienstag zu unterscheiden ist. Natürlich benötigt man aber ein Risikomanagement, welches generell das Gap Risk berücksichtigt, denn über das Wochenende kann immer etwas passieren.

Ein weiteres Phänomen ist die Steilheit der Terminkurve der Bitcoin-Futures. Wir kennen dieses Phänomen des Contango aus dem Rohstoffbereich. Normalerweise sind Lagerkosten die Ursache, aber die gibt es bei einem digitalen Asset nicht. Warum ist das Contango so ausgeprägt und warum wird dieser Effekt nicht stärker durch so genannte Basis Trades, also long Spot Bitcoin und short den Bitcoin-Future, ausarbitriert?

Im Moment ist die Kurve im Vergleich zu früheren Zeiten relativ flach. Ich denke, hier sieht man den Entwicklungsbedarf des Kryptomarktes bzw. des Ökosystems, denn natürlich gibt es auch Ineffizienzen im Markt.

Was die Futuresmärkte beeinflusst, ist das Angebot an US-Dollar. Es ist weiterhin eine Herausforderung, Fiat-Geld in das Kryptosystem zu bringen, daher stellt sich die Frage, wie viel US-Dollar in diesem geschlossenen Ökosystem vorhanden sind. Aktuell erhält man annualisiert zehn bis fünfzehn Prozent für das Verleihen von US-Dollar im Kryptomarkt. Das ist extrem viel, wenn man es mit den traditionellen Märkten vergleicht. Das bedeutet, dass zu wenig Dollar im System sind. Dabei kommt es natürlich auch immer auf die Marktsituation an. In einem Bullenmarkt ist die Kurve deutlich steiler.

Darüber hinaus haben wir auch ein strukturelles Problem. Die meisten Akteure, die an der CME Bitcoin Futures handeln, haben gar keinen Zugang zum Spot-Markt. Also kann man nur eine Seite des Marktes abdecken. Daher muss sich das Ökosystem weiterentwickeln, denn je mehr Banken Kryptos direkt zugänglich machen und institutionellen Investoren anbieten, desto mehr werden sich auch diese Themen normalisieren und weiterentwickeln.

Das heißt, generell siehst du derzeit am Kryptomarkt eine Art Prämie, die man abschöpfen kann, weil schlichtweg noch nicht genügend Teilnehmer in der Lage sind, selbst Bitcoins zu verwahren? Handelt es sich damit nur um ein temporäres Phänomen?

Ja, definitiv. Was sicher auch helfen würde, wäre ein eindeutiger Referenzsatz für Bitcoin. Auch ein Bitcoin-ETF, der keinen großen Discount oder Prämie zum NAV hat, würde bei der Preisfindung helfen. Je reifer und effizienter der Markt wird, umso mehr werden auch diese Besonderheiten verschwinden.

Kannst du noch ein, zwei Sätze zu eurem neuen Produkt sagen, das mehrere Token einsetzt?

Ja, es handelt sich um ein diversifiziertes long-only-Produkt, mit dem wir uns nur auf den Spot-Markt konzentrieren. Wir kaufen die Kryptos direkt, die dann bei einer Bank verwahrt werden. Wir haben hier auch Token im Fonds, für die es zum Teil noch gar keine Derivate gibt. Jeder redet zwar über die CME Ether- und Bitcoin-Futures, aber das ist eigentlich nur die Spitze des Eisbergs. Das neue Produkt ist dafür da, um das langfristige Potenzial der Krypto-Welt zu heben. Da wir nicht nur in Bitcoin investieren, können die Investoren auch von der Entwicklung kleinerer Coins profitieren.

Warum wächst das Interesse institutioneller Anleger trotz des Anlagedrucks durch die niedrigen Renditen nicht schneller? Liegt es eher daran, dass doch noch viele unsicher sind, oder sind es eher prozessorientierte, regulatorische Gründe?

Natürlich dauert das alles viel zu lange. Unsere Firma wurde 2017 gegründet. Daher sprechen wir seit Jahren auch mit den unterschiedlichsten Anlegern. Was man über die Zeit sehen kann, ist, dass sich die Qualität der Diskussion verändert hat. 2017 war, bedingt durch den ICO Hype, alles nur auf den Preis fokussiert. Nach dem Motto: Der Preis geht hoch, ich muss da jetzt rein. Über die letzten Jahre jedoch haben sich die Investoren weitergebildet. Man hat sich über das Thema informiert. Dadurch führt man inzwischen ganz andere Gespräche. Was mir Vermögensverwalter und institutionelle Anleger widerspiegeln, ist, dass die Verwahrung auf einer Krypto-Exchange keine Option ist. Also müssen wir unsere Prozesse darauf ausrichten. Wie können wir Kryptos in unserem Universum haben und die Anlage prozessual umsetzen.

Daneben haben wir die steuerlichen Fragestellungen zu berücksichtigen. Dazu noch all die rechtlichen Fragen. Glücklicherweise hat sich in der Schweiz und inzwischen auch in Deutschland einiges getan. Die Regulatoren haben sich mit dem Thema auseinandergesetzt. Man kennt die Themen inzwischen und kann auch sehr gut mit den Aufsichtsbehörden diskutieren. Aber es braucht alles seine Zeit.

Vielen Dank für den sehr interessanten Einblick. Bernadette, herzlichen Dank für das Gespräch.

Danke euch.

6 Asset-Allokation

»On average, 90 percent of the variability of returns and 100 percent of the absolute level of return is explained by asset allocation.«
Roger G. Ibbotson

Seit Jahrzehnten versuchen Anleger intensiv, das beste einzelne Investment zu finden. Welche Aktie steigt am stärksten? Wird Gold stärker steigen als Silber? Werden Value-Aktien aus ihrem Dämmerschlaf erwachen, und wenn ja, wann und für wie lange? Mit der Ausnahme weniger professioneller Trader, für die Geld anlegen keine Nebenbeschäftigung ist, lautet die Antwort: Es ist egal. Das ist zugegebenermaßen eine kurze und für viele unbefriedigende Aussage, daher ergänzen wir sie durch die Langfassung. Anleger sollten sich um die Asset-Allokation kümmern und immer die Grundregel beachten, zuallererst keinen Schaden anzurichten.[1]

Die Asset-Allokation ist die übergeordnete Aufteilung des Vermögens auf verschiedene Anlageklassen. Wie groß soll der Anteil der Aktien sein, wie hoch die Anleihenquote? Ist es sinnvoll, Gold zu besitzen, und wenn ja, wie viel Raum sollte es in einem Portfolio einnehmen? Sind diese Entscheidungen getroffen, dann wird die Zeit zum größten Freund des Anlegers und man sollte sie nicht bei der Arbeit stören.

Den Fokus auf die grundsätzliche Ausrichtung statt auf einzelne Wetten zu richten, dient nicht zuletzt der Reduktion drastischer Kursverluste auf Ebene des Gesamtvermögens. Gerade Privatanleger halten Schwankungsrisiken oft für irrelevant. Dies gilt jedoch nur so lange, bis der Fall der Fälle eintritt. Denn in fallenden Märkten machen die meisten Menschen unerfreuliche Erfahrungen mit ihren Emotionen. Eine einzige impulsiv getroffene Entscheidung zur falschen Zeit kann dann mehr Schaden anrichten als eine vorher noch als ertragsmindernd wahrgenommene, vermeintlich zu niedrige Aktienquote. Es gilt die alte Regel: Wenn Aktien steigen, hat man immer zu wenige, wenn sie fallen immer zu viele.

Bei institutionellen Anlegern spielt neben der menschlichen Psyche und diversen Gremien die Regulierung eine dominierende Rolle. Die erwarteten Schwankungsbreiten sind daher für diese Gruppe eine wichtige Messgröße im Risikomanagement, die schon aus regulatorischen Gründen beachtet werden muss. Ob jemand die jeweiligen Messgrößen in fachlicher Hinsicht für sinnvoll hält oder nicht, spielt in der Praxis nicht immer eine Rolle.

Die grundlegenden Parameter für die Selektion einer zum Anleger passenden Asset-Allokation sind neben dem Anlagehorizont die erwartete oder auch benötigte Rendite sowie das akzeptierte Risiko. Während bei der Ermittlung der Rendite Einigkeit herrscht, wird die Diskussion um die richtige, passende und für alle Zeiten gültige Risikokennzahl wohl niemals enden. Da Anleger diese finale Entscheidung

1 Siehe Goyal and Wahal (2008).

nicht abwarten können, gilt es, pragmatisch mit dieser Fragestellung umzugehen. Zu den pragmatischen Lösungen zählen weder der einfache Value at Risk noch die komplexeren Kennzahlen, wie der Conditional Value at Risk. Beide Kennzahlen spielen vor allem aus regulatorischen Gründen eine Rolle. Pragmatiker nutzen in der Praxis eher die Schwankungsbreiten oder die historischen Drawdowns.[2] Wie andere Ansätze auch hat die Nutzung dieser beiden Kennzahlen Schwächen. So setzt beispielsweise die Ermittlung von Standardabweichungen der Renditen eine bestimmte mathematische Verteilung dieser Renditen voraus, die bei den meisten Anlagen am Kapitalmarkt nicht gegeben ist. Diese und andere Schwächen sind jedoch bekannt und die Anleger können mit ihnen umgehen – was aber natürlich nicht heißt, dass alle Anleger dies auch in einer sinnvollen Art und Weise tun. Ein transparenter Prozess mit bekannten Schwächen ist jedoch immer besser als eine komplexe Vorgehensweise, von der niemand weiß, ob, warum und vor allem wie lange sie funktioniert.

Der maßgebliche Faktor für den Beitrag einer Assetklasse zur Diversifikation eines Portfolios sind die Korrelationen bzw. Kovarianzen zu anderen Anlageklassen. Sind die Korrelationen einer Anlageklasse zu den anderen Komponenten eines Portfolios niedrig oder sogar negativ, dann senkt eine Beimischung dieser Anlageklasse das Schwankungsrisiko des Portfolios und damit auch den potenziellen emotionalen Stress der Anleger.

Ausgangssituation

Das zentrale Problem der heutigen Asset-Allokation ist der Anleihemarkt. Nur wenige Anleger finden es vermutlich nicht verrückt, Geld zu investieren, um dann dafür Zinsen zahlen zu müssen. Die meisten machen gezwungenermaßen dennoch bei dem Spiel mit, sei es auf Grund regulatorischer Vorgaben, aus Sorge vor den erwarteten höheren Schwankungsrisiken anderer Anlagen oder aus Gewohnheit.

The Point of no Return(s)

Zusammen stehen Aktien und Renten derzeit für den größten Anteil einer typischen Asset-Allokation. Während die Aktienmärkte in den letzten Dekaden mehrere Einbrüche um mindestens 50 % erlebten, entwickelten sich viele Anleihen zum zinslosen Risiko. Die niedrigen und teils negativen Renditen von Staats- und Unternehmensanleihen dienen einigen Anlegern als Begründung für eine nahezu beliebig hohe Bewertung der Aktienmärkte. Aber auch bei Aktien führt eine hohe Bewertung zu niedrigen Renditeerwartungen. Der Zusammenhang ist lediglich nicht so direkt, wie dies auf der Anleiheseite der Fall ist.

2 Mit dem Begriff Drawdown wird das Ausmaß der Verluste vom vorangegangenen maximalen Depotwert bezeichnet.

Auf der Webseite des Analysehauses Research Affiliates findet sich eine interaktive Anwendung, mit der sich die Renditeerwartungen für einzelne Assetklassen visualisieren lassen. Aktuell dürften diese Projektionen für viele Anleger ernüchternd sein. Die realen Renditeerwartungen pro Jahr liegen zwischen –3 % für zehnjährige US-Staatsanleihen und +5 % für Aktien von Unternehmen aus den so genannten Schwellenländern. Generell basieren die Erwartungen für den Gesamtertrag der Aktien auf dem Gordon Growth Modell und damit einer einfachen Zerlegung des erwarteten Ertrags in drei Komponenten. Die erwartete Rendite der Aktien ergibt sich als Summe aus der Dividendenrendite, des realen Gewinnwachstums sowie der prozentualen Veränderung des Bewertungsniveaus. Dieser Wert wird dann um die erwartete Inflation bereinigt. Wer sich für verschiedene Bewertungsmodelle interessiert, findet diese im White Paper des Anbieters.[3]

John Bogle, der Gründer des Asset Managers *Vanguard*, war ein Fan dieses einfachen Ansatzes, auf dessen Basis jeder Investor in wenigen Minuten seine eigenen Prognosen erstellen kann. Allerdings hängt das Ergebnis eines solchen Ansatzes in hohem Maße von der Wahl der Eingabewerte ab, daher sollten Anleger Vorsicht walten lassen und alle Parameter eher konservativ einschätzen. Wir wollen dies kurz anhand des Beispiels des US-Aktienindex S&P 500 zeigen.

Die Dividendenrendite des Index wird vom Anbieter mit 1,5 % angegeben. Als Näherung für das Gewinnwachstum ziehen wir das jährliche mittlere Dividendenwachstum der letzten zehn Jahre in Höhe von 6 % heran. Komplizierter wird es bei der Einschätzung der Veränderung der Bewertung des Index. Zunächst muss eine entsprechende Bewertungskennzahl ausgewählt werden. Auf Grund der hohen Sensitivität des Ergebnisses gegenüber diesem Parameter werden in der Regel träge Kennzahlen genutzt. Wir entscheiden uns für das Case-Shiller-KGV[4], eine Kennzahl, die kurzfristige Schwankungen glättet und die Inflation in die Betrachtung einbezieht (vgl. Abbildung 6.1).[5]

Die Hälfte der Zeit pendelte das Case-Shiller-KGV zwischen 10 und 20. Der Durchschnittswert lag bei rund 16, das Allzeittief wurde im Jahr 1920 mit 4,8 markiert und den Hochpunkt erreichte die Kennzahl im Hype um die »New Economy« im Jahr 2000 mit einem Wert von 44. Derzeit notiert die Kennzahl beim vergleichsweise hohen Wert von 32. Gehen wir für unsere Schätzung von einem Rückgang der Bewertung auf einen Wert von 20 aus, der über zehn Jahre stattfindet, so ergibt sich eine jährliche Bewertungsveränderung von –3,2 %.

Die Summe aus der Dividendenrendite (1,5 %), dem Gewinnwachstum (6 %) und der Bewertungsveränderung (–3,2 %) ergibt eine erwartete Rendite für den Index in

3 Siehe Brightman et al. (2015).

4 Das Case-Shiller-KGV wird auch CAPE-Ratio genannt. Das Akronym steht für Cyclically Adjusted Price Earnings Ratio.

5 Beim üblichen Kurs-Gewinn-Verhältnis wird der Kurs einer Aktie ins Verhältnis zum letztjährigen Gewinn pro Aktie gesetzt. Auf Grund der starken Schwankungen der Unternehmensgewinne ist eine solche Zeitreihe allerdings sehr volatil. Diese Problematik lösen Kennzahlen wie das Case-Shiller PE, zu dessen Ermittlung der Durchschnitt der inflationsbereinigten Gewinne der letzten zehn Jahre sowie der aktuelle Kurs herangezogen werden.

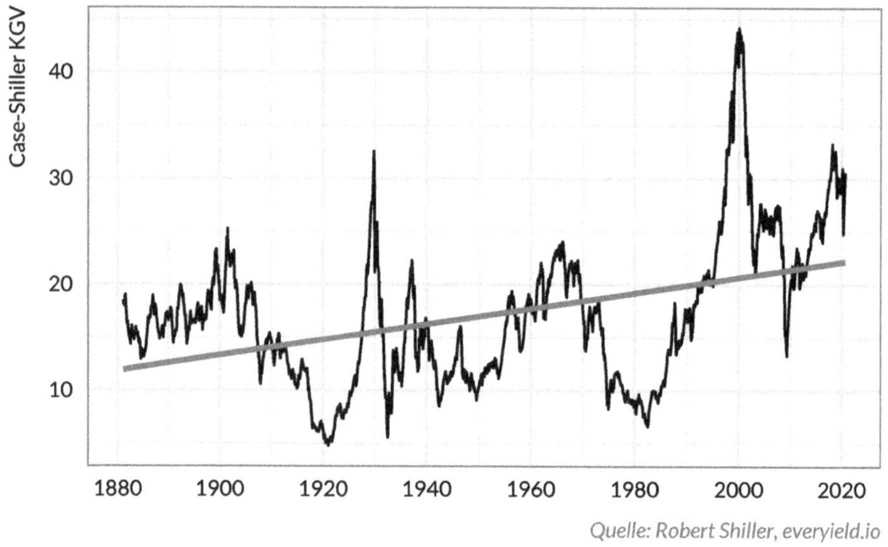

Abb. 6.1: Entwicklung des Case-Shiller-KGV des US-Aktienmarkts

Höhe von 4,3 % pro Jahr. Die Abhängigkeit von der Bewertungsänderung ist enorm. Nehmen wir eine über zehn Jahre ablaufende Rückkehr zum langfristigen Mittelwert des Case-Shiller-KGV an, so resultiert daraus eine jährliche Bewertungsveränderung in Höhe von −4,2 %. Die erwartete jährliche Gesamtrendite sinkt in diesem Szenario auf 3,3 %. Ziehen wir von diesen nominalen Werten das Inflationsziel der FED in Höhe von 2 % pro Jahr ab, verbleiben 2,3 % bzw. 1,3% realer Gesamtertrag pro Jahr. Das ist angesichts der Schwankungsrisiken des Aktienmarktes und einer möglicherweise deutlich höher ausfallenden Inflation nicht gerade üppig.

Die in diesem Beispiel verwendeten Parameter sind nur grob geschätzt, und jeder Anleger kann seine eigenen Erwartungen in derartige Modelle einfließen lassen. Selbst unter der optimistischen Annahme, die Bewertungen würden auf dem hohen Niveau verharren, lassen sich allerdings die von einigen Kapitalanlegern erwarteten oder zumindest erhofften Renditen von 10 % jährlich nicht ableiten.

Bei den Anleihen sieht die Welt in dieser Hinsicht einfacher aus, denn sie führen die Rendite als wichtigste Bewertungskennzahl immer mit sich. Wird das Papier bis zur Fälligkeit gehalten, wird die ausgewiesene Rendite vereinnahmt, falls der Schuldner nicht ausfällt.[6] Da die meisten Anleger nicht alle Papiere bis zur Fälligkeit halten, sondern ein Anleiheportfolio mit einer weitgehend stabilen Duration steuern, kommt mit dem Rolldown eine weitere Renditekomponente hinzu.[7] Im Rahmen der Durationssteuerung werden laufend Papiere mit zu gering gewordener Laufzeit gegen länger

6 John Bogle wies sogar darauf hin, dass die Rendite von zehnjährigen US-Staatsanleihen rund 92 % der annualisierten Rendite erklären kann, die ein Anleger inklusive Reinvestitionen der Zinszahlungen bis zur Endfälligkeit erhält; siehe Gay (2014).

7 Siehe Diwald (2012).

laufende Anleihen getauscht. Wird eine Anleihe mit einer Laufzeit von zehn Jahren erworben und nach einem Jahr als dann nur noch neun Jahre laufende Anleihe wieder veräußert, wird neben der laufenden Rendite auch die aus der Renditedifferenz zwischen langer und kurzer Laufzeit resultierende Kursveränderung vereinnahmt. Die Richtung der Veränderung hängt von der Zinsstrukturkurve und bei Unternehmensanleihen zusätzlich von der Spreadkurve ab.

Während die Anfangsrendite eines Anleiheportfolios der dominierende Faktor für die langfristig zu erwartenden Renditen ist, kann die Berücksichtigung des Rolldowns die Ertragsschätzung verbessern. Gemeinsam ergeben die Anfangsrendite und der Rolldown die geschätzte Rolling Yield des Portfolios, sprich die vom aktiven Anleger über einen bestimmten Zeitraum zu erwartende jährliche Gesamtrendite. Für die exakte Berechnung der passenden Periode gibt es verschiedene Ansätze. Einer der bekanntesten stammt von Martin L. Leibowitz[8], der als Prognosezeitraum die zweifache Portfolioduration minus eins vorschlägt.

Zu den niedrigen Ertragserwartungen und der nicht mehr vorhandenen Absicherungsfunktion von Anleihen in einem Portfolio gesellt sich mit einem möglichen Anstieg der Inflation ein weiteres Risiko. Der Kaufkraftverlust ist für Rentenanleger eine große Gefahr, die von vielen auf Grund der Kursgewinne der letzten 40 Jahre unterschätzt wird. In der aktuellen Situation würde eine hohe Inflation auf einen Anleihemarkt treffen, der das beste Stück eines langen Weges hinter sich hat. Während aktive Manager Basispunkt um Basispunkt einsammeln, um zumindest nominal einen positiven Ertrag zu erzielen, ist selbst der Ausgleich des politisch erwünschten Kaufkraftverlustes von 2 % pro Jahr mit einem Anleiheportfolio derzeit illusorisch. Dieses Risiko ist am Anleihemarkt nicht eingepreist, weil durch die Aufkaufprogramme von Notenbanken die Mechanismen der Preisfindung seit Jahren außer Kraft gesetzt sind.

Die letzte Erfahrung der Industrieländer mit einer ernstzunehmenden Inflation stammt aus den 1970er- und frühen 1980er-Jahren. Die inflationsadjustierten Rückgänge von Investmentportfolios werden bemerkenswerterweise nur selten betrachtet. In der nominalen Welt hat sich daher das Bild gehalten, die Drawdowns von Aktien wären immer deutlich stärker als die von Anleihen. Setzt man die reale Brille auf, sieht das Bild jedoch anders aus. Abbildung 6.2 zeigt den Verlauf der realen Drawdowns von US-Aktien und US-Staatsanleihen über die letzten einhundert Jahre.

Der große kaufkraftbereinigte Drawdown der Anleihen begann in den 1940er-Jahren. Die Staatsfinanzen waren bedingt durch den Zweiten Weltkrieg außer Kontrolle geraten. Innerhalb weniger Jahre stieg die US-Staatsverschuldung von 30 % des Bruttoinlandsprodukts (BIP) auf 110 % des BIP. Die US-Notenbank kaufte US-Staatsanleihen, da der Refinanzierungsbedarf des Staates so groß war, dass der private Sektor alleine das massive Volumen nicht absorbieren konnte. Zusätzlich wurde ein neues Steuerungselement namens Yield Curve Control eingeführt – ein hübscher Name für das

8 Siehe Leibowitz/Bova/Kogelman (2015).

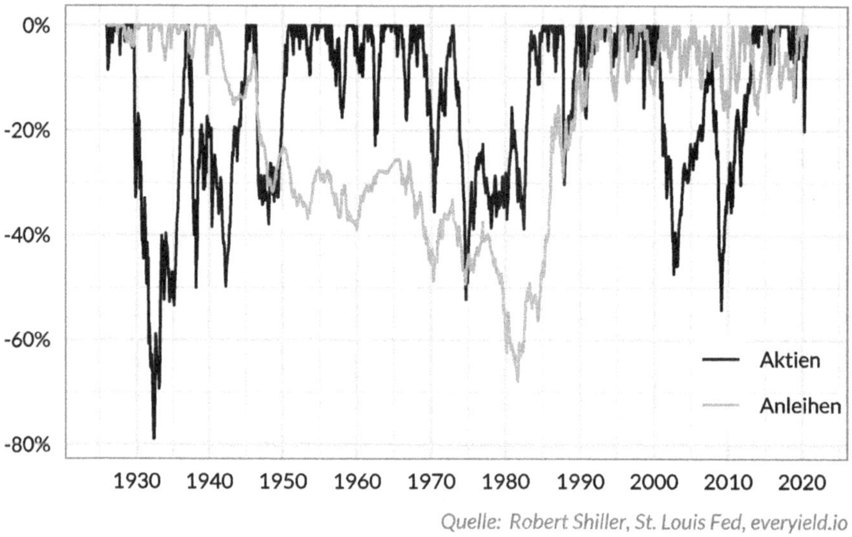

Abb. 6.2: Reale Drawdowns von US-Aktien und Staatsanleihen

Festsetzen der kompletten Zinskurve.[9] Der höchste Zinssatz am langen Ende der Zinskurve wurde auf 2,5 % festgesetzt, am kurzen Ende waren es 0,38 %. Sobald die Zinsen sich über die genannten Zielmarken hinauswagten, kaufte die FED so lange Anleihen, bis der Zins wieder das angestrebte Niveau erreichte. Gleichzeitig kam es befördert durch die massiven Ausgabenprogramme der Regierung zu kurzen und heftigen Inflationsschüben. Obwohl die Entwicklung des Kaufkraftverlustes erratischer verlief, war die kumulierte Inflationsrate in den 1940er-Jahren vergleichbar mit den Werten der 1970er-Jahre, als unter anderem das Öl-Embargo der OPEC tiefe Spuren hinterließ.

Auch die Dauer des Drawdowns ist bemerkenswert, wenn man die zwischenzeitlichen Zinsanstiege und das damit sukzessive steigende Zinseinkommen beachtet. Rund 50 Jahre haben die Besitzer von Anleiheportfolios warten müssen, bis das reale Vermögen wieder seinen Ausgangswert erreicht hatte. Wer 1941 langfristige US-Staatsanleihen gekauft hatte, musste bis 1991 warten, bis er die Gewinnzone erreichte. Schaut man sich rollierende Perioden an, sehen die Risiken von Anleihen nicht viel besser aus. Bei der Betrachtung einer zehnjährigen Haltedauer war die schlechteste Aktienperformance sogar besser als die schlechteste Anleihenperformance.[10] Dennoch haben Anleihen ein hohes Gewicht in vielen Portfolios. Die Verhaltensökonomen Bernatzi und Thaler bestätigen dieses Verhalten in ihrem Paper »Myopic Loss Aversion and the

9 Diese Phase nach dem Zweiten Weltkrieg weist sehr viele Ähnlichkeiten zur heutigen Situation auf. Die USA haben mittlerweile eine Staatsverschuldung von mehr als 100 % des BIP und die Notenbanken stellen Mittel für riesige Fiskalprogramme zur Verfügung. Die Rendite 30-jähriger US-Staatspapiere liegt bei 2 %. In Europa sehen wir eine ähnliche Verschuldungsdynamik. Die EZB hat zwar offiziell keine Yield Curve Control ausgegeben, betreibt diese jedoch implizit durch ihr Handeln.

10 Siehe Siegel (2014).

Equity Premium Puzzle«.[11] Anleger würden im Vergleich zu Anleihen nicht mehr Aktien halten, weil sie sich zu sehr auf die kurzfristige Performance und Volatilität statt auf langfristige Performanceziele konzentrieren. Diese Verlustaversion führt zu reduzierten Aktienbeständen, niedrigeren Aktienkursen und erhöhten Aktienrisikoprämien. Der Fokus auf kurzfristige Volatilität verhindert, dass man längerfristig an den Märkten investiert bleibt und eine hohe Aktienrisikoprämie vereinnahmt. Natürlich fördern die gesetzlichen und regulatorischen Restriktionen dieses Verhalten zusätzlich. So sind Anleger gewissermaßen gezwungen, ein hohes Exposure in Anleihen aufzubauen. Daneben haben Menschen ein Problem damit, mit Inflation umzugehen. In der Wissenschaft nennt man dies »Money Illusion«, die Geldwertillusion.[12] Sie beschreibt die Nichtwahrnehmung von Inflation durch die Wirtschaftsteilnehmer.

Wer sich die inflationsbereinigten Verluste der Anleihen anschaut, versteht den Druck, unter dem professionelle Anleger stehen, die die Kaufkraft eines Vermögens langfristig erhalten wollen. Mit Zinspapieren wird das selbst dann nicht gelingen, wenn ein künftiger realer Drawdown die Marke von –70 % nicht erreicht. Im Grunde ist dieser Blick in die Vergangenheit der Blick in eine nicht unwahrscheinliche Zukunft. Die Gefahr des realen Vermögensverlusts ist das Resultat einer anhaltenden finanziellen Repression, die sich einfach konstruieren lässt, indem der nominale Zinssatz über einen langen Zeitraum unter dem Niveau der Inflationsrate gehalten wird. Die aus den 1940er-Jahren bekannten Maßnahmen wie Zinskontrollen und Aufkaufprogramme der Zentralbank ähneln nicht zufällig den heutigen Instrumenten der Zentralbank. Schon im Jahr 2012 warnte Warren Buffett vor einem zu hohen Exposure in Anleihen:

> *They are among the most dangerous of assets. Over the past century these instruments have destroyed the purchasing power of investors in many countries, even as these holders continued to receive timely payments of interest and principal … Right now, bonds should come with a warning label.*
>
> *Warren Buffett, 2012 Annual Shareholder Letter*

Entschuldung gibt es nicht zum Nulltarif. Die niedrigen Zinsen haben einen für die Asset-Allokation wichtigen Nebeneffekt. Mit sinkenden Renditen nimmt auch die potenzielle Pufferfunktion von Staatsanleihen in einem Portfolio ab. In Zeiten mit angemessenen Zinsniveaus strömt das Geld im Falle von starken Kursverlusten an den Aktienmärkten in die Staatsanleihen. Die daraufhin steigenden Kurse dieser Papiere gleichen in einem gemischten Portfolio zumindest einen Teil der Verluste aus Aktienpositionen aus. Im Frühjahr des Jahres 2020 konnten Anleger beobachten, wie wenig von dieser Pufferfunktion übriggeblieben ist. Abbildung 6.3 zeigt die Entwicklung verschiedener zehnjähriger Staatsanleihen im Februar und März 2020 sowie die Ausgangsrendite dieser Papiere.

11 Siehe Benartzi/Thaler (1995).
12 Siehe Shafir et al. (1997).

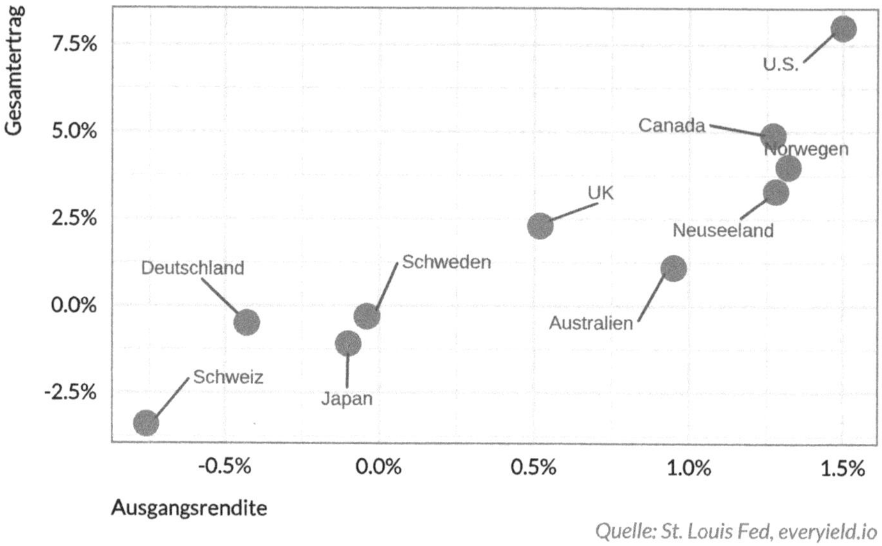

Abb. 6.3: Pufferfunktion von Staatsanleihen vom 19.2.2020 bis 23.3.2020

Das Ergebnis ist ernüchternd, wenn auch nicht überraschend. Anleihen, deren Renditen vor dem Einbruch des Aktienmarktes nahe null lagen oder negativ waren, konnten keinen stabilisierenden Wertbeitrag liefern. Staatspapiere aus den Ländern Deutschland, Schweden und Japan lieferten im Schnitt sogar einen negativen Beitrag von −0,6 %. Der Schweizer Rentenmarkt erlitt sogar Verluste in Höhe von −3,4 %. Die Pufferwirkung, die viele Anleger trotz negativer Zinsen erwartet hatten, war nicht zu beobachten. Zu dieser unschönen Erfahrung gesellt sich das Wissen um das nur noch begrenzte Potenzial für weitere Zinssenkungen und daraus resultierende Kurssteigerungen der Anleihen.

Die Nullzinspolitik hat die langfristige Tragfähigkeit anleihelastiger Portfolios untergraben. Die Suche nach Alternativen ist daher ein logischer Schritt. Auf Grund der niedrigen Korrelationen zu traditionellen Anlagen zählen auch institutionelle Anleger zunehmend digitale Assets zu diesen Alternativen. Dabei werden sie nicht als direkter Ersatz für Anleihen betrachtet, sondern finden sich gemeinsam mit Anlagen in Private Equity, Rohstoffen oder Infrastruktur in der Kategorie *Alternative Investments* wieder. Dieser Baustein hat auch bei langfristig ausgerichteten Anlegern wie Family Offices in den vergangenen Jahren an Bedeutung gewonnen.

Alternative Allokation: Enter Bitcoin

Das Bitcoin-Netzwerk ist im Gegensatz zu Zentralbankwährungen frei von planwirtschaftlichen Eingriffen. Alle Einflüsse drücken sich direkt in Kursbewegungen aus, was gemeinsam mit einer noch ausbaufähigen Liquidität des Marktes zu einer entsprechend hohen Volatilität führt. Das klingt zunächst nachteilig, hat jedoch neben der so gesicherten Aufrechterhaltung der Knappheit des Bitcoin einen weiteren positiven Aspekt. Denn während niemand weiß, was die immer umfangreicheren Eingriffe der Zentralbanken für die Kapitalmärkte langfristig bedeuten, haben Anleger es beim Bitcoin mit einem laufend bereinigten Markt zu tun. Es gibt keine Bail-outs von unfähigen Investoren oder andere Rettungsaktionen für Marktteilnehmer, die sich verhoben haben. Wer sein Risiko nicht im Griff hat, zahlt den entsprechenden Preis. Das klingt hart, hat aber neben der bereinigenden auch eine disziplinierende Wirkung. Eigenverantwortung ist in den letzten Jahrzehnten zu Unrecht aus der Mode gekommen, könnte sich jedoch langfristig als das beste Mittel zur Erreichung stabilerer Märkte entpuppen.

Die wenigsten Anleger werden in die Kategorie derer fallen, die auf absehbare Zeit überhaupt nichts oder aber ihr gesamtes Hab und Gut in Kryptoassets investieren wollen. Daher ist die wichtigste Frage nicht, ob eine Anlage erfolgen soll, sondern in welchem Umfang. In den nächsten Abschnitten beschäftigen wir uns daher mit der Allokation von Kryptoassets innerhalb eines Portfolios, wobei der Bitcoin auf Grund der längsten Datenhistorie wie gewohnt die Stellvertreterrolle einnimmt. Alternativ kann statt des Bitcoin auch ein Kryptoindex oder eine andere breite Kryptoallokation genutzt werden.

Der intuitive Weg

Wie groß darf der Anteil von Kryptoassets in einem Portfolio sein? Auf der einen Seite möchten Anleger einen spürbaren Effekt im Portfolio erzielen. Symbolische Quoten im Zehntelprozentbereich nach dem Motto »Hauptsache etwas gemacht« helfen daher nicht weiter. Andererseits soll nicht die gesamte Allokation durch die digitalen Assets dominiert werden, vor allem nicht, wenn die Kurse nachgeben. Es gibt verschiedene Herangehensweisen, die Frage nach der richtigen Quote zu beantworten. Der erste Versuch ist sehr einfach und intuitiv nachvollziehbar. Man wähle den maximalen Verlust, den man für die Allokation von Kryptoassets zu akzeptieren bereit ist. Liegt dieser Wert bei einem Prozent, so ist dies die Allokationsquote. Da ein solcher Ansatz vom Risiko eines Totalverlustes ausgeht, sind böse Überraschungen ausgeschlossen. Angesichts der historischen Drawdowns von teils mehr als 80 % ist diese Vorgehensweise nicht übervorsichtig, sondern schlichtweg pragmatisch. Wurde die Schwelle mit Bedacht gewählt, erspart sie zudem eine Menge Arbeit und Anpassungsbedarf. Einzig die Vorgehensweise mit etwaigen temporären Kursgewinnen muss geklärt werden, was beispielsweise durch einen festen Schwellenwert erreicht werden kann. Steigt z. B. der Anteil der Kryptoassets von 1 % auf 1,5 %, erfolgt eine Zurückführung der Quote auf den Ausgangswert. Derartige klare Regeln ersparen Diskussionen und mindern den Einfluss der am Finanzmarkt selten hilfreichen Emotionen.

Selbst Profis fangen angesichts schwierig zu quantifizierender Unsicherheiten in der Regel mit kleinen Volumina an. So gab der Hedgefondsmanager Paul Tudor Jones bekannt, zunächst mit einer Quote im niedrigen einstelligen Prozentbereich zu beginnen.[13] Anleger, die darüber schmunzeln, sollten sich fragen, ob sie besser mit Risiken umgehen können als Manager, die ihr Handwerk in- und auswendig kennen. Zu diesen gehört zweifelsfrei auch Bill Miller. Der ehemalige CEO von Legg Mason und verantwortliche Portfoliomanager des Legg Mason Capital Management Value Trusts ist einer der bekanntesten Fondsmanager weltweit und hat wie Tudor Jones ebenfalls frühzeitig in Bitcoin investiert. Von 1991 bis 2005 schlug Miller mit seinem Fonds die Benchmark S&P 500 deutlich. Die Wahrscheinlichkeit der von ihm erreichten Outperformance lag bei 1 zu 2,3 Millionen. Wie Tudor Jones hat auch Miller eine klare Meinung zu Bitcoin.

> *»It's an insurance policy in case inflation comes back again as it did in the 1970s. I would say that if that's a sensible thing to do, then, certainly to have 1 to 2% of your assets in Bitcoin makes great sense here.«*
>
> *Bill Miller, Founder, Chairman & CIO, Miller Value Partners*

Der Unterschied von langfristig erfolgreichen Managern wie Paul Tudor Jones oder Bill Miller zu bloßen Marktschreiern wird sofort an den genannten Allokationsquoten sichtbar. Wenn Miller sagt, ein bis zwei Prozent Bitcoin im Portfolio könnten durchaus sinnvoll sein, dann hat man es mit einem professionellen Risikomanager zu tun. Ob und wie sich eine Allokation in dieser Höhe im Portfolio bemerkbar macht, werden wir im weiteren Verlauf dieses Kapitels betrachten. Vorher schauen wir auf das, was die Finanzwissenschaft zu diesem Thema beizutragen hat. Welche Quote resultiert aus einer Portfolio-Optimierung gemäß der modernen Portfoliotheorie?

Der akademische Weg

1952 legte Harry Markowitz den Grundstein für eine neue Ära des Risikomanagements. In seiner Arbeit beschrieb der Ökonom die Konstruktion so genannter effizienter Portfolios[14], die für ein gegebenes Schwankungsrisiko die erwartete Rendite maximieren. Für seine Arbeit wurde Markowitz zwar mit dem The Sveriges Riksbank Prize in Economic Sciences ausgezeichnet. Es sollte aber noch lange dauern, bis die notwendige Rechenleistung verfügbar und bezahlbar war, um seine Theorie praktisch umsetzen zu können. Heutzutage gehören Optimierungen nach Markowitz zum Alltag in der Finanzindustrie. Der Einsatz optimierter Portfolios ist nicht auf einzelne Assetklassen beschränkt, sondern kann auf ein reines Aktienportfolio genauso angewendet werden wie auf eine Mischung verschiedener Assetklassen.[15] Die größte Herausforderung und damit auch die primäre Fehlerquelle ist die Schätzung der erwarteten Renditen als wichtigstem Eingangswert der Optimierung. Zwar müssen auch Risikoparameter und Korrelationen geschätzt werden, deren Auswirkungen auf das Resultat

13 Siehe Letters (2020).
14 Siehe Markowitz (1952).
15 Siehe Butler et al. (2016).

der Portfoliooptimierung sind jedoch geringer als die der Ertragserwartungen. Gerade die langfristigen Schwankungsbreiten sind zudem verlässlicher aus den historischen Daten abzuleiten.

Nach Überzeugung der Anhänger der Theorie von Harry Markowitz dominieren die auf Basis seines Ansatzes ermittelten Minimum-Varianz-Portfolios alle anderen risikoäquivalenten Portfolios. Das bedeutet, die Anleger erhalten entweder mehr Ertrag für das gleiche Risiko oder weniger Risiko bei gleichem Ertrag. Die Bedeutung des Ansatzes von Markowitz ist nicht jedem klar. Im Kern sagt die Theorie aus, dass ein höheres Risiko am Finanzmarkt nicht zwingend zu einem höheren Ertrag führt, weil das Gesamtergebnis aus dem Zusammenspiel der Erträge, Schwankungsrisiken und Korrelationen der einzelnen Bestandteile eines Portfolios resultiert.[16] Ein planloser Ausbau von Risikopositionen, beispielsweise durch aggressive Positionen in Sektoren oder gar einzelnen Titeln, garantiert den Anlegern somit lediglich ein höheres Gesamtrisiko. Das Ausmaß der Bitcoin-Allokation in einem Minimum-Varianz-Portfolio lässt sich für einen bestimmten Zeitraum einfach ermitteln. Wir wollen dies anhand einer Beispielrechnung für eine gemischte Allokation globaler Aktien, US-Staatsanleihen, Aktien aus den so genannten Schwellenländern sowie eines Rohstoffindex zeigen. Um eine Alternative zur üblichen Vorgehensweise der Rendite- und Risikoschätzungen darzulegen, haben wir diese Modellparameter durch 25 000 Simulationsläufe basierend auf den historischen Daten ermittelt. Leerverkäufe haben wir ausgeschlossen, da diese für die meisten Anleger nicht in Frage kommen (vgl. Abbildung 6.4).

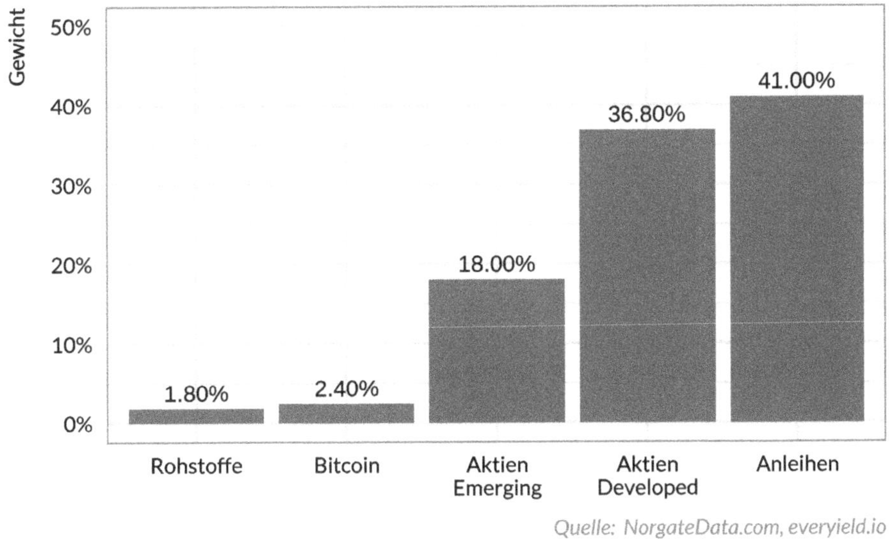

Abb. 6.4: Gewicht des Bitcoin in einem Minimum-Varianz-Portfolio

16 Siehe Li et al. (2016).

Der Anteil von Bitcoin im resultierenden Minimum-Varianz-Portfolio ist überschaubar und liegt auf einem Niveau, das viele institutionelle Anleger zumindest im ersten Schritt kaum übertreffen werden. Die erwartete annualisierte Rendite dieses Portfolios beträgt 6,5 % bei einer annualisierten Volatilität von 11 %. Eine Allokation von Bitcoin im niedrigen einstelligen Prozentbereich ist eine gute Ausgangsbasis, die keine dramatischen Auswirkungen auf das Risikoprofil eines gemischten Portfolios hat.

Wie lang ist die Mindesthaltedauer für ein Portfolio mit Bitcoin?

Neben den Schwankungsbreiten gibt es mit der Dauer der Drawdowns ein weiteres Risiko, das nicht nur für Privatanleger relevant ist. Wie viel Zeit vergeht schlimmstenfalls, bis ein Anleger, der zum schlechtesten Zeitpunkt eingestiegen ist, wieder auf dem Ausgangsniveau angelangt ist? Abbildung 6.5 zeigt das Ausmaß und die Dauer der fünf größten Drawdowns des Bitcoin.

Beginn	Tiefpunkt	Ende	Maximum	Monate
06.12.2013	15.01.2015	24.02.2017	-84.9%	39.1
18.12.2017	16.12.2018	30.11.2020	-83.4%	36.0
25.08.2011	21.10.2011	14.08.2012	-80.8%	10.9
11.04.2013	07.07.2013	06.11.2013	-71.0%	7.0
14.04.2021	20.07.2021	NA	-53.1%	4.9

Quelle: messari.io, everyield.io

Abb. 6.5: Historische Drawdowns des Bitcoin (Quelle: messari.io, everyield.io)

Die Historie der Kryptoassets ist kurz. Daher sollten Anleger die in diesem überschaubaren Zeitraum beobachteten Risiken nicht als mögliche Maximalwerte auffassen. Der Aktienmarkt zeigt, wie lange es auch bei einer Assetklasse mit positiver Drift und langfristig sehr guten Erträgen dauern kann, bis die Folgen stärkerer Einbrüche ausgeglichen worden sind. Der im Jahr 1987 begonnene Drawdown des japanischen Aktienmarktes hält bis heute an. Auch der Kryptomarkt wird in der Zukunft nicht immer bereits nach drei Jahren wieder neue Höchststände sehen.

Aktien, Anleihen, Real Assets – aber wie viel?

Das für jeden Anleger zu jeder Zeit passende Portfolio existiert nicht. Die persönliche und finanzielle Situation sowie die Risikoneigung beeinflussen den Handlungsspielraum und die daraus resultierenden Allokationen. Um einen Überblick zu verschaffen, nehmen wir in diesem Abschnitt unterschiedliche Asset-Allokationsmodelle unter die Lupe. Darunter sind bekannte Strategien wie die All-Seasons-Strategie von Ray Dalio, die von Warren Buffett in seinem Testament erwähnte langfristige Allokation, das Global Market Portfolio sowie eine klassische gleichgewichtete Mischung aus Aktien, Renten und Rohstoffen. Wie haben sich die Ansätze bewährt, wie groß waren die Risiken und was kam für die Anleger am Ende dabei heraus?

Rebalancing: Sell high, buy low

Privatanleger lassen ihre Portfolios meistens frei driften. Dieses Nichtstun führt zu einer stetigen Höhergewichtung der stärksten Assetklasse. Am Ende eines langen Aufwärtstrends des Aktienmarktes kann so aus einem 60/40-Portfolio ein 80/20-Portfolio werden und Investoren finden sich so am Gipfel des Aktienmarktes mit der höchsten Aktienquote wieder. Dementsprechend hart ist dann der Einschlag, wenn der Aktienmarkt korrigiert. Wer sich aus guten Gründen für ein bestimmtes Risikoprofil entscheidet, der sollte eine zu starke Abweichung des Portfolios von diesem Zielwert durch ein regelmäßiges Rebalancing verhindern. Im institutionellen Asset Management ist dieses Vorgehen gängige Praxis.[17]

Aus Kostengründen sollten Umschichtungen nur bei nennenswerten Veränderungen der Quoten stattfinden. Üblicherweise wird deshalb eine Kombination aus zeitlicher Taktung und Schwellenwerten für das Auslösen des Rebalancings genutzt. So kann beispielsweise einmal im Quartal eine Überprüfung stattfinden, ob die Abweichung der aktuellen Allokation vom Zielportfolio einen vorher festgelegten Schwellenwert über- oder unterschreitet. Nur wenn dies der Fall ist, werden die Quoten angepasst. Dieses Vorgehen lässt sich weiter aufgliedern. Einige Anleger passen die Werte auf die Ursprungswerte an, andere orientieren sich an der durch die maximalen Werte definierten Bandbreite und führen die Quoten nur auf die Maximalwerte zurück. Im Sinne einer möglichst genauen Abbildung des gewählten Risikoprofils ist die Rückführung auf die Ursprungswerte die sauberste Lösung.

Der Frage, ob das Rebalancing von Portfolios gut oder schlecht ist, ging unter anderem William Bernstein nach, der den Begriff Rebalancing Bonus prägte. In einem Artikel[18] postulierte er, dass ein Rebalancing von Portfolios im Vergleich zu passiven Portfolios in den meisten Fällen zu Überrenditen führen könne. Die richtige Antwort aus der Praxis lautet aber wie so oft: Es kommt darauf an. Bestimmte Bedingungen müssen erfüllt sein, damit überhaupt das Potenzial zu einer Renditesteigerung oder Risikosenkung durch ein regelmäßiges Rebalancing besteht und sich der Aufwand für die regelmäßigen Anpassungen des Portfolios lohnt.

- *Nennenswerte Volatilität der einzelnen Anlageklassen:* Hohe Varianzen führen zu Phasen, in denen bestimmte Anlageklassen die Entwicklung des Gesamtportfolios deutlich übertreffen, gefolgt von Zeiträumen, in denen dieselben Vermögenswerte im Vergleich zu anderen Portfoliobestandteilen deutlich unterdurchschnittlich abschneiden. Bei einer Outperformance führt eine Neugewichtung zu Gewinnmitnahmen durch Verkäufe. Bei einer Unterperformance löst eine Neugewichtung einen Kauf zum niedrigeren Preis aus.
- *Unkorrelierte oder negativ korrelierte Vermögenswerte:* Eine geringere Korrelation der Konstituenten eines Portfolios bewirkt eine Senkung der aggregierten Volatilität. Dies beschleunigt die Kumulierung der Erträge und trägt damit im Laufe der Zeit erheblich zur Steigerung des Portfoliowerts bei.

17 Siehe Ang (2014).
18 Siehe Bernstein/Wilkinson (1997).

Abbildung 6.6 zeigt den Einfluss des vierteljährlichen Rebalancings auf ein globales Multi-Asset-Portfolio.

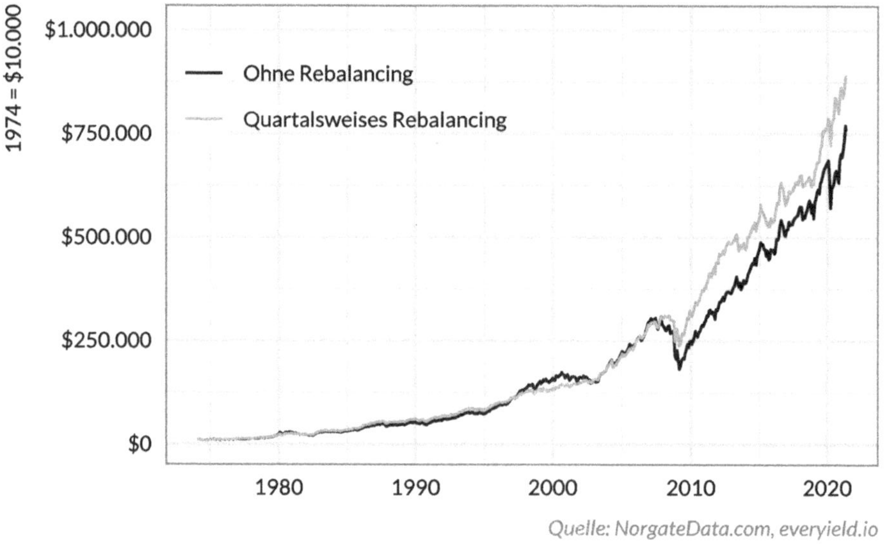

Abb. 6.6: Auswirkungen des Rebalancing auf ein Portfolio aus 25 % REITs, Gold, Staatsanleihen und Aktien

Auf den ersten Blick scheint der Unterschied nicht so groß zu sein. Doch durch den Zinseszinseffekt kann über einen langen Zeitraum der Unterschied signifikant sein. Im dargestellten Beispiel liegt die jährliche Performance des regelmäßig angepassten Portfolios um 0,47 % pro Jahr höher als die der statischen Allokation.

Das regelmäßig adjustierte Portfolio weist zudem mit −23,5 % deutlich geringere Drawdowns auf als die statische Allokation, deren Wert zwischenzeitlich um 40,2 % zurückging (vgl. Abbildung 6.7).

Ein konsequentes Rebalancing wirkt sich langfristig Risiko senkend aus und hat das Potenzial, die Gesamtrendite zu steigern. Durch regelmäßige Transaktionen werden jedoch Kosten verursacht und Anleger müssen auch steuerliche Sachverhalte beachten. Die Frequenz der Anpassungen sollte nicht zu hoch sein, daher ist ein pragmatischer Ansatz besser als ein dogmatischer. Bei einem Portfolio, das sich zu gleichen Teilen aus Aktien und Anleihen zusammensetzen soll, darf bei Quoten von 48 % und 52 % auch mal ein Rebalancing ausfallen.

Für professionelle Anleger ist das Rebalancing von Portfolios die gängige Vorgehensweise. Lediglich bei der Frequenz der Anpassungen gibt es Uneinigkeiten. Auch Mebane Faber kann in seinem Buch über taktische Asset-Allokation keinen Anpassungsrhythmus nennen, der sich generell als überlegen erweist. Letztendlich hängt die Frequenz auch von den Transaktionskosten und der steuerlichen Situation der Investoren ab. Perfektionieren lassen sich Rebalancing-Strategien durch die Abstimmung des Umschichtungsturnus auf die Marktzyklen oder durch die Integration einer Trendanalyse.

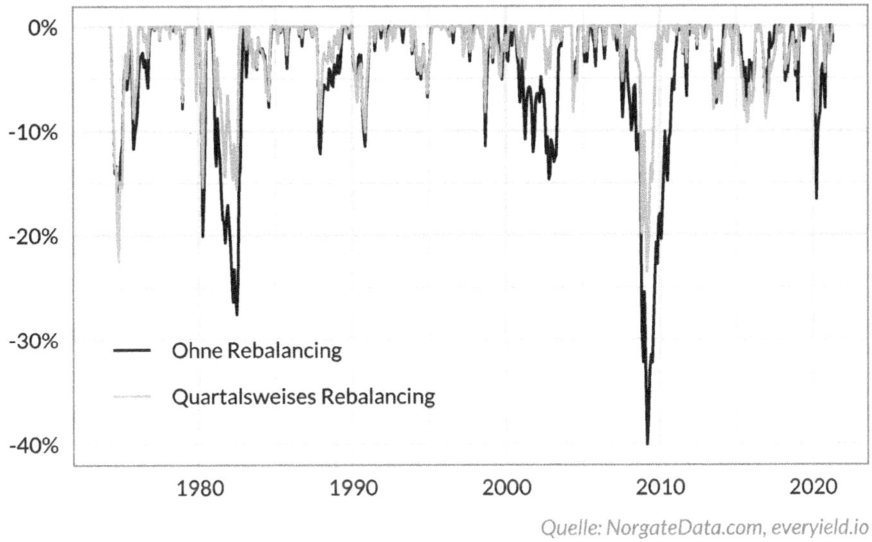

Abb. 6.7: Drawdowns eines Portfolios aus 25 % REITs, Gold, Staatsanleihen und Aktien

Bekannte Asset-Allokation-Ansätze

> *»Just because the past didn't turn out like you wanted it to doesn't mean your future can't be better than you imagined.«*
>
> *Anonym*

Die wichtigste Entscheidung, die Anleger treffen, ist die Wahl der langfristigen Asset-Allokation. Durchdachte Ansätze bekannter Investoren sind ein guter Ausgangspunkt auf dem Weg zum eigenen Portfolio. Die folgende Übersicht (Abbildung 6.8) umfasst ein breites Spektrum, das sich vom All Seasons Portfolio für alle Marktphasen bis hin zur nahezu reinen Aktienallokation erstreckt. Hinter allen Strategien stehen bekannte Vertreter ihrer Zunft, die allesamt erfolgreich sind, jedoch für gänzlich unterschiedliche Denkweisen stehen. So vertritt Ray Dalio von Bridgewater Associates einen Ansatz mit hoher Diversifikation, der ohne Anpassungen auch für zukünftige Marktveränderungen gewappnet sein soll. Berkshire Hathaway CEO Warren Buffett setzt auf ein Portfolio, das zu 90 % aus US-Aktien besteht. Zwischen diesen beiden Extremen ist reichlich Platz für alternative Vorgehensweisen.

Die folgenden Allokationen beruhen auf der Arbeit von Mebane Faber, einem der Gründer des quantitativen Asset Managers Cambria Investments. Sein Whitepaper »A Quantitative Approach to Tactical Asset Allokation«[19] ist auf dem Social Science Research Network (SSRN) rund 240 000 Mal abgefragt worden. Faber ist Autor zahlreicher Bücher, darunter der Klassiker »Global Asset Allocation: A Survey of the World's

19 Siehe Faber (2015).

Top Asset Allocation Strategies«,[20] in dem er eine Vielzahl verschiedener Anlagekonzepte betrachtet. Wir haben für dieses Kapitel einen Teil der von Faber dargestellten Strategien ausgewählt, aktualisiert und dort, wo es notwendig war, ergänzt.

Als Quant konzentriert sich Faber auf das Wesentliche und geht faktenbasiert vor. Das immer noch weit verbreitete Storytelling bleibt in seinen Untersuchungen ebenso außen vor wie Emotionen, einer der größten Fallstricke für Investoren. Sämtliche Strategien konzentrieren sich ausschließlich auf die Asset-Allokation. So wird unnötige Komplexität vermieden und die resultierenden Portfolios sind realistisch, in der Praxis für jeden einfach darstellbar und daher bestens als anschauliche Beispiele geeignet (siehe Abbildung 6.8).

Assetklasse	Segment	All Seasons	Permanent	Global AA	Rob Arnott	Marc Faber	Endowment	Warren Buffett
Aktien	US Large Cap	18.0%	7.5%	20.0%	10.0%	13.0%	20.0%	90.0%
Aktien	US Small Cap	3.0%	-	-	-	-	-	-
Aktien	Non-US Developed Markets	6.0%	7.5%	15.0%	10.0%	8.0%	20.0%	-
Aktien	Non-US Emerging Markets	3.0%	-	5.0%	-	4.0%	-	-
Anleihen	Globale Unternehmensanleihen	-	35.0%	22.0%	20.0%	-	-	-
Anleihen	US T-Bills	-	-	-	-	-	-	10.0%
Anleihen	US 10y T-Note	15.0%	35.0%	-	-	25.0%	20.0%	-
Anleihen	US 30y T-Bond	40.0%	-	15.0%	10.0%	-	-	-
Anleihen	Non-US Staatsanleihen	-	-	16.0%	20.0%	-	-	-
Anleihen	Inflationsindexierte Anleihen	-	-	2.0%	10.0%	-	-	-
Real Assets	Rohstoffe	7.5%	5.0%	-	10.0%	-	20.0%	-
Real Assets	Gold	7.5%	5.0%	-	-	25.0%	-	-
Real Assets	Globale REITs	-	5.0%	5.0%	10.0%	25.0%	20.0%	-

Quelle: everyield.io

Abb. 6.8: Struktur bekannter Asset-Allokations-Strategien

Grundsätzliche Unterschiede zeigen sich sowohl bei der übergeordneten Aufteilung auf die Assetklassen als auch innerhalb der Segmente. Einige Ansätze bevorzugen Unternehmensanleihen, andere Staatsanleihen. Mancher mischt Aktien der Emerging Markets bei, während diese in anderen Allokationen nicht auftauchen. Trotz der teils sehr unterschiedlichen Ausrichtungen unterscheiden sich die langfristigen Entwicklungen grundsätzlich weniger als viele vermuten (vgl. Abbildung 6.9).

Bei den Schwankungsbreiten hingegen sind die Unterschiede offensichtlicher. Wenig überraschend liegen die zwischenzeitlichen Verluste einer aktienlastigen Strategie deutlich über denen eines breit diversifizierten Ansatzes (siehe Abbildung 6.10).

20 Siehe Faber (2015).

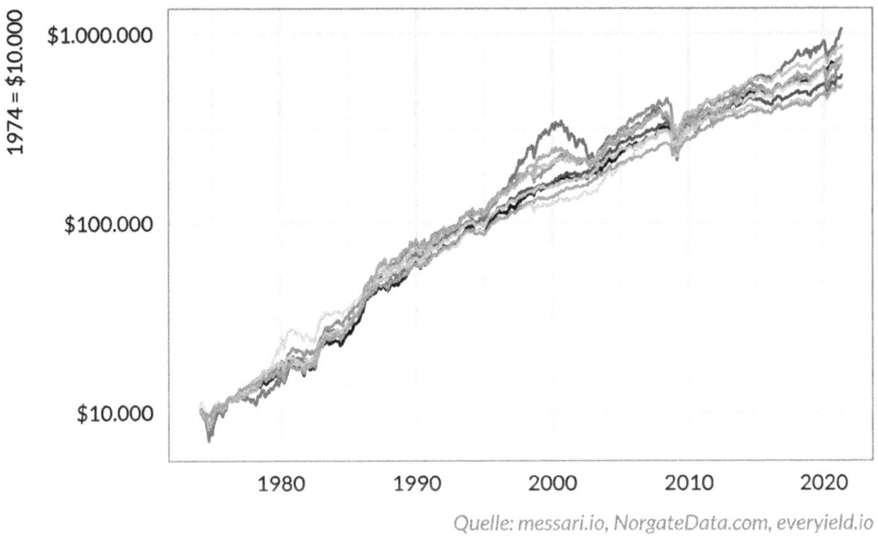

Abb. 6.9: Langfristige Entwicklung bekannter Asset-Allokations-Strategien

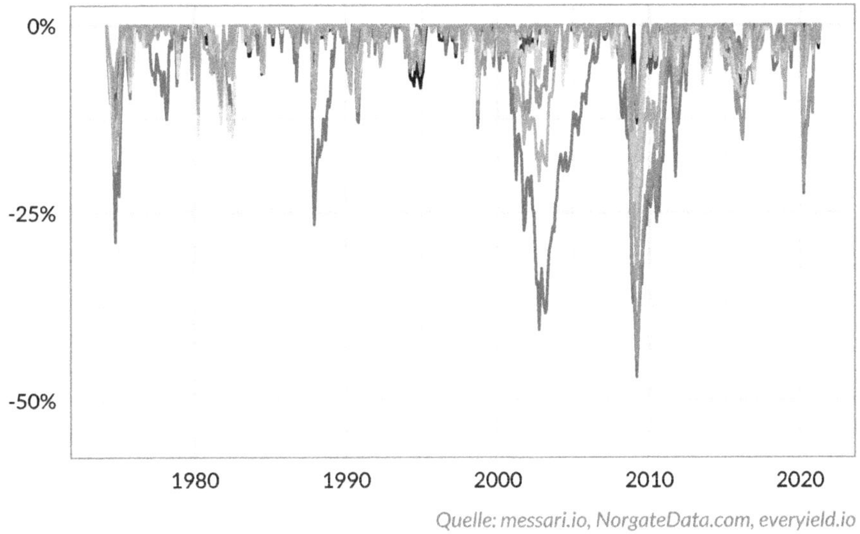

Abb. 6.10: Drawdowns bekannter Asset-Allokations-Strategien

Die Festlegung auf einen Ansatz fällt vielen Anlegern nicht leicht, denn immer stehen klar ersichtliche Risiken im Raum. Derzeit sind es die niedrigen Renditen, die eine hohe Anleiheallokation wenig attraktiv erscheinen lassen. Aber was passiert mit den anderen Assetklassen, wenn die Renditen tatsächlich spürbar steigen? Wird ein Anstieg der Renditen zehnjähriger Staatsanleihen im Anleihenteil des Portfolios den größten Schaden anrichten, oder fallen die Verluste im Aktienbereich auf Grund des veränderten Zinsumfeldes größer aus?

Wer solche Fragen exakt beantworten kann, der hat den heiligen Gral des Finanzmarktes gefunden und sich damit aller Sorgen einer sinnvollen Kapitalallokation entledigt. Wer sich ehrlich eingesteht, diese Fragen nicht beantworten zu können, der ist mit einer langfristig ausgerichteten Asset-Allokation besser bedient als mit dem ständigen Wechsel der Anlagestrategie. Gerade Portfolios, die sehr offensiv nur auf eine Anlageklasse setzen, weisen eine hohe Abhängigkeit vom Startzeitpunkt auf. Wer zur falschen Zeit auf die von Warren Buffett empfohlene hohe Aktienquote setzt, der muss in Kauf nehmen, auch einmal mehr als zehn Jahre hinter defensiveren Ansätzen zurückzubleiben. Abbildung 6.11 zeigt, wie sich im Zeitverlauf die Kurven des Permanenten Portfolios und der Strategie von Buffett immer wieder begegnen.

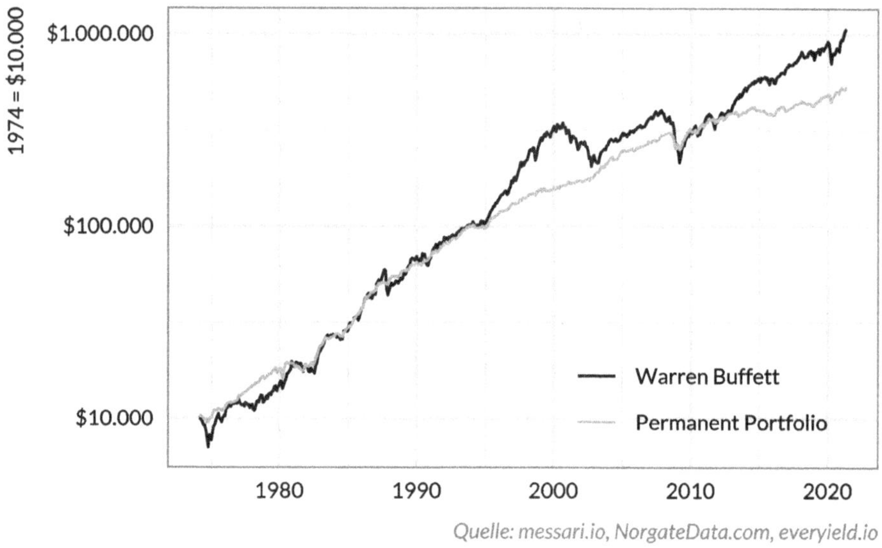

Abb. 6.11: Entwicklung des Permanent Portfolio und der Warren Buffett-Allokation

Es gibt also keinen Grund, sich der fear of missing out (FOMO) hinzugeben und nach einem langen Anstieg der Aktienmärkte plötzlich in die Offensive zu gehen. Auch sollte niemand erwarten, allein auf Grund eines hohen Aktienanteils über fünf Jahre betrachtet immer besser abzuschneiden als Anleger mit einer defensiveren Ausrichtung.

Im folgenden Abschnitt werden wir uns die Entwicklung einiger einzelner Strategien genauer anschauen. Zum einen werten wir die eingangs dargestellten Allokationen in unveränderter Form aus. Diese ergänzen wir um eine Variante, bei der wir eineinhalb Prozentpunkte des Aktienanteils durch eine Allokation in Bitcoin ersetzt haben, den wir auf Grund der längsten Datenhistorie im Kryptobiotop ausgewählt haben. Der Ausweis der Entwicklungen in US-Dollar resultiert aus den gleichen Erwägungen.

Die Datenverfügbarkeit sowie die Liquidität und damit die Verlässlichkeit der hinter den Kursdaten stehenden ETFs ist am US-Markt deutlich besser als bei den europäischen Werten.

Die All-Seasons-Strategie

»It's more important to do big things well than to do the small things perfectly.«

Ray Dalio

Die All-Seasons-Strategie basiert auf Überlegungen von Raymond »Ray« Dalio, dem CEO von Bridgewater Associates. Der Ansatz soll es ermöglichen, in möglichst vielen ökonomischen Szenarien eine positive Rendite zu erzielen. Konkret ist er darauf ausgelegt, vier potenzielle wirtschaftliche Bedingungen in verschiedenen Kombinationen zu meistern: Wachstum, Rezession, Inflation und Deflation.

Dalio hält die Zukunft nicht für prognostizierbar und daher ein Portfolio für notwendig, das die finanziellen Auswirkungen unerwarteter wirtschaftlicher Ereignisse abfedert. So soll es insbesondere für Anleger, die eine geringe Risikotoleranz haben und denen es in erster Linie um den langfristigen Kapitalerhalt geht, attraktiv sein. Der Kerngedanke hinter diesem Ansatz ist die breite Diversifikation (vgl. Abbildung 6.12).

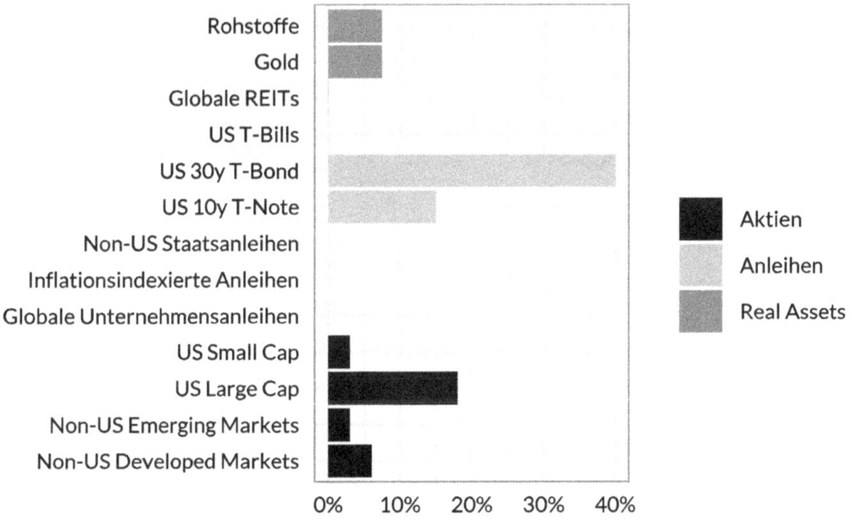

Abb. 6.12: Die All-Seasons-Allokation

Die Robustheit des Portfolios entsteht durch die breite globale Streuung der Anlagen über verschiedene Assetklassen und die Vermeidung von Klumpenrisiken. Der sprichwörtliche ökonomische oder politische Kometeneinschlag, der nicht prognostizierbar ist und jede Anlageklasse früher oder später ereilt, soll in einem solchen Portfolio keinen nicht wiedergutzumachenden Schaden anrichten.

Neben der Diversifikation setzt die Strategie auf sehr langfristige Korrelationsmuster verschiedener Anlagen. Die Betrachtung kürzerer Zeiträume von nur wenigen Jahren oder gar Monaten wird ausgeschlossen, stellen doch die daraus resultierenden ständigen Kurswechsel eine der größten Gefahren für die langfristige Entwicklung eines Portfolios dar.

Das hier dargestellte All-Seasons-Portfolio stellt nicht exakt die Version dar, die das Unternehmen Bridgewater in seinen Anlagen umsetzt, sondern basiert auf einem Interview zwischen Tony Robbins und Ray Dalio. Ziel des Gespräches war es, ein Portfolio zu beschreiben, das auch durchschnittliche Anleger handhaben können. Daher verzichtet die vereinfachte Variante beispielsweise auf Derivate, die Bridgewater zur Steigerung der Renditen einsetzt.

Abbildung 6.13 zeigt die Entwicklung des unveränderten All-Seasons-Portfolios sowie einer Variante mit 1,5 % Bitcoin.

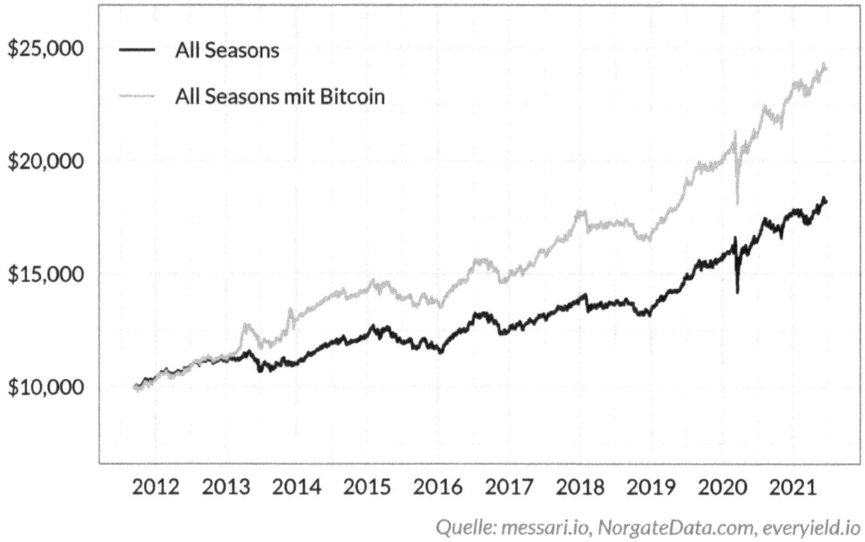

Abb. 6.13: Entwicklung der All-Seasons-Allokation mit und ohne Bitcoin

Der Verlauf zeigt die Entwicklung eines sehr robusten Portfolios, das in den meisten Marktphasen nur mäßig gelitten und sich dann rasch erholt hat. Die Drawdowns dieser Strategie sind überschaubar und deutlich geringer als die von Portfolios mit hohen Aktienallokationen. Selbst im Frühling des Jahres 2020 ist die Strategie um nicht mehr als 15 % unter ihre Höchststände zurückgefallen (vgl. Abbildung 6.14).

Die Beimischung des Bitcoin zum sehr robusten All-Seaons-Portfolio führt in einigen Phasen zu leicht erhöhten Drawdowns. Auffällig ist jedoch einzig das Jahr 2018, als mit Ausnahme von Gold und einigen Staatsanleihen fast alle Anlagen unter Druck gerieten. Durch die überschaubare Allokationsquote des Kryptoassets ändert sich jedoch nichts an der grundsätzlich defensiven Ausrichtung der Strategie von Ray Dalio.

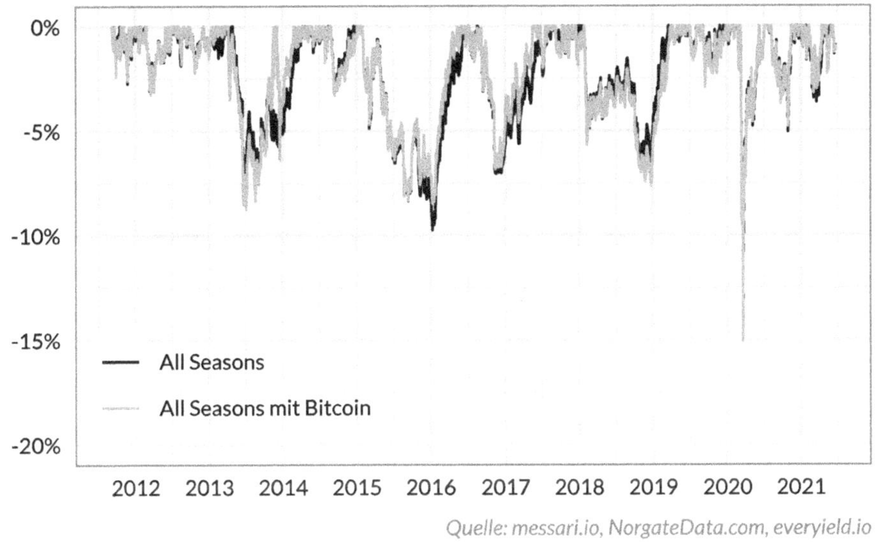

Abb. 6.14: Drawdowns der All-Seasons-Allokation mit und ohne Bitcoin

Permanent Portfolio

»The best kept secret in the investing world: Almost nothing turns out as expected.«
Harry Edson Brown

Ein vor allem in den USA beliebtes Portfolio ist das Permanent Portfolio. Ausgeklügelt hat diesen Investmentansatz der Amerikaner Harry Browne zu Beginn der 1970er-Jahre. Browne war Publizist, Investmentberater und zwischen 1996 und 2000 sogar Präsidentschaftskandidat der Liberalen in den USA. Auch wenn die Idee des permanenten Portfolios somit schon etliche Jahre alt ist, erscheint sie im heutigen Anlageumfeld aktueller denn je. »Mit diesem Portfolio ist es möglich, marktunabhängig langfristig eine attraktive Rendite unter Vermeidung größerer Verluste zu erzielen«, beschreibt Ronald-Peter Stöferle, Partner beim Liechtensteiner Investmenthaus Incrementum das Konzept. Der Aufbau des Depots ist denkbar einfach: Je ein Viertel der Anlagesumme fließt in Aktien, Anleihen, Bargeld und Gold (siehe Abbildung 6.15). Dieser Mix wird nie verändert, daher der Name permanentes Portfolio. Einen genügend langen Anlagezeitraum vorausgesetzt kann das permanente Portfolio hervorragende Dienste leisten, ohne allzu große mentale Anforderungen an die Besitzer zu stellen.

Die schwankungsarme Entwicklung dieses Portfolios zeigt, wie gut es seinen Zweck erfüllt. Eine geringe Volatilität sowie geringe Drawdowns lassen Investoren auch in schwierigen Zeiten gut schlafen. Gerade diese Stabilität aber ist es, die viele Anleger auch unruhig werden lässt, wenn sie zu oft den Kontostand kontrollieren. Das Portfolio ist gänzlich anders strukturiert als ein klassisches Mischportfolio mit 60 % Anleihen und 40 % Aktien und führt daher in manchen Phasen zu einer deutlich geringeren Rendite.

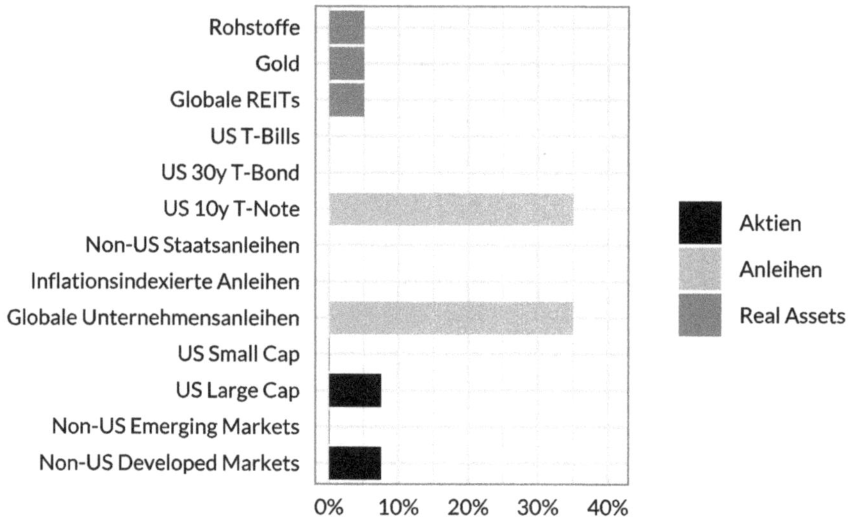

Abb. 6.15: Die Permanent Portfolio-Allokation

Leider fällt es vielen Anlegern schwer, sich in solchen Phasen auf die eigene Strategie zu konzentrieren, und nicht zu versuchen, dem jeweils am stärksten steigenden Marktsegment oder gar Sektor hinterherzulaufen. Gerade in Zeiten, in denen sich der Aktienmarkt am besten entwickelt, ist die relative Entwicklung des permanenten Portfolios am schwächsten. Wer dies jedoch durchhält, wird in den immer wiederkehrenden schwachen Aktienmarktphasen und in Zeiten, in denen Gold stark zulegt, mit einer deutlich stabileren Entwicklung belohnt. Es lohnt sich daher, einer guten Strategie treu zu bleiben (vgl. Abbildung 6.16).

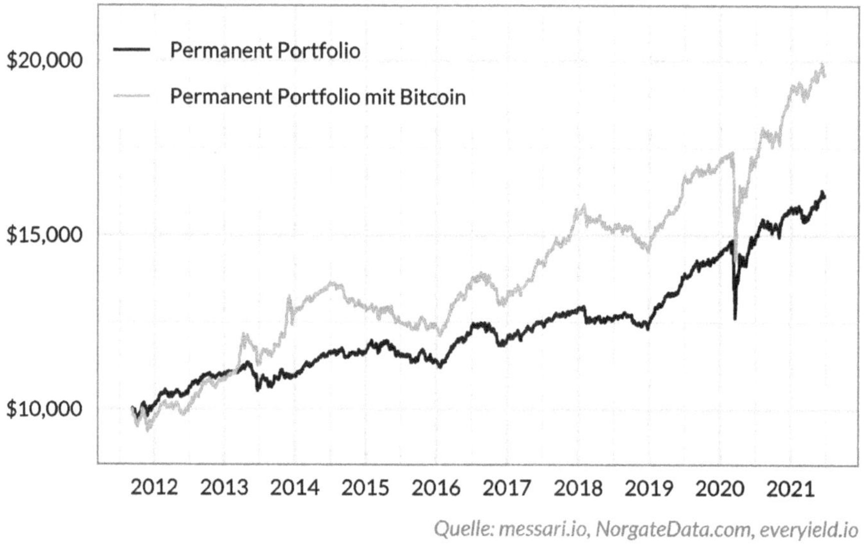

Abb. 6.16: Entwicklung der Permanent Portfolio-Allokation mit und ohne Bitcoin

Die generelle Schwankungsarmut des Portfolios hat einen weiteren Vorteil, gibt sie doch den Anlegern genügend Freiraum zur Beimischung kleinerer Anteile schwankungsreicher Positionen wie beispielsweise Kryptoassets.

Der positive Renditebeitrag der überschaubaren Beimischung des Bitcoin ist enorm. Gerade bei grundsätzlich defensiv ausgerichteten Allokationen sticht die positive Entwicklung des Kryptoassets trotz einer geringen Positionsgröße deutlich heraus.

Die Vermutung, dieses Mehr an Rendite sei durch ein höheres Schwankungsrisiko erkauft worden, ruft nach einem Blick auf die Drawdowns der beiden Strategien. Abbildung 6.17 zeigt ein eindeutiges Bild.

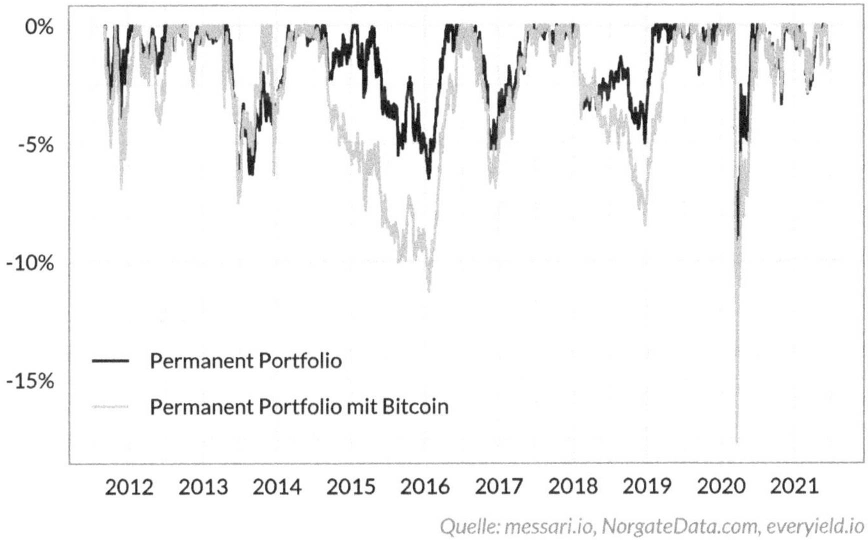

Abb. 6.17: Drawdowns der Permanent Portfolio-Allokation mit und ohne Bitcoin

Selbst die beachtliche Schwankungsbreite eines Assets wie Bitcoin führte lediglich zu marginalen Veränderungen des aggregierten Schwankungsrisikos der Gesamtstrategie. Angesichts der oben dargestellten Outperformance mag das erstaunlich klingen. Angesichts der geringen Positionsgröße von Bitcoin in der Allokation ist es nur logisch.

Gerade das Beispiel des defensiv ausgerichteten permanenten Portfolios zeigt, wie sinnvoll die Beimischung riskanterer Positionen mit dem Potenzial sehr hoher Gewinne sein kann. Das gilt nicht nur für Kryptoassets, sondern auch für andere alternative Anlagen.

Global Market Allokation

> *»Many people begin investing their money without a true understanding of what has happened in the past, and often bias their expectations toward their own personal experiences.«*
>
> *Mebane Faber*

Das Global Market-Portfolio wird auch Globale Asset-Allokation genannt und soll die weltweite Verteilung der liquiden Assetklassen widerspiegeln. Wer sich auf einfache Art und Weise an der Entwicklung der Kapitalmärkte beteiligen will, kann dies durch diese Anlagestrategie erreichen (vgl. Abbildung 6.18). Als Bitcoin-Beimischung haben wir auch für dieses Portfolio einen Wert von 1,5 % gewählt. Interessanterweise entspricht dies näherungsweise dem Anteil, den das Asset auch auf Grund des aktuellen Marktwertes aller Kryptoassets in einem solchen Portfolio erhielte.

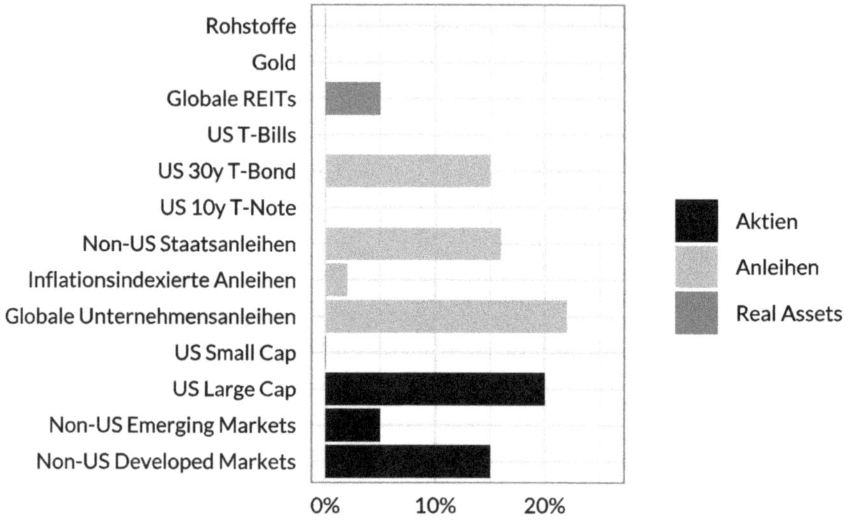

Abb. 6.18: Die Global Market-Allokation

Im Vergleich zu klassischen Mischportfolios, die sich aus Anleihen und Aktien zusammensetzen, bringt die Global Market-Allokation eine Beimischung von Immobilien und einen kleinen Anteil inflationsindexierter Anleihen mit. Bis auf diese Beimischungen ähnelt es daher einem klassischen 60/40-Portfolio. Auch hier führt der Bitcoin als digitales Real Asset zu einer deutlichen Verbesserung der Rendite (vgl. Abbildung 6.19).

In den Schwächephasen zeigt sich eher der Einfluss der Immobilienaktien als der Beitrag des Bitcoin. Der Verlauf ist wenig erratisch und zeigt trotz einiger Korrekturen eine gut erkennbare Tendenz. Für eine derart einfache Strategie, die auf Grund der Ausrichtung am globalen Kapitalmarkt auch langfristig nur wenige Umschichtungen erfordert, ist dieses Ergebnis bemerkenswert.

Quelle: messari.io, NorgateData.com, everyield.io

Abb. 6.19: Entwicklung der Global Market-Allokation mit und ohne Bitcoin

Die Beimischung des Bitcoin führte trotz der generell überschaubaren Schwankungen des Basisportfolios nicht zu einer erkennbaren Verschlechterung des Risikoprofils dieser Strategie (vgl. Abbildung 6.20).

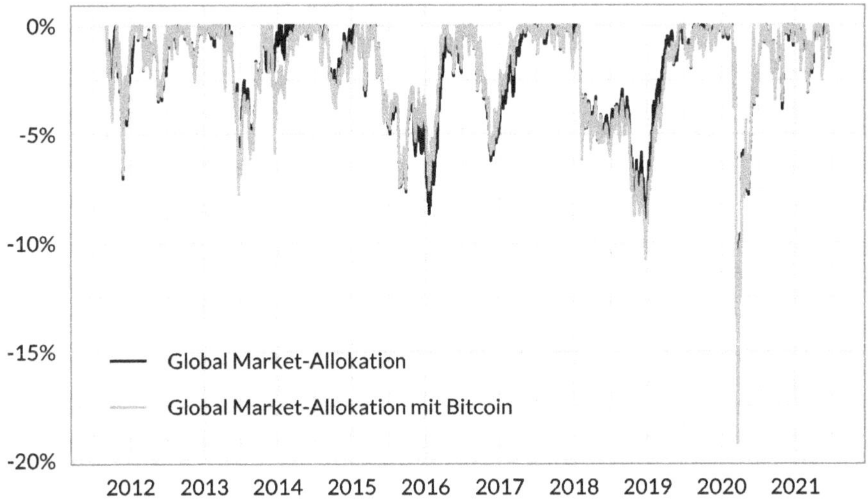

Quelle: messari.io, NorgateData.com, everyield.io

Abb. 6.20: Drawdowns der Global Market-Allokation mit und ohne Bitcoin

Wie bei den zuvor beschriebenen Portfolios ist der Einfluss des Kryptoassets auf das Risikoprofil der Globalen Asset Allokation-Strategie trotz der zwischenzeitlichen Drawdowns des Bitcoin von mehr als 80 % nur marginal.

Die Allokation nach Rob Arnott

> *»Many investors prefer comfort, chasing what is popular and loved, rather than pursuing what is out of favor. The markets do not reward comfort.«*
>
> *Robert D. Arnott*

Robert Arnott ist der Gründer von Research Affiliates, einem Unternehmen, das unter anderem Anlagestrategien lizensiert, auf deren Basis weltweit ein Vermögen von rund 150 Milliarden US-Dollar verwaltet wird. Eine prominente Strategie des Anbieters ist der RAFI-Index, den der ETF-Anbieter Invesco für viele seiner Smart-Beta-ETFs verwendet. Das Akronym RAFI steht für Research Affiliates Fundamental Indexing. Damit ist ein fundamental gewichteter Index gemeint, bei dessen Konstruktion nicht die Marktkapitalisierung der Konstituenten genutzt wird, sondern fundamentale Kennzahlen wie der Umsatz oder der Gewinn. Robert Arnott veröffentlichte zu diesem und anderen Themen mehr als 100 Artikel in verschiedenen Finanzzeitschriften, war Herausgeber des Financial Analysts Journal und ist Autor des Buches »The Fundamental Index: A better way to invest«.

Derartige Ansätze der Portfoliokonstruktion mit dem Ziel eines verbesserten Indexing werden oft unter dem Begriff »Smart Beta« zusammengefasst. Das »Beta« steht für den Marktertrag gemäß CAPM, das »Smart« für das Ziel einer verbesserten Portfoliokonstruktion, die es ermöglichen soll, eine bessere risikoadjustierte Rendite als eine Benchmark zu erzielen. In der Theorie sind derartige Ansätze meistens erfolgreich, in der Praxis haben sie durch den im Vergleich zum Index deutlich höheren Portfolioumschlag mit hohen Transaktionskosten und steuerlichen Belastungen zu kämpfen.

Arnotts Asset-Allokation geht auf seinen Versuch zurück, das Ertragsprofil von Hedgefonds durch ein liquides ETF-Portfolio zu replizieren.[21] Analog zu alternativen Anlagen sollte die Beimischung von Rohstoffen, Immobilienaktien und inflationsindexierten Anleihen die risikoadjustierte Rendite des Portfolios im Vergleich zu normalen Mischportfolios erhöhen.

Für die folgenden Berechnungen (vgl. Abbildung 6.21) folgen wir dem vereinfachten Beispiel aus Mebane Fabers Buch »Global Tactical Asset Allocation«.

Die Kursentwicklung des Arnott-Portfolios liegt zwischen dem Permanent Portfolio und der Globalen Asset-Allokation (vgl. Abbildung 6.22). Die Entwicklung vollzieht sich mit überschaubarer Volatilität und dürfte kaum einem Anleger mentale Probleme bereitet haben. Ein Unterschied zu vielen anderen Strategien ist die Allokation einer Rohstoffquote von 10 %.

Über mehrere Jahre und bis in den März des Jahres 2021 hinein steuerte ein breit gestreutes Rohstoffinvestment negative Renditen bei. Allein Gold leistete im letzten

21 Siehe Arnott (2008).

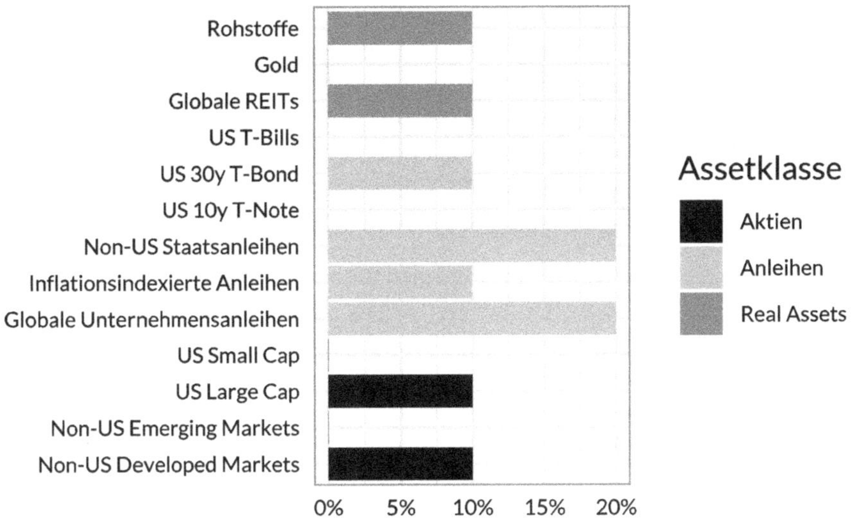

Abb. 6.21: Die Robert Arnott-Allokation

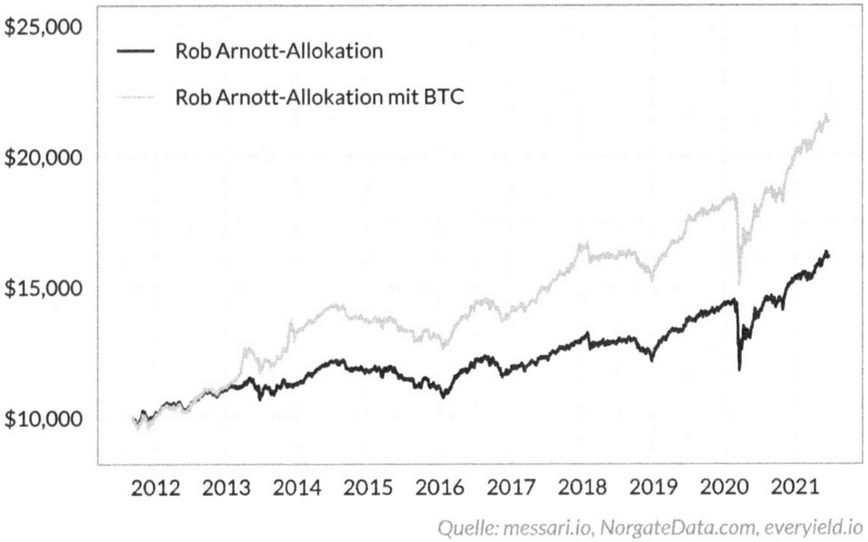

Abb. 6.22: Entwicklung der Rob Arnott-Allokation mit und ohne Bitcoin

Jahrzehnt einen spürbar positiven Beitrag. Seit der Kapitulation der Rohstoffindizes im Rahmen des Einbruchs der Kapitalmärkte und vor allem des Rohölpreises im Frühjahr 2020 hat sich das Bild gedreht.

Die Rohstoffpreise haben sich nicht nur erholt, sondern markierten ausgehend von Mehrjahrestiefstständen innerhalb von weniger als zwölf Monaten neue Mehrjahreshöchstkurse. So fiel der Preis eines Maiskontrakts noch im März 2020 auf einen Preis von knapp 3 US-Dollar, um dann im Juni des Jahres 2021 auf mehr als 7 US-Dollar zu klettern. Bemerkenswert war auch die Entwicklung des Bauholzpreises in den USA. Zunächst fielen die Notierungen innerhalb von zwei Jahren um mehr als 60 %, um sich dann innerhalb von weniger als einem Jahr annähernd zu versiebenfachen. Hohe Schwankungsbreiten gibt es nicht nur bei digitalen Assets. Ein Blick auf die historischen Rohstofftrends zeigt erneut die Bedeutung des Rebalancings, denn auf rasche und enorme Anstiege folgt oft eine ebenso rasche Korrektur.

Während der Bitcoin im Betrachtungszeitraum für einen nennenswerten positiven Ergebnisbeitrag sorgte, sind auf Grund der breiten Streuung keine auffälligen Effekte anderer einzelner Anlagen auszumachen. Langfristig interessant sind neben den bereits erwähnten Rohstoffen auch die inflationsindexierten Anleihen, die ebenfalls ein Zehntel des Portfolios ausmachen. Diese beiden Anlageklassen sollten gerade in Phasen steigender Inflation ihren Wert unter Beweis stellen können.

Eine Strategie wie die von Robert Arnott benötigt Geduld und die vielzitierte ruhige Hand, die Drawdowns jedoch stellen keine besonderen Anforderungen an die Anleger (vgl. Abbildung 6.23). Das spricht nicht gegen diese Allokation, es zeigt jedoch, wie wichtig bei der langfristigen Kapitalanlage die Geduld ist, denn die Entwicklung bestimmter Anlageklassen, aber auch die von Sektoren oder Regionen unterliegt Zyklen.

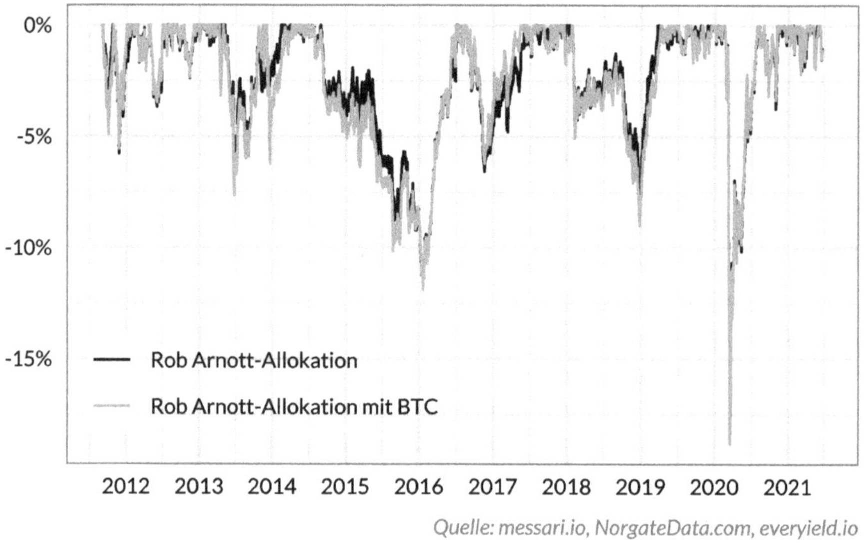

Abb. 6.23: Drawdowns der Robert Arnott-Allokation mit und ohne Bitcoin

Der überschaubare Risikobeitrag des Kryptoassets kann die Leser an dieser Stelle nicht mehr überraschen. Insgesamt beeinflusst das Kryptoasset das Risikoprofil dieser Strategie nur geringfügig.

Die Allokation nach Marc Faber

»Buy a $100 US bond and frame it to teach your children about inflation by watching the US bond value diminish to almost nothing over the next 20 years.«

Marc Faber

Marc Faber ist Investor und Autor der Publikation The Gloom, Boom & Doom Report. Der in Zürich geborene Schweizer ist studierter Ökonom mit einem Ph.D. der Universität Zürich. Bekannt ist er nicht für akademische Texte, sondern für seine Veröffentlichungen und Interviews, bei denen er keine Rücksicht auf den Mainstream nimmt. Eines der für ihn wichtigsten Themen ist der stetig voranschreitende Verlust der Kaufkraft von Fiat-Währungen.

Das Marc Faber-Portfolio ist eine einfache Mischung aus wenigen Assets. Es enthält zu gleichen Anteilen Aktien, Gold, Immobilien und Anleihen (siehe Abbildung 6.24).

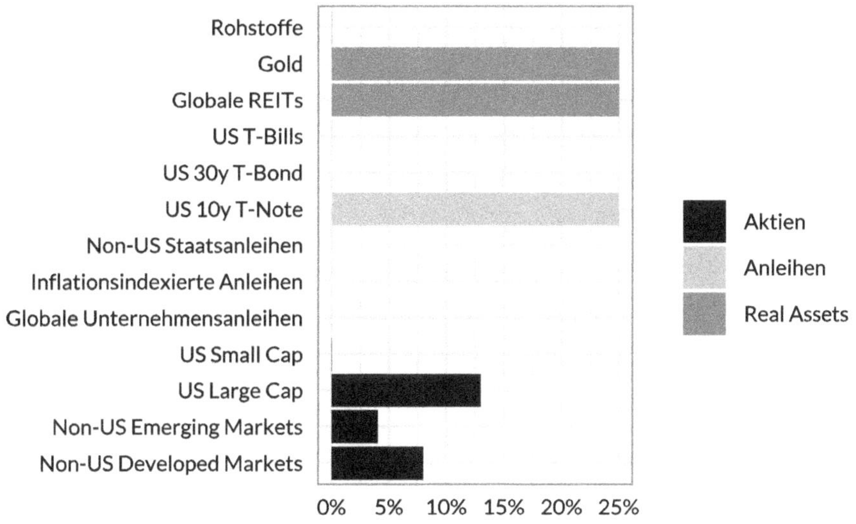

Abb. 6.24: Die Marc Faber-Allokation

Der Ansatz von Faber ist simpel und für jeden mit einfachen Mitteln umzusetzen. Trotzdem oder gerade deshalb zeigt er seine Stärken in den verschiedensten Marktphasen. Dabei bestätigt diese Strategie eine der goldenen Regeln des Tradings und des Investierens. Wichtig ist nicht die Maximierung theoretischer Resultate durch eine hohe Komplexität. Essenziell ist die Robustheit eines Ansatzes, der sich bestenfalls noch einfach und kostengünstig umsetzen lässt. Dies ist bei der Strategie von Marc Faber der Fall (vgl. Abbildung 6.25).

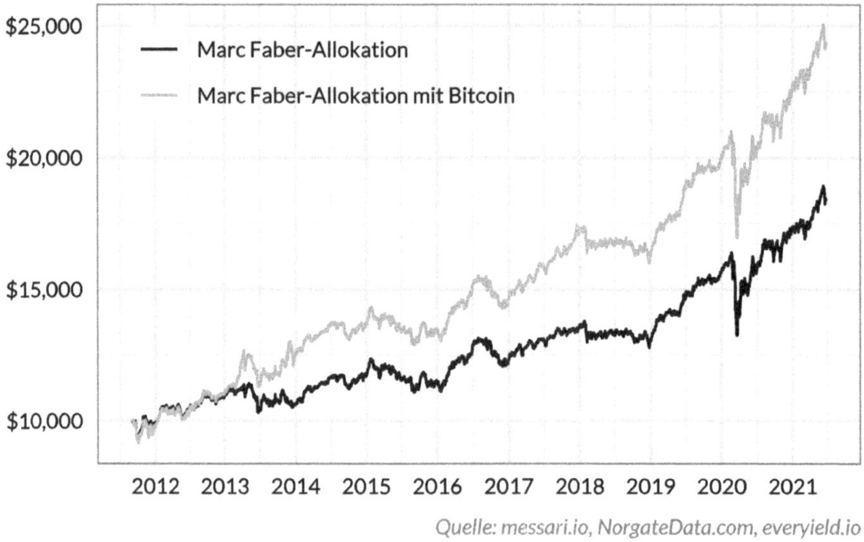

Abb. 6.25: Entwicklung der Marc Faber-Allokation mit und ohne Bitcoin

Das ohnehin schon sehr robuste Portfolio des Schweizers wird durch die Beimischung des digitalen Assets noch stärker. Das Risikoprofil ändert sich auch bei diesem Portfolio nur unwesentlich.

Der Risikobeitrag des Bitcoin lässt sich im Verhältnis zur Goldallokation gut veranschaulichen. Um den gleichen Beitrag zur Schwankungsbreite des Portfolios beizusteuern wie der 25 %-ige Goldanteil müssten die im Portfolio befindlichen 1,5 % Bitcoin mehr als 16-mal so stark schwanken. Selbst bei einer sehr gering angesetzten Gold-Volatilität von 15 % müsste der Bitcoin eine Volatilität von mehr als 200 % erreichen. Bei einem Asset, das schlimmstenfalls auf null fallen kann, darf man ein solches Ereignis ausschließen.

Während die Performance der Allokation von Faber mit und ohne Bitcoin bemerkenswert ausgeglichen ist, sind die zwischenzeitlichen Kursverluste überschaubar (vgl. Abbildung 6.26).

Der maximale Drawdown liegt in etwa auf dem Niveau der Globalen Asset-Allokation. Die simple, aber ausgewogene Allokation aufeinander abgestimmter Anlageklassen erledigt ihren Job mit Bravour. Eine Möglichkeit, dieses Portfolio noch stärker in Richtung Inflationsschutz zu bewegen, liegt in der Allokation inflationsindexierter Anleihen anstelle der nominalen US-Staatspapiere. Das klingt zunächst plausibel, führt allerdings zu einer erhöhten Instabilität in disinflationären Phasen, auf die inflationsindexierte Papiere naturgemäß sehr sensibel mit oft hohen Abschlägen reagieren.

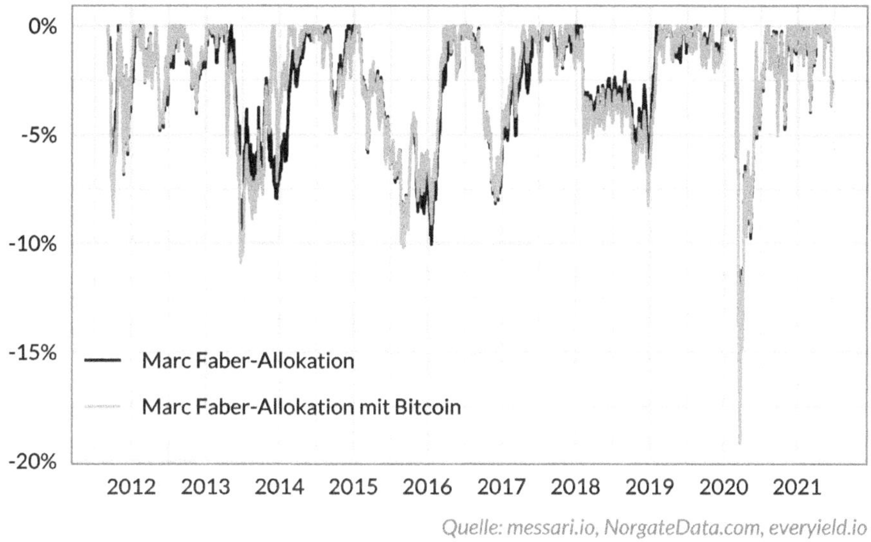

Abb. 6.26: Drawdowns der Marc Faber-Allokation mit und ohne Bitcoin

Das Endowment Portfolio

»I think nobody is in a position to react to these big macro-issues. Where is the dollar going to be or what is G.D.P. growth going to be in China? For every smart person on one side of the question, there is another smart person on the other side.«

David F. Swensen

David Swensen war einer der bekanntesten Portfolio-Manager überhaupt. Bis zu seinem Tod im Jahr 2021 verantwortete er die Verwaltung des Vermögens der Stiftung der Universität Yale, der nach Harvard zweitgrößten universitätsnahen Stiftung in den USA. Als Swensen 1985 begann, betrug das von ihm verwaltete Vermögen rund eine Milliarde US-Dollar. Er krempelte die Strategie der Anlagen vollständig um und schaffte eine Anlagestruktur, in der sich nicht nur die üblichen Verdächtigen Aktien und Anleihen wiederfanden, sondern auch ein breites Spektrum langfristig ausgerichteter alternativer Assets von Venture Capital bis hin zu Wald. Auch Kryptowährungen haben mittlerweile einen Platz im Portfolio von Yale gefunden, wenn auch vorerst in bescheidenem Ausmaß.

Andere Anleger verfolgen sehr genau, wie die großen Stiftungen in den USA vorgehen und ob strukturelle Anpassungen vorgenommen werden. Neben Yale haben auch die Stiftungen von Harvard, der Brown University und der University of Michigan Kryptoassets in ihre Anlagen aufgenommen.[22] So ist beispielsweise der Kauf von Stacks Token (STX) im Rahmen eines Initial Coin Offerings zum Preis von rund 11,5

22 Siehe Ossinger (2021).

Mio. US-Dollar durch Portfolio Manager aus dem Umfeld der Harvard-Universität dokumentiert.[23] Durch Kurssteigerung erreichte der Wert dieser Beteiligung zwischenzeitlich einen Wert von mehr als 100 Millionen US-Dollar. Die folgenden Auswertungen beziehen sich auf die vereinfachte Struktur des Endowment Portfolios (vgl. Abbildung 6.27).

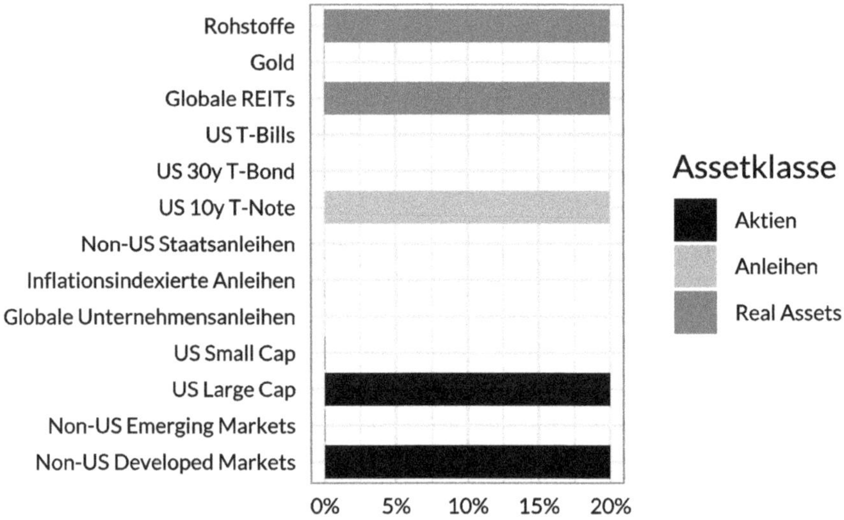

Abb. 6.27: Die Endowment-Allokation

In der dargestellten Form weist das Endowment-Portfolio eine ähnlich simple Struktur auf wie der Ansatz von Marc Faber. Durch den Verzicht auf Gold unterscheiden sich die Risikoprofile beider Strategien jedoch deutlich.

In der langfristigen Betrachtung zeigen sich die Stärken des Ansatzes des Schweizer Ökonomen gerade in inflationären Phasen, in denen es sich äußerst robust zeigt. Das Endowment-Portfolio verzichtet auf den Beitrag des Golds zur langfristigen Stabilität und setzt stärker auf Assets, die einen Zahlungsstrom generieren (vgl. Abbildung 6.28). Für die meisten in US-Dollar denominierten Anleihen ist das im Gegensatz zu den Euro-Papieren noch der Fall.

Die Beimischung eines geringen Anteils an Bitcoin führt zu einer Verbesserung der Gesamtrendite. Der genaue Anteil der durch die Stiftung erworbenen Kryptoassets ist nicht bekannt. Da sich Yale aber bereits 2018 am auf Kryptos ausgerichteten 400 Mio. US-Dollar schweren Venture Capital-Fonds Paradigm beteiligt hat, und die Investments in Bitcoin auf das Jahr 2019 datiert werden, sollte der reale Renditebeitrag der Anlagen mit Bezug zu Kryptoassets spürbar sein.

23 Vrotsos/Zhang (2019).

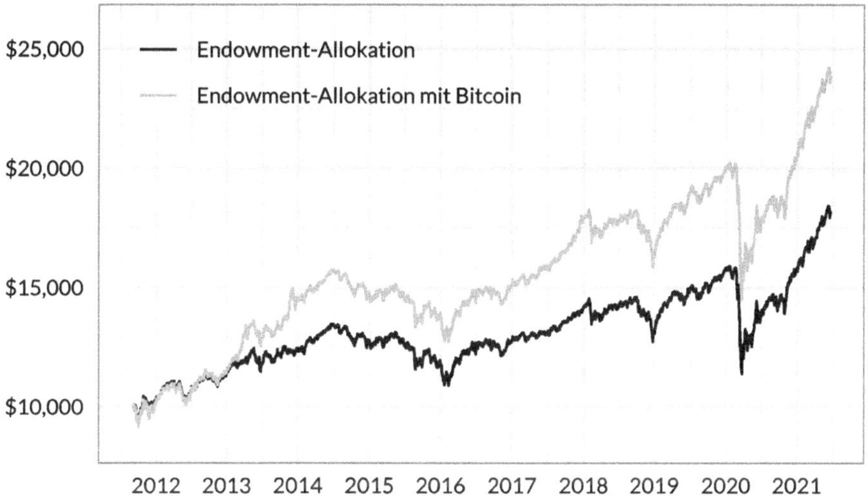

Quelle: messari.io, NorgateData.com, everyield.io

Abb. 6.28: Entwicklung der Endowment-Allokation mit und ohne Bitcoin

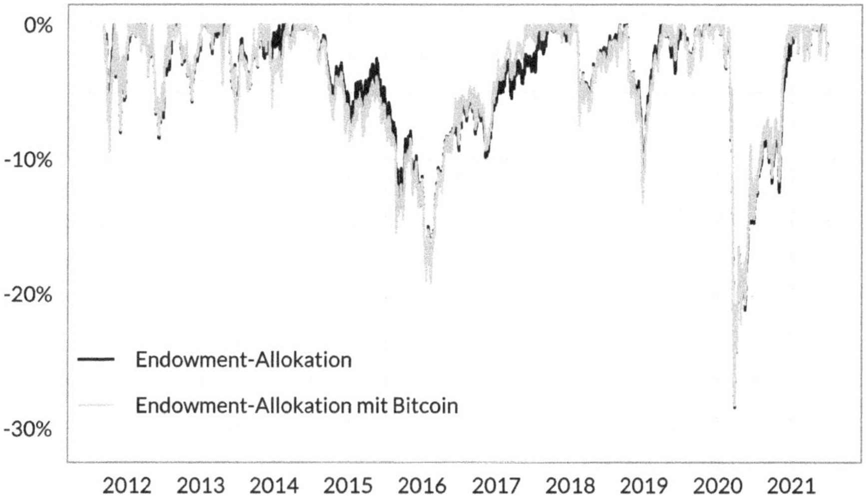

Quelle: messari.io, NorgateData.com, everyield.io

Abb. 6.29: Drawdowns der Endowment-Allokation mit und ohne Bitcoin

Auch für die Verantwortlichen des Endowment-Portfolios mit und ohne Kryptoassets gab es hinsichtlich der Drawdowns wenig Anlass zur Nervosität (vgl. Abbildung 6.29). Für einen professionellen Anleger mit dem Ziel, den überwiegenden Teil des verwalteten Vermögens in alternative Anlagen zu investieren, sind die bereits getätigten Anlagen im Kryptobiotop vermutlich nur ein erster Schritt. Gerade für Anhänger der alternativen Investments bringt die Tokenisierung in den kommenden Jahren völlig neue Möglichkeiten für die Asset-Allokation. Aufgeschlossene Asset-Manager wie die Verantwortlichen der bedeutenden universitätsnahen Stiftungen in den Vereinigten Staaten werden dies zu nutzen wissen.

Die Warren Buffett-Allokation

»We don't have to be smarter than the rest. We have to be more disciplined than the rest.«

Warren E. Buffett

Warren Edward Buffett und sein Partner Charlie Munger erlangten als CEOs des Unternehmens Berkshire Hathaway Berühmtheit. Reich sind sie nebenbei auch geworden. Buffett war einige Zeit lang sogar der reichste Mensch der Welt. Bekannt ist der Investor primär wegen seiner großen Aktiendeals, aber auch für seinen Humor und seine spitzen Bemerkungen.

Kern der Marke des von Buffett und Munger geführten Konzerns ist der Erwerb »fantastischer Unternehmen zu einem fairen Preis« (Buffett). Weniger bekannt, aber nicht weniger interessant sind zahlreiche mit äußerster Disziplin und eisenharten Verhandlungen eingestielte Transaktionen. Erwähnenswert sind die Übernahme des ehemaligen Bondimperiums Salomon Brothers, die Finanzierung und Konzeption der Fusion von Kraft Foods Group und H. J. Heinz Co.[24] in Kooperation mit der brasilianischen Investmentgesellschaft 3G oder die Investition in Goldman Sachs in der heißen Phase der letzten Finanzkrise. Seinerzeit erhielt Buffett im Gegenzug für eine Kapitalbeteiligung in Höhe von 5 Mrd. US-Dollar Preferred Shares der Investmentbank mit einem Kupon von 10 % sowie zusätzliche Optionen auf den Kauf von 43,5 Millionen Aktien von Goldman Sachs.

Während vor allem die Finanzierungen der großen Transaktionen von Berkshire Hathaway oft komplex sind, ist die Buffett-Allokation denkbar einfach. Sie besteht zu 90 % aus einem US-Aktien-ETF und zu 10 % aus kurzlaufenden Geldmarktpapieren (vgl. Abbildung 6.30). Wer bezweifelt, dass Buffett so investiert, der sei auf das folgende Zitat verwiesen.

»What I advise here is essentially identical to certain instructions I've laid out in my will. One bequest provides that cash will be delivered to a trustee for my wife's benefit. My advice to the trustee could not be more simple: Put 10 % of the cash in short-term government bonds and 90 % in a very low-cost S&P 500 index fund. (I suggest Vanguard's.) I believe the trust's long-term results from this policy will be superior to those attained by most investors …«

Warren E. Buffett - Aktionärsbrief 2013[25]

24 Forbes (2015).
25 Zu den Aktionärsbriefen Berkshire Hathaway (2021).

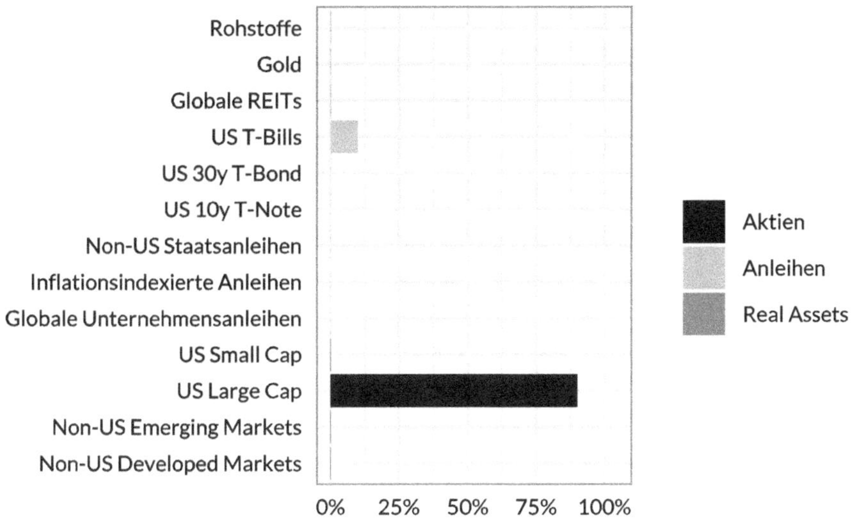

Abb. 6.30: Die Warren Buffett-Allokation

Natürlich repliziert man mit dieser Aktienquote mehr oder weniger den Index selbst. Über einen sehr langen Zeitraum aber ist dies auch im Hinblick auf die Kosten nicht die schlechteste Idee.

Für diejenigen, die den Verlauf des US-Aktienmarktes im Kopf haben, birgt die Entwicklung keine Überraschungen. Sie zeigt den für Aktienanlagen typischen Verlauf samt heftiger zwischenzeitlicher Kurseinbrüche (vgl. Abbildung 6.31).

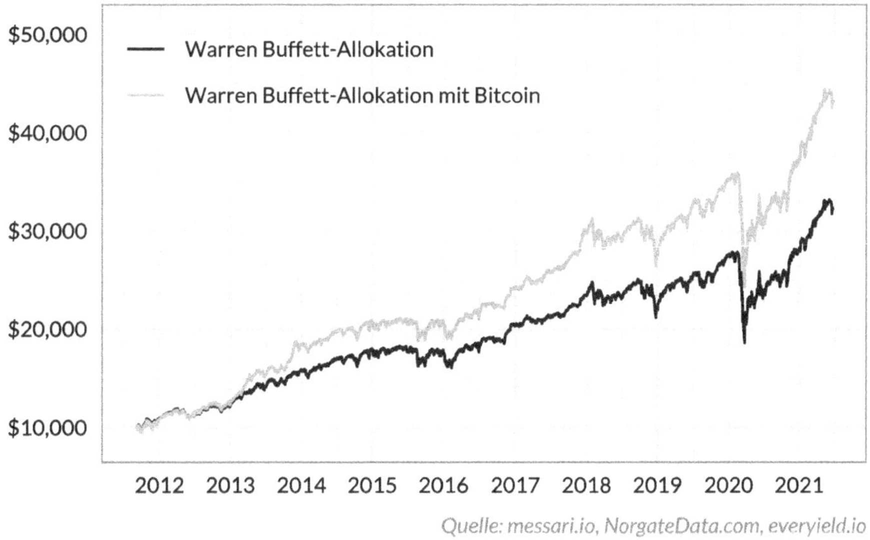

Abb. 6.31: Entwicklung der Buffett-Allokation mit und ohne Bitcoin

Auch beim fundamentalen Großmeister wäre der positive Performancebeitrag eines geringen Anteils an Bitcoin im Portfolio spürbar gewesen. Da Aktien ebenfalls stark schwanken, und Verluste von 50 % oder mehr alle Jahre wieder vorkommen, ist bei den Drawdowns kein nennenswerter Unterschied zwischen den Portfolios mit und ohne Bitcoin zu erkennen (vgl. Abbildung 6.32).

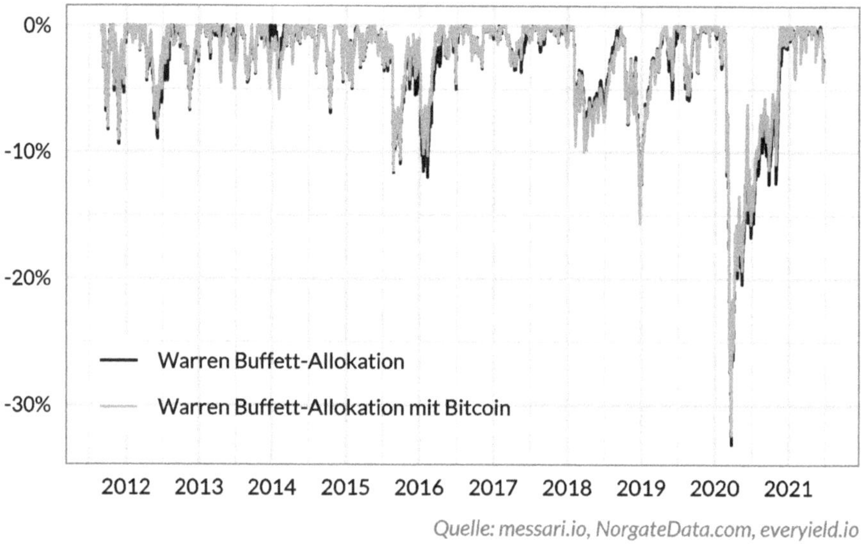

Abb. 6.32: Drawdowns der Warren Buffett-Allokation mit und ohne Bitcoin

Aus Sicht der Portfoliokonstruktion lag der Nutzen neben der hohen absoluten Performance des Bitcoin auch in der niedrigen Korrelation des Kryptoassets zum Aktienmarkt. Da sich die sehr hohen Steigerungsraten des Bitcoin kaum wiederholen werden, wird dessen niedrige Korrelation zu anderen Assetklassen an Bedeutung gewinnen.

Special: Bitcoin & Gold

Noch vor einigen Jahren wurde den Befürwortern von Gold und Bitcoin nachgesagt, sie stünden sich unversöhnlich gegenüber. Mittlerweile hat sich der Staub gelegt. Unter professionellen Investoren, die über eine Investition in Kryptoassets nachdenken, stellt sich ohnehin nicht die Frage, ob man Gold vollständig durch Bitcoin ersetzt, sondern in welchem Verhältnis die beiden Anlagen in einem Portfolio untergebracht werden sollen.

Auch im renommierten »In Gold We Trust«-Report der Incrementum AG[26] wird Bitcoin erwähnt, und es heißt dort, für Anleger sei »es sinnvoll, sich mit digitalen Wertaufbewahrungsmitteln auseinanderzusetzen, besonders in Zeiten, in denen altes Vermögen in Gefahr ist, entwertet zu werden, während neue Vermögen entstehen«.

26 Quelle: Stöferle/Valek (2021).

Ein simpler Weg ist die Reduktion des Goldanteils und die Anlage der freiwerdenden Mittel in Kryptoassets. Für die folgende Auswertung (vgl. Abbildung 6.33) haben wir ein Portfolio betrachtet, bei dem ein Zehntel des Goldanteils durch Bitcoin ersetzt wurde. Die Quoten wurden wie in den zuvor dargestellten Allokationen quartalsweise wieder auf ihre Zielwerte zurückgeführt.

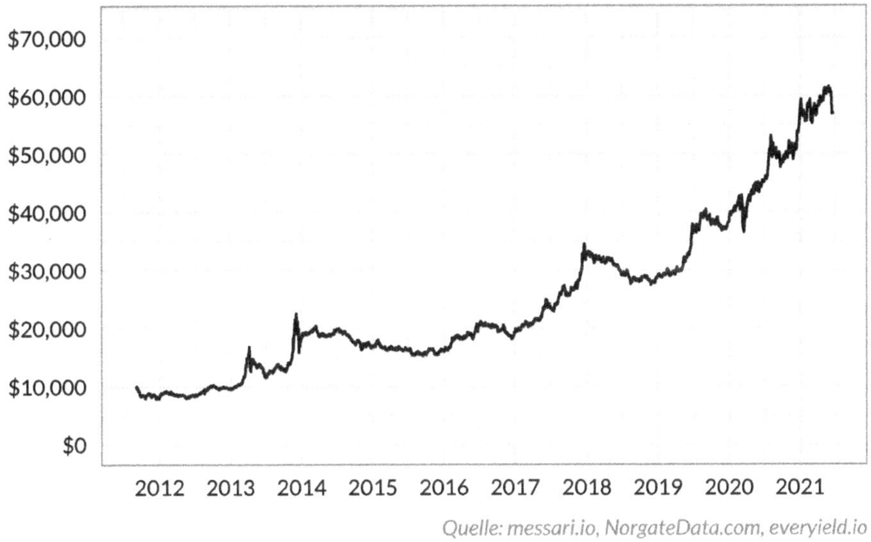

Abb. 6.33: Allokation aus 90 % Gold und 10 % Bitcoin

Der Performancebeitrag des Bitcoin hebt den Gesamtertrag deutlich an. Die Drawdowns des Portfolios mit Bitcoin liegen deutlich über denen eines Depots, das nur Gold enthält. Die meisten werden nicht ausschließlich Bitcoin beimischen, sondern auf eine Auswahl verschiedener Token oder der Einfachheit halber auf einen Index setzen.

Die everyield-Allokation: real und digital

Das Marc Faber-Portfolio zählt in der langfristigen Betrachtung zu den robustesten Asset-Allokationen. Das gilt insbesondere, wenn man nicht nur auf die realisierten nominalen, sondern auf die realen Renditen schaut. In den 1970er-Jahren, einer Phase sprunghafter und tendenziell hoher Inflationsraten, konnten Anleger mit dieser Allokation einen Kaufkraftverlust vermeiden. Viele anleihenlastige Portfolios, die zudem oft kein Gold enthielten, verloren in diesen Jahren deutlich an realem Wert.

Angesichts eines zunehmend inflationären Umfeldes liegt es nahe, das Portfolio des Schweizer Ökonomen als Basis für die Konstruktion einer Allokation zu nutzen, die den Inflationsschutz noch stärker in den Mittelpunkt rückt und zudem das asymmetrische Chance-Risiko-Profil digitaler Assets nutzt.

Wir modifizieren daher das Marc Faber-Portfolio an zwei Stellen. Zum einen reduzieren wir die Allokationsquoten von Immobilien, Anleihen, Aktien und Gold um jeweils 1,25 Prozentpunkte, um die freiwerdenden 5% des Portfolios in Bitcoin zu investieren. Zusätzlich ersetzen wir die US-Staatsanleihen durch ihre inflationsindexierten Pendants. Das Rebalancing des Portfolios erfolgt wie gewohnt quartalsweise.

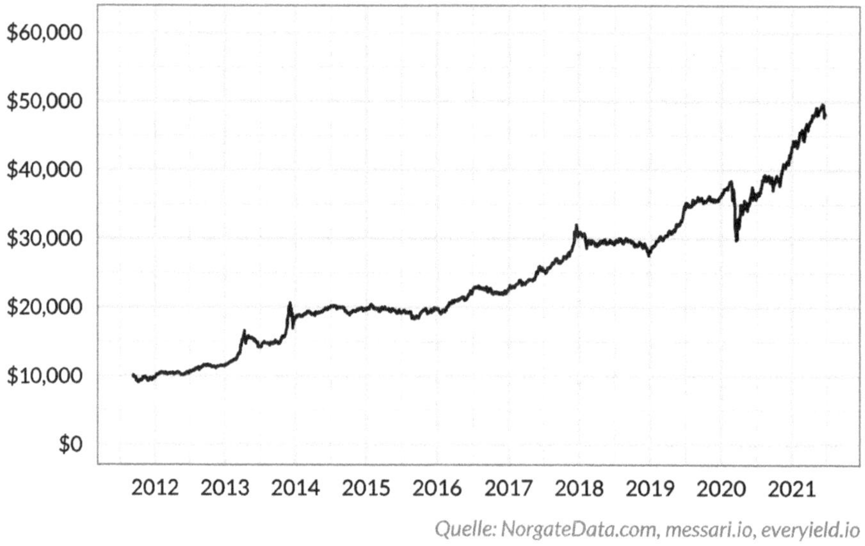

Abb. 6.34: Entwicklung der everyield-Allokation aus Real Assets und Kryptoassets

Das Portfolio verliert nichts von seiner Robustheit (vgl. Abbildung 6.34). Die fünfprozentige Beimischung von Bitcoin ist hoch genug, um einen nennenswerten Performancebeitrag zu liefern. Durch das Rebalancing werden in steilen Anstiegen die Quoten immer wieder reduziert und die freiwerdenden Mittel auf die anderen Anlagen verteilt. So fallen die maximalen Drawdowns trotz des 80 %-igen Einbruchs des Bitcoin im Jahr 2018 überschaubar aus (siehe Abbildung 6.35). Ohne dieses disziplinierte Vorgehen hätte der Abwärtsmarkt der Kryptoassets die Anleger genau zu dem Zeitpunkt getroffen, als sie ihre größte Allokationsquote hatten. Diszipliniertes Handeln mag langweilig klingen, zahlt sich jedoch langfristig immer aus.

Die Allokation von 5 % Bitcoin führt zu einem deutlichen Performancebeitrag des Kryptoassets. Durch das regelmäßige Rebalancing sind die Drawdowns dennoch um ein Drittel niedriger als die eines reinen Aktienportfolios. Die Sharpe Ratio dieses Portfolios, das Aktien, Real Assets und Kryptoassets zusammenbringt, übertrifft die Werte aller anderen dargestellten Allokationen. Einen entsprechenden Anlagehorizont vorausgesetzt kann es sich also lohnen, auch höhere Allokationsquoten digitaler Assets innerhalb eines gut konstruierten Portfolios nicht von vornherein auszuschließen.

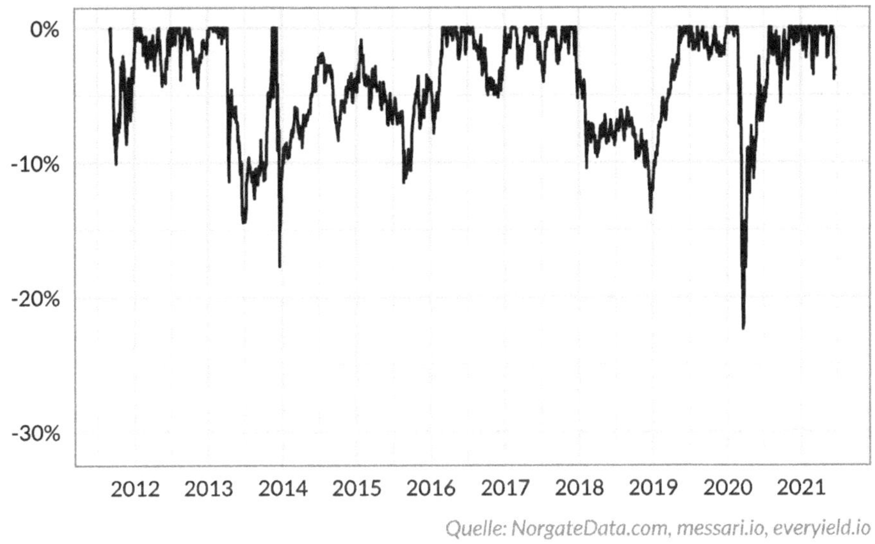

Abb. 6.35: Drawdowns der everyield-Allokation

Kryptoassets sind eine sinnvolle Ergänzung der robusten Ausgangsbasis und kein struktureller Bruch. Für den Blick auf die langfristige Performance (vgl. Abbildung 6.36) kombinieren wir die Erträge des Portfolios mit den Werten aus der Zeit, bevor Kryptos investiert werden konnten.

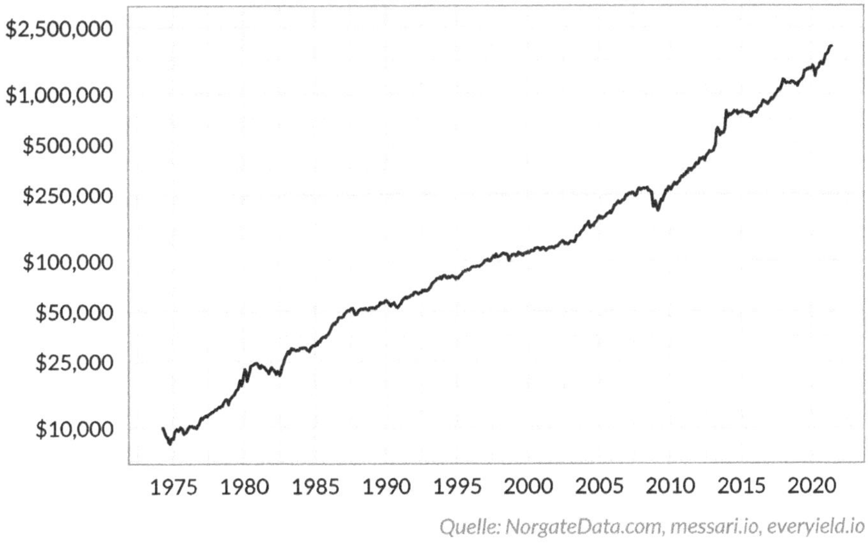

Abb. 6.36: Langfristige Entwicklung der everyield-Allokation aus Real Assets und ab 2012 auch Kryptoassets

Der Charakter der Entwicklung des Gesamtertrages der everyield-Allokation zeigt keine Veränderung. Auch das Risikoprofil der Zeiträume vor und nach der Integration des Bitcoin ist vergleichbar.

In einem institutionellen Portfolio lässt sich diese Allokation leicht mit quantitativen Handelsstrategien kombinieren, um den Einfluss langfristiger Abwärtsmärkte zu minimieren. Und eines ist gewiss: Diese Phasen treffen nicht nur Technologieaktien und Rohstoffe. Es werden auch Zeiten kommen, in denen die Märkte für Kryptoassets harte Jahre durchleben müssen. Dies in Abrede zu stellen ist realitätsfern. Sich dieser Herausforderung zu stellen, ohne eine ganze Assetklasse zu ignorieren, ist professionell.

Die Darstellungen und Kennzahlen basieren auch bei diesem Portfolio auf investierbaren und liquiden ETFs. Die Ausgestaltung der umfassenden everyield-Strategie geht noch deutlich weiter, denn gerade im Bereich der Real Assets und Rohstoffe gibt es erhebliche Potenziale, die sich über passive Bausteine nicht abschöpfen lassen. Dazu zählt die Nutzung der Terminkurven am Rohstoffmarkt sowie eine aktive Sektorsteuerung an den globalen REIT-Märkten. Aus Gründen der Vergleichbarkeit mit den anderen Strategien haben wir für dieses Kapitel bewusst die vorgestellte und bereits sehr robuste Variante gewählt.

Zusammenfassung aller Allokationen

Investieren ist nicht so einfach, wie es oft scheint, jedoch auch nicht so kompliziert, wie es oft verkauft wird. Problematisch ist die ausschließliche Konzentration vieler Anleger auf die erwartete Rendite einer Anlage. Selbst manch professioneller Investor lässt sich gelegentlich zu dieser verengten Sichtweise hinreißen. Das lässt sich insbesondere nach schwankungsreichen Marktphasen, in denen ein professionelles Risikomanagement möglicherweise zu einer geringeren Gesamtentwicklung bei deutlich reduzierten Drawdowns geführt hat, beobachten. Schnell stehen dann nur der Gesamtertrag und vermeintlich »verpasste Gelegenheiten« im Mittelpunkt. Heikel ist auch, wenn ausschließlich Themen betrachtet werden, die gerade en vogue sind, weil sie sich gerade verstärkt in den Medien wiederfinden oder weil sie sich in den letzten Monaten gut entwickelt haben.

Verschiedene Studien belegen dieses Verhalten in verschiedenen Kategorien von Anlegern. So wurde in Goyal/Wahal (2008) die Manager-Selektion von über 3000 institutionellen Investoren aus den USA untersucht. Wie jeder institutionelle Portfolio-Manager weiß, orientieren sich institutionelle Anleger und Investment Consultants oft an der Entwicklung einer Strategie über einen Zeitraum von drei Jahren. Da dieser Zeitraum nicht einmal einen ganzen Marktzyklus abdeckt, lassen sich darauf basierend außer in Ausnahmefällen kaum belastbare Rückschlüsse auf die Fähigkeiten des Managers treffen.

In der genannten Studie werden die Entwicklungen der Manager über diesen Zeitraum ausgewertet. Das Ergebnis war ernüchternd, denn die zukünftige Entwicklung eines Managers, der über drei Jahre sehr gut aussah, war selten gut. Oft waren es gerade diejenigen Manager, die über die vergangenen drei Jahre schlechtere Zahlen abgeliefert hatten, die in den folgenden Jahren positiv herausragten. Dies zeigt, wie wichtig es ist, einen langfristigen Investitionsplan diszipliniert umzusetzen, und sich für einen Managementstil und eine Strategie zu entscheiden, die zum Anleger passt. Der Kardinalfehler der Geldanlage und gleichzeitig einer der größten Kostentreiber ist das ständige Wechseln von Strategien.

Langfristig sollte das Risikoprofil den Ausschlag für die Wahl einer Anlagestrategie geben. Dieses wird kaum durch die enthaltenen Einzeltitel, sondern maßgeblich durch die übergeordnete Zusammenstellung von Assetklassen bestimmt. Die Mischung verschiedener Assetklassen mit unterschiedlichen Schwankungsrisiken und Korrelationen untereinander legt den Charakter und die langfristigen Perspektiven einer Allokation fest. Innerhalb der Assetklassen selbst bestimmen dann Parameter wie die Sektorzugehörigkeit und Faktorbeiträge der Aktien oder die Duration und das Rating bei Unternehmensanleihen das Profil des Portfolios. Erst dann kommen die Einflüsse der Einzeltitel.

Abbildung 6.37 zeigt die relevanten Kennzahlen der in diesem Kapitel dargestellten Strategien.

Allokation	Return p.a	ann. Vola	max. Drawdown	Sharpe Ratio	Return/max. Drawdown
All Seasons	6.3%	6.9%	14.7%	0.92	0.43
Permanent	5.0%	5.6%	15.0%	0.90	0.33
Global AA	7.4%	7.9%	19.0%	0.93	0.39
Rob Arnott	5.0%	7.0%	18.6%	0.72	0.27
Marc Faber	6.4%	9.5%	19.1%	0.67	0.34
Endowment	6.3%	11.7%	28.4%	0.53	0.22
Warren Buffett	12.7%	15.1%	33.1%	0.84	0.38
All Seasons & BTC	9.4%	7.4%	15.1%	1.27	0.62
Permanent & BTC	7.1%	7.1%	17.7%	1.01	0.40
Global AA & BTC	10.4%	8.2%	19.2%	1.27	0.54
Rob Arnott & BTC	8.1%	7.4%	18.8%	1.08	0.43
Marc Faber & BTC	9.5%	9.8%	19.2%	0.96	0.49
Endowment & BTC	9.3%	11.9%	28.3%	0.78	0.33
Warren Buffett & BTC	16.1%	14.9%	32.4%	1.08	0.50
Gold & BTC	19.5%	20.9%	32.1%	0.93	0.61
everyield	17.4%	12.6%	22.4%	1.38	0.78

Abb. 6.37: Kennzahlen aller vorgestellten Asset-Allokations-Strategien

Die Resultate belegen erneut die Bedeutung der Korrelation für die Konstruktion von Portfolios. Eine hohe Volatilität einzelner Assets ist nicht generell als Makel einzustufen. Ein Portfolio volatiler Assets kann eine gute Wahl sein, wenn diese Assets untereinander nur gering korreliert sind. Dieser Effekt kann im Zusammenspiel mit einem stringenten Money Management[27] auch in sehr aktiven Tradingstrategien genutzt werden. Ein lesenswerter Text dazu ist das Paper »Growing Wealth with Fixed-Mix Strategies« von Dempster, Evsitgneev und Schenk-Hoppé.[28]

Bei der Entscheidung über eine Allokation sollten die langfristigen Risikokennzahlen eine hervorgehobene Rolle spielen. Zwar kann keine historische Auswertung den Anlegern mit Sicherheit vermitteln, welches Risiko eine bestimmte Strategie in Zukunft genau haben wird. Aber alles was bereits passiert ist, sollte auch für die Zukunft nicht ausgeschlossen werden. Aktienmärkte fallen von Zeit zu Zeit um 50 % oder mehr, und das wird sich auch in der Zukunft nicht ändern. Wenn eine Kryptowährung historische Drawdowns von 80 % oder mehr durchlebt hat, sollte niemand davon ausgehen, so etwas wäre in den kommenden Jahren ausgeschlossen. Gleiches gilt für deutlich steigende Zinsen, die derzeit von vielen für unmöglich gehalten werden. Langfristig gewinnen beim Investieren diejenigen Anleger, die sich unvoreingenommen und diszipliniert den Finanzmärkten widmen.

Fazit Asset-Allokation

Die Auswertung unterschiedlichster Portfolios mit verschiedenen Schwerpunkten zeigt die Bedeutung einer sorgfältigen Vorbereitung der Entscheidung für eine langfristige Asset-Allokation. Die aufrichtige Beantwortung klarer Fragen legt den Grundstein dieser Planung. Welche Risiken kann ein Anleger wirklich ertragen, ohne sich zu kostspieligen und oft kaum reparablen Disziplinlosigkeiten hinreißen zu lassen? Welche Erwartungen an die Performance kann man unter realistischen Annahmen stellen? Für institutionelle Anleger kommen regulatorische Fragen hinzu, die sich mit der generellen Möglichkeit und den alternativen Formen einer Beimischung von Kryptoassets beschäftigen.

Unabhängig von individuellen Fragestellungen können sich private und institutionelle Anleger an einigen Fixpunkten orientieren. Eine geringe Beimischung von Kryptoassets lieferte in den vergangenen Jahren einen spürbaren Performancebeitrag. Die Auswertung ist auf Grund der kurzen Historie des Bitcoin auf einen engen Zeitraum begrenzt. In wenigen Jahren hat der Kurs der Kryptowährung jedoch schon die verschiedensten Marktphasen durchlebt, darunter auch Drawdowns von 80 %. Die niedrige Korrelation des Bitcoin zu anderen Anlagen führte trotz der für sich genommen hohen Volatilität nicht zu einer Erhöhung des Gesamtrisikos der in diesem Kapitel dargestellten diversifizierten Portfolios. Während die Drawdowns der Allokationen mit

27 Siehe Vince (2008).
28 Siehe Dempster et al. (2009).

und ohne Bitcoin kaum Unterschiede aufwiesen, lagen die Sharpe Ratios der Portfolios mit Bitcoin deutlich höher. Das liegt auch an der disziplinierten Begrenzung des Anteils an Kryptoassets. Anleger, die sich auf Grund der starken Kursgewinne der Vergangenheit für spürbar höhere Allokationen in Kryptoassets entscheiden, bewegen ihre Portfolios in deutlich schwankungsreicheres Fahrwasser.

Einen nennenswerten Beitrag zur Risikobegrenzung liefert auch das unterschätzte regelmäßige Rebalancing der Portfolios. So kann die Bildung von Klumpenrisiken vermieden werden, ohne sich der Chancen durch stark steigende Preise einzelner Anlageklassen zu berauben. Angesichts der hohen Dynamik des Kryptosektors kann zudem ein Einsatz klassischer Tradingansätze helfen, die langfristigen Risiken weiter zu mindern. So kann selbst eine einfache Momentumstrategie Anleger davor bewahren, in einem langjährigen Abwärtsmarkt der Kryptoassets einfach nur zuzuschauen. Und eines ist gewiss, jede Anlageklasse erlebt von Zeit zu Zeit mehrjährige Schwächephasen. Auch Kryptoassets werden diesbezüglich keine Ausnahme darstellen. Der professionelle Umgang mit solchen Risiken besteht nicht darin, sich negative Entwicklungen schönzureden und auf eine Erholung zu hoffen. Professionelle Manager haben klare Regeln, die sie diszipliniert umsetzen.

Experteninterview mit Patrick Karb

Patrick Karb ist Geschäftsführer von Hauck & Aufhäuser Innovative Capital, der Investmentgesellschaft für digitale Assets von Hauck & Aufhäuser Privatbankiers in Deutschland. Er betreut zudem strategische Projekte des Bankhauses im Bereich der Krypto- und Blockchain-Technologie. Vor seiner Arbeit bei Hauck & Aufhäuser verantwortete Patrick Karb von 2014 bis 2017 als Business Unit Manager die Depotbank Services bei BNY Mellon in Deutschland. Zuvor war er in verschiedenen Positionen für den Bereich Fondsbuchhaltung bei der BayernInvest Kapitalverwaltungsgesellschaft tätigt, zuletzt als Teamleiter des Bereiches. Patrick Karb hält ein Diplom als Bankbetriebswirt von der Frankfurt School of Finance & Management und ist geprüfter Bankfachwirt.

Wir dürfen heute Herrn Patrick Karb willkommen heißen. Herr Karb ist Geschäftsführer bei der Hauck & Aufhäuser Innovative Capital GmbH und er weiß, wie man Fonds kryptofähig macht. Deswegen freut es uns ganz besonders, dass er sich heute Zeit für uns genommen hat.

Vielen Dank!

Nachdem sich bis vor wenigen Jahren vor allem private Anleger mit Kryptoassets beschäftigt haben, nimmt mittlerweile in den USA, aber auch in Europa das Interesse professioneller Investoren zu. Wie nehmen Sie diese Entwicklungen wahr? Gibt es eine Kategorie von Anlegern, die eine Vorreiterrolle einnehmen, beispielsweise Family Offices oder klassische Asset Manager?

Aus den Erfahrungen, die wir mit unserem Produkt gemacht haben, kann man keine klare Vorreiterrolle identifizieren. Das Interesse ist segmentübergreifend. Die Nachfrage der Investoren reicht vom vermögenden Privatkunden bis hin zu den klassischen semi-professionellen Anlegern, wie kleine Family Offices, die schon Erfahrung mit risikobehafteten Produkten haben. Wir sehen auch bereits Anfragen von institutionellen Investoren, sogar Dax-Konzernen, die nach alternativen Anlagemöglichkeiten suchen. Was diese Frage angeht, können wir uns daher ehrlich gesagt nicht festlegen. Die Motivation für ein solches Investment kann sehr unterschiedlich sein. Auch das Interesse der Investmentfonds an diesem Segment hat zugenommen. Neben den klassischen Investoren sorgen auch diese Fonds für eine steigende Nachfrage.

Können Sie spezifizieren, welche besonderen Anforderungen institutionelle Investoren im Vergleich zu privaten Anlegern in den Fokus stellen? Gibt es Schnittmengen zwischen beiden Gruppen?

Die Schnittmenge ist mit Sicherheit der wirtschaftliche Erfolg einer solchen Investition. Allerdings ist es so, dass die Anforderungen institutioneller Investoren an Anlagen in Kryptoassets die gleichen sind, wie man sie aus dem klassischen Bereich kennt. Letztendlich möchte der institutionelle Investor bestimmte Themen in vertrauenswürdige Hände legen und dafür mit professionellen Anbietern zusammenarbeiten. Idealerweise handelt es sich bei diesen Dienstleistern um diejenigen, die er schon kennt, und von denen er bereits seine anderen klassischen Produkte administrieren lässt. Ausschlaggebend sind bekannte Prozesse sowie etablierte Partner, die dem Investor vertraut vorkommen. Auch werden wir immer wieder darauf angesprochen, wie wichtig es ist, einen deutschen Anbieter zu haben, der in Deutschland zugelassen ist und dort beaufsichtigt wird. Idealerweise sollte er auch in Deutschland gegründet worden sein.

Eine weitere Anforderung ist das Thema Full-Service, also eine möglichst umfassende Betreuung und daraus resultierend so wenig Eigenleistung durch den Anleger wie möglich. Hinzu kommt noch das Thema Reporting, an das ein institutioneller Investor mit Sicherheit höhere Anforderungen stellt. Das heißt im Kern bei Initiatoren: Ein detaillierter Ausweis aller KPIs (Anm. der Autoren: Key Performance Indicator) sowie ein von den Systemen des Anwenders zu verarbeitendes Datenformat. Das sind die wesentlichen Anforderungen, die ein institutioneller oder professioneller Anleger stellt.

Da die Selbstverwahrung der Assets für professionelle Anleger ausscheidet, sind alternative Vehikel das Mittel der Wahl. Es gibt zwar Derivate und Exchange Traded Products, aber wenn es um sehr große Vermögen geht, bevorzugen institutionelle Anleger in der Regel Sondervermögen in Form eines Fonds oder Spezialfonds. Wie haben Sie es geschafft, einen deutschen Fonds kryptofähig zu machen?

Wir nutzen gängige Instrumente, wenn man das so sagen kann. Gesetzlich nutzen wir einen Ausnahmetatbestand nach § 2 Absatz 4 KAGB, das heißt, wir fungieren in einer registrierten Kapitalverwaltungsgesellschaft, die nach Gesetz geringere Anforderungen an z. B. das Risikomanagement zu erfüllen haben. Dafür sind wir beim Volumen limitiert und unterliegen Restriktionen bei der Art der Strukturen, die wir auflegen dürfen. Eine KAGB-Verwahrstelle müssen wir nicht benennen, das heißt, wir nutzen hier Situationen, die uns die Kryptofonds-Auflage natürlich erleichtert hat.

Eine wesentliche Limitierung stellt jedoch das von uns genutzte Vehikel dar. Wir müssen in dieser Form der KVG einen Spezialfonds in Form einer eigenen Rechtspersönlichkeit nutzen, sprich eine Kommanditgesellschaft oder eine Aktiengesellschaft. Wir haben uns hier für die Kommanditgesellschaft entschieden. Das ist im Grunde kontraindiziert, denn normalerweise werden solche Vehikel für absolut illiquide Produkte wie Private Equity oder Sachwerte genutzt. Bei uns ist das natürlich nicht der Fall, denn wir haben mit Kryptoassets eine hochliquide Assetklasse. Dennoch blieb uns bei der Auflage dieses Produkts keine Wahlmöglichkeit.

Wir haben dann versucht, bestehende und bekannte Prozesse aus dem klassischen Bereich der Wertpapiere und Alternativen Anlagen zu reproduzieren. Sehr wichtig war uns, den bekannten Investment-Prozess, den Fonds Life Cycle, mit den richtigen Partnern und den eigenen Strukturen zu verbinden, die unser Haus als Asset-Servicing-Dienstleister bietet. Zum einen brauchten wir also den Mut, das einfach mal zu machen, und zum zweiten die Voraussetzungen, die unser Haus und unser Umfeld bereits bieten konnten. Was natürlich außerdem nicht fehlen darf, ist ein direkter, offener und professioneller Austausch mit allen Beteiligten sowie mit der Aufsicht.

Sie haben es gerade schon angesprochen: Kryptoassets sind im Kern eine liquide Anlageklasse, wobei die Liquidität stark vom gewählten Token abhängt. Welche Kriterien muss denn ein Kryptoasset generell erfüllen, um sich für die Aufnahme in einen Fonds zu qualifizieren und wer legt diese Kriterien fest?

Für unseren Fonds haben wir die Anlagerichtlinien in einem festen Komitee festgelegt und uns auch beraten lassen. Wir haben die Anlagegrenzen bewusst sehr weit gefasst. Theoretisch können wir in Kryptowährungen, aber auch in wertpapierähnliche Token investieren. Das wird wahrscheinlich erst stattfinden, wenn die Liquidität dieser Assets ein bisschen besser ist. Im Moment haben wir daher ausschließlich Kryptowährungen im Bestand. Die Entscheidung für oder gegen ein Investment wird bei uns auf Basis quantitativer und qualitativer Merkmale getroffen.

Auf der quantitativen Seite schauen wir unter anderem auf die Marktkapitalisierung und die Historie. Ein Token muss mindestens ein Jahr alt sein, bevor es für uns überhaupt in Frage kommt. Daneben spielen Kriterien wie das durchschnittliche Handelsvolumen, die Anzahl der aktiven Adressen und die Protokoll-Netzwerkgebühren eine Rolle. Wir screenen sogar die Code-Aktivität auf GitHub.

Auf der qualitativen Seite schauen wir uns auch die Gründer im Detail an. Wer sind die Programmierer dieses Protokolls? Wie ist die Sicherheitsbilanz, das heißt, stimmt die Ausgestaltung des Tokens überein mit dem publizierten Whitepaper? Wie hoch ist das Venture-Capital-Engagement bei einem Projekt? Gibt es einen Handel gegen Euro, was für uns wichtig ist, da der Fonds in Euro notiert ist. Wie ist die Verfügbarkeit und Liquidität auf den größten Kyptobörsen? Und natürlich ist immer auch der Newsflow dieser einzelnen Token wichtig. Die so gewonnene Selektion an Token kommt auf eine eigene Watchlist, die ständig beobachtet wird. Zudem führen wir Backtests für unsere Evaluation durch.

Das Segment der Handelsplätze im Kryptobereich ist nicht zuletzt wegen der zahlreichen zentralen, aber auch dezentralen Börsen stark fragmentiert. Es ist daher schwierig, belastbare Daten zur Liquidität von Kryptoassets zu finden. Wie gehen Sie mit dieser Problematik um?

Wir achten bei den Token im Portfolio grundsätzlich auf eine sehr hohe Liquidität, das bedeutet, unsere Assets sind gemessen an der Marktkapitalisierung stets handelbar. Bei der Konzeption unseres Fonds haben wir uns dazu entschieden, nicht direkt über Kryptobörsen, sondern über einen festen Broker zu handeln. Hier handelt es sich ebenfalls um ein deutsches Bankhaus, das sich auf den Wertpapierhandel spezialisiert hat und darüber hinaus auch eine Art Pionierrolle im Bereich des Kryptohandels eingenommen hat. Der ausschließliche Handel über diesen Broker ist für uns auch in Bezug auf das Thema Geldwäsche extrem wichtig, da wir somit keine direkte Anbindung an die großen Kryptobörsen haben. Wir können über diesen Broker auch einen Quote Request tätigen und so die Liquidität und den Preis prüfen, bevor wir investieren. Zudem nutzen wir auch Datenanbieter, die uns konsolidierte Markt- und Preisdaten über Nacht oder ad hoc liefern.

Unser Fonds ist aber kein Produkt mit einer hohen Handelsfrequenz. In der Regel haben wir eine passive Strategie, sind also eher long only investiert, und, in Abhängigkeit von der Marktbewegung, führen wir regelmäßig ein Rebalancing durch. Dies kann man sehr gut planen und dementsprechend die Liquidität bestimmen. Die Fragmentierung der Handelsplätze kann in Zukunft eine Herausforderung werden, vor allem wenn man eine aktivere Strategie mit häufigeren Transaktionen fährt.

Ist es bereits möglich, konventionelle Finanzinstrumente wie Aktien und Anleihen mit Kryptoassets in einer Fondshülle zu mischen, oder müssen Anleger auf Security Token warten? Wann konvergieren diese Welten?

Darauf kann ich mit einem klaren Ja antworten. Es ist heute schon möglich, in einem klassischen allgemeinen Spezial-AIF nach § 282 KAGB Kryptoassets beizumischen. Wie letzte Woche im Fondsstandortgesetz (Anmerkung der Autoren: Das Fondsstandortgesetz ist am 1. Juli 2021 in Kraft getreten) festgelegt wurde, ist dies nun auch für ein Spezial-AIF mit festen Anlagebedingungen möglich. Laut einer Untersuchung auf Basis von BVI-Daten beträgt das verwaltete Volumen in offenen Spezial-AIF circa 1,8 Billionen Euro. All diese Fonds sind jetzt in der Lage, in Kryptoassets zu investieren, und stehen für ein sehr hohes Marktpotenzial, das jetzt theoretisch nutzbar ist.

Viele Marktteilnehmer sind jedoch noch gar nicht auf eine Umsetzung vorbereitet. Denn in diesen Fondshüllen hat man auch die volle Regulierung und trägt damit das volle Risiko bzw. hat die Verantwortung für das Risikomanagement, und die Risikomessung mit solchen Produkten ist nicht leicht. Zudem muss eine KAGB-Verwahrstelle benannt werden, nicht nur ein Krypto-Verwahrer. Die Produkte müssen in den jeweiligen Systemen abgebildet werden und auch eine ordentliche Stammdatenversorgung wird benötigt. Dies ist ein klassisches Dilemma. Manchmal ist die Regulierung schneller als die Marktteilnehmer und manchmal sind die Marktteilnehmer schneller als die Regulierung. Es mangelt oft an der Harmonisierung.

Der logische Schritt wäre die Tokenisierung des Fonds selbst. Sind die technischen Voraussetzungen hierfür bereits gegeben?

Die technische Voraussetzung für eine Tokenisierung ist gegeben. Es macht keinen großen Unterschied, welche Produktkategorie man tokenisiert. Technologisch ist das in der Regel wenig komplex. Leider ist in den Entwurf des eWpG-Gesetzes (Anmerkung der Autoren: Gesetz über elektronische Wertpapiere) der Punkt nicht explizit mit aufgenommen worden, dass Fonds elektronisch auf einer Blockchain begeben werden dürfen. Das war sehr lange im Entwurf enthalten, wurde aber leider entgegen allen Erwartungen nicht umgesetzt. Somit ist dieser Prozess erst einmal nur für Inhaberschuldverschreibungen zugelassen. Der Prozess dieser Entmaterialisierung selbst ist aber nicht kompliziert und auch nicht abhängig von der Assetklasse. Ob Fonds oder Aktien tokenisiert werden, spielt technisch keine große Rolle

Wenn Sie eine Schätzung abgeben müssten: Wie lange wird es noch dauern, bis die entsprechenden Gesetze unterschrieben werden und die notwendige regulatorische Sicherheit geschaffen wird?

Ich glaube, wir müssen hier in Etappen denken. Wir haben auf der Produktseite und auf der investmentrechtlichen Seite kaum Regulierung. Das heißt, man muss hier multilateral beginnen, sich diesem Thema zu nähern. Dann ist auch noch die regionale Ausbreitung von Bedeutung: Also Deutschland, Europa bzw. überregional. Wir haben die Situation, dass im KWG- und im Depotgesetz digitale Assets unterschiedlich definiert werden, was immer wieder zu Problemen führt, weil unklar bleibt, was Marktteilnehmer machen können und dürfen und was nicht. Um den Kreis zu schließen: Ein großer Schritt nach vorn wäre die Klärung der Klassifizierung von digitalen Wertpapieren. Das heißt: Fungieren digitale Assets als Wertpapiere, als Finanzinstrumente oder als sonstige Vermögensgegenstände? Bis es zu einer finalen Verabschiedung kommt, rechne ich noch mit zwei, drei Jahren.

Mit dem gleichen Zeitbedarf rechne ich für die Fähigkeit, neben Schuldverschreibungen auch Aktien und Fondsanteile tokenisieren zu können und damit dem urkundenbasierten Wertpapier gleichzustellen. Für die Investmentfähigkeit in Retail-Produkte bin ich ein bisschen zurückhaltender. Das dauert auf jeden Fall noch einige Jahre, bis ein klassischer Kryptowert in einen OGAW-Fonds gekauft werden und dieser dann auch an Retail-Kunden ausgegeben werden kann.

Zusammengefasst also zwei bis drei Jahre für die Produktregulierung und fünf Jahre für die investmentrechtliche Regulierung bis hin zum Retailsegment. Das ist übrigens der gleiche Zeitraum, mit dem man bei der Einführung des digitalen Euro rechnen sollte.

Vielen Dank, Herr Karb, dass Sie sich die Zeit genommen haben, und vielen Dank für dieses Gespräch.

Ihnen auch vielen Dank.

7 Index Investments

»To repeat, while such an index-driven strategy may not be the best investment strategy ever devised, the number of investment strategies that are worse is infinite.«
John Bogle, The Little Book of Common Sense Investing

Historie der Index Investments

In der Welt der klassischen Kapitalanlagen verstärkte sich in den vergangenen zehn Jahren der Trend in Richtung »passiver Anlagen« über Indexprodukte und ETFs. Es gibt zwei grundsätzliche Argumente für einen passiven Ansatz. Unstrittig sind die niedrigen Kosten einer solchen Vorgehensweise. Das zweite Argument schmerzt viele aktive Manager, es deshalb zu ignorieren wäre jedoch fahrlässig: Es gibt zahlreiche Studien, die den passiven Produkten über lange Zeiträume nach Kosten eine bessere Performance zuschreiben als den meisten aktiven Fonds. Hinzu kommen steuerliche Aspekte, die vor allem sehr aktiven Managern mit vielen Transaktionen zu schaffen machen. Von der großartigen theoretischen Outperformance mancher Strategie verbleibt in der Praxis nach Kosten und Steuern oft wenig Berichtenswertes. Echte Outperformance nach Kosten kommt vor, ist aber selten.[1] Wie im Leistungssport ist der Platz auf dem Treppchen kein Massenprodukt, sondern das Resultat guter Prozesse und eines hohen Maßes an Disziplin. Generell geht es daher auch weniger um die Entscheidung zwischen aktivem und passivem Investieren. Greg Patterson, CEO der Advisory Group, bringt es mit der folgenden Aussage auf den Punkt: »The problem is not one of ›Active‹ vs. ›Passive‹ investing, but rather one of emotion-based vs. long-term disciplined investing. Without proper personal or systematic guidance and education, it is only natural, but unfortunate that investors rely on emotion instead of an effective process.«

Eine kurze Historie passiver Indexfonds

Die Auflage des ersten klassischen Indexfonds wird fälschlicherweise oft John Bogle von Vanguard zugeschrieben. Das Unternehmen legte im Jahr 1976 den »Index Investment Trust« (heute »Vanguard 500 Index Fund«) auf. Dies war zwar der erste für jedermann erwerbbare Indexfonds, das Konzept jedoch entwickelten andere schon einige Jahre vorher. In Wahrheit trat Bogle in den 1960er-Jahren sogar als Gegner passiver Anlagen in Erscheinung und trug in dem von ihm verfassten Artikel »The Case for Mutual Fund Management« die Argumente für aktives Fondsmanagement zusammen. Den Artikel veröffentlichte er im Financial Analysts Journal unter dem Pseudonym John B. Armstrong.[2]

1 Siehe u. a. Morningstar (2020, 2019).
2 Siehe Armstrong (1960).

Schon 16 Jahre zuvor veröffentlichten der Ökonom Edward Renshaw von der University of California und der Student Paul Feldstein gemeinsam die Konzeption eines Indexfonds. Der Artikel mit dem Titel »The Case for an Unmanaged Investment Company« erschien ebenfalls im Financial Analysts Journal.[3] Schon damals nannten Renshaw und Feldstein die beiden wichtigsten Argumente für die einfachen Indexfonds: Zum einen waren dies die niedrigeren Kosten. Andererseits stellten sie die nicht nur damals provokante Frage, ob es sich langfristig lohne, auf einen unsicheren Mehrertrag zu hoffen, oder ob es nicht vernünftiger sei, sich mit dem Ertrag des Gesamtmarktes zu bescheiden. Die Idee war bahnbrechend und trotzdem oder gerade deswegen gab es eine Menge Kritiker.

Die Anstrengungen des Ingenieurs John Andrew McQuown und des Chicagoer Professors Keith Shwayder legten dann die Basis für den ersten institutionellen Indexfonds. Trotz des bei Neuerungen üblichen Gegenwinds fanden sich rasch interessierte institutionelle Anleger, darunter die Pensionskasse von AT&T. Andere Firmen wie Ford und Exxon legten eigene passive Fonds auf. Das war im Jahr 1971. Private Anleger hatten zu diesem Zeitpunkt keine Möglichkeit, in Indexfonds zu investieren. Ein Mangel, den MIT-Ökonom Paul Samuelson schon damals öffentlich anprangerte, während er gleichzeitig seiner Hoffnung Ausdruck verlieh, dies würde sich bald ändern. Manche Mitarbeiter von Banken und Asset-Management-Unternehmen hatten diesbezüglich wenig überraschend eine etwas andere Sichtweise.

> *»I hope the damn things fail because if they don't, it's going to mean the jobs of a lot of good analysts and portfolio men.«*
>
> *Ein ungenannter Analyst einer Bostoner Bank, November 1975*

Zwei Wochen nach der Aussage des unbekannten Bankmitarbeiters wurde unter der Ägide des mittlerweile zum passiven Investieren konvertierten John Bogle der erste Indexfonds von Vanguard aufgelegt. Damit begann auch für Privatanleger eine bis heute anhaltende Erfolgsgeschichte, die Jahre später in der Schaffung börsengehandelter Fonds (ETFs) mündete.

Der ursprüngliche Gedanke der Erfinder Index-abbildender Fonds war es, eine einfache und vor allem kostengünstige Möglichkeit für alle Anleger zu schaffen, in einen breiten Aktienmarkt zu investieren. Die ersten ETFs zielten genau in diese Richtung. Zudem holten sie den Handel von Fondsanteilen aus der Ecke abwicklungstechnischer Anachronismen heraus. Plötzlich konnten Anleger einen ganzen Index wie eine Aktie an der Börse kaufen und verkaufen, ein Meilenstein in der Evolution des Kapitalmarktes.

Die Entwicklung machte jedoch nicht bei der passiven Abbildung von Indizes halt. Der nächste evolutionäre Schritt war die Auflage aktiver ETFs, die alle Vorteile der

3 Siehe Renshaw/Feldstein (1995).

Index abbildenden Produkte mitbrachten, deren Anlageprozesse jedoch aktive Strategien umsetzten. Für die Anbieter war dies ein wichtiger Schritt heraus aus der Welt der rasch sinkenden Margen. Für die Anleger hingegen war diese Entwicklung Fluch und Segen zugleich, denn die Auswahl einer aktiven Strategie ist nicht zwingend einfacher als die Selektion einzelner Aktien oder Anleihen. Und genau von dieser Entscheidung sollten die Anleger ja ursprünglich zu ihrem eigenen Nutzen befreit werden. Mittlerweile sind aktive ETFs keine Randerscheinung mehr. Der Studie »The Active World of Passive Investing«[4] zufolge war im Zeitraum von 2000 bis 2017 der Anteil der Mittelzuflüsse, die in sehr aktive ETFs fließen, mehr als vier Mal so hoch wie die Zuflüsse in passive ETFs.[5] Den Erwerb eines ETFs immer mit passivem Investieren gleichzusetzen ist daher zwar beliebt, aber falsch.

Aktive Entscheidungen passiver Anleger

Unabhängig von der Wahl des eingesetzten Finanzproduktes kommen auch die Fürsprecher passiver Kapitalmarktprodukte an aktiven Entscheidungen nicht vorbei. Die Asset-Allokation muss – unabhängig davon, ob in einzelnen Anlageklassen aktive oder passive Produkte eingesetzt werden –, durch bewusste Entscheidungen gestaltet werden. Daher trifft man in der Realität sowohl Portfolios an, die sich allein aus passiven Produkten zusammensetzen, als auch Mischformen aus aktiven und passiven Produkten. Gerade in illiquideren Anlageklassen wie zum Beispiel High Yield-Unternehmensanleihen oder Aktien aus Schwellenländern setzen viele Anleger weiterhin auf aktive Manager, von denen sie sich eine bessere Nutzung der in diesen Segmenten zweifellos noch vorhandenen Ineffizienzen versprechen.

Selbst ohne die Beimischung aktiver Produkte treffen auch passive Anleger aktiv grundlegende Entscheidungen, die Einfluss auf die Entwicklung ihres Kapitals haben. Eine dieser Entscheidungen ist die Wahl der Indizes, an denen sich die eingesetzten Produkte orientieren sollen. Das klingt einfacher als es ist. Zwar bieten die Indexanbieter zahlreiche Produkte an, die eine nahezu perfekte Abbildung der Entwicklung eines bestimmten Marktsegmentes bieten, jedoch ist das Angebot an Indizes mittlerweile unüberschaubar und wächst weiter. So lässt sich auch die Kategorie »US-Aktien« auf ganz unterschiedliche Art und Weise darstellen. Das lässt sich am Beispiel des S&P 500 verdeutlichen. Dieser US-Aktienindex enthält zwar nur 44 % aller Aktien aus dem umfassenderen MSCI USA, bildet aber rund 88 % der gesamten Marktkapitalisierung des US-Aktienmarktes ab. Damit ist die Entwicklung dieses Index zwar repräsentativ für die Entwicklung des Gesamtmarktes, entspricht jedoch nicht zwingend dem Verlauf der »mittleren US-Aktie«. Entwickeln sich Unternehmen mit niedrigeren Börsenwerten deutlich besser als die Schwergewichte, zeichnet dieser Index ein negativ verzerrtes Bild der Entwicklung aller Aktien. Entwickeln sich die schweren Titel deutlich besser, ergibt sich eine positive Verzerrung. Diese Effekte sind

4 Siehe Easley et al. (2021).
5 Siehe Easley et al. (2021).

nicht zu unterschätzen, führten doch bisweilen lediglich eine Handvoll Einzeltitel zu einem starken Anstieg des Index. Ein hervorragendes Paper zum Size Effekt ist »Fact, Fiction, and the Size Effect« von Ron Alquist, Ronen Israel und Tobias Moskowitz.

Abgesehen von den erwähnten Verzerrungen hat die auf der Marktkapitalisierung basierende Gewichtung zwei wesentliche Vorteile: Zum einen ist diese Vorgehensweise pragmatisch. Abgesehen vom turnusmäßigen Austausch einiger Indexmitglieder, der bestimmten Regeln des jeweiligen Indexanbieters folgt, erfordert ein solcher Index keine Positionsanpassungen. Verändert sich der Börsenwert einer Aktie, verändert sich auch der Anteil des Papiers entsprechend. Ein Index, dessen Gewichtungsmethodik sich an der Marktkapitalisierung seiner Konstituenten orientiert, stellt damit im Kern einen Trendfolger auf die enthaltenen Aktien dar. Anleger sind in zunehmendem Maße in den Titeln mit steigenden Börsenwerten investiert. Papiere, die sich in Richtung niedrigerer Notierungen bewegen, verlassen den Index langsam, aber sicher.

»Aber laufen kleine Aktien nicht langfristig besser?«, wird sich mancher fragen. Wer hätte nicht vom »Size Effect« nach Fama und French gehört.[6] In einigen Fällen und in manchen Zeiträumen ist diese Annahme korrekt. Verallgemeinern sollten Anleger dies jedoch nicht. Abbildung 7.1 zeigt den Vergleich eines Small Cap und eines Large Cap ETFs mit dem US-amerikanischen Gesamtmarkt.

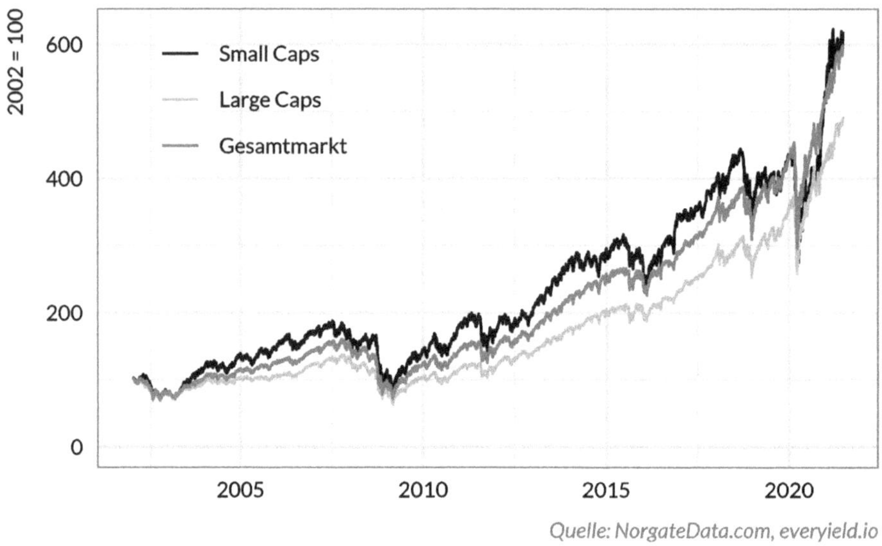

Abb. 7.1: US-Aktien: Large Caps vs. Small Caps im Vergleich zum Gesamtmarkt

Über sehr lange Zeiträume zeigen sich positive Auswirkungen der Allokation von Aktien mit niedriger Marktkapitalisierung. Zwischenzeitliche, länger andauernde Perioden mit teils deutlich schwächerer Performance der kleineren Titel können jedoch

6 Alquist et al. (2018).

die Geduld der Anleger strapazieren und zu emotionalen Entscheidungen führen. Wer schlicht einen unglücklichen Einstiegszeitpunkt erwischt, macht schnell unangenehme Erfahrungen mit raschen Kurseinbrüchen. Diese fallen bei kleinen Titeln oft heftiger aus als bei den großen Verwandten, und so steigt das Risiko impulsiver Entscheidungen. Schon eine einzige durch mentalen Stress ausgelöste Übersprungshandlung kann mehr finanziellen Schaden anrichten, als sich durch den potenziellen Mehrertrag kleinerer Aktien über Jahre wieder hereinholen lässt.

Die Auswahl möglicher Gewichtungsansätze ist groß. Viele Vorgehensweisen sind durchdacht und üben auf Anleger den Reiz des Komplexen aus. So gibt es fundamentale Gewichtungsmethoden, die sich an Kennzahlen wie dem Umsatz der Unternehmen orientieren.[7] Auch die schlichte Gleichgewichtung wird in zahlreichen Veröffentlichungen als vorteilhaft beschrieben. Der Chart in Abbildung 7.2 zeigt die Entwicklung des US-Gesamtmarktes im Vergleich zu einem ETF, der die Titel gleich gewichtet. Da entsprechende ETFs erst später aufgelegt wurden, reicht die Historie nicht so weit zurück wie bei den Fonds, die sich an Standardindizes orientieren.

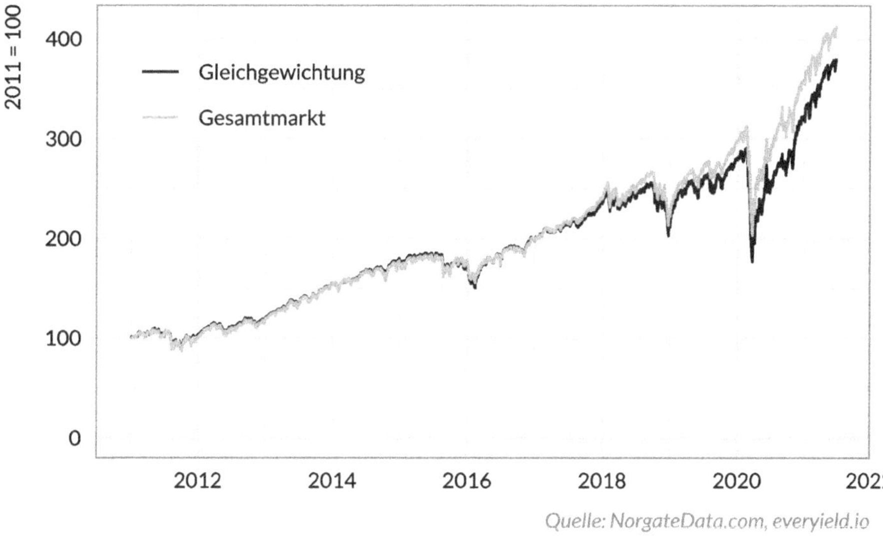

Abb. 7.2: US-Aktienmarkt: Auswirkungen unterschiedlicher Gewichtungsmethodiken

Das Resultat ist ernüchternd (vgl. Abbildung 7.2). Was sich in zahlreichen Veröffentlichungen gut liest und plausibel klingt, kommt in der Realität nicht bei den Anlegern an. Abgesehen von der im Vergleich zum einfachen Index zurückgebliebenen Performance gibt es weitere Nachteile solcher Strategien. Die regelmäßigen Gewichtsanpassungen der einzelnen Titel verursachen nicht unerhebliche Transaktionskosten. Zudem steigen die steuerlichen Belastungen für die Anleger. In einem akademischen

7 Einer der Pioniere auf dem Gebiet alternativer Gewichtungsmethoden im Indexing ist AQR; siehe Asness (2007).

Vakuum spricht daher vieles für einen gleichgewichteten Index mittlerer und großer Unternehmen. In der Praxis sieht das über die lange Frist in vielen Fällen anders aus.

Bei der Auswahl eines Index als Basis für die langfristige Kapitalanlage sollten Anleger die genannten Punkte berücksichtigen. Eine Investition in den Gesamtmarkt klingt für viele zwar zu simpel, ist jedoch langfristig nicht leicht zu schlagen. Ein wesentlicher Grund für das enttäuschende Abschneiden vieler von der Marktkapitalisierung abweichender Aktien-Strategien ist die deutlich gestiegene Effizienz der liquiden Märkte. Die Überrenditen, die heute noch erzielt werden können, sind deutlich niedriger als früher. In Segmenten mit weniger Transparenz und geringer Liquidität hingegen ist das anders. Dort können schon einfache aktive Strategien zu einer nennenswerten Outperformance führen.

Viele institutionelle Anleger wie Family Offices sind daher dazu übergegangen, zumindest Teile der hochliquiden und transparenten Märkte über passive Produkte abzubilden und aktive Manager dort einzusetzen, wo nach Kosten noch etwas zu holen ist. Zu den Anlageklassen, in denen es auf absehbare Zeit noch eine Menge Ineffizienzen geben wird, zählen die digitalen Assets.

Digital-Asset-Indizes

Im Verlauf des Jahres 2020 nahm das Interesse institutioneller Anleger an digitalen Assets zu. Dennoch verhielt sich diese Gruppe bis auf wenige prominente Ausnahmen in Bezug auf nennenswerte Investments weiterhin eher zurückhaltend. Die Integration des Bitcoin in die Plattform von PayPal wirkte dann auf viele wie ein Aufruf, sich dem Thema ernsthaft zuzuwenden. Eine hohe Signalwirkung hatten auch die Käufe von Michael Saylor, dem Gründer und CEO des an der Nasdaq gelisteten Softwareunternehmens MicroStrategy. Saylor hatte in einem Schwung 500 Mio. US-Dollar Firmenliquidität in Bitcoin getauscht. Diese Transaktion sorgte für einigen Wirbel, der dem Firmenchef die Verbreitung seiner Argumente in zahlreichen Interviews ermöglichte. Für die dennoch nur langsam nachlassende Zurückhaltung institutioneller Anleger im deutschsprachigen Raum gibt es vor allem zwei Gründe: die regulatorische Unsicherheit und die Intransparenz des Marktes.

Lücken in der Regulierung

Die Kenntnisse über die Funktionsweise und mögliche Nutzungsfälle digitaler Assets sind derzeit noch ein rares Gut. So finden sich auch unter professionellen Managern mit hohem Engagement noch viele, die sich angesichts der nicht immer anwendungsfreundlich verfassten Regulierungstexte für den Weg des geringsten Risikos und manchmal auch des niedrigeren Aufwands entscheiden. Die für die Einbindung neuer Anlageklassen notwendige Überzeugungsarbeit in verschiedenen Gremien kostet Zeit und ist arbeitsintensiv. Zudem mangelt es an einigen Stellen an spezialisierten Mitarbeitern mit der notwendigen Kapitalmarkterfahrung. So wird nicht selten erst einmal abgewartet und darauf geschaut, was andere Branchenvertreter auf die Beine stellen. Dieses Verhalten ist menschlich nachvollziehbar, führt jedoch zu Verzögerungen notwendiger Anpassungen, wie der Modernisierung bestehender Anlagerichtlinien.

Im Gegensatz zu Privatanlegern, die sich (abgesehen von den steuerlichen Verpflichtungen) relativ frei im Kryptobiotop tummeln können, sind Anleger wie Pensionskassen oder Versicherungen auf einen verlässlichen regulatorischen Rahmen angewiesen. Ein Grundgerüst wurde in den vergangenen Jahren geschaffen. Dabei hilft die – abgesehen von Privacy Coins – generell simple Nachvollziehbarkeit bestätigter Transaktionen auf einer Blockchain. Die Erweiterung der bestehenden Finanzmarktregulierung ist daher eine machbare Aufgabe. Ist die Entscheidung, digitale Assets in den Reigen der üblichen investierbaren Kapitalanlagen aufzunehmen, erst einmal gefallen, sollte der regulatorische Ritterschlag zumindest für einzelne Kryptoassets nur eine Frage der Zeit sein.

Die eindeutige Zuordnung einzelner digitaler Assets zu existierenden Assetklassen wie Devisen oder Rohstoffen wäre ein wichtiger Schritt. Anleger könnten diese Assets dann in ihre Anlagen einbinden und sicher sein, keine Anlagegrenzverletzung zu verursachen. Die Zuordnung zu bestehenden Kategorien hätte den Vorteil der sofortigen Wirksamkeit. Etwaige Bedenken wegen möglicher Ungenauigkeiten dürften sich angesichts der bereits bestehenden Zuordnungen klassischer Anlagen rasch zerstreuen. So ist ein Discount-Zertifikat mit einem inhärenten Aktienmarktrisiko laut Wertpapierstammdaten in der Regel als Inhaberschuldverschreibung klassifiziert. Das ist technisch korrekt, bei der Einstufung des Risikos jedoch in etwa so hilfreich wie die gleichzeitige Zuordnung einer Bundesanleihe mit drei Monaten Restlaufzeit und eines Junk-Bonds in die gemeinsame Kategorie »Anleihen«.

Auf absehbare Zeit wird sich eine umfangreiche Integration der digitalen Assets in die Regulierung nicht verhindern lassen. Schon die vollständige Transparenz bei Finanztransaktionen sollte Anreiz genug sein, den laufenden Prozess nicht nur fortzusetzen, sondern zu beschleunigen.

Intransparenz des Marktes

Neben dem verlässlichen Rechtsrahmen ist eine verbesserte Transparenz des Marktes für digitale Assets die zweite grundlegende Voraussetzung für das Interesse institutioneller Kapitalanleger. Hier sind die Datenanbieter und Informationsplattformen gefragt. Trotz der bemerkenswerten Fortschritte und einer zunehmenden Professionalisierung der Handelsplätze hinterlassen viele Handelsplätze und Informationsportale höflich formuliert den Eindruck, ausschließlich auf Privatanleger ausgerichtet zu sein. Nicht wenige werben ausdrücklich oder implizit mit dem »schnell verdienten Geld«, wodurch die Branche an die Frühzeit des Internet-Brokerage erinnert. »Wer heute ein Depot aufmacht, bekommt ein Nokia Mobiltelefon gratis« hieß es damals. Heute locken andere Angebote und die Zahl der handelbaren Krypto-Paare scheint für manchen Anbieter die wichtigste Kennzahl zu sein. Auf professionelle Anleger wirken solche Plattformen unabhängig von den gegebenenfalls vorhandenen technischen Möglichkeiten abschreckend, amateurhaft und unseriös.

Gleiches gilt für die wachsende Schar der Datenanbieter. Ein Blick auf die klassischen Datenterminals zeigt, was sich über die Jahre allen individuellen Schwächen und hohen Kosten zum Trotz durchgesetzt hat. Im Kern sind es Plattformen wie das Bloomberg Terminal, Thomson Reuters und FactSet, die zeigen, was im professionellen Alltag benötigt wird. So schön es für private Trader und IT-affine Kryptofans sein mag, die Manager von Pensionskassen wollen nicht über eine API-Schnittstelle JSON-Dateien herunterladen und die Rohdaten dann in selbst programmierten Anwendungen bereinigen und weiterverarbeiten. Privat kann jeder Begabte sich seine eigenen Programme schreiben und damit Handelssignale generieren. Beim Asset-Manager, bei einer Pensionskasse oder kurz gesagt bei einer regulierten Entität geht dies allein schon aus rechtlichen Gründen nicht.

Daher werden sich die neu entstandenen Datenanbieter des Kryptobiotops rasch weiterentwickeln müssen, denn angesichts des wachsenden Interesses institutioneller Anleger werden sich auch die etablierten Dienstleister verstärkt der Thematik widmen. In einer solchen Situation gewinnt oft das Gewohnte gegen das möglicherweise Bessere. Für institutionelle Anleger wäre eine umfangreiche Integration der digitalen und der konventionellen Assetklassen sowie eine verlässliche und einfach zu nutzende Bereitstellung von Daten ein großer Schritt nach vorne. Im Vergleich zu den komplexen Bondmärkten, die von den großen Anbietern problemlos abgedeckt werden, sind die technischen Anforderungen an die Eingemeindung der digitalen Assets überschaubar. Sobald einige relevante Asset-Manager dies fordern, werden die Anbieter zügig reagieren.

Die Macht der Gewohnheit

Den Rest der Integrationsarbeit wird wie beim Internet bzw. World Wide Web und der Nutzung des Smartphones die Gewohnheit übernehmen. Die ersten Gehversuche der Anwender im Internet waren wacklig. Es ist in Vergessenheit geraten, aber das Vertrauen in die ordnungsgemäße Abwicklung von Transaktionen über Amazon und Ebay war vor 20 Jahren deutlich geringer, als das heute der Fall ist. Auch digitale Assets werden Zeit brauchen und sich schrittweise über den Zahlungsverkehr und die Kapitalanlage in das Leben der Menschen schleichen. Mit jeder Nutzung wird das Neue ein Stück normaler, bis es irgendwann schwierig sein wird, sich vorzustellen, wie es vorher war. Hilfreich für die Akzeptanz durch die Nutzer ist sicherlich der eher evolutionäre Charakter von Blockchain-Anwendungen. Die revolutionären, disruptiven Auswirkungen werden sich unter dem Radar abspielen und sich vor allem durch massive Effizienzgewinne bei Zahlungs- und Abwicklungsprozessen bemerkbar machen. Die unmittelbare Verfügbarkeit von allem zu jeder Zeit, die »Sofortness«, erreicht die Finanzbranche.

Klare Standards für mehr Transparenz

Die Intransparenz des Marktes für digitale Assets hat mehrere Facetten:

- Es gibt wenige verfügbare Daten, die die Anleger schnell erfassen und weiterverarbeiten können.
- Die Funktionsweise vieler digitaler Assets ist in weiten Teilen des Finanzsektors noch unbekannt.
- Es gibt keine allgemein akzeptierte Kategorisierung in investierbare und nicht investierbare Assets.
- Die Ansätze zur fundamentalen Bewertung von Kryptoassets sind umstritten.
- Die Nutzung rein technischer Faktoren bei der Generierung von Signalen für Investmententscheidungen ist für viele Anleger ungewohnt.

Der erste Schritt in Richtung einer Allokation digitaler Assets führt Anleger daher in der Regel zum bekanntesten Asset, dem Bitcoin. Anleger, die nicht nur ein einzelnes Asset erwerben wollen, sondern auch bei kleineren Positionen im Portfolio Wert auf Risikostreuung legen, werden sich investierbaren Indizes zuwenden. Während es an den Aktienmärkten mittlerweile mehr Fonds und Indizes als Einzelaktien gibt,[8] befindet sich die Welt der Indizes für digitale Assets noch im Anfangsstadium, weist aber eine hohe Wachstumsdynamik auf.

Standardisierte Indizes

Zwei wichtige Voraussetzungen für die Verbesserung der Transparenz sind die Standardisierung und die Schaffung nachvollziehbarer Kategorien. Der Rohstoffmarkt ist ein gutes Beispiel für den Weg vom einfachen bilateralen Handel ohne Regulierung und Standards hin zu einem hochstandardisierten und sehr effizienten Markt.

Wer heutzutage vom Rohstoffhandel spricht, denkt an den Futures-Handel an den Terminbörsen. Effiziente Strukturen mit Clearinghäusern ermöglichen Transaktionen mit standardisierten Kontrakten. Doch schon lange vor diesen computergestützten Marktplätzen gab es in allen Gesellschaften einen mehr oder weniger organisierten Tauschhandel von Tieren und Agrarrohstoffen, der später auf verarbeitete Waren wie Tuche ausgeweitet wurde.

Schon die Sumerer betrieben vor mehr als 6000 Jahren einen organisierten Rohstoffhandel und schon früh wurden in den verschiedensten Zivilisationen zentrale, einheitliche Tauschmittel eingeführt. Die bekanntesten sind Gold, Silber und natürlich Kaurimuscheln.

Im Zuge der Weiterentwicklung der Warenmärkte im Mittelalter stieg Gold zum standardisierten Tauschmittel auf, das nahezu überall akzeptiert wurde. Im beginnenden 16. Jahrhundert entstanden dann die ersten Börsen Europas, darunter im Jahr 1530

8 Siehe Bloomberg (2017); Madhavan et al. (2019).

die Amsterdamer Börse. Noch vor dem Handel mit Aktien wurden an dieser Börse Rohstoffe gehandelt, und die Möglichkeiten der Marktteilnehmer gingen schon damals weit über einfache Käufe und Verkäufe hinaus. Der Handel auf Termin wurde selbstverständlich, und neben Leerverkäufen blühten auch Transaktionen mit Optionscharakter auf. Gegen Ende des Jahrhunderts hatten sich die Börsen über ganz Europa ausgebreitet.

Nordamerika ergänzte mit dem 1864 gegründeten Chicago Board of Trade (CBOT) den Reigen der internationalen Rohstoffbörsen. Fortschritte in der Regulierung, wie der Commodity Exchange Act von 1930 führten zur Erweiterung des Spektrums handelbarer Rohstoffe. Dieser so einfach klingende Schritt erforderte eine umfassende Standardisierung der neu gehandelten Rohstoffe. Eindeutig zu beurteilende Qualitätsmerkmale und entsprechende Kennzahlen und Skalen mussten geschaffen werden. Die erfolgreiche Schaffung standardisierter Kontrakte führte schließlich zum Durchbruch des Rohstoffhandels an den Terminbörsen. Rohstoffe waren nun nicht mehr nur für Produzenten und Konsumenten interessant. Auch Investoren entdeckten das Marktsegment als neue liquide Assetklasse und auf langfristige Anleger wirkten der mögliche Schutz vor Inflation und der Beitrag zur Portfoliodiversifikation anziehend. Andere freuten sich einfach über neue Möglichkeiten zur Spekulation.

Das wachsende Interesse nicht spezialisierter Anlegerschichten, die einfach nur einen schnellen Überblick über die Entwicklung des gesamten Segmentes erhalten wollten, führte zur Schaffung des ersten Rohstoffindex. Im Jahr 1934 gab der US-Gesetzgeber den Anstoß zur Berechnung des Commodity Price Index, der die Entwicklung der Preise von 22 Rohstoffen abbildete, die zudem in Kategorien eingeteilt wurden. Sechs Jahre später wurde dieser Index der Öffentlichkeit zur Verfügung gestellt. Mittlerweile ist der Index ein Teil des breiteren Producer Price Index (PPI), der vom Bureau of Labor Statistics veröffentlicht wird. Die heute gängigen Rohstoffindizes wie der S&P GSCI oder der Rogers International Commodity Index werden von kommerziellen Anbietern bereitgestellt und dienen oft als Basis für börsengehandelte Rohstoffprodukte.

Die Erfolgsgeschichte der Rohstoffe zeigt, wie wichtig die Standardisierung und Kategorisierung für den Durchbruch einer Assetklasse sind. Nicht alle Kapitalanleger sind an den Spezifikationen einzelner Assets interessiert. Viele wollen primär zunächst eine Assetklasse insgesamt sauber abbilden und müssen sich daher überlegen, ob dieses Ziel durch eine passive oder aktive Ausrichtung besser zu erreichen ist. Selbst für eine aktive Ausrichtung jedoch benötigen die Anleger einen Vergleichsmaßstab, um die Entwicklung und das Risikoprofil einer gewählten Strategie einordnen zu können. Somit ist die Schaffung passiver Indizes für digitale Assets eine notwendige Voraussetzung für den Erfolg dieser neuen Assetklasse bei institutionellen Anlegern.

Passive Digital Asset Indizes

Zu den bekannteren Indexfamilien für Kryptoassets gehören die Bitwise Indizes des im Jahr 2017 gegründeten Unternehmens Bitwise Asset Management sowie die Produkte von MV Index Solutions (MVIS), einer Tochter des 1955 in den USA gegründeten Asset Managers VanEck. MVIS bietet Indizes für verschiedene Assetklassen an. Diejenigen für digitale Assets werden in Kooperation mit dem Datenanbieter CryptoCompare erstellt.

Der Blick auf die Konstruktion der Standardindizes dieser Unternehmen zeigt eine Vorgehensweise, die wir von gängigen Aktienindizes kennen. So schließt Bitwise im ersten Schritt Assets aus, deren free float nicht ausreichend ist. Dies kann der Fall sein, wenn es zwar eine große Anzahl Coins gibt, diese jedoch nicht auf den liquiden Märkten auftauchen, weil sie beispielsweise zu Beginn den Gründern oder Entwicklern zugesprochen und seither nicht veräußert wurden. Ein Unterschied zur Gestaltung der Aktienindizes ist die Einbeziehung der geschätzten Anzahl neuer Token, die innerhalb eines Zeitraums von fünf Jahren emittiert werden. Dieser Wert wird von Bitwise als Inflationsrate in die Kalkulation der Marktkapitalisierung des jeweiligen Tokens einbezogen. Zudem gibt es ein Gremium, das diskretionär in den Prozess eingreifen kann, um auf Entwicklungen wie beispielsweise Forks zu reagieren.

Die Standardindizes von MVIS sind die MVIS CryptoCompare Digital Assets Indizes mit 5, 10, 25 und 100 Konstituenten. Der Benchmark Index von Bitwise ist der Bitwise 100 Total Market Crypto Index. Die Large Caps (Bitwise 10), MidCaps (Bitwise 20) und Small Caps (Bitwise 70) werden in separaten Indizes abgebildet, aus deren Konstituenten sich der umfassende Index zusammensetzt. Hier wird ein grundsätzlicher Unterschied der Indexkonstruktion der beiden Anbieter deutlich, die zeigt, wie wichtig es ist, sich vor einer Investition mit der Methodik eines Produktes vertraut zu machen.

Abbildung 7.3 zeigt die vollkommen unterschiedliche Zusammensetzung der jeweils zehn Assets enthaltenden Large Cap-Indizes der beiden Anbieter. Insgesamt zeigt die Abbildung für jeden Index mehr als zehn Assets, da es einige Werte gibt, die nicht in beiden Indizes enthalten sind. Zur besseren Vergleichbarkeit zeigen wir diese Titel bei beiden Indizes. So finden sich Polkadot und Bitcoin SV ausschließlich im Index von MVIS, Tezos und Cosmos hingegen sind nur im Produkt von Bitwise enthalten.

Die strukturellen Abweichungen sind enorm. Während der Bitcoin beim Index von Bitwise mit Abstand die größte Rolle spielt und schon das an zweiter Stelle rangierende Ethereum lediglich knapp 13 % des Index ausmacht, ist die Verteilung der Assets im Produkt von MVIS deutlich ausgeglichener. Gemeinsam machen die beiden größten Assets des Bitwise 10 rund 95 % der Gesamtanlage aus, beim MVIS Index hingegen sind es weniger als 50 %. Selbst die kleinste Position des MVIS Index hat mit 1,6 % ein höheres Gewicht als der drittgrößte Konstituent des Produktes von Bitwise. Die Differenzen zwischen diesen beiden Indizes zeigen das Dilemma eines Investors, der passiv anlegen möchte. Schon die Entscheidung für eine Indexmethodik bzw. einen Anbieter hat spürbare Auswirkungen auf das Anlageprofil.

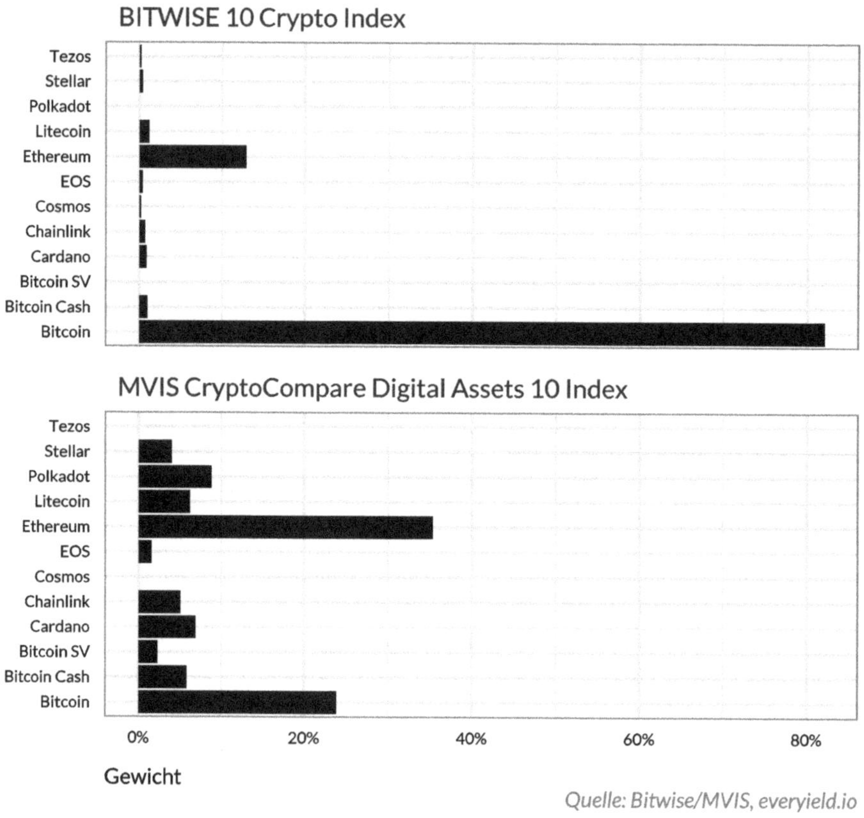

Abb. 7.3: Zusammensetzung der Large Cap Digital Asset Indizes von Bitwise und MVIS

Die strukturellen Unterschiede spiegeln sich nur in sehr begrenztem Ausmaß in unterschiedlichen Kursentwicklungen und Schwankungsbreiten der beiden Indizes wider (vgl. Abbildung 7.4).

Da seit der Auflage beider Produkte erst wenige Jahre vergangen sind, sollten die überschaubaren Abweichungen niemanden dazu verleiten, das Potenzial für ein spürbares Auseinanderdriften der beiden Indizes zu unterschätzen. Die Auswahl eines Index zur Integration in ein passives oder aktives Anlagekonzept sollte daher immer unter Einbeziehung der strukturellen Unterschiede und der daraus resultierenden Risikoprofile der eingesetzten Produkte erfolgen.

Indizes und das Marktregime

Das Interesse breiter Anlegerschichten keimt in der Regel in der Mitte eines Bullenmarktes, wächst dann langsam und ist in der letzten Phase eines Anstiegs am größten. In diesem Endspiel blicken viele Marktteilnehmer lediglich auf die kurzfristige Entwicklung zurück und fällen auf dieser Basis ein Urteil über die langfristigen Perspektiven. Diese Vorgehensweise ist gefährlich, denn wenn die Euphorie das Zepter

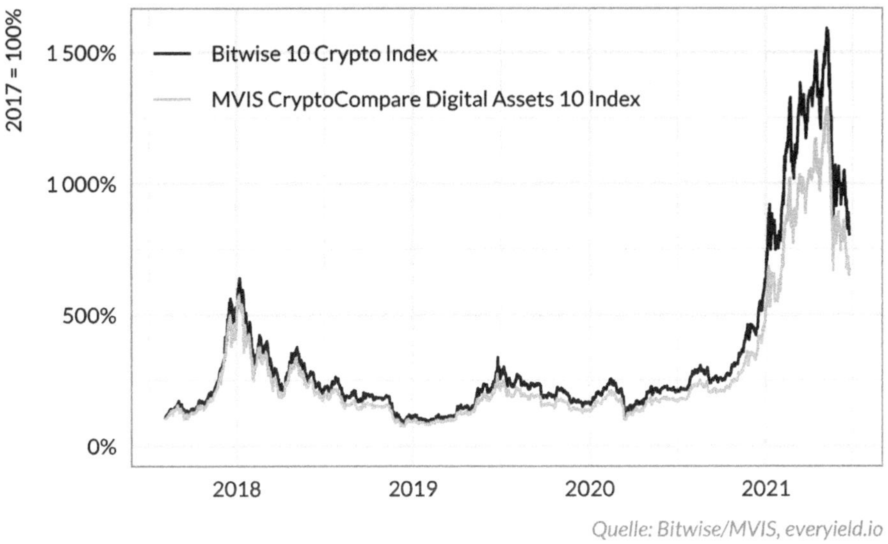

Abb. 7.4: Entwicklung der Large Cap Digital Asset Indizes von Bitwise und MVIS

schwingt, spielen langfristige Perspektiven keine Rolle. Einen besseren Eindruck vermittelt die separate Betrachtung unterschiedlicher Marktphasen. Angst und Hoffnung sind auch am Kryptomarkt schlechte Ratgeber.

Wenden wir uns im ersten Schritt dem freundlichen Marktumfeld zu (siehe Abbildung 7.5).

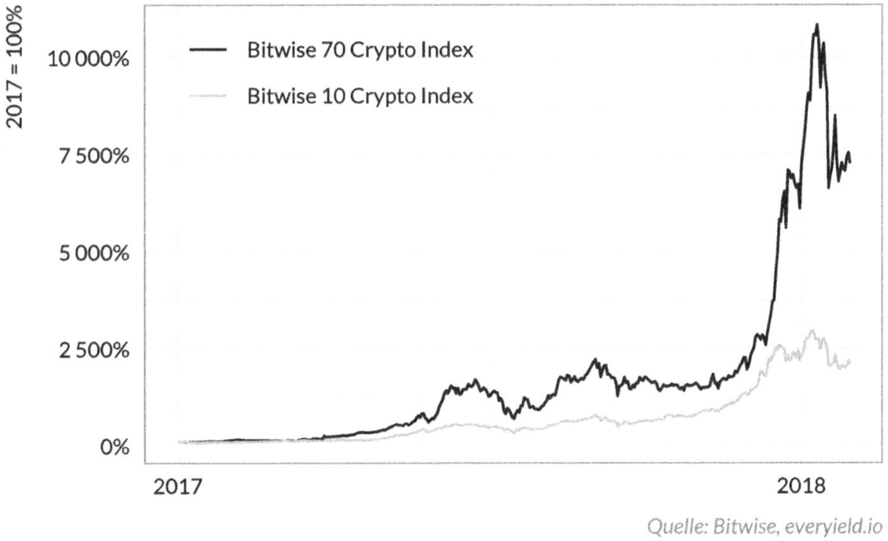

Abb. 7.5: Bitwise 10 Index (Large Caps) vs. Bitwise 70 Index (Small Caps) im Aufwärtsmarkt

In den Jahren 2017 bis 2019 konnten die Altcoins die größeren Assets deutlich hinter sich lassen. Die Outperformance ist beeindruckend, handelt es sich doch um einen Index und nicht einen einzelnen Ausreißer, den es wie am Aktienmarkt immer geben kann.

Im Abwärtsmarkt sieht es genau andersherum aus (vgl. Abbildung 7.6). In dieser Phase schnitten die Large Caps, dominiert vom Bitcoin, deutlich besser ab. Im Zeitraum von 2018 bis Mitte 2020 befanden sich die meisten Kryptoassets in einer Abwärtsbewegung. Die Altcoins zeigten sich ähnlich wie im Anstieg als Anlage mit einem hohen Beta zum Bitcoin. Steigt der Markt, steigen die Altcoins stärker. Fällt der Markt, fallen sie stärker. Diese Abhängigkeit der kleineren Coins von der Entwicklung der Large Caps zeigt auch der Vergleich des Bitwise 10 Index mit dem Bitwise 100 Index.

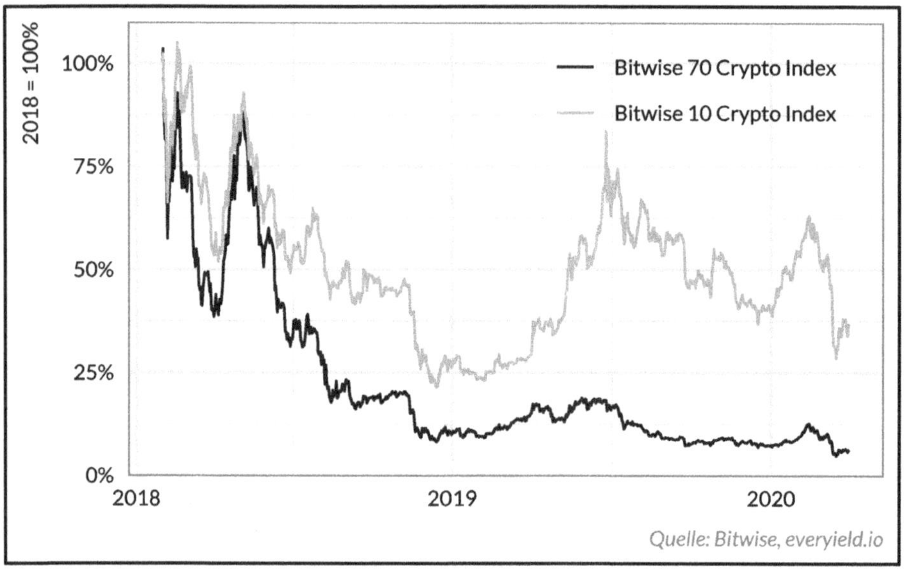

Abb. 7.6: Bitwise 10 Index (Large Caps) vs. Bitwise 70 Index (Small Caps) im Abwärtsmarkt

Der Altcoin-Index hat mit einem Minus von mehr als 95 % eine finanzielle Nahtoderfahrung hinter sich gebracht. Derartige Risiken sind nicht jedermanns Sache. Die Möglichkeit eines nahezu vollständigen Verlusts des eingesetzten Kapitals innerhalb weniger Monate unterstreicht die Notwendigkeit, sich zumindest im Bereich der kleineren Assets mit anderen Ansätzen als dem klassischen buy and hold auseinanderzusetzen.

Im folgenden Abschnitt widmen wir uns einigen Ansätzen, die es ermöglichen, mit überschaubarem Aufwand eigene Portfolios digitaler Assets zu strukturieren.

Custom Indexing: Indizes im Eigenbau

»Further analysis reveals that active management has paid off especially well for large institutional investors, outside the United States and more generally in »dusty corners« of financial markets.«

AQR, »Active and Passive Investing – The Long-Run Evidence«

Laut AQR lassen sich Ineffizienzen und das damit verbundene Potenzial zur Erzielung einer Outperformance vor allem in den »staubigen Winkeln der Finanzmärkte« finden. In den nicht so staubigen Nischen der Finanzmärkte werden immer komplexere oder zumindest techniklastigere Ansätze genutzt, wie etwa das High Frequency Trading (HFT), dessen Erfolg zum großen Teil von der Geschwindigkeit der Datenübertragung zwischen dem Asset-Manager und dem Handelsplatz abhängt. Für die meisten Anleger führt der erfolgversprechende Weg aber nicht in Richtung einer zunehmenden Komplexität und höheren Handelsfrequenz. Simple, aber robuste Strategien können die meisten Anleger in die Lage versetzen, ein langfristig ausgerichtetes Portfolio mit einem besseren Chance-Risiko-Verhältnis als dem des breiten Marktes zu schaffen.

Wir untersuchen drei Möglichkeiten, eine sinnvolle, aktive Variante eines Kryptoasset-Index zu konstruieren. Als Basis dienen uns die Volatilität und das Momentum der Assetpreise sowie die Sektorzugehörigkeit.

Aktive Indizes: mit Disziplin zur Outperformance

Es gibt mehrere Möglichkeiten, einen regelbasierten Ansatz zu entwickeln. Eine grundlegende Entscheidung ist die Selektion der Auswahlkriterien. Sollen ausschließlich markttechnische Kennzahlen herangezogen werden, die sich aus der Kursbewegung ergeben, oder sollen fundamentale Kennzahlen integriert werden? Technische Kennzahlen sind einfach zu ermitteln, stehen in Echtzeit zur Verfügung und sind eindeutig. Ob ein Trendindikator steigt oder fällt, ist unstrittig. Die Frage, die offen bleibt, ist, ob die richtige Kennzahl gewählt wurde.[9] Fundamentale Kennzahlen hingegen laborieren zum einen an einem mehr oder weniger großen Zeitverzug. Zudem sind sie nicht nur bei Aktien auf Grund flexibler Bilanzierungsregeln nicht so eindeutig zu interpretieren, wie viele das gerne hätten. Bei digitalen Assets ist es in einigen Fällen relativ simpel, eine fundamentale Bewertung anhand diskontierter Cashflows zu erhalten. Bei anderen Assets werden mangels Cashflows andere Ansätze genutzt, die teils umstritten sind. Einige Token sind schlichtweg gar nicht zu bewerten.

Die Nutzung markttechnischer und fundamentaler Kennzahlen schließt sich nicht aus. Aktienhändler wissen um die Stärke von Ansätzen, die beide Welten integrieren. Einer der bekanntesten – und erfolgreichsten – Fürsprecher eines solchen Ansatzes war

9 Siehe Berkin/Swedroe (2016).

William O'Neil, der Erfinder der CANSLIM-Methodik.[10] In seinem Ansatz kombiniert O'Neil fundamentale Kennzahlen eines Unternehmens wie das Gewinnwachstum mit markttechnischen Faktoren wie der relativen Stärke gegenüber dem breiten Markt und der Richtung des aktuellen Trends. Zudem bezieht er mit der Bedingung, ein Unternehmen solle ein neues Produkt oder eine neue Dienstleistung anbieten, eine diskretionäre Komponente in sein Modell mit ein. Während jeder einzelne Parameter nachvollziehbare Schwächen haben mag, entfalten die drei Bausteine des Modells ihre Stärken im Zusammenspiel. Steigt eine Aktie stärker als ein ohnehin schon positiver Aktienmarkt, bietet das Unternehmen zudem eine neue Dienstleistung an und weist ein hohes Umsatz- und Gewinnwachstum auf, dann hat die Aktie des Unternehmens gute Chancen, dem Portfolio der Anleger weiterzuhelfen.

> *»Personal opinions, feelings, hopes, and beliefs about the stock market are usually wrong and often dangerous. Facts and markets, on the other hand, are seldom wrong.«*
>
> *William J. O'Neil*

In diesem Abschnitt stellen wir einige Beispiele für die Anwendung von Kriterien aus beiden Welten vor. Diese sollten weder als »out of the box«-Strategien noch als Konkurrenz oder Kritik an tiefschürfenden akademischen Studien verstanden werden. Es geht uns darum, potenziellen Anlegern Konzepte zu zeigen, die auf frei verfügbaren Daten beruhen und auf Grund des simplen Regelwerks auch in der Praxis umgesetzt werden können. Die einzelnen Ansätze sind als Bausteine zu verstehen, die beliebig kombiniert und an spezifische Anforderungen angepasst werden können.

Gewichtung nach Volatilität

Die Suche nach alternativen Möglichkeiten der Portfoliokonstruktion führt viele Anleger im ersten Schritt zur Risikogewichtung. Die Idee hinter der Gewichtung der einzelnen Bestandteile nach ihrem Schwankungsrisiko oder ihrem erwarteten Beitrag zur Volatilität des Gesamtportfolios ist die Vermeidung von Klumpenrisiken. Das generelle Prinzip lässt sich auf Anlageklassen wie Aktien und Anleihen, aber auch auf die einzelnen Titel innerhalb eines Segments anwenden. Anstatt die Konstituenten eines Index für digitale Assets auf Basis ihrer Marktkapitalisierung zu gewichten, kann beispielsweise alternativ die realisierte Schwankungsbreite der Kurse genutzt werden.

Im Gegensatz zu den täglichen Renditen zeigt sich bei den Veränderungen der Volatilität ein sichtbarer Zusammenhang zwischen zwei aufeinanderfolgenden Werten. Die Schwankungsbreiten von Assetpreisen hängen deutlich stärker miteinander zusammen als die Kursveränderungen selbst. Entwickelt sich eine Anlage am heutigen Tage positiv, so lässt sich daraus keine belastbare Prognose für die morgige Kursentwicklung ableiten. Ist jedoch heute die Volatilität hoch (niedrig), so ist sie mit hoher Wahrscheinlichkeit auch morgen hoch (niedrig). Abbildung 7.7 zeigt dies exemplarisch für den Goldmarkt.

10 Siehe IBD (2021).

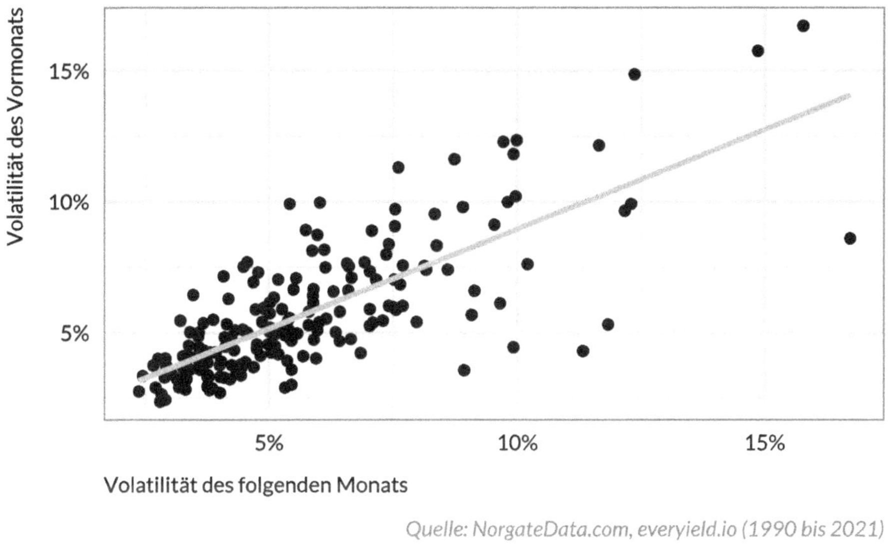

Abb. 7.7: Entwicklung monatlicher Volatilitäten im Goldmarkt

Der Kurs einer in den letzten Wochen sehr volatilen Aktie schwankt mit hoher Wahrscheinlichkeit auch in der näheren Zukunft stark. Viel deutlichere und langfristig stabilere Zusammenhänge lassen sich am Finanzmarkt kaum finden. Das größte Risiko liegt in einem sprunghaften Anstieg der Volatilität eines einzelnen Assets. Diesem Risiko kann mit einer breiten Streuung begegnet werden. Auch die strikte Begrenzung von Positionsgrößen ist ein vernünftiger Weg. So lässt sich die übermäßige Allokation von Werten mit aktuell extrem geringer Schwankungsbreite verhindern.

Eine einfache Möglichkeit, das Risiko in die Konstruktion eines Portfolios einzubeziehen, ist die Gewichtung der Konstituenten nach ihrer Volatilität. Der Anteil jedes Assets in einer solchen Allokation ist dann proportional zum Inversen der Schwankungsbreite. Das Verhältnis von zwei Assets, von denen eines eine Volatilität von 50 % und das andere eine Volatilität von 25 % aufweist, würden dann bei zwei Drittel zu einem Drittel liegen. Abbildung 7.8 zeigt die Entwicklung eines volatilitätsgewichteten Portfolios mit fünf Konstituenten.

Viele sehen in der Nutzung der Volatilität zur Konstruktion eines Portfolios primär eine Maßnahme zur Senkung des Gesamtrisikos. Dies ist im aktuellen Stadium des Marktes für digitale Assets ein wichtiger Punkt, denn die Drawdowns in diesem Segment sind nach wie vor enorm. Die starken Schwankungen führen – abgesehen von den direkten finanziellen Risiken – auch zu mentalen Belastungen, die nicht wenige Anleger zu Fehlern verleiten. Jeder disziplinierte Ansatz hilft dabei, das Heft des Handelns in der Hand zu behalten und sich nicht auf Gedeih und Verderb der Entwicklung einer einzelnen Anlageklasse oder sogar eines einzigen Assets auszuliefern. Wie die

Abb. 7.8: Entwicklung eines Portfolios aus fünf Kryptoassets

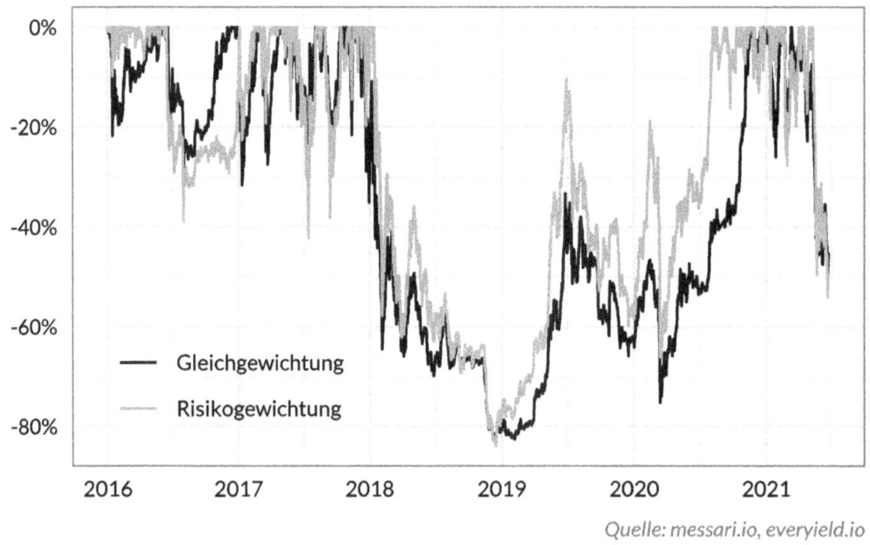

Abb. 7.9: Drawdowns eines Portfolios aus fünf Kryptoassets

Darstellung in Abbildung 7.8 zeigt, kann sich die systematische Vermeidung von Risiken auch in einer deutlich besseren Gesamtentwicklung ausdrücken. Der Blick auf die Drawdowns zeigt, dass in diesem Fall die Risikooptimierung zu höheren Erträgen bei vergleichbaren Risiken führt (vgl. Abbildung 7.9).

Volatilität ist nur eine von zahlreichen Kennzahlen, die sich für die Konstruktion risikobasierter Portfolios anbieten. Gängig sind auch die Nutzung der historischen Drawdowns oder der Abwärtsvolatilität. Auch die Auswahl verschiedener Vorgehensweisen ist umfangreich. Eine sinnvolle Anpassung des dargestellten Ansatzes ist beispielsweise die Nutzung normierter oder logarithmierter Volatilitäten. Die Unterschiede der Gewichte verschiedener Assets fallen in beiden Fällen deutlich geringer aus. Dies wirkt sich auch auf die Umschlagshäufigkeit des Portfolios und damit auf die Handelskosten aus.

Anleger sollten allzu komplizierte Vorgehensweisen meiden. Gerade in illiquideren Assetklassen mit spürbaren Transaktionskosten sind viele akademische Ansätze nicht praxistauglich. Es lohnt sich, einen robusten Ansatz zu wählen, der einfach und möglichst kostengünstig umsetzbar ist, und die Anleger auch in schwierigen Marktphasen nicht vor unüberwindbare emotionale Hürden stellt. Eine einfache, auf der Volatilität basierende Strategie, die für jeden zur Not auch mit dem Taschenrechner nachzuvollziehen ist, erfüllt diese Kriterien, ohne auf Vorteile zu verzichten.

Go with the flow – Momentum

> *»A body in motion tends to stay in motion«*
>
> *Sir Isaac Newton*

Die Nutzung der Schwankungsbreiten zur Bestimmung von Positionsgrößen leuchtet vielen Anlegern unmittelbar ein. Eine völlig andere Variante ergibt sich aus der Nutzung des Momentum-Effekts. Assetpreise weisen über bestimmte Perioden die Tendenz auf, eine einmal eingeschlagene Richtung fortzusetzen.[11] Dies gilt für die verschiedensten Anlageklassen, daher ist die systematische Trendfolge eine der langfristig erfolgreichsten Anlagestrategien überhaupt.[12] Es liegt nahe, diesen Faktor auch für digitale Assets zu nutzen.

Der Unterschied zwischen einem Buy-and-Hold-Ansatz und einer Strategie, die auf dem 20-Tage-Momentum des Bitcoin basiert, ist deutlich (vgl. Abbildung 7.10). Ist der Gesamtertrag über die vergangenen 20 Tage positiv, wird am Folgetag eine Long-Position eröffnet, ist er negativ, wird die Position geschlossen.

Vor allem in Schwächephasen zahlt sich der Einsatz des Faktors Momentum aus. Das Resultat entspricht somit dem typischen Bild trendfolgender Handelsansätze. Anleger vermeiden langwierige Abwärtsphasen, die nicht nur am Konto, sondern auch an den Nerven zehren (vgl. Abbildung 7.11). In den sehr starken Aufwärtsphasen hingegen, die oft länger dauern, als mancher sich das vorstellen kann, sind diese Anleger an Bord.

Ein solcher Ansatz ist auf Grund der kurzen Berechnungsperiode empfindlich und wird gerade in länger anhaltenden Seitwärtsphasen Verluste einfahren. Es gibt verschiedene Möglichkeiten, diesen Ansatz robuster zu machen, ohne die generelle Funktionsweise durch unnötige Komplexität und die Gefahr der Überoptimierung zu gefährden.[13] Der einfachste Weg ist die Aggregation verschiedener Perioden zu einem

11 Siehe Jegadeesh/Titman (1993).
12 Siehe Covel/Ritholtz (2017).
13 Siehe Antonacci (2014).

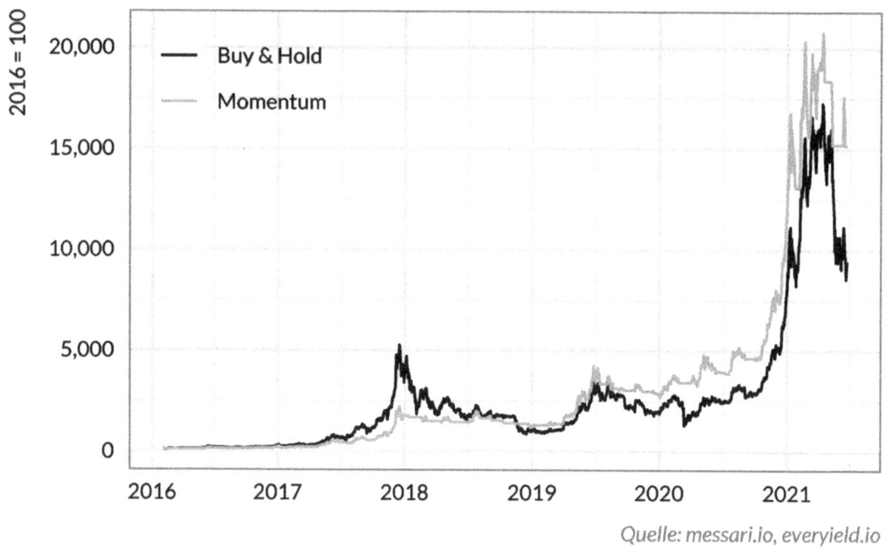

Abb. 7.10: Bitcoin – Entwicklung Buy & Hold vs. Momentum

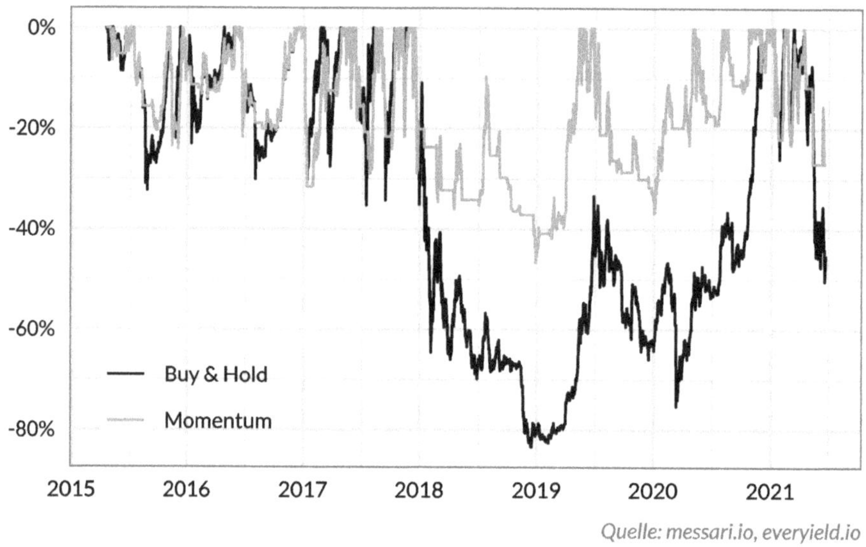

Abb. 7.11: Bitcoin – Drawdowns Buy & Hold vs. Momentum

Signal, aber auch die Steuerung der Periodenlänge über die Volatilität wird in der Praxis eingesetzt.

Die Resultate zeigen, warum das Momentum in vielen klassischen Assetklassen zumindest als Filter eingesetzt wird. Manchen Anlegern fällt es schwer, die Assets zu kaufen, die bereits stark gestiegen sind. Der Drang, Dinge zu einem möglichst niedrigen

Preis zu erwerben, zeigt sich auch am Finanzmarkt. Es gibt jedoch einen Unterschied zwischen einer im Kaufhaus angebotenen, preisreduzierten Ware mit einem bestimmten Nutzwert und einer Aktie: die Indikatorfunktion des Preises. So zeigt der gegen Ende März reduzierte Preis der Wollsocke eines Markenherstellers vermutlich die nahenden wärmeren Temperaturen und den Willen des Einzelhändlers, sein Lager zu räumen, an. Bei einer Aktie weist ein langfristig sinkender Preis oft auf fundamentale Probleme hin, die nur selten rein temporäre Ursachen haben.

Wer das Momentum als Filter nutzt, der kauft zwar manche Dinge zu teuer ein, senkt aber das Risiko, sein Geld langfristig in einem Asset mit dauerhaft schlechter Kursentwicklung zu binden. Zudem ist das Momentum selbstkorrigierend. Dreht ein Trend, so folgt zwingend ein Signal zum Kauf oder Verkauf. So lässt sich Disziplin fest in den Investmentprozess integrieren.

Sektorallokation: simpel und robust

Rein technisch orientierte Allokations-Strategien sind verwandt mit Tradingstrategien. Eine klare Grenze zwischen diesen beiden Welten gibt es nicht. Ausschlaggebend für die Kategorisierung ist in der Regel die Handelsfrequenz. Eine Strategie, die einmal in der Woche Transaktionen auslöst, wird eher den Tradingstrategien zugerechnet. Finden Umschichtungen alle drei Monate statt, spricht man stattdessen von taktischer Asset-Allokation.

Anleger, deren primäres Ziel es ist, überhaupt in eine Assetklasse zu investieren, machen sich weniger Sorgen um die letzten Basispunkte möglicher Outperformance gegenüber einem Index. Vielmehr geht es darum, möglichst breit investiert zu sein, was jedoch auch mit passiven Produkten nicht immer möglich ist, wie das Beispiel der Immobilienaktien (REITs) zeigt. Wer im Frühjahr des Jahres 2020 einen ETF mit einer passiven Zusammenstellung dieses Segments im Depot hatte, der hat kräftiger Federn gelassen als nötig. Das Problem ist die Gewichtung der Konstituenten. Die meisten dieser Produkte bilden Indizes nach, die ihre Konstituenten nach Börsenwert gewichten. Im breiten Aktienmarkt führt dies selten zu Problemen, in Sektoren mit weniger Titeln aber ist die resultierende Allokation von einer gleichmäßigen Verteilung des Risikos oft weit entfernt. So dominieren nicht selten einzelne Sektoren oder Länder bestimmte Indizes.

In einem der bekannteren europäischen REIT-Indizes liegt der Anteil des Segments »Erschließung und Verwaltung von Immobilienverwaltung« bei rund zwei Drittel des Fondsvolumens und mehr als 70 % der Konstituenten stammen allein aus den drei Ländern Deutschland, Frankreich und Schweden. Das ist nicht zwingend schlecht, aber ein stimmiges Abbild des europäischen REIT Marktes sieht anders aus. Ein solches Portfolio birgt daher Klumpenrisiken. Solche Abweichungen von einer ausgewogenen Risikoverteilung können sich auch positiv auswirken. Es bleibt in diesem Fall jedoch die Frage, ob die Anleger einen Grund für die Übergewichtung eines bestimmten Sektors haben, oder ob diese ein Zufallsprodukt ist.

Auch digitale Assets lassen sich Sektoren zuordnen. Wie in der Aktienwelt sind sich zwar auch bei Kryptoassets die Anbieter bei vielen Werten uneins oder nutzen generell unterschiedliche Sektoren. Weitgehende Einigkeit herrscht jedoch bei der Zuordnung von Konstituenten zu den übergeordneten Segmenten, den Kategorien oder Supersektoren. Diese fassen sehr breite Themengebiete wie Infrastruktur oder Dienstleistungen zusammen und werden ihrerseits wieder in zahlreiche Sektoren oder Gruppen aufgeteilt.

Die folgende Auflistung zeigt die Supersektoren des Anbieters Messari und einige zugehörige Konstituenten.

- Currency (Bitcoin, Litecoin, Monero),
- Infrastructure (Ethereum, Cardano, NEO),
- Financial (Chainlink, Binance, Gnosis),
- Services (Huobi, Golem, Status),
- Media & Entertainment (Basic Attention Token, FunFair).

Die Bedeutung der einzelnen Supersektoren ist kaum vergleichbar und der Schwerpunkt des Kryptobiotops liegt in den Bereichen Infrastructure und Currency. Das Spektrum dürfte sich in den kommenden Jahren mit zunehmender Akzeptanz der neuen Assetklasse aber deutlich verschieben. Allein die offensichtlichen Anwendungsfälle in den Bereichen Medien, Werbung und Unterhaltung sind enorm und bieten reichlich Potenzial für automatisierte und hochprofitable Geschäftsmodelle.

Die oben genannte Kategorisierung in Supersektoren kann als Grundlage für die sektorbasierte Konstruktion eines Portfolios bestehend aus zehn digitalen Assets genutzt werden. Aus jedem Supersektor wählen wir die beiden Assets mit der jeweils höchsten Marktkapitalisierung. Alle Mitglieder des Portfolios werden dann nach ihrem volatilitätsbasierten Risikobeitrag gewichtet. Im Zeitverlauf wechseln die Konstituenten, was aber eher selten geschieht, denn die relative Veränderung der Marktkapitalisierung ist bei den größten Assets innerhalb eines Supersektors vergleichsweise stabil. Wie der Sektor Payments durch den Bitcoin, so werden auch andere Sektoren durch große Assets dominiert.

Auf Grund der Liquidität und Handelbarkeit in den unterschiedlichen Sektoren haben wir als Startzeitpunkt den Beginn des Jahres 2018 gewählt. Auf Grund des zu diesem Zeitpunkt beginnenden Abwärtsmarktes fällt die Gesamtrendite deutlich geringer aus als bei den Beispielen zum Momentum und zur Risikogewichtung, was jedoch keinen Einfluss auf die generelle Aussagekraft hat (vgl. Abbildung 7.12).

Die teilweise enorme Outperformance der dominierenden Token der Supersektoren führte das Portfolio im Vergleich zum Bitcoin zu einer deutlich besseren Gesamtentwicklung. Die volatilitätsbasierte Gewichtung verhindert ähnlich wie ein normales Rebalancing das zu starke Wachstum einzelner Werte. Das Selektionskriterium Marktkapitalisierung ist einfach anzuwenden und robust, stellt aber nur eine von vielen Möglichkeiten zur Titelselektion dar. Alternativ kann es durch andere Kennzahlen, wie

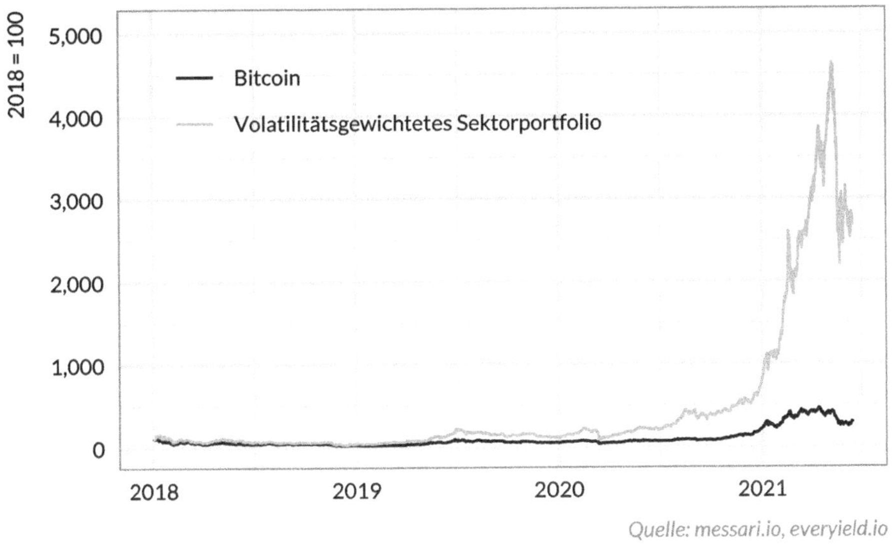

Abb. 7.12: Volatilitätsgewichtete Sektorallokation von Kryptoassets

beispielsweise das Handelsvolumen oder die Anzahl aktiver Adressen, ersetzt werden. Auch eine Faktorkombination und die Bildung eines Scores aus verschiedenen Werten ist möglich.

In der vorliegenden Form ist die Strategie stets vollinvestiert. Über die Integration des Faktors Momentum können Risikokennzahlen weiter verbessert werden, ohne die Komplexität nennenswert zu erhöhen. Ob und in welchem Umfang dieser oder andere Faktoren zur Reduktion der Allokationsquote überhaupt eingesetzt werden sollen, oder ob nicht doch eine dauerhafte Vollinvestition angestrebt wird, ist eine Entscheidung der übergeordneten Asset-Allokation, die auch vom Anteil der Kryptoassets im Gesamtportfolio abhängt.

Fazit Index Investments

Das Verständnis dafür, wie Finanzmärkte funktionieren, ist oft nur gering ausgeprägt. Noch heute herrscht oft der Glaube an Vorhersagen und an »die schnelle Mark« durch häufiges Handeln, gerne auch aus dem Bauch heraus. Viele Anleger neigen dazu, einen einzelnen Ansatz zu suchen, der alle Anlageprobleme löst. Verluste möchte man am liebsten gar nicht, Gewinne gerne reichlich. Erfolgversprechender, technisch nachvollziehbar und vor allem überprüfbar sind aber nur Anlagestrategien, die nicht zu komplex sind. Sehr umfangreiche Modelle, die jede Situation der Vergangenheit erklären können, sind selten robust. Vor zu viel Komplexität sollten sich Portfolio-Manager allen akademischen Interessen zum Trotz in Acht nehmen, denn solche Modelle werden schneller unbeherrschbar als viele denken. Zudem gilt es, den erwarteten Nutzen einer komplexeren Lösung nicht ohne die damit einhergehende Intransparenz und die daraus resultierenden zusätzlichen Risiken zu beurteilen.

Die dargestellten Alternativen zur Indexanlage zeigen, wie einfache Ideen in der Realität eingesetzt werden können, ohne sich in komplexen Prozessen zu verlieren. Die wichtigsten Faktoren beim Einsatz regelbasierter Strategien sind Konsistenz und Disziplin. Wer einzelnen Anlagen mit sehr hohen Schwankungsbreiten nicht zu viel Platz in seinem Portfolio einräumen will, der entscheidet sich für einen Risk-Parity-Ansatz. Diese Entscheidung resultiert jedoch nicht nur in der angestrebten Reduktion der Schwankungen nach unten. Auch die Chancen auf extreme Ausreißer nach oben werden so reduziert. Dies liegt in der Natur der Sache. Wie die Erfahrungen zahlreicher Aktienanleger der letzten mehr als 100 Jahre zeigen, kann der Druck entgangener Gewinne im Falle einer starken Aufwärtsbewegung groß werden und zum falschen Zeitpunkt zu Nachlässigkeit und Abweichungen vom systematischen Pfad führen. Bei der Orientierung am Momentum wird das emotionale Risiko umgekehrt. Solche Strategien leben von einigen sehr großen Gewinnern. Gefährlich ist hier der (verständliche) Drang vieler Anleger, Gewinne zu realisieren, bevor ein Verkaufssignal generiert wird. Es erfordert eine große mentale Stärke und viel Disziplin, eine Position nach einem Anstieg von 300 % nicht zu veräußern, sondern sich an die Systematik zu halten.

Die wirkliche Stärke einfacher Ansätze zeigt sich oft in ihrem Zusammenspiel. Eine Kombination einfacher Ansätze zu einer Gesamtstrategie funktioniert in der Regel besser als eine komplexe Einzelstrategie. Sie ist leichter zu kontrollieren und birgt geringere Gefahren der Überoptimierung an die Daten der Vergangenheit. Anleger werden ihrer Linie auch in den unvermeidlichen Schwächeperioden eines Ansatzes nur dann treu bleiben, wenn sie den einzelnen Komponenten vertrauen. Der Rest ist professionelle Disziplin und Erfahrung.

Experteninterview mit Thomas Kettner

Thomas Kettner ist als COO bei MV Index Solutions weltweit für das Indexgeschäft des Unternehmens verantwortlich. Er ist ein Indexexperte mit mehr als 15 Jahren Erfahrung in der Entwicklung und Betreuung von Indizes, mit Schwerpunkt auf der Entwicklung von Indizes, die für Finanzprodukte konzipiert sind. Unterstützt wird er von einem Team von Indexspezialisten mit durchschnittlich fünf Jahren Erfahrung in der Entwicklung, Pflege und Vermarktung von Indizes. Bevor er 2012 zu MVIS kam, war Herr Kettner in verschiedenen Positionen bei führenden Indexanbietern wie Dow Jones Indexes und STOXX Ltd. tätig.

Herr Kettner hat ein Diplom in Volkswirtschaftslehre von der Universität Konstanz und ist CIIA-Absolvent.

Unser Gast heute ist Thomas Kettner, COO von MV Index Solutions. Wir sprechen mit ihm über die Besonderheiten digitaler Assets und welche Rolle diese zukünftig bei Investoren einnehmen können. Herzlich willkommen Herr Kettner.

Vielen Dank, ich freue mich auf das Interview.

Eine große Herausforderung im Bereich der Kryptoassets ist die Frage der Preisqualität. Es gibt zwar viele Börsen und tendenziell steigende Handelsvolumina, aber die Preisdifferenzen zwischen den verschiedenen Plattformen sind stellenweise enorm. Zudem ist die Quotierungswährung nicht einheitlich, mal ist es der US-Dollar, mal der Bitcoin, mal ein Stablecoin. Wie geht MVIS mit dem Problem der Preisfindung um?

Zusammenfassend lässt sich sagen, dass wir drei Möglichkeiten haben. Erstens die Wahl des liquidesten Währungspaares, zweitens die Wahl des gewünschten Währungspaares oder drittens die Umrechnung über den Wechselkurs.

Lassen Sie uns mit der Quotierungswährung anfangen. In den Indizes, die wir für den breiten Markt gebaut haben und die unter unserer Marke laufen, benutzen wir das liquideste Währungspaar. Sehr oft ist die Quotierungswährung dann Bitcoin oder auch Tether, in Einzelfällen ist es eine andere wie beispielsweise Ether. Generell gilt: Je mehr Liquidität, desto mehr Preise bekommen wir. Je mehr Preise wir bekommen, desto besser können wir mit einem Index den Markt abbilden.

Oft werden wir auch gefragt, ob wir andere Währungen anbieten können. Das betrifft vor allem Währungen, in denen viele Token nicht so häufig gehandelt werden, wie zum Beispiel japanische Yen oder australische Dollar. In diesem Fall schauen wir auf das liquideste Währungspaar und rechnen den Kurs dann über den Wechselkurs in die gewünschte Währung um. Es ist generell nicht ratsam, sich auf die Preise illiquiderer Tradingpaare wie etwa Litecoin/JPY zu verlassen. Alternativ geht das Währungspaar auch direkt, wenn es liquider ist (zum Beispiel US-Dollar), und der Kunde direkt darin handelt und keine Umrechnung braucht.

Was die Preise der Kryptowährungen angeht, legen wir die Preise der Firma CryptoCompare zugrunde, die diese Preise ebenfalls ›Index‹ nennt. Dieser Index gewichtet die Börsen nach ihrer jeweiligen 24-Stunden-Liquidität. Liquidere Börsen erhalten bei dieser Berechnung ein entsprechend höheres Gewicht, kleinere Börsen hingegen spielen eine untergeordnete Rolle. Zusätzlich gibt es einen Liquidity-Penalty-Factor, über den das Gewicht einer Börse weiter reduziert werden kann. Dieser Faktor kommt dann zum Zuge, wenn ein Token Handelsunterbrechungen verzeichnet, seien es auch nur ein paar Minuten. Dies ist wichtig bei einem Asset, das 24 Stunden am Tag gehandelt wird. Wenn beispielsweise in Japan Tag ist und in Europa Nacht, dann haben die japanischen Börsen ein stärkeres Gewicht. Dann wechseln wir langsam in Richtung Europa, und wenn dann in den USA der Tag anfängt, werden amerikanische Börsen stärker gewichtet. Dies stellt sicher, dass wir immer diejenigen Börsen mit einem höheren Gewicht versehen, an denen gerade ein nennenswerter aktiver Handel stattfindet. Es gibt interessanterweise auch Kunden, die spezifisch zusammengesetzte zeit- oder volumengewichtete Preise nutzen wollen, weil sie Preise von Börsen bevorzugen, an denen sie auch aktiv handeln. Auch dies können wir anbieten.

Digitale Assets handeln an sieben Tagen die Woche rund um die Uhr. Wie an den Devisenmärkten stellt sich die Frage eines einheitlichen Schlusskurses. Wie geht MVIS mit dem für die tägliche Bewertung der für Indizes wichtigen Thema um? Erkennen Sie auf globaler Ebene die Möglichkeit, sich auf einen Schlusskurs zu einigen?

Tatsächlich erwarten viele Kunden von uns, den Index so zu bauen, dass dieser Punkt berücksichtigt wird. Es ist ein großes Problem, dass es diesen einheitlichen Schlusskurs im Gegensatz zu den Aktienmärkten nicht gibt. Daraus resultiert der Trend dahin, dass sich jeder Kunde seinen eigenen Index konstruieren lässt, der dann den Kurs zu der Zeit als Schluss nutzt, den der Kunde auch tatsächlich haben möchte bzw. für sein Produkt/dessen Börse braucht. Ein globaler Standardindex mit einer einheitlichen Bewertung ist so eigentlich nicht möglich, und eine Einigung auf einen einzigen Schlusskurs sehe ich momentan nicht. Das ist einfach zu schwierig in diesem Markt.

In der traditionellen Finanzwelt gibt es Kapitalmaßnahmen wie etwa Spin-Offs oder Aktien-Splits. In der Welt der digitalen Assets gibt es Hard Forks. Wie behandeln Sie dieses Thema bei Ihren Indizes?

Da sehe ich in der Tat Parallelen zum Aktienmarkt. Bei Firmen gibt es ja die Ausgliederung über Spin-Offs. Hard Forks sind damit verglichen sehr ähnlich. So wie Siemens Osram abspaltet, so kann Bitcoin auch Bitcoin Cash abspalten. Daher verwenden wir dieselbe Methodik wie bei Aktienindizes und nehmen den Fork in den Index entsprechend auf. Wenn ich eine andere Firma ausgliedere, dann wird meine Firma entsprechend kleiner und der Aktienkurs sinkt entsprechend. Dafür kommt das abgespaltene Unternehmen mit dessen Aktienkurs hinzu, so dass die Transaktion grundsätzlich betrachtet neutral ist. Was rein technisch gilt, muss natürlich nicht für die Kurse gelten, denn die hängen von der Wahrnehmung der Marktteilnehmer ab. Viele werden sich hier speziell an den Hard Fork von Bitcoin Cash erinnern, als der Bitcoin auf seinem normalen Preis weiter gehandelt wurde und Bitcoin Cash mit einem sehr hohen Wert dazukam. Der Portfoliowert ist daher nicht gleichgeblieben, sondern nach oben gesprungen.

Der Umgang mit Hard Forks ist aber grundsätzlich derselbe wie bei Aktiensplits. Der Index versucht sozusagen, ein virtuelles Portfolio zu sein. Dies kann aber auch Schwierigkeiten bei der Umsetzung in Investmentprodukten nach sich ziehen. Problematisch ist es beispielsweise, wenn es für einen Fonds keine Möglichkeit gibt, den geforkten Token zu halten. Dies ist zum Beispiel der Fall, wenn die Infrastrukturanbieter diesen Token nicht integriert haben und eine Verwahrung deshalb nicht stattfinden kann.

Neben Ihren Single-Component-Produkten, wie etwa dem Bitcoin Index oder dem Monero Index, gibt es auch Multi-Component-Produkte wie den DeFi 20 Index. Wie selektieren Sie die Konstituenten für diese Indizes? Welche Rolle spielen hierbei die Liquidität und der Turnover im Index?

Beim MVIS CryptoCompare DeFi 20 Index wollen wir die Top 20 der Titel aus dem Bereich Decentralized Finance abbilden. Wir sortieren dafür in unserer Selection List nach Marktkapitalisierung und Liquidität. Daraus berechnen wir einen Durchschnittsrang und erhalten die Top 20, die dann in den Index kommen sollten. Folgt man diesem Vorgehen blind, dann führt dies in der Praxis zu einem relativ hohen Turnover und gerade diejenigen Token, die an der Grenze von Platz 20 zu 21 stehen, können häufig gelöscht oder hinzugefügt werden. Dies versuchen wir mit Puffern zu vermeiden.

Im Falle des DeFi 20 Index bleiben die Top 15 im Index, egal wo sie vorher standen. Dazu verbleiben auch die aktuellen Titel, wenn sie weiterhin auf einem Rang zwischen 16 und 25 liegen. Erst wenn dann noch Titel fehlen, gelangen Werte in den Index, die bisher nicht enthalten waren. Sollten mit dieser Methodik mehr Titel aufgenommen als gelöscht werden, löschen wir die niedrigsten Ränge, bis nur 20 übrigbleiben. In diesem Index spielt die Liquidität bei der Tokenselektion zu 50 % eine Rolle, wobei ein Token eine festgelegte Mindestliquidität erfüllen muss. Bei individuellen Produkten sind wir aber auch hier flexibel. Wenn jemand etwas anderes möchte, dann machen wir das auch dementsprechend.

Es gab Marktphasen, in denen der Anteil des Bitcoin an der Marktkapitalisierung aller Kryptoassets bei über 80 % lag. Gemeinsam mit Ethereum stieg der Anteil der beiden größten Token sogar teilweise auf mehr als 90 %. Wie sorgen Sie für eine in allen Marktphasen ausreichende Diversifikation in Ihren Multi-Component-Indizes?

Das Gewichtungsschema ist neben der Tokenselektion mit den beschriebenen Puffern der zweite große Schritt zum fertigen Index. Wir orientieren uns wieder an den traditionellen Aktien- oder Bond-Indizes. Dort hat man so genannte Cap-Faktoren, die für ein Maximalgewicht von einzelnen Aktien oder Emittenten sorgen. Bei unserem MVIS CryptoCompare Digital Assets 5 Index darf ein Token maximal einen Anteil von 35 % haben. Bei unserem MVIS CryptoCompare Digital Assets 10 Index liegt der Wert bei 30 %. Die exakte Obergrenze hängt jeweils vom Index ab. Je breiter ein Index ist, desto niedriger kann auch dieses Maximalgewicht sein. Bei individuellen Produkten kommt es vor allem darauf an, wie stark ein Kunde streuen möchte. Teilweise wird gewünscht, dass große Coins wie Bitcoin auch wirklich ein sehr hohes Gewicht bekommen. Andere Kunden gehen wiederum in Richtung einer Gleichgewichtung.

Sie unterscheiden zwischen dem Bitcoin Index und dem Institutional Bitcoin Index. Was ist der Unterschied zwischen diesen beiden Indizes?

Es gibt sogar noch mehr als diese beiden Varianten. Wir haben mit dem ›normalen‹ Bitcoin-Index angefangen, der hauptsächlich auf dem Preis basiert, den wir von CryptoCompare bekommen, und mit einem europäischen Schlusskurs. Der Institutional Bitcoin Index ist ursprünglich auf Kundenwunsch entstanden und basiert auf einem amerikanischen Schlusskurs. Darüber hinaus werden in diesem Produkt nicht alle Börsen abgedeckt, die Cryptocompare covert mehr Börsen als in ihren Standardpreis einfließen, sondern nur die jeweils besten der entsprechenden Zeitzone. Die ›Besten‹ bedeutet in diesem Fall: ›liquidesten‹ und halbwegs regulierten Börsen, wodurch in diesem Fall die asiatischen Handelsplätze nicht enthalten sind.

Aber das sind nur zwei Konzepte. Wir berechnen auch einen Bitcoin-Index mit einem volumengewichteten Schlusskurs. Ein momentaner Favorit im Markt ist die Bitcoin Benchmark Rate, ein robuster Preis aus mediangewichteten Preisen über einen Zeitraum von einer Stunde, die den Einfluss von Marktmanipulationen praktisch ausschließt. Diese Benchmark Rate ist deshalb für regulierte Produkte in Nordamerika sehr interessant. Diese Konzepte sind sehr wichtig, denn die Regulierer wollen Preise sehen, die tatsächlich die Realität abbilden. Ein einfacher Spot-Preis reicht nicht aus, da dieser zu leicht manipuliert werden kann.

Welche Rolle werden neben den passiven Indizes semiaktive oder customized Indizes einnehmen?

Customized Indizes sind gerade im Kryptobusiness interessanter als bei Aktien. Fast jeder Kunde möchte tatsächlich denjenigen Index haben, der auf seine Bedürfnisse zugeschnitten ist. Und diese Bedürfnisse gehen über die Selektion und Gewichtung deutlich hinaus, weil wir eben keine offiziellen Schlusskurse haben. Dazu kommt noch die Vielzahl an Börsen und Währungspaaren. Von daher ist es im Kryptomarkt sehr viel schwieriger, »den« Index zu etablieren, denn jeder Kunde möchte ein individuelles Konzept. Semiaktive Indizes sind in Europa noch schwierig, denn die EU erkennt Kryptos derzeit nicht als eigene Assetklasse an. Zudem ist es so, dass es für Indexanbieter in Europa die sogenannte Benchmarks Regulation gibt. Diese beinhaltet einige Mechanismen, die ein aktives Eingreifen in Benchmarkprodukte erschwert, daher sehe ich derartige Konzepte eher auf der Fondsseite. Auf der Benchmarkseite hingegen sind die Vorgaben der Regulierer sehr klar, und diese müssen eingehalten werden.

Vielen Dank für Ihre Zeit und herzlichen Dank für das Gespräch, Herr Kettner.

Danke, Ihnen auch. Hat Spaß gemacht!

8 Ausblick

»The most important financial innovation that I have seen the past 20 years is the automatic teller machine, that really helps people and prevents visits to the bank and it is a real convenience. How many other innovations can you tell me of that have been as important to the individual as the automatic teller machine, which is more of a mechanical innovation than a financial one?«
Paul A. Volcker

Echte Innovationen in der Finanzbranche haben lange auf sich warten lassen. Obwohl das Internet in fast alle Bereiche unseres Lebens Einzug gehalten hat, sind die Veränderungen im klassischen Bankgeschäft überschaubar. Die größten Umwälzungen waren im Online-Brokerage zu beobachten, das begünstigt durch den Aktien-Hype der Jahrtausendwende auch in Europa für eine Ausweitung der verfügbaren Handelsplätze für Privatkunden und deutliche Gebührensenkungen gesorgt hat. Auch bestimmte alltägliche Prozesse haben sich verändert. So führt die Initiierung einer Überweisung über das Smartphone statt der Nutzung eines gedruckten Überweisungsträgers zu einem Effizienzgewinn für alle Beteiligten. Ein nobelpreisverdächtiger technologischer Meilenstein ist diese simple Transformation aber nicht. Und wer schon einmal eine Auslandsüberweisung getätigt hat, der fühlt sich beim Blick auf die Dauer und Kosten einer solchen Transaktion wie ein Reisender in die Zeit des Wählscheibentelefons. Andere Wirtschaftssektoren hat der technologische Wandel bereits deutlich stärker verändert, wie nicht nur der Blick auf die Bereiche Medien und Kommunikation zeigt.

Das größte Hindernis auf dem Weg zu einem schnelleren, kostengünstigeren und gleichzeitig sicheren Finanzsystem ist die Abhängigkeit von zahlreichen Intermediären. Schon Milton Friedman erkannte dies im Jahre 1999, als er sagte »The one thing that's missing, but that will soon be developed, is a reliable e-cash, a method whereby on the Internet you can transfer funds from A to B without A knowing B or B knowing A, the way I can take a $20 bill hand it over to you and then there's no record of where it came from«. Dieser Satz des Ökonomen könnte auch aus dem Whitepaper von Satoshi Nakamoto[1] stammen. Genau diese Innovation eines Geldsystems, das ohne Intermediäre auskommt und kein Vertrauen der Teilnehmer untereinander erfordert, bringt die Blockchain.

Don Tapscott ist ein kanadischer Professor, Mitgründer des *Blockchain Research Institute* und Autor zahlreicher Bücher über den Einfluss neuer Technologien auf die Wirtschaft und die Gesellschaft.[2] Er beschreibt das Internet als Netzwerk für Informationen, während durch die Blockchain ein Netzwerk der Werte begründet wird. Über die Trennung der Begriffe Information und Wert kann man sich streiten, denn

1 Bevor Spekulationen aufkommen: Milton Friedman ist 2006 gestorben. Er kann also nicht Satoshi Nakamoto sein.
2 Siehe Tapscott/Tapscott (2018).

bei digitalen Assets handelt es sich lediglich um Informationen, deren Besitz über eine kryptografische Zugriffskontrolle geregelt wird, und denen von den Nutzern ein Wert beigemessen wird. Die von Tapscott vorgenommene Aufteilung bezieht sich jedoch nicht auf technische Details, sondern stellt vielmehr eine anwendungsbezogene Betrachtungsweise dar.

Die Fähigkeit, beliebig teilbare digitale Werte zu schaffen, die nahezu friktionslos in einem dezentralen Netzwerk bewegt werden können, ermöglicht vollkommen neue Möglichkeiten. Die Automatisierung wird einen erneuten Sprung machen, das *Internet of Things (IoT)* kann Fahrt aufnehmen, und Computerprogramme können wirklich autonom werden, weil sie Zugriff auf Werte haben, die sie auf alten und sich neu entwickelten Marktplätzen einsetzen können. Welche Blockchain-Protokolle die richtige Mischung aus Robustheit und Flexibilität für ihren jeweiligen Einsatzzweck mitbringen und sich schlussendlich durchsetzen werden, ist unklar.

Unstrittig ist jedoch der umfassende Einfluss Blockchain-basierter Anwendungen auf nahezu alle Bereiche der Wirtschaft.

> *»We have a golden opportunity to digitise and standardise processes across the industry. The blockchain technology is there and if we succeed, it will lead to huge cost savings that will benefit not only supply chain actors like Maersk, but also customers and consumers worldwide.«*
>
> *Lars Kastrup, Head of Sales for TradeLens at Maersk*

Die Situation erinnert an die Entwicklung des Internets in der Zeit von 1970 bis in die 1990er-Jahre. Seinerzeit wurde von »protocol wars« (»Protocol Wars«, 2021) gesprochen, denn zahlreiche Protokolle für die Kommunikation im Internet konkurrierten um die Vorherrschaft. Übrig blieb lediglich eine Handvoll. Don Tapscott vergleicht den Bitcoin mit dem SMTP-Protokoll[3] für die E-Mail-Kommunikation. Es ist robust und hat sich durchgesetzt, obwohl es nicht sonderlich innovativ war. Vermutlich wird es nicht 20 Jahre dauern, bis sich die dominierenden Blockchain-Protokolle herauskristallisieren.

Eine der häufigsten Fragen von Investoren ist die nach dem richtigen Anteil von Kryptoassets in einem Portfolio. Eine generell gültige und gleichzeitig seriöse Antwort darauf kann es nicht geben. Zum einen hängt eine solche Entscheidung immer von den jeweiligen Rahmenbedingungen, Anforderungen und Risikoneigungen der einzelnen Anleger ab. Andererseits stellt sich die Frage nach der passenden Anlageform. Soll direkt und im Rahmen eines Buy-and-Hold-Ansatzes mit einer festen Quote investiert werden, oder wird ein aktiver Ansatz verfolgt? Sollen und können Kryptoassets direkt erworben werden, oder führt der Weg möglicherweise aus regulatorischen Gründen zunächst über die an etablierten Börsen gehandelten Derivate, ETPs oder Aktien

3 Simple Mail Transfer Protocol, ein Protokoll zum Senden und Weiterleiten von E-Mails.

mit einem mehr oder weniger starken Bezug zu Kryptoassets? Auch Anleger, die sich vorerst nicht für direkte Investitionen in digitale Assets oder Kryptoaktien entscheiden können, sollten das Thema Blockchain nicht umschiffen. Das von diesen neuen Anwendungen ausgehende Potenzial zur Effizienzsteigerung in zahlreichen Sektoren dürfte auch bei Aktien von Unternehmen, die niemand unmittelbar mit den Themen Blockchain und Kryptoassets in Verbindung bringt, ein wichtiger Faktor werden.

Die anhaltende Digitalisierung und Automatisierung wird nicht plötzlich aufhören oder sich gar zurückentwickeln. Sie wird immer umfassender werden und sukzessive auch ökonomisch sensible Bereiche wie das Geldsystem betreffen. Der Autor und Berater Karl-Heinz Land fasst es treffend mit dem Satz »Alles, was sich digitalisieren, vernetzen und automatisieren lässt, wird auch digitalisiert, vernetzt und automatisiert werden«[4] zusammen. Anleger sollten sich kritisch mit der Frage auseinandersetzen, wer von den möglichen Entwicklungen profitieren kann, und wer zu den Verlierern gehört. Vor voreiligen Schlüssen sei an dieser Stelle jedoch gewarnt. Wer beispielsweise in den Abgesang auf Banken und andere Finanzdienstleister einstimmt, ignoriert womöglich die große Bedeutung persönlicher Beziehungen in diesem Segment. Nur weil Transaktionen durch die Blockchain auch zwischen Parteien, die sich nicht vertrauen, sicher ablaufen können, bedeutet dies keineswegs, dass die Menschen keinen Wert mehr auf gegenseitiges Vertrauen legen. Das Gegenteil ist der Fall. Gerade in einem weitgehend automatisierten und anonymisierten Umfeld gewinnen persönliche Beziehungen sogar an Bedeutung. Banking ist und bleibt ein »people's business«.

Während das Vertrauen der Menschen ein Anker bleibt, werden sich viele Prozesse vollständig wandeln, was höhere Anforderungen an die Infrastruktur, aber auch an die Mitarbeiter der Finanzdienstleister mit sich bringen wird. Große Banken und Asset-Manager, aber auch kleinere Institute können die Möglichkeiten der neuen Technologie nutzen, um Skaleneffekte zu realisieren und von den effizienteren Prozessen externer Dienstleister zu profitieren. Wichtig ist es, den Wandel frühzeitig anzunehmen und nicht zu warten, bis es nicht mehr anders geht. Ein chinesisches Sprichwort fasst diesen Ansatz treffend zusammen.

> *»Grabe den Brunnen, bevor Du durstig bist.«*
>
> *Chinesisches Sprichwort*

Die Institutionalisierung des Krypto-Ökosystems

Eine robuste Infrastruktur ist die Grundvoraussetzung für die Akzeptanz des Kryptomarktes durch institutionelle Anleger. Dafür müssen Mindeststandards bei der Marktdatenversorgung, der Liquidität und Preisermittlung sowie eine sichere und verlässliche Verwahrung von Vermögenswerten gegeben sein. Da bekannte Unternehmen wie

4 Siehe Land (2018).

PayPal und Visa in den Markt eingetreten sind, und die Infrastruktur unbeeindruckt von etwaigen Kurskapriolen manches Coins stetig weiterentwickelt wurde, lautet die Frage aber nicht, ob weitere große institutionelle Investoren diesen Vorreitern folgen, sondern wann.

Eine der größten Herausforderungen bleibt die fehlende Konsistenz zwischen verschiedenen Jurisdiktionen sowie die Vielzahl an Behörden, die sich für diesen Bereich verantwortlich fühlen. Richtlinien und gute Ratschläge werden unter anderem von Finanzaufsichtsbehörden, Ministerien, Steuerverwaltungen, Zentralbanken, Gesetzgebern und Anti-Geldwäsche-Behörden veröffentlicht. Selbst in einem Markt wie den USA ist diese hinderliche Fragmentierung zu beobachten. Dabei geht es für Investoren weniger um Präferenzen als vielmehr um eine konsistente Betrachtungsweise und damit einen stabilen regulatorischen Rahmen. Wenn die Commodity Futures Trading Commission (CFTC) einen Coin als Rohstoff betrachtet, die SEC das gleiche Token hingegen als Wertpapier klassifiziert, dann ist das kein Beispiel für eine gelungene Harmonisierung.

Mit Gibraltar, Liechtenstein und der Schweiz gibt es auch europäische Staaten, die Kryptoassets gegenüber aufgeschlossen sind, und ihre Aufgabe eher im Ermöglichen als im Verhindern sehen. Auch innerhalb der Europäischen Union ist mit der Markets in Cryptoassets EU Regulation (MiCA) Bewegung in die Regulierungsbemühungen gekommen. Der Vorschlag sieht ein EU-Lizenzierungssystem für Kryptoasset-Emittenten und -Dienstleister vor. Im Fokus stehen Wohlverhaltens- und Verbraucherschutzanforderungen. Nennenswerte Fortschritte in Deutschland brachten das Kryptowertegesetz sowie das Fondsstandortgesetz, die es professionellen Anlegern ermöglichen, in Kryptoassets zu investieren. Diese Entwicklungen stehen im Gegensatz zu weiten Teilen der öffentlichen Berichterstattung, die sich meistens mit wenig Tiefgang ausschließlich der Frage nach einem Verbot des Bitcoin und anderer Token widmet.

Institutionelle Anleger werden nicht ihre gewohnten Systeme und Prozesse aufgeben, um ihren Portfolios Kryptoassets beizumischen. Daher ist die Anbindung der neuen Assetklasse an die existierende Welt eine notwendige Bedingung für eine zunehmende Adoption. Wie bei anderen Anlagen fragen diese Investoren die aus den konventionellen Segmenten bekannten Dienstleistungen nach. Dazu gehören unter anderem eine einheitliche und verlässliche Kursversorgung, Prime Brokerage und OTC-Handel, Custody sowie Derivate. Während es an vielen Stellen noch an der Standardisierung mangelt, werden diese grundlegenden Anforderungen bereits durch verschiedene Anbieter abgedeckt. Auch etablierte Adressen bauen ihre entsprechenden Plattformen in Richtung Kryptoassets aus, was besonders beim sensiblen Thema Verwahrung zu beobachten ist. Wenn ein institutioneller Anleger in eine neue Anlageklasse investieren will, dann fällt die interne Argumentation leichter, wenn wichtige Kooperationspartner wie die Kapitalverwaltungsgesellschaft (KVG) und die Verwahrstelle bekannt sind. Für die neuen kryptonativen Anbieter ist die Fortsetzung des aktuell hohen Wachstumes daher kein Selbstläufer. Bei vielen institutionellen Anlegern sind große traditionelle

Häuser gesetzt, wenn diese sich entsprechend aufstellen. Frei nach dem Motto »you'll never get fired for buying IBM« spielt das Vertrauen zwischen den Partnern eine wichtige Rolle. Für die neuen Konkurrenten ist daher der Aufbau vertrauensvoller Partnerschaften mindestens ebenso wichtig wie die technische und juristische Kompetenz.

Das Krypto-Ökosystem in der Region DACHLI

Eine gute Übersicht über die Infrastruktur des deutschsprachigen Kryptomarktes (Deutschland, Österreich, Schweiz, Liechtenstein) bietet ein Medium-Artikel von Professor Sandner, dem Leiter des *Frankfurt School Blockchain Centers* (Sandner 2021). Es kann grob zwischen Plattformen für Privatanleger und solchen für institutionelle Investoren unterschieden werden. Es gibt mittlerweile auch Banken, die sich vollständig auf den Kryptomarkt konzentrieren.

Abbildung 8.1 gibt einen Überblick über die Dienstleistungen, die auch professionellen Investoren angeboten werden (Stand Juni 2021). Berücksichtigt wurden Unternehmen mit Sitz in Deutschland, Österreich, der Schweiz und in Liechtenstein. Auf Grund der hohen Dynamik dieses Segments erhebt die Abbildung keinen Anspruch auf Vollständigkeit.

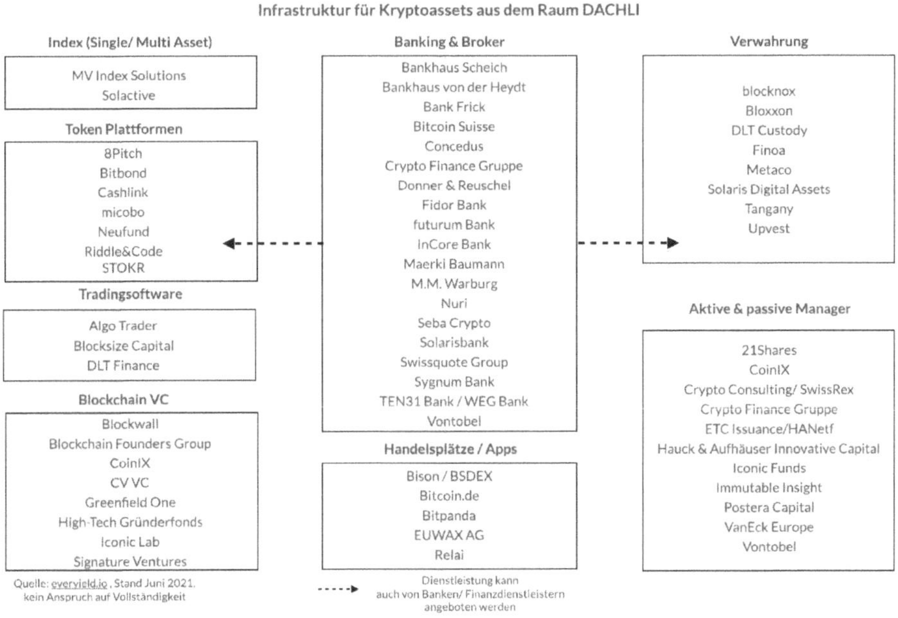

Abb. 8.1: Übersicht der Infrastruktur für Kryptoassets im Raum DACHLI

Abbildung 8.1 zeigt die Abdeckung der gesamten Prozesskette des traditionellen Asset-Managements. Während im Segment der Privatkunden ein vertikal integriertes Servicemodell dominiert, nutzen professionelle Investoren spezifische Angebote verschiedener Dienstleister. Wir wollen im Folgenden kurz auf die einzelnen Module eingehen.

Handelsplätze

Handelsplätze bilden die erste und älteste Infrastruktur in der Kryptobranche. Wer direkt nach dem Entstehen des Bitcoin ein paar dieser neuen Coins in seinen Besitz bringen wollte, konnte dies über das damals noch sehr einfache Mining bewerkstelligen. Bald darauf wurden bilaterale Transaktionen über Chatplattformen und Internetforen angestoßen und später entwickelten sich die ersten vollkommen unregulierten Kryptobörsen. Deren Historie ist gespickt mit Hackerangriffen, Zusammenbrüchen der Tradingserver und Ausfällen der Webseiten. Mit diesen wilden Zeiten hat die heute existierende Infrastruktur für den Handel digitaler Assets nichts mehr gemein. Die Börsen stehen beispielhaft für die erfolgreiche Institutionalisierung der neuen Assetklasse.

Während die meisten Kryptobörsen als vertikal integrierte Business-to-Consumer-Plattformen (B2C) an den Start gingen und von der Auftragsannahme bis zur Verwahrung alle Aufgaben erledigten, gibt es mittlerweile vollregulierte Handelsplätze, die sich auf institutionelle Anleger konzentrieren und auch Lösungen von Drittanbietern einbinden können, was vor allem beim Thema Verwahrung von Bedeutung ist.

Tradingsoftware

Unabhängig von der Assetklasse benötigen professionelle Investoren verlässliche Handelsinformationen. Marktdaten für Kryptos unterscheiden sich nicht generell von denen konventioneller Assets, leiden aber oft unter Qualitätsmängeln. Dinge, die für Portfolio-Manager selbstverständlich sind, wie etwa die Bereinigung von Aktienkursen um Splits und Ausschüttungen, sind am Kryptomarkt nicht einfach zu finden. So gibt es zahlreiche Anbieter, bei denen sich Interessierte kostenlos den Verlauf des Bitcoin herunterladen können. Aber saubere Datenreihen, die auch die Erträge aus den im Zuge von hard forks zusätzlich erhaltenen Token wie Bitcoin Cash berücksichtigen, sind kaum zu finden.

Zudem besteht die Infrastruktur vieler kostenloser Anbieter oft nur aus einer gut gestalteten Webseite und einem zwar clever aufgesetzten, aber nicht immer robusten Datenbankmanagement-System. Auch viele Kryptobörsen arbeiten mit einfachen REST- und WebSocket-APIs, wie sie auch von den Forex-Brokern aus dem Retailsegment bekannt sind. Etablierte Börsen hingegen bieten eine robuste Echtzeit-Konnektivität via FIX-Protokoll.[5] Ein weiteres Problem mit sehr kostengünstigen Anbietern ist die häufige Veränderung der API und die daraus resultierende

5 Das FIX-Protokoll (Financial Information eXchange) ist ein Kommunikationsprotokoll und offener Standard zum Austausch von Informationen, der von Banken, Brokern, Börsen und sonstigen Dienstleistern geschaffen wurde. Insbesondere der Austausch von Realtime Daten ist somit möglich.

Notwendigkeit für den Nutzer, die verwendeten Codes anzupassen. Nicht selten werden Anpassungen ohne eine ausreichende Vorlaufzeit durchgeführt, und bei der Erstellung einer umfassenden Dokumentation lässt die Motivation manches Entwicklers offensichtlich nach.

Die oben genannten Softwareanbieter bieten eine Lösung für diese Probleme. Sie stellen professionelle Handelssoftware für regulierte Institute zur Verfügung. Mit einer einzigen Schnittstelle wird so eine ordentliche Marktdatenversorgung sichergestellt und der Handel von Kryptoassets an mehreren Börsen ermöglicht. Die Aggregation der Börsendaten zu einem virtuellen Orderbuch und ein automatisiertes Smart Routing ermöglichen zudem die für Asset-Manager wichtige Einhaltung der regulatorischen Anforderungen an die Best Execution.

Banken/Broker/Finanzdienstleister & Banking as a Service

Mittlerweile gibt es Banken und andere Finanzdienstleister, die sich auf die Bereitstellung regulatorischer und technischer Infrastruktur für den Handel mit Kryptoassets spezialisiert haben. Sie treten entweder selbst als Anbieter auf oder bieten White-Label-Lösungen für andere Finanzmarktteilnehmer an. Das Dienstleistungsspektrum umfasst die Emission von Wertpapier-Token, die Verwahrung von Kryptoassets, den Handel, das Asset-Management sowie das Fiat-on-Ramp. Diese Institute sind die Generalisten unter den Anbietern und kümmern sich auch um Basisdienstleistungen wie die Zahlungsabwicklung zwischen digitalen Assets und Fiat-Währungen unter Einbindung klassischer Bankkonten, Kreditkarten und Point-of-Sales-Terminals. Teilweise stellen einzelne Institute die gesamte Wertschöpfungskette zur Verfügung.

Verwahrung

Während Kleinanleger ihre Kryptoassets oft direkt bei einer Börse verwahren, ist dieser Ansatz für professionelle Manager keine Lösung, denn abgesehen von dem inakzeptablen Kontrahentenrisiko sind sie regulatorisch dazu verpflichtet, eine Verwahrstelle zu nutzen. In der Kryptowelt war dies bislang problematisch, denn abseits der Verwahrung durch Börsen gab es nur die Möglichkeit der eigenständigen Verwahrung, bei der stets das Risiko, den privaten Schlüssel und damit den Zugriff auf alle Assets zu verlieren, besteht.

Mittlerweile gibt es Anbieter, die dieses Problem lösen. Der Großteil setzt dabei auf Hardware-Sicherheitsmodule (HSM), die die kryptografischen Schlüssel erzeugen, verwalten und vor nicht autorisiertem Zugriff schützen sollen. Die nächste technologische Generation ist die Multi-Party-Computation (MPC), deren Ziel es ist, einen einzigen Angriffspunkt (Single Point of Failure) auszuschließen. MPC erreicht dies, indem die Autorisierungsrechte zur Verwahrung von Assets auf mehrere Parteien verteilt werden. Man benötigt daher mehrere Instanzen, um eine Transaktion zu unterzeichnen.[6] Der MPC-Ansatz hilft auch, die Komplexität der Schlüsselverwaltung über verschiedene Blockchains mit unterschiedlichen kryptografischen und technologischen Standards zu reduzieren. Darüber hinaus kann über eine Software definiert werden, wie Abhebungen, Genehmigungsprozesse und Transaktionsbeträge aussehen sollen. MPC verbindet damit die Sicherheit eines Cold Storage mit der Flexibilität eines Hot Storage.

Tokenisierung

Die Tokenisierung wird zu einer der bedeutendsten Veränderungen des Finanzmarktes seit langer Zeit führen. Die Nutzung von Security Token (STO) und der Wegfall des Erfordernisses für papierhafte Urkunden für Inhaberschuldverschreibungen in Deutschland war ein wichtiger erster Schritt. Vor allem die Ausweitung dieser Öffnung auf Fondsanteile hat das Potenzial, zahlreiche abwicklungsseitige Anachronismen zu beenden und die Wertpapierabwicklung auf ein zeitgemäßes Niveau zu befördern. Ein Kryptowertpapierregister muss zudem nicht von einem Zentralverwahrer wie Clearstream geführt werden, und Emissionen können auch auf öffentlichen Blockchains abgewickelt werden. So hat der DAX-Konzern Vonovia im Januar 2021 eine Namensschuldverschreibung mit einem Volumen von 20 Millionen Euro auf der öffentlichen Stellar Blockchain (XLM) registriert.[7]

Nicht nur Wertpapiere können tokenisiert werden. Auch Nutzungsrechte für Dienstleistungen lassen sich digitalisieren. In diesem Falle werden Utility Token oder Payment Token emittiert. Diese Entwicklung wird dem Internet of Things (IoT) einen neuen Schub geben. Gleichzeitig wird offenbar, wie sehr die heutzutage klaren Unterschiede zwischen Assets und Dienstleistungen zukünftig verschwimmen werden. Perspektivisch wird es möglich sein, auch Nutzungsrechte und Lizenzen wie finanzielle Assets zu handeln. Für die Asset-Allokation bietet sich so ein enormes Diversifikationspotenzial.

Anlageformen

Neben der Verwaltung der privaten Schlüssel ist die Wahl der Form des Anlagevehikels ein weiteres Kernthema, denn nicht jeder Investor darf direkt in Kryptoassets investieren. Es gilt daher zu klären, wie die neue Assetklasse in bestehende Fonds und Depots sowie in die bestehenden Handels- und Abwicklungsprozesse integriert werden kann.

Die regulierten Anlagevehikel schlagen eine wichtige Brücke zwischen der bestehenden Finanzinfrastruktur und den digitalen Assets. Exchange Traded Products (ETP) sind bekannte Instrumente, die ohne Neuproduktprozess erworben werden dürfen, und die darüber hinaus auf lizensierten Handelsplätzen wie der Frankfurter und Stuttgarter Börse, auf Xetra oder der Schweizer Börse SIX gehandelt werden.

6 Hays et al. (2020).
7 Siehe Paulus (2021).

In Kanada wurde bereits ein Bitcoin-ETF aufgelegt, und auch in den USA laufen entsprechende Vorbereitungen. In Europa ist dies auf Grund der UCITS-Regulierung noch nicht möglich.[8] Über andere Produktkategorien wie Exchange Traded Notes (ETN) oder Exchange Traded Commodities (ETC) kann diese Regulierung zwar umgangen werden, jedoch darf nicht jeder institutionelle Anleger solche Vehikel erwerben. Ein Krypto-Fonds kann in Deutschland derzeit nur als Spezial-AIF aufgelegt werden, der nicht unter die OGAW-Richtlinie der EU fällt.[9] Beispiele für solche Fonds sind Immobilienfonds, Hedgefonds oder Private Equity Fonds. Während ETCs und ETNs vor allem von Kleinanlegern erworben werden, richten sich die AIF-Fonds vornehmlich an semi-professionelle oder professionelle Investoren (Qualified Investors).

Alle dargestellten Lösungen haben eines gemeinsam: Sie bieten Zugang zu Kryptoassets und befreien den Anleger von der Sorge, sich um die Verwahrung Gedanken machen zu müssen. Auch der größte Albtraum, die Selbstverwahrung und das damit einhergehende Risiko eines Verlusts der privaten Schlüssel kann so umgangen werden.

Derivate und synthetische Assets

Neben reinen Indizes bietet im Segment digitaler Assets vor allem das langsam, aber stetig wachsende Angebot derivativer Instrumente Potenzial. Über Derivate können auch ausgefeilte Handelsansätze kosteneffizient umgesetzt werden.

Der Markt für Krypto-Derivate ist stark gewachsen (vgl. Abbildung 8.2). Ähnlich wie am Spotmarkt verteilt sich auch bei den Derivaten die Liquidität auf viele Börsen. Lediglich 15 % des gesamten Handelsvolumens entfällt auf regulierte Handelsplätze wie die CME.[10]

Dieser vergleichsweise geringe Anteil der etablierten Anbieter resultiert aus der Vorreiterrolle, die in diesem Markt andere eingenommen haben, allen voran die BitMEX als Erfinder der Perpetual Contracts. Eine Besonderheit im Markt für Kryptoderivate sind die so genannten *Perpetual Swaps*, die im Gegensatz zu traditionellen Futures keine Endfälligkeit haben. Die Anzahl der über diese Derivate handelbaren Basiswerte wächst stetig und umfasst mittlerweile auch Kryptoindizes. So konnte MV Index Solutions die Indizes MVIS CryptoCompare Digital Assets 10 und MVIS CryptoCompare Digital Assets 25 an die Kryptobörse FTX lizensieren. Der Handlungsspielraum für Investoren erweitert sich so deutlich, und durch Absicherungsstrategien und relative Value-Trades können Risikoprofile dargestellt werden, die ein klassischer long only-Ansatz nicht bieten kann.

8 UCITS (Undertakings for Collective Investments in Transferable Securities) ist die internationale Bezeichnung für OGAW (Organismen für gemeinsame Anlagen in Wertpapieren). Diese Regulierungsstandards müssen nicht nur von aktiven OGAW-Publikumsfonds, sondern auch von allen ETFs erfüllt werden.

9 Neben einer unabhängigen Verwahrstelle sind in der AIFM-Richtlinie auch Mindestkriterien für die Finanzprodukte und Anlegerinformationen geregelt.

10 (The Block, 2021)

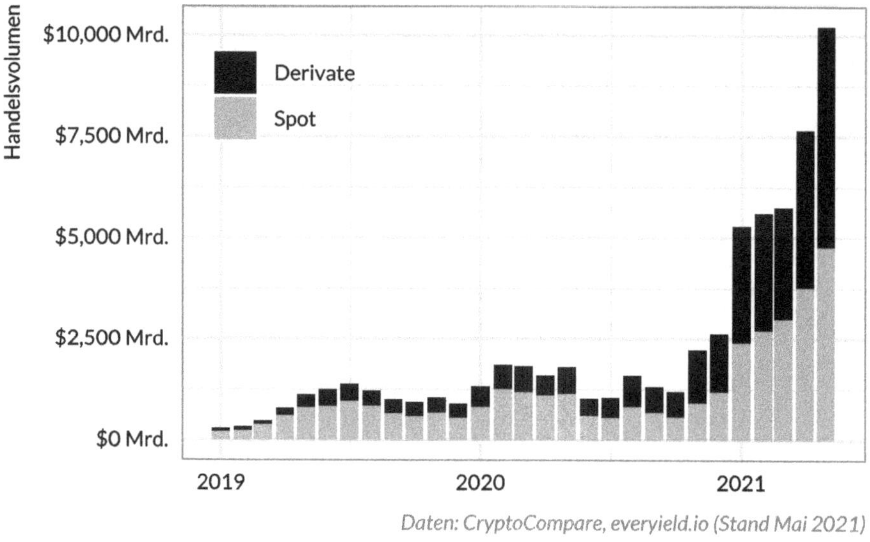

Abb. 8.2: Bitcoin-Handelsvolumen am Spot- und Derivatemarkt

Regulierte Kryptoderivate von der Chicago Mercantile Exchange (CME) und Intercontinental Exchange (ICE) bieten insbesondere institutionellen Anlegern die Möglichkeit, Positionen in Bitcoin und Ether aufzubauen. Da diese Börsen in das bestehende Finanzsystem eingebettet und voll reguliert sind, stellen deren Instrumente für institutionelle Anleger und Fondsmanager ein probates Mittel dar, um beispielsweise die Wertentwicklung des Bitcoin in ihren Portfolios abzubilden. Die ICE bietet sogar ein physisches Settlement an, was aber für den Großteil der Investoren derzeit nicht in Frage kommt. Für den Aufbau gehebelter Positionen eignen sich die Kontrakte auf Grund der hohen Marginanforderungen nur bedingt.

Neben den standardisierten Derivaten existiert die Möglichkeit, schnell und unkompliziert synthetische digitale Assets auf beliebige Underlyings aufzulegen, sei es der Erdgaspreis, die Wetterentwicklung in bestimmten Regionen, ein Index für seltene Weine oder die Entwicklung der Tabellenposition eines Sportvereins. Das derzeit größte Projekt für die Erstellung dieser synthetischen Assets ist Synthetix (SNX). Aufsichts- und steuerrechtlich ist dieser Teil des Kryptobiotops derzeit noch nicht klar geregelt und daher für professionelle Investoren noch nicht zugänglich. Dies sollte sich jedoch in absehbarer Zeit ändern, weshalb es nie zu früh ist, über interessante Underlyings nachzudenken.

Nehmen Sie den Wandel an!

Noch vor gar nicht allzu langer Zeit war es normal, wenn eine Generation in einer ähnlichen Welt aufwuchs und lebte wie die vorherige. Seit der Industrialisierung und der Blüte der Naturwissenschaften hat sich der technologische Fortschritt enorm beschleunigt. Es gab oft harsche wirtschaftliche und gesellschaftliche Einschnitte, aber immer wieder sorgten Forscher, Entwickler und Ingenieure für große technologische Entwicklungen von großer Tragweite. Man denke nur an die Entdeckung und Anwendung von Antibiotika, an die Fortschritte in der Landwirtschaft oder an den Wandel im Transportwesen.

Auch an den Kapitalmärkten gab es Innovationen, die enorme Verbesserungen für die reale Wirtschaft mit sich brachten. Eine der wichtigsten Entwicklungen sind die Terminmärkte, die durch Standardisierung und Clearinghäuser Enormes geleistet haben. Die Grundsteine dieses Fortschritts liegen jedoch schon ein paar hundert Jahre zurück. Die Dojima Rice Exchange in Japan etablierte im Jahr 1710 den Handel mit Reiskontrakten. Die ersten westlichen Rohstoffterminbörsen öffneten 1848 in Chicago (Chicago Board of Trade, CBOT) und 1877 in London (London Metals and Market Exchange, LME) ihre Pforten. Seither kam es zu zahlreichen Verbesserungen in einzelnen Anlageklassen, bei denen es im Kern immer um eine größtmögliche Standardisierung und die Schaffung eines liquiden und effizienten Handels ging. Das klassische Beispiel ist der globale Devisenmarkt, der noch vor einigen Jahrzehnten durch den Telefonhandel dominiert wurde, und sich dann durch den elektronischen Handel und später durch den Anstieg des algorithmischen Handels stark verändert hat. Jetzt gibt es mit Blockchain-basierten Anwendungen erneut eine Entwicklung, die das Potenzial für umfassende Veränderungen mit sich bringt.

Die im Jahr 2009 durch den Bitcoin in Gang gesetzte Entwicklung weist eine enorme Dynamik auf. Im Mittelpunkt stehen dabei nicht mehrere Tausende digitaler Token, von denen sich einige durchsetzen und viele wieder verschwinden werden. Der Kern des Wandels sind das große Biotop an kleinen Unternehmen mit hochmotivierten Einzelpersonen und die Menschen, die in klassisch aufgestellten Unternehmen den Mut haben, frühzeitig neue Wege zu beschreiten. Die Welle dieser Entwicklung geht nicht von einem Ort aus. Es ist keine global angelegte Vertriebsaktion einer lokalen Investment Bank. Es sind Teams in zahlreichen Ländern in Nord- und Südamerika, in Afrika, in Asien-Pazifik und Europa, die konkurrieren und kooperieren und dabei die neue Technologie in enormer Geschwindigkeit weiterbringen.

Neben dem technologischen Fortschritt selbst ist die Zeit der größte Freund des Wandels. Menschen gewöhnen sich an Veränderungen. Sehr lange wurden goldgedeckte Währungen genutzt, und kaum jemand hätte sich vorstellen können, aus welchem Grund jemand zukünftig ungedecktes Papier akzeptieren sollte. Heutzutage ist es andersherum. Die Nutzung des Fiat-Geldes ist alltäglich, und berechtigte Nachfragen, warum dieses Konstrukt immer so funktionieren sollte, werden von vielen als befremdlich wahrgenommen. Mit jedem Tag, an dem Dinge funktionieren, extrapolieren Menschen dies mit größerer Sicherheit in die Zukunft. Wenn Unternehmen die Nutzung von Stablecoins in den Alltag vieler Menschen bringen, wird es nicht anders sein. Die Frage »wie kann man nur in digitale Assets investieren?« wird sich wandeln in »wie kann so etwas in einer Allokation nur fehlen?«. Das ist der Lauf der Dinge.

Die Frage, die sich private Anleger, vor allem aber institutionelle Investoren stellen sollten, ist daher nicht, ob und um wie viel der Preis eines bestimmten digitalen Assets morgen steigen oder fallen wird. Die Frage, die beantwortet werden muss, ist, wie gut ist man darauf vorbereitet, digitale Assets auf professionelle Art und Weise in die eigene Asset-Allokation zu integrieren. In einem Umfeld, in dem es Anbietern zunehmend schwerfällt, sich von der Konkurrenz abzusetzen, ist es angeraten, diese Vorbereitung nicht auf die lange Bank zu schieben, denn andere arbeiten bereits mit Hochdruck daran.

Mitten in einem Wandel fällt es den Menschen oft schwer, die langfristige Tragweite stattfindender Veränderungen zu ermessen. Noch schwieriger ist dies, wenn eine neue Entwicklung erst ganz am Anfang steht. Neue Dinge wirken oft unverständlich, und die unvermeidlichen Startschwierigkeiten und Fehlschläge, die jede neue Idee begleiten, werden schnell zum Anlass genommen, der ganzen Sache skeptisch oder mit Häme gegenüberzutreten. Das war in der Frühzeit des Internet und des World Wide Web nicht anders als zu dem Zeitpunkt, als Jeff Bezos eine Online-Plattform für den Verkauf von Büchern startete.

Wer kauft schon Bücher im Internet?

Über die Autoren

Martin Leinweber ist Experte für fundamentale und quantitative Tradingstrategien. In Kryptoassets sieht er einen elementaren Baustein für Anleger, um ihre Renditeziele in einem Niedrigzinsumfeld zu erreichen.

Als Portfoliomanager ist er seit mehr als 17 Jahren im Asset-Management für Aktien, Renten und Alternative Investments tätig gewesen. Er hat sowohl bei quantitativen als auch fundamentalen Häusern in Frankfurt und München gearbeitet und besitzt damit langjährige Erfahrung im Management institutioneller Assets von Banken, Versicherungen und Pensionskassen. Er war unter anderem als Hedgefonds-Analyst bei einem Vermögensverwalter eines großen DAX-Unternehmens in München angestellt, bei dem seine Expertise und internationale Erfahrung im Aufbau eines Joint Ventures mit dem größten chinesischen Versicherer in Shanghai gefragt war.

Martin Leinweber ist Diplom-Ökonom und CFA Charterholder.

Jörg Willig ist Portfolio-Manager und Entwickler systematischer Investmentansätze. Er entwirft und implementiert regelbasierte Allokationsstrategien für institutionelle Anleger, entwickelt Ansätze zur Integration digitaler Assets in diversifizierte Real Asset Portfolios und arbeitet an Smart Contract basierten autonomen Tradingprogrammen.

In fast zwei Jahrzehnten war er als Portfoliomanager für verschiedene große Investmenthäuser tätig, unter anderem für einen der größten Fondsanbieter Deutschlands, sowie in leitender Funktion beim führenden deutschen quantitativen Asset-Manager. Dort trug er die Verantwortung für das Management aktiver Fonds für institutionelle Anleger wie Versicherungen, Pensionskassen und Sovereign Wealth Funds.

Jörg Willig ist Diplom-Wirtschaftsinformatiker und CAIA Charterholder.

Kontakt

Unser Buch soll Menschen dabei unterstützen, den neuen Entwicklungen, die digitale Assets mit sich bringen, aufgeschlossen zu begegnen. Bleiben Sie neugierig und schauen Sie auf die positiven Seiten der Veränderungen, die auf uns alle zukommen. Gestalten Sie die Zukunft mit.

Sie erreichen uns über Twitter (@everyield_io) oder über unsere Webseite (www.everyield.io). Wir freuen uns auf Ihre Fragen, Anregungen und Kommentare.

We'll be back.

Abkürzungsverzeichnis

AIF	Alternative Investmentfonds
Bio.	Billionen
BoJ	Bank of Japan
BVI	Bundesverband Investment und Asset Management e.V.
bzw.	beziehungsweise
CAPM	Capital Asset Pricing Model
CEO	Chief Executive Officer
COO	Chief Operating Officer
ECB	European Central Bank (Europäische Zentralbank)
EU	Europäische Union
EZB	Europäische Zentralbank
FED	Federal Reserve
ICO	Initial Coin Offering
KAGB	Kapitalanlagegesetzbuch
KGV	Kurs-Gewinn-Verhältnis
KVG	Kapitalverwaltungsgesellschaft
KWG	Gesetz über das Kreditwesen
Ltd.	Limited
Mio.	Million(en)
Mrd.	Milliarde(n)
OGAW	Organismen für gemeinsame Anlagen in Wertpapieren
o. J.	ohne Jahr
p. a.	per annum
%	Prozent
u. a.	unter anderem
US	United States
USD	US-Dollar
vgl.	vergleiche
vs.	versus
z. B.	zum Beispiel

Literatur

Alderman, John: *Sonic Boom: Inside the Battle for the Soul of Music: Napster, P2P and the Battle for the Future of Music*, 2001.

Alquist, R., Israel, R., Moskowitz, T.J.: »Fact, Fiction, and the Size Effect« (SSRN Scholarly Paper No. ID 3177539). *Social Science Research Network*, Rochester, NY. https://doi.org/10.2139/ssrn.3177539, 2018.

Ammous, S.: *The Bitcoin Standard: The Decentralized Alternative to Central Banking*, Hoboken 2018.

Ampleforth, https://www.ampleforth.org/ (accessed 23.2.2021).

Ang, A.: *Asset Management: A Systematic Approach to Factor Investing*, Oxford 2014.

Anscombe, F.J.: »Graphs in Statistical Analysis«, *The American Statistician 27* (1973), 17–21, https://doi.org/10.2307/2682899.

Antonacci, G.: *Dual Momentum Investing: An Innovative Strategy for Higher Returns with Lower Risk*, New York, 2014.

Antonopoulos, A., Osuntokun, O., Pickhardt, R.: *Mastering the Lightning Network: A Second Layer Blockchain Protocol for Instant Bitcoin Payments*, O'Reilly 2021, p. l.

Antonopoulos, Andreas: »A Swiss Bank In Everyone's Pocket« (2019), https://aantonop.com/bitcoin-a-swiss-bank-in-everyones-pocket/ (accessed 1.7.2021).

Antonopoulos, Andreas: *Mastering Bitcoin: Unlocking Digital Cryptocurrencies*, Sebastopol, 2nd edition 2017.

Armstrong, J.B: »The Case for Mutual Fund Management«, *Financial Analysts Journal 16* (1960), 33–38.

Arnott, R.: »Liquid Alternatives: More Than Hedge Funds«, 2008, https://www.etf.com/sections/features/4261-liquid-alternatives-more-than-hedge-funds.html/page/0/1 (accessed 1.12.2020).

Arnott, Robert D., Hsu, John C., West, John: *Fundamental Index: A Better Way to Invest*, Hoboken 2008.

Arthur, W.B.: *The Nature of Technology: What It Is and How It Evolves*, Penguin 2010.

Asness, Cliff: »Non-Cap Weighted Indexes« (2007), https://www.aqr.com/Insights/Research/White-Papers/Non-Cap-Weighted-Indexes (accessed 1.7.2021).

BaFin: »Hype mit Risiken« (2020), https://www.bafin.de/SharedDocs/Veroeffentlichungen/DE/Fachartikel/2020/fa_bj_2009_Derivate_Krypto_Assetss.html (accessed 1.7.2021).

Bashir, I.: *Mastering Blockchain: A deep dive into distributed ledgers, consensus protocols, smart contracts, DApps, cryptocurrencies, Ethereum, and more*, 3rd Edition 2020.

Berkin, A.L., Swedroe, L.E.: *Your Complete Guide to Factor-Based Investing: The Way Smart Money Invests Today*, St. Louis 2016.

Berkshire Hathaway: Shareholder Letters (2021), https://berkshirehathaway.com/letters/letters.html (accessed 1.7.2021).

Bernstein, W.J.: *The Intelligent Asset Allocator: How to Build Your Portfolio to Maximize Returns and Minimize Risk*, New Yourk 2017.

Bernstein, W.J., Wilkinson, D.J.: »Diversification, Rebalancing, and the Geometric Mean Frontier« (SSRN Scholarly Paper No. ID 53503), *Social Science Research Network*, Rochester 1997, https://doi.org/10.2139/ssrn.53503.

Bitcoin Uptime Tracker: »99.98% – Bitcoin Uptime Tracker« (Network Status Live, 2021), https://www.buybitcoinworldwide.com/bitcoin-uptime/ (accessed 1.7.2021).

Bitcoin.com: Bitcoin Block Explorer (2021), https://explorer.bitcoin.com/btc (accessed 1.7.2021).

Blockstream Satellite: Bitcoin blockchain broadcasts (2020). Blockstream: Bitcoin & digital asset infrastructure, https://blockstream.com/satellite/ (accessed 21.5.2021).

Bloomberg: »There Are Now More Indexes Than Stocks«, *Bloomberg.com*, 2017.

Bpb: »Globale Finanz- und Wirtschaftskrise 2008/2009 (2017)«, https://www.bpb.de/nachschlagen/zahlen-und-fakten/globalisierung/52584/finanz-und-wirtschaftskrise (accessed 1.7.2021).

Bpb: »Quantitätstheorie« (2016), https://www.bpb.de/nachschlagen/lexika/lexikon-der-wirtschaft/20428/quantitaetstheorie (accessed 23.3.2021).

Brave: »Secure, Fast & Private Web Browser with Adblocker« (2021), https://brave.com/ (accessed 1.7.2021).

Brightman, C., Masturzo, J., Beck, N.: *Are Stocks Overvalued? A Survey of Equity Valuation Models 9*, 2015.

Briscoe, B., Odlyzko, A., Tilly, B.: »Metcalfe's Law is Wrong«, *IEEE Spectrum* (2006), https://spectrum.ieee.org/computing/networks/metcalfes-law-is-wrong (accessed 25.6.2021).

Brown, B.: »US Senator: Even If We Wanted To, We Couldn't Ban Bitcoin« (2019), https://finance.yahoo.com/news/us-senator-even-wanted-couldn-120414131.html (accessed 22.5.2020).

Buck, J.: »CEO of JP Morgan Chase Warns Govts Will Ban Bitcoin; Crypto ›Worth Nothing‹«, *Cointelegraph 2017*, https://cointelegraph.com/news/ceo-of-jp-morgan-chase-warns-govts-will-ban-bitcoin-crypto-worth-nothing (accessed 21.5.2020).

Burniske, C., Tatar, J.: *Cryptoassets: The Innovative Investor's Guide to an entirely new asset class*, New York 2017.

Butler, A., Philbrick, M., Gordillo, R.: *Adaptive Asset Allocation: Dynamic Global Portfolios to Profit in Good Times – and Bad*, Hoboken 2016.

Chainalysis: »Bitcoin's $30 billion sell-off« (2020), https://blog.chainalysis.com/reports/money-supply (accessed 16.10.2020).

Christanto, M.: »Ecosystem of Ethereum Scaling Solutions« (2021), https://messari.io/article/ecosystem-of-ethereum-scaling-solutions?v=2021-04-04 (accessed 4.4.2021).

Coindesk: »COINDESK ASSET DATA COVERAGE: ASSET SELECTION METHODOLOGY« (2020), https://static.coindesk.com/wp-content/uploads/2020/10/coindesk20_methodology_final_102020.pdf (accessed 1.7.2021).

Coindesk: »The DAO Attack: Understanding What Happened« (2016), https://www.coindesk.com/understanding-dao-hack-journalists (accessed 1.7.2021).

Covel, M.W., Ritholtz, B.: *Trend Following: How to Make a Fortune in Bull, Bear, and Black Swan Markets*, 5. Edition, Hoboken 2017.

Crypto Consulting AG: https://cryptoconsultingag.ch/ (accessed 1.7.2021).

Dempster, M. a. H., Evstigneev, I.V., Schenk-Hoppé, K.R.: »Growing Wealth with Fixed-Mix Strategies« (SSRN Scholarly Paper No. ID 1479444). *Social Science Research Network*, Rochester 2009, https://doi.org/10.2139/ssrn.1479444.

Diwald, H.: *Anleihen verstehen: Grundlagen verzinslicher Wertpapiere und weiterführende Produkte*, München 2012.

DSA Corporate Services: »BP, Eni Trading & Shipping and Wien Energie Successfully Complete BTL Group's Interbit Energy Pilot, Additional Participants Invited to the go-to Production Phase«, *GlobeNewswire News Room* (2017), https://www.globenewswire.com/news-release/2017/06/05/1280801/0/en/BP-Eni-Trading-Shipping-and-Wien-Energie-Successfully-Complete-BTL-Group-s-Interbit-Energy-Pilot-Additional-Participants-Invited-to-the-go-to-Production-Phase.html (accessed 1.7.2021).

D'Souza, Matt, Chwarzynski, S., Jappa, M., Adams, G.: »Bitcoin Halving« (2020), https://www.blockwaresolutions.com/research-and-publications/2020-halving-analysis (accessed 22.10.2020).

Easley, D., Michayluk, D., O'Hara, M., Putniņš, T.J.: »The Active World of Passive Investing« (SSRN Scholarly Paper No. ID 3220842), *Social Science Research Network*, Rochester 2021, https://doi.org/10.2139/ssrn.3220842.

Ethereum (2021a): »Solidity – Solidity 0.4.24 documentation«, https://docs.soliditylang.org/en/v0.4.24/index.html (accessed 1.7.2021).

Ethereum (2021b): »Ethereum 2.0 (Eth2) Vision«, https://ethereum.org (accessed 1.7.2021).

Faber, M.T.: *Global Asset Allocation: A Survey of the World's Top Asset Allocation Strategies*, 2015.

Forbes: »Analysis Of the Kraft-Heinz Merger« (2015), https://www.forbes.com/sites/greatspeculations/2015/03/30/analysis-of-the-kraft-heinz-merger/ (accessed 1.7.2021).

Frisby, D.: *Bitcoin: The Future of Money?*, 2014.

Gay, C.: *How to Predict the Next Decade's Bond Returns*, WSJ, 2014.

Gehrke, M.: *Angewandte empirische Methoden in Finance & Accounting: Umsetzung mit R*, De Gruyter Oldenbourg 2019.

Goldfeder, S., Kalodner, H.A., Reisman, D., Narayanan, A.: »When the cookie meets the blockchain: Privacy risks of web payments via cryptocurrencies«, CoRR abs/1708.04748 (2017).

Gorton, G., Rouwenhorst, K.G.: »Facts and Fantasies about Commodity Futures« (Working Paper No. 10595), *Working Paper Series*, National Bureau of Economic Research 2004, https://doi.org/10.3386/w10595.

Goyal, A., Wahal, S.: »The Selection and Termination of Investment Management Firms by Plan Sponsors«, *The Journal of Finance 63 (*2008*)*, 1805–1847, https://doi.org/10.1111/j.1540-6261.2008.01375.x.

Grinold, R.C., Kahn, R.N.: *Active Portfolio Management: A Quantitative Approach for Producing Superior Returns and Selecting Superior Returns and Controlling Risk: A … Managers*, New York, 1999.

Harper, C.: »The Anatomy of Anonymity: How Dandelion Could Make Bitcoin More Private«, *Bitcoin Magazine: Bitcoin News, Articles, Charts, and Guides*, 2018, https://bitcoinmagazine.com/culture/anatomy-anonymity-how-dandelion-could-make-bitcoin-more-private (accessed 25.6.2021).

Houben, D.R., Snyers, A.: *Cryptocurrencies and blockchain 103*, 2018.

Hyperledger.org: »Hyperledger – Open Source Blockchain Technologies« (2021), https://www.hyperledger.org/ (accessed 1.7.2021).

IBD, »The CAN SLIM Investing System | Stock News & Stock Market Analysis – IBD«, *Investor's Business Daily*, 2021, https://www.investors.com/ibd-university/can-slim/ (accessed 1.7.2021).

Iconic: Iconic Holding Homepage (2021), https://iconicholding.com/ (accessed 1.7.2021).

Ilmanen, A.: *Expected Returns: An Investor's Guide to Harvesting Market Rewards*, Hoboken, 2011.

International Token Standardization Association: International Token Standardization Association – Home (2021), http://my.itsa.global (accessed 23.5.2021).

Jegadeesh, N., Titman, S.: »Returns to Buying Winners and Selling Losers: Implications for Stock Market Efficiency«, *The Journal of Finance 48 (*1993*)*, 65–91, https://doi.org/10.2307/2328882.

Kovach, Steve: »Tesla buys $1.5 billion in bitcoin, plans to accept it as payment«, *CNBC* (2021), https://www.cnbc.com/2021/02/08/tesla-buys-1point5-billion-in-bitcoin.html (accessed 20.2.2021).

Letters, F.: »Paul Tudor Jones: The Most Compelling Case For Owning Bitcoin (Cryptocurrency:BTC-USD)«, *Seeking Alpha*, 2020, https://seekingalpha.com/article/4345426-paul-tudor-jones-compelling-case-for-owning-bitcoin (accessed 22.9.2020).

Li, X., Sullivan, Rodney N., Garcia-Feijóo, Luis: »The Low-Volatility Anomaly: Market Evidence on Systematic Risk vs. Mispricing«, *Financial Analysts Journal 72 (*2016*)*.

Madhavan, A., Sobczyk, A., Ang, A.: »What Happens with More Funds than Stocks?« (SSRN Scholarly Paper No. ID 3465888), *Social Science Research Network*, Rochester 2019, https://doi.org/10.2139/ssrn.3465888.

Mahar, Maggie: *Bull: A History of the Boom and Bust, 1982-2004*, 2004.

Mallo, C.: »Triennial Central Bank Survey of Foreign Exchange and Over-the-counter (OTC) Derivatives Markets in 2019«, *BIS Quarterly Review*, 2019.

Manager Magazin: »Ransomware-Angriff auf Colonial Pipeline: FBI greift auf digitale Wallet zu und stellt Bitcoin sicher« (2021), https://www.manager-magazin.de/finanzen/ransomware-angriff-auf-colonial-pipeline-fbi-greift-auf-digitale-wallet-zu-und-stellt-bitcoin-sicher-a-35f4d7cc-10ed-4854-97b7-c493ef8df902 (accessed 1.7.2021).

Markowitz, Harry: »Portfolio Selection«, *The Journal of Finance 7* (1952), 77–91.

McDonald, L.G., Robinson, P.: *A Colossal Failure of Common Sense: The Inside Story of the Collapse of Lehman Brothers*, Crown Business 2009.

McMillan, R.: »The Inside Story of Mt. Gox, Bitcoin's $460 Million Disaster«, *Wired*, 2014.

Megginson, Leon C.: in: *Southwestern Social Science Quarterly*, Presented at the Lessons from Europe for American Business, The Southwestern Social Science Association and the University of Texas Press, 1963.

Messari: Crypto Research, Data, and Tools (2021), https://messari.io/ (accessed 1.7.2021).

Momtaz, P.: »Token Sales and Initial Coin Offerings: Introduction«, *The Journal of Alternative Investments 21 (*2019*)*, 7–12, https://doi.org/10.3905/jai.2019.21.4.007.

Monopol: BeepleNFT (2021), https://www.monopol-magazin.de/krypto-fonds manager-ist-der-kaeufer-von-beeples-rekord-nft (accessed 17.4.2021).

Morningstar: »Active vs. Passive Fund Performance: 5 Learnings from the Second Half of 2019« (2020), https://www.morningstar.com/insights/2020/03/06/active-vs-passive-fund-performance (accessed 1.7.2021).

Morningstar: »Active Funds vs. Passive Funds: Which Fund Types Had Increased Success Rates?« (2019), https://www.morningstar.com/insights/2019/09/20/active-vs-passive (accessed 1.7.2021).

Musk, Elon: »Tesla & Bitcoin« (2021), https://t.co/YSswJmVZhP. @elonmusk. https://twitter.com/elonmusk/status/1392602041025843203 (accessed 1.7.2021).

Nekrasov, V.: *Knowledge rather than Hope: A Book for Retail Investors and Mathematical Finance Students*, 2014.

NFT-Boom: 2021, *t3n Magazin* (2021), https://t3n.de/news/nft-boom-jack-dorsey-tweet-1368835/ (accessed 17.4.2021).

North Peak Resources: North Peak Resources (2021), https://northpeakresources.com/ (accessed 1.7.2021).

Omni: Omni (2021), https://www.omnilayer.org/ (accessed 1.7.2021).

Ossinger, Joanna: »Harvard and Yale Endowments Among Those Reportedly Buying Crypto«, *Bloomberg.com*, 2021.

Peterson, T.: »Metcalfe's Law as a Model for Bitcoin's Value« (SSRN Scholarly Paper No. ID 3078248), *Social Science Research Network*, Rochester 2018, https://doi.org/10.2139/ssrn.3078248.

PlanB: »Modeling Bitcoin Value with Scarcity« (2020), https://medium.com/@100trillionUSD/modeling-bitcoins-value-with-scarcity-91fa0fc03e25 (accessed 17.10.2020).

Pompliano, Anthony: *Pomp Podcast #385*: »Michael Saylor On Buying Bitcoin With His Balance Sheet«, 2020.

Renshaw, E.F., Feldstein, P.J.: »The Case for an Unmanaged Investment Company«, *Financial Analysts Journal 51 (*1995*)*, 58–62, https://doi.org/10.2469/faj.v51.n1.1859.

Riecke, Torsten: »Libra zwingt uns, über die Rolle des Geldes neu nachzudenken« (2020), https://www.handelsblatt.com/finanzen/maerkte/devisen-rohstoffe/vizechef-der-bank-of-england-libra-zwingt-uns-ueber-die-rolle-des-geldes-neu-nachzudenken/25665566.html (accessed 1.7.2021).

Rosic, A.: »Proof of Work vs Proof of Stake: Basic Mining Guide« (2018), https://blockgeeks.com/guides/proof-of-work-vs-proof-of-stake/ (accessed 8.7.2020).

Russo, C.: *The Infinite Machine: How an Army of Crypto-hackers Is Building the Next Internet with Ethereum*, Harper Business 2020.

Sandner, Philipp: *Frankfurt School Blockchain Center* (2021), https://www.frankfurt-school.de/home/research/staff/Philipp-Sandner (accessed 1.7.2021).

Satoshi Nakamoto Institute: Bitcoin v0.1 released (2021), https://satoshi.nakamoto institute.org/emails/bitcoin-list/threads/4/ (accessed 1.7.2021).

Schär, F.: »Decentralized Finance: On Blockchain- and Smart Contract-Based Financial Markets« (2021), https://research.stlouisfed.org/publications/review/2021/02/05/decentralized-finance-on-blockchain-and-smart-contract-based-financial-markets (accessed 24.2.2021).

Schär, F., Berentsen, A.: *Bitcoin, Blockchain und Kryptoassets:* Eine umfassende Einführung, Norderstedt 2017.

Schieritz, M.: »Kryptowährung: Bitcoin? Kann weg!«, *Die Zeit* (2021).

Schrimpf, A., Sushko, V.: *Sizing up global foreign exchange markets*, 2019.

SEC: »SEC Charges Ripple and Two Executives with Conducting $1.3 Billion Unregistered Securities Offering« (2020), https://www.sec.gov/news/press-release/2020-338 (accessed 6.4.2021).

SEC: »How we Howey« (2019), https://www.sec.gov/news/speech/peirce-how-we-howey-050919 (accessed 25.6.2021).

SEC: »Delisting Determination« (2018).

Shafir, E., Diamond, P., Tversky, A.: »Money Illusion«, *The Quarterly Journal of Economics 112 (*1997*)*, 341–374.

Siegel, J.J.: *Stocks for the Long Run: The Definitive Guide to Financial Market Returns & Long-Term Investment Strategies*, 5. Edition, New York 2014.

Spiegelhalter, D.: *The Art of Statistics: Learning from Data*, 2020.

Steinadler, R.: »Bitfinex und Tether: Verfahren in New York eingestellt« (2021), https://bitcoin-kurier.de/bitfinex-und-tether-verfahren-in-new-york-eingestellt/ (accessed 24.2.2021).

Stephey, M.J.: »Bretton Woods System«, *Time Magazine 2008.*

Stöferle, Valek: »ingoldwetrust.report« (2021), https://www.incrementum.li/en/ingold wetrust-report/ (accessed 1.7.2021).

Straubhaar, T.: »Bitcoin: Nur eine sinnfreie Wette – mehr nicht!«, *DIE WELT 2021.*

SwissRex: SwissRex AG (2021), https://swissrexag.ch/ (accessed 1.7.2021).

Szabo, N.: »Bit Gold« (2021), https://nakamotoinstitute.org/bit-gold/ (accessed 25.6.2021).

Szabo, N.: »Smart Contracts: Building Blocks for Digital Markets« (2018), https://www.semanticscholar.org/paper/Smart-Contracts-%3A-Building-Blocks-for-Digital-Szabo/9b6cd3fe0bf5455dd44ea31422d015b003b5568f (accessed 25.6.2021).

Szabo, N.: »Smart Contracts« (1994), https://www.fon.hum.uva.nl/rob/Courses/InformationInSpeech/CDROM/Literature/LOTwinterschool2006/szabo.best.vwh.net/smart.contracts.html (accessed 1.3.2021).

Taaki, A.: »Code Is Speech: Amir Taaki on Crypto's Debt to Phil Zimmerman« (2018), https://www.coindesk.com/code-is-speech-amir-taaki-on-cryptos-debt-to-phil-zimmerman (accessed 22.5.2020).

Tapscott, D., Tapscott, A.: *Blockchain Revolution: How the Technology Behind Bitcoin and Other Cryptocurrencies is Changing the World*, Penguin 2018.

Token Terminal (2021): https://www.tokenterminal.com/ (accessed 5.2.2021).

TrustToken (2021): https://www.trusttoken.com (accessed 23.2.2021).

Valencia, Laeven: »Systemic Banking Crises Database: An Update« (2012), https://www.imf.org/en/Publications/WP/Issues/2016/12/31/Systemic-Banking-Crises-Database-An-Update-26015 (accessed 1.7.2021).

Vigen, Tyler: *Spurious Correlations* (2021), https://tylervigen.com/spurious-correlations (accessed 1.7.2021).

Vince, R.: *The Handbook of Portfolio Mathematics: Formulas for Optimal Allocation & Leverage*, Hoboken 2008.

Voshmgir, S.: *Token Economy: How Blockchains and Smart Contracts Revolutionize the Economy*, Berlin 2019, S. l.

Vrotsos, Zhang, »Harvard Invests Millions in New Cryptocurrency«, *The Harvard Crimson* (2019), https://www.thecrimson.com/article/2019/4/12/hmc-crypto-investment/ (accessed 1.7.2021).

Vyper Team: »Vyper Documentation« (2021), https://vyper.readthedocs.io/en/stable/ (accessed 1.7.2021).

World Gold Council: »How much Gold?« (2021), https://www.gold.org/about-gold/gold-supply (accessed 1.7.2021).

Stichwortverzeichnis